国际经济与贸易系列教材

西南财经大学“211工程”规划教材
国家经济学基础人才培养基地规划成果

国际经济学（第三版）

Guoji Jingjixue

主 编 任治君 吴晓东

西南财经大学出版社
Southwestern University of Finance & Economics Press
中国 · 成都

图书在版编目(CIP)数据

国际经济学/任治君,吴晓东主编.—3版.—成都:西南财经大学出版社,2017.1

ISBN 978-7-5504-2550-7

Ⅰ.①国… Ⅱ.①任…②吴… Ⅲ.①国际经济学—高等学校—教材 Ⅳ.F11-0

中国版本图书馆CIP数据核字(2016)第177142号

国际经济学(第三版)

主编:任治君 吴晓东

责任编辑:张明星

助理编辑:魏玉兰

封面设计:何东琳设计工作室

责任印制:封俊川

出版发行	西南财经大学出版社(四川省成都市光华村街55号)
网　　址	http://www.bookcj.com
电子邮件	bookcj@foxmail.com
邮政编码	610074
电　　话	028-87353785　87352368
照　　排	四川胜翔数码印务设计有限公司
印　　刷	四川五洲彩印有限责任公司
成品尺寸	185mm×260mm
印　　张	20.25
字　　数	450千字
版　　次	2017年1月第3版
印　　次	2017年1月第1次印刷
印　　数	1—2000册
书　　号	ISBN 978-7-5504-2550-7
定　　价	39.80元

目 录

绪 论 …… (1)

第一篇 国际贸易理论

第一章 国际贸易传统理论 …… (11)
第一节 劳动生产率与贸易利益 …… (11)
一、亚当·斯密的绝对利益学说 …… (11)
二、李嘉图的比较利益学说 …… (15)
三、绝对利益学说和比较利益学说 …… (21)
第二节 贸易利益分配和相互需求方程 …… (22)
一、约翰·穆勒的相互需求方程 …… (22)
二、比较利益学说和相互需求方程 …… (24)
三、贸易利益及其分配 …… (25)
第三节 单要素模型与相对价格 …… (28)
一、几个基本概念 …… (28)
二、单要素经济模型 …… (29)
三、交换比例与贸易利益 …… (31)
第四节 扩展的国际贸易模型简述 …… (32)
一、理论和现实 …… (32)
二、单要素多产品贸易模型 …… (33)
三、特定要素贸易模型 …… (34)

第二章 现代与当代国际贸易理论 …… (42)
第一节 资源禀赋与俄林原理 …… (42)
一、资源与贸易 …… (42)
二、两要素经济模型 …… (45)
三、两要素经济与国际贸易 …… (49)
第二节 俄林原理的检验与现代国际贸易理论 …… (51)
一、列昂剔夫之谜（Leontief Paradox） …… (52)
二、国际贸易新要素理论 …… (54)
三、产品生命周期理论 …… (55)
第三节 当代国际贸易理论 …… (59)

一、产业内贸易理论 ………………………………………… (59)
二、政策贸易理论 ………………………………………… (63)
第四节 标准贸易模型简述 ………………………………… (67)
一、开放经济的标准贸易模型 …………………………… (67)
二、经济增长与相对供给 ………………………………… (70)
三、国际收入转移与相对需求 …………………………… (73)
四、进口关税和出口补贴对相对供给和相对需求的影响 ……… (75)

第三章 国际贸易政策分析 ………………………………… (80)
第一节 贸易政策工具 ……………………………………… (80)
一、贸易利益与国家利益 ………………………………… (80)
二、国际贸易的政策工具 ………………………………… (83)
第二节 保护贸易理论 ……………………………………… (91)
一、国民财富与国际贸易 ………………………………… (92)
二、历史学派与新历史学派的保护贸易理论 ……………… (93)
三、“辛-普-缪论证” ……………………………………… (95)
第三节 关税分析 …………………………………………… (97)
一、关税与福利 …………………………………………… (97)
二、关税的局部均衡分析 ………………………………… (98)
三、进口关税的一般均衡分析 …………………………… (99)
第四节 大国进口关税及其他贸易政策工具的分析 ……… (100)
一、大国关税的局部均衡分析 …………………………… (100)
二、大国关税的一般均衡分析 …………………………… (102)
三、其他政策工具的分析 ………………………………… (103)

第二篇 汇率与国际收支

第四章 外汇市场与汇率 …………………………………… (109)
第一节 货币与国际经济 …………………………………… (109)
一、国际经济中的价值流动 ……………………………… (109)
二、国际经济中的货币 …………………………………… (110)
第二节 外汇与汇率 ………………………………………… (111)
一、外汇的含义 …………………………………………… (111)
二、外汇汇率及其标价方法 ……………………………… (111)
三、汇率的决定与变动 …………………………………… (113)
四、均衡汇率的形成及其模型 …………………………… (118)
五、汇率变动的经济影响 ………………………………… (119)

第三节 外汇市场及外汇市场风险 …………………………………………… (120)
一、外汇市场及其构成 ……………………………………………………… (121)
二、外汇市场的功能 ………………………………………………………… (121)
三、外汇市场风险及其防范 ………………………………………………… (123)
第四节 有关汇率的主要理论 ……………………………………………… (126)
一、国际借贷说（Theory of International Indebtedness）及其发展 …………………………………………………………………… (126)
二、购买力平价说（Theory of Purchasing Power Parity） ………………… (127)
三、利率平价理论（Theory of Interest Rate Parity） ……………………… (129)
四、汇兑心理说 ……………………………………………………………… (130)
五、资产结构平衡说（Theory of Portfolio Balance） ……………………… (130)

第五章 国际收支 ………………………………………………………… (134)
第一节 国际收支的概念 …………………………………………………… (134)
一、国际收支与国际收支平衡表 …………………………………………… (134)
二、国际收支平衡表的基本账户 …………………………………………… (136)
第二节 国际收支的平衡与失衡 …………………………………………… (141)
一、国际收支平衡的含义 …………………………………………………… (141)
二、国际收支平衡的标准 …………………………………………………… (141)
三、国际收支失衡的原因 …………………………………………………… (142)
四、国际收支失衡对一国经济的影响 ……………………………………… (144)
第三节 国际收支失衡的调节 ……………………………………………… (145)
一、国际收支失衡的自动调节 ……………………………………………… (146)
二、国际收支调节的政策引导 ……………………………………………… (147)
三、国际收支调节政策的国际协调 ………………………………………… (152)
第四节 国际收支调节理论 ………………………………………………… (153)
一、国际收支调节的弹性分析性（弹性论） ……………………………… (153)
二、国际收支调节的吸收分析法 …………………………………………… (157)
三、国际收支的货币分析法 ………………………………………………… (160)
四、国际收支的结构分析法（结构论） …………………………………… (162)

第六章 国际货币体系与汇率制度 ……………………………………… (167)
第一节 国际货币体系及其历史演变 ……………………………………… (167)
一、国际货币体系概述 ……………………………………………………… (167)
二、国际金本位条件下的国际货币体系 …………………………………… (168)
三、布雷顿森林体系 ………………………………………………………… (169)
第二节 当代国际货币体系 ………………………………………………… (177)

一、当代国际货币体系的形成及主要特点 …… (177)
二、当代国际货币体系面临的主要问题 …… (178)
三、当代国际货币金融体系的改革趋向 …… (179)
第三节 欧洲货币体系及欧元 …… (184)
一、欧洲货币体系（EMS）的建立及主要内容 …… (184)
二、欧洲货币体系的发展及欧元的产生 …… (185)
第四节 经济全球化趋势下的国际货币汇率机制 …… (187)
一、固定汇率与浮动汇率两种汇率制度的特点。 …… (187)
二、固定汇率与浮动汇率两类汇率制度优劣的争论 …… (189)
三、当代汇率制度的安排 …… (191)

第三篇 国际经济关系

第七章 生产要素的国际流动 …… (205)
第一节 资本的国际流动 …… (206)
一、资本国际流动概述 …… (206)
二、资本国际流动的原因与意义 …… (210)
三、资本国际流动的一般理论 …… (212)
第二节 劳动力的国际流动 …… (216)
一、劳动力国际流动概述 …… (216)
二、劳动力国际流动的原因 …… (218)
三、劳动力国际流动的经济效应 …… (220)
第三节 技术的国际转移 …… (222)
一、技术国际转移概述 …… (222)
二、技术国际转移的原因 …… (225)
三、国际技术转移经济分析 …… (226)
第四节 国际要素流动与引进外资 …… (229)
一、两缺口模型 …… (229)
二、引进外资的经济分析 …… (232)
三、拉美债务危机 …… (234)

第八章 宏观经济的内外均衡 …… (239)
第一节 国际传导机制 …… (240)
一、国民收入模型的扩大 …… (241)
二、国际经济的非均衡传导 …… (242)
第二节 贸易乘数理论 …… (245)
一、乘数理论 …… (245)

二、贸易乘数 ……………………………………………………………… (247)
三、贸易乘数的意义 ……………………………………………………… (249)
第二节　宏观经济的对内对外均衡 ………………………………………… (250)
一、经济的宏观目标 ……………………………………………………… (251)
二、宏观经济内外均衡分析 ……………………………………………… (252)
三、宏观经济内外均衡的政策工具 ……………………………………… (255)
第四节　国际经济非均衡传导案例分析 …………………………………… (260)
一、泰国金融危机概述 …………………………………………………… (260)
二、泰国金融危机的传导与治理 ………………………………………… (262)

第九章　国际经济一体化与国际经济秩序 ………………………………… (272)
第一节　国际经济一体化 …………………………………………………… (272)
一、国际经济一体化概述（Economic Integration） ……………………… (272)
二、关税同盟与国际贸易 ………………………………………………… (279)
三、国际经济一体化案例 ………………………………………………… (283)
第二节　国际经济组织 ……………………………………………………… (286)
一、世界贸易组织 ………………………………………………………… (286)
二、国际货币基金组织 …………………………………………………… (289)
三、世界银行 ……………………………………………………………… (291)
四、亚洲基础设施投资银行 ……………………………………………… (292)
第三节　国际经济秩序 ……………………………………………………… (294)
一、世界经济中的收入与财富 …………………………………………… (294)
二、国际经济秩序概述 …………………………………………………… (295)
三、国际经济新秩序 ……………………………………………………… (297)
第四节　南北经济关系 ……………………………………………………… (299)
一、国际经济旧秩序 ……………………………………………………… (299)
二、国际经济组织与南北经济关系 ……………………………………… (301)
三、南北经济关系的前景 ………………………………………………… (303)

参考资料 …………………………………………………………………… (312)

2017 年第三版后记 ………………………………………………………… (315)

绪　论

我们又将生活在一次伟大的工业革命时期，有人说是第四次工业革命，有人说是工业4.0。第一次工业革命和蒸汽机的发明相联系，始于18世纪晚期英国纺织业的机械化。第二次工业革命带来了大规模的生产——发力于19世纪晚期20世纪初期的美国，伴随着大量的创新发明，包括电、内燃机、化学工业和一系列具有历史意义的发明，如电报、电话、收音机、录音机和照相机。第三次工业革命，可追溯到二战结束，尽管其真正的加速发展是近几十年的事。尽管这场革命比前两次都更加具有多样性，但我们还是可以找到和蒸汽机及汽车一样标志性的发明——计算机。当前，我们期待着新发现、新应用的积累会逐渐带来一种质变的集合，从而引发第四次和更多次革命。没人知道那时什么东西会扮演蒸汽机、汽车和电脑这些曾经是主角的角色，但是生产和资本的国际化，日益明显的贸易自由化趋势，交通通信工具的惊人发展，国际经济合作规模的迅速扩大，众多国际经济组织的建立，使得各国的经济活动越来越紧密地连结在一起。国际经济活动，以从来没有过的规模与速度向前发展，国际经济关系增添了许多新的内容，各国经济互相联系、相互依赖的程度大为提高，闭关锁国已难行其道，开放，再开放，是我们时代国际经济关系发展的大趋势，各国经济在相互合作和竞争中共同发展，也只有这样才能求得较为持续、较为顺畅的发展。

一个国民经济在这样的国际经济背景下运行，既需要对国内外政策进行必要的调整，更需要理论上的指导，国际经济学因此受到日益普遍的重视。

国际经济学的研究对象

一国经济与其他国家的经济紧密相联，意味着一国经济的发展有赖于他国经济的发展，一国经济的均衡有赖于他国经济的均衡。但这并不是说一国自身的、内部的因素对其经济的发展没有重要意义，而是说，在改革开放和国际经济一体化的今天，一国经济的发展不再完全取决于内部因素，与内部因素相比，外部因素对于经济的发展具有同等重要的意义。在一个开放的世界上，国民经济的运行环境有了根本的变化，经济运行机制也会发生相应的变化。我们在经济学的学习和研究过程中，眼睛既要盯着国内，又要盯着国外，只有打开并扩展我们的视野，才能真正全面地认识、理解和把握一个开放经济运行的内涵，并由此为经济建设的实践服务，这也是我们学习和研究国际经济学的目的和意义。

国际经济是指国际上产品、劳务的生产、交换、流通和分配的活动，以及在这种活动中所产生的各种关系；因而，国际经济学可以大致定义为一门研究国家与国家之间经济活动和经济关系的学科。之所以说是“大致”，是因为在今天，影响国际经济活动和国际经济关系的主体已不只是国家、那些经济实力较强的企业和跨国公司，更不要说那些经济实力已经达到甚至超过中等国家的大型企业和跨国公司。虽然这些大型企业和跨国公司不是国家，但它们对国际经济活动和国际经济关系的影响却是不容忽视的。比如，东南亚金融危机不仅给东南亚国家的经济而且给整个世界经济带来了极大的危害，对国际经济关系造成极其严重的影响，但我们不能说，引发东南亚金融危机的国际资本是按照美国或其他西方国家的意旨行事的；更不能说，这些国际资本或其企业就是美国或其他西方国家。只是，当前的国际经济活动和国际经济关系主要还是取决于国家的态度，甚至大型企业和跨国公司的活动也在一定的程度上受到国家意志的约束。

国际经济学是在微观经济学和宏观经济学基础上发展起来的西方经济学的一个分支学科，因此它与西方经济学有着紧密的联系。它们所研究的都是经济活动，都是产品和劳务的生产、交换、流通、分配等问题，都要研究生产过程和流通过程中经济利益和行为主体之间的关系。但同时，我们也应该看到它们之间的区别。这种区别源自国内经济（或国民经济）和国际经济的不同，国民经济活动和国际经济活动的范围不同，它们的约束条件不同因而运行机制也不同；此外，由于国界的存在，生产要素和商品的流动在国际上远不像国内那样自由。因此，我们可以概略地说，经济学或西方经济学所研究的是一个封闭经济中的问题，而国际经济学所研究的是一个开放经济中的问题。国际经济学来自西方经济学，但又是一个理论性和实践性都很强的相对独立的经济学科。

国际经济学的研究内容

国际贸易和国际金融是国际经济活动和国际经济关系的两个主要方面，但决不能因此认为它们是国际经济活动的全部，更不能认为是国际经济关系的全部。由于国际经济学的研究内容主要限于国际贸易领域和国际金融领域，因此，当我们说国际经济学的研究对象是国际经济活动和国际经济关系的时候，其研究范围实际上要小得多。国际经济学所研究的具体内容主要涉及商品、劳务的交换，包括其他生产要素的国际流动、国际金融领域的活动，以及与此相关的一些国际经济关系。

国际贸易和国际金融是国际经济关系中的两个既互相区别又互相联系的领域。国际贸易部分讨论国际贸易理论和国际商品关系，各国在比较利益的驱动下参与商品的国际交换活动，表现为商品的国际流动，或国际间的商品流；在这里，通常不涉及价格问题，因而是物物交换、易货贸易，这一方面是研究方法的需要，另一方面也符合历史的逻辑。国际金融部分探讨有关金融理论和国际货币关系，后者是在抽象的层次上反映商品的国际交换活动，或者说是在货币出现以后商品标识价格的结果。国际货币关系是国际商品关系的对立面，两者的对立是商品和货币的对立，使用价值和价值的对立。

国际贸易和国际金融是国际经济活动和国际经济关系的两个主要方面，它们所涉及的问题都出现在国际流通领域。在国际上，商品资本的循环具有比较完整的独立性，货币资本的循环次之，因为循环中的货币资本的相当一部分还只是商品国际流动的附属物，真正单独运动的货币资本还是十分有限的。但根据马克思资本循环的理论，无论是残缺不全的货币资本的国际循环还是比较完整的商品资本的国际循环，都还不是本来意义上的资本循环。资本循环理论表明，商品资本、货币资本和生产资本三者的循环运动，在空间上具有一致性，在时间上具有继起性和同时性：货币资本的循环运动最先开始，接着是生产资本的循环运动，最后是商品资本的循环运动。这三种循环运动互相制约、互相影响，但生产资本的循环运动毕竟是资本最基本的循环运动，货币资本的循环运动和商品资本的循环运动都是为生产资本的循环运动服务的，是生产资本循环运动顺利进行的基本条件。商品资本的国际循环由于没有相应的生产资本的国际循环运动为基础因而具有了相对的独立性，货币资本的国际循环运动同样如此。它不具备坚实的国际依托——生产资本的国际循环运动，因而尽管它的国际循环运动一方面主要依附于商品资本的国际循环运动，另一方面也具有一定的独立性。它只能同商品资本一样，由于不具备与生产资本循环运动在空间上的一致性和时间上的继起性与同时性，从而有别于一个国民经济内部的货币资本的循环运动，更有别于生产资本国际循环运动存在条件下的、本来意义上的货币资本的国际循环运动。第二次世界大战以来国际经济生活中真正重大的变化，是生产资本的国际化以及在生产资本国际化基础之上的资本国际化。战后，随着第三次科学技术革命的进行，生产力得到极大的发展，国际分工愈益超越国界在国际上深入普遍地展开，跨国公司的触角伸展到了世界的各个角落，生产资本的国内循环运动也日益具有了国际性，向着国际循环运动的方向演变。生产资本的国际化即生产的国际化不仅是建立在科学技术革命和生产力发展的基础上，而且也是以商品资本国际化和货币资本国际化为其前提的。当然，这与科学技术革命和生产力发展这样一个基础不同。也就是说，即使没有商品资本国际化和货币资本国际化，只要有科学技术革命和生产力发展这样一个基础，生产的社会化程度也会不断提高，也会超越国界，从而实现生产的国际化；即是说，在科学技术革命和生产力发展强有力的影响下，生产资本的国际化也会是不可避免的。我们只是想强调这样一个事实，以历史的观点来看，商品资本的国际化和货币资本的国际化是在生产资本的国际化之前发生的，但这并不改变商品资本和货币资本国际循环运动的地位，它们与科学技术的发展和生产力的发展之间没有那么紧密的联系，只与生产的发展之间有着直接的、紧密的联系；科学技术的进步与生产力的发展当然也会引起流通过程的变革，但流通过程更主要地是通过生产过程而较为间接地同科学技术的进步和生产力的发展相联系；因此，只能是生产资本的循环运动是商品资本循环运动和货币资本循环运动的基础，而不是相反，即使是在国际上也是如此。生产资本、商品资本以及货币资本的国际化，使得三种资本的循环范围都扩展到了全世界，就如同它们在一国之内的循环。这就是说，随着商品资本、货币资本和生产资本的国际化，资本的总循环运动在国际范围内形成了，也就是资本实现了国际化，即资本主义生产关系实现了国际化。资本的国际化得以真正实现，不仅加深了国际经济一体化的进程，促进了经济全球化的形成和发展，而且也使国际经济活动和国际经济关系的内含发生了重大的变化。资本国际化是以生产国际化为基础的，这就意味着生产要素以及许多中间消费资料（包括各种原材料和零部件）跨越国界，在世界范围内自由流动，国际贸易的内含变得更加丰富，国际贸易得以高于世界经济增长的速度急剧增长，国际货币市场和资本市场的活动也因此变得日益频繁、异常活跃，其交易量的增长甚至远远超过了国际贸易量的增长，交易量因而被迅速放大。

由于国际贸易和国际金融领域日益频繁的活动，一个开放经济的均衡问题摆到了我们的面前。在一个开放经济中，影响封闭经济均衡的那些因素仍然在发生作用，但不再仅仅是这些因素，影响开放经济均衡的因素增多了，而且也更为复杂了。战后西方发达国家的历次经济危机，近 20 年来世界各地所发生的金融危机特别是发展中国家所发生的金融危机，为什么能够在全球迅速波及开来？为什么能够对世界经济产生如此严重的影响？非均衡的国际传导机制究竟是什么？这些也都构成了国际经济学研究的重要内容。

国际经济学的研究方法

任何一个经济学科，要学习和研究它，都需要一定的方法，国际经济学也不例外。这里，我们首先要强调在国际经济学的学习和研究过程中理论指导的重要性。如前所述，国际经济学是在微观经济学和宏观经济学基础上发展起来的西方经济学的一个分支学科，因此，它与西方经济学有相通之处，这个相通之处就是一般的经济学理论，或者叫作基础经济理论。经济理论从深度上来说应该有着不同的层次，我们可以粗略地将其分为基础性经济理论、应用性经济理论和政策性经济理论。基础性经济理论是高度抽象、高度概括的经济理论，它与现实经济生活的距离较远，让人觉得用处不大，但它适应的范围广、适用的时间长；应用性经济理论的抽象性与概括性要低一些，但恰好由于它的现实针对性要强一些，因而与经济现实的距离要贴近一些，也因为如此，它适应的范围较窄、适用的时间较短，与基础性经济理论相比更具现实适应性，让人觉得更为有用；政策性经济理论相对来说抽象性与概括性更差，但现实针对性极强，与现实的经济问题可以没有距离，但它适用的范围最窄、时效性最为明显，因而也显得特别有用。尽管不同层次的经济理论适用的范围或场合不同，但它们之间没有重要与次要的区别，更不存在对立关系，因而，它们相互之间没有也不可能有替代关系，更不能不加区别地将它们放在一起妄加评论，认为一个有用而另一个没有用。基础性经济理论对政策性经济理论特别是对应用性经济理论具有指导意义，应用性经济理论对政策性经济理论有直接的指导作用，但反过来就不成立了。正是由于基础性经济理论适用的范围广、适用的时间跨度长，不易被虽然是现实的却是短暂的经济现象所扭曲，因而是评判特定时点经济现象和预测经济现象长期走势的最有力的理论工具，是应用性和政策性经济理论得以发展的根基，其重要性是不言而喻的。因此，当我们谈到学习和研究国际经济学的时候，我们要特别强调一般经济学理论即基础性经济理论的重要性和指导意义。

其次，要依据国际经济学自身的特点正确处理历史与逻辑的统一关系。国际经济理论是以国际经济实践为基础的，是与国际经济共生共长的、共同发展的。但是，理论并不等于实践，国际经济学不能等同于国际经济史，甚至也不能等同于国际经济理论史。国际经济有其本来的发展顺序，而国际经济学也有其自身的逻辑体系。国际经济学作为一个相对独立的经济学分支学科，在长期的发展过程中，既重视国际经济的过去，更看重其最新的发展现实，最终形成了自己的理论框架和自己特殊的内在逻辑。因此，在学习和研究国际经济学的时候，我们应该特别重视它作为一个体系所具备的独特性、系统性、完整性和逻辑性。

另外，国际经济学虽然是兼有实证与规范特点的经济学科，但应正确把握其实证性与规范性，既要避免数学游戏，又要避免单纯的规范分析；在客观性问题上将更多地采用实证分析的方法，而在政策性问题上将更多地采用规范研究的方法。

最后，我们特别要强调指出，学习国际经济学的最终目的是要为现实的经济建设服务，而国际经济学作为西方经济学的一个分支学科，是建立在西方发达国家的经验基础之上的。这个经验基础，不仅包含了西方发展经济的实践，也包含了西方特有的文明背景。因此，若要通过国际经济学的学习来掌握国际经济理论并为我国的社会主义建设事业服务，那么，我们不仅应该原原本本地学习和了解国际经济学的理论知识，而且还应该置身于东方历史文明的背景之中，正视我们国家还是一个发展中国家这一客观现实，注意应用马克思主义的经济理论和研究方法，对其有所分析、有所继承、有所扬弃、有所发展，推陈出新。

本书编写原则

如前所述，国际经济学是在微观经济学和宏观经济学基础上发展起来的西方经济学的一个分支学科，因此，如同西方经济学植根于西方文明背景和经济发展实践之中一样，国际经济学的创立和发展主要也是以先进国家即西方国家的国际经济活动和国际经济关系的实践为依据的。对我们来说，国际经济学不仅是一门外来的学科，而且与发展中国家国际经济活动、国际经济关系的实践也不完全相符。

原原本本地介绍和阐述国际经济学的理论知识，当然是本书编写的主要任务。不过，我们知道，19 世纪还处于落后地位的美国和德国对李嘉图的比较利益学说和英国的自由贸易政策不仅嗤之以鼻，而且还采取与之对立的贸易保护政策。虽然我们现在没有必要抱着美国和德国当年的那种态度来对待国际经济学，但在编写本书时，我们仍然注意到了国际经济学与发展中国家国际经济活动、国际经济关系的实践不完全相符这一事实。在拿来的同时，我们努力以马克思主义的经济理论作指导，有所分析，有所批判，力求让国际经济学在一定程度上能够反映出国际经济活动和国际经济关系的本来面目及其最新实践，使其更好地为我国的经济改革和对外开放服务。

另外，作为一本本科教材，我们力求使之难易适中，有简有繁，突出知识点，具备开放性。所谓难易适中，有简有繁，就是既不能把教材写成大众化的简易读物，又不能将其拔高成为研究生教材。作为经济类专业基础课的国际经济学教材，内容自然应是丰富的，但作为本科教材，我们有必要追求国际经济学知识结构和国际经济学理论框架的完整性，而不刻意追求其系统性和深层次的分析。在这一基础上，凡是内容容易理解的部分，应尽量避免赘述；而难于理解的部分，则需多角度地加以说明。所谓突出知识点，就是根据国际经济学知识结构和国际经济学理论框架完整性的需要来布局知识点，并将其置于突出的位置上。这是因为，虽然国际经济学的内容丰富多彩，但它们的重要性及其现实意义并不完全相同，因而在编写上要把更多的注意力放在重点内容的安排上。开放性，简单地说，就是发人深省，特别是允许别人思考，这是培养学生创新能力的必要条件。为了适应教学改革的需要，国际经济学教材既需要灌输有关的必要知识，但又不能通篇灌输，而应有启发思考的部分；既要给任课教师留下讲述的余地，又要给学生留下思考的空间；既要有编著者自己的观察角度，又要包容百家，以便引导学生多角度地分析问题。国际经济学教材不应该也不可能把所有的问题都讲清楚，同学们在学习时，既需要看教材，也需要去阅读有关的著述。

编排结构说明

国际经济学教材的编排结构有两类。一类是以时间为轴线，将不同时代的国际贸易和国际金融等国际经济活动以及国际经济关系串起来，也就是较为严格地按照国际经济活动和国际经济关系交互发展的先后时间顺序来编排，将国际贸易、国际金融以及在此基础上形成的国际经济关系混合在一起，比较真实地再现历史的本来面目。尽管这种编排方法有其优点，但缺点也是显而易见的：结构松散，较为杂乱，学习的难度也增加了。更何况，如前所述，国际经济学虽然也要尊重历史，但它毕竟是一个相对独立和自成体系的经济学分支学科，有其自身的分析框架和逻辑体系，因此，我们放弃了这种编排方法。

本书采用第二类方法，既注意历史性，也注意系统性和逻辑性。本书共分为三篇九章，先讲国际贸易方面的内容，再叙述国际金融方面的内容，而国际经济关系则让其单独成篇，放在最后。

第一篇为国际贸易理论，含三章。国际贸易理论所要说明的是国际交换得以产生的原因。自重商主义以来，对国际交换原因的探讨从未停止过，可以说是见解各异，众说纷纭，国际贸易理论呈现出不断发展的趋势。我们可以大致将其划分为传统国际贸易理论、现代国际贸易理论和当代国际贸易理论。绝对成本说、比较利益说、国际相互需求方程等都包含在传统国际贸易理论之中，是为第一章。第二章则囊括了其后的所有国际贸易理论，如资源禀赋理论、列昂惕夫反论、新要素理论、产业内贸易理论、政策贸易理论，等等。国际贸易政策工具也放在国际贸易理论这一篇中来讲述，作为第三章，含有关税政策、出口补贴与进口配额政策、重商主义、保护贸易理论、“辛-普-缪论证”等。

第二篇为国际货币金融原理，含三章。在第一篇分析了国际商品交换的原因之后，这一篇主要讨论与国际商品交换相对应的货币金融问题。假如我们可以将国际商品交换理解为商品的国际流动的话，那么，由于价格是商品价值的货币符号，我们就可以将国际金融交易理解为价值的国际流动，只是，价值国际流动的方向正好与商品国际流动的方向相反。需要指出的是，严格说来，这种说法是不成立的。因为在等价交换过程中，能够转移的不是价值而只是使用价值，如果价值也发生了转移，那只能是不等价交换。这一篇的第四、五、六章分别为外汇市场与汇率、国际收支与国际收支平衡表、国际货币体系与汇率制度；其中，第四章阐述外汇市场和汇率理论，第五章主要涉及国际收支平衡表和国际收支调节理论，第六章用于分析国际货币体系与汇率制度的历史变迁和未来的发展趋势。

第三篇为国际经济关系，也有三章。其实，第一、二篇阐述的也是国际经济关系，即各国之间的商品交换关系和货币关系，但这一篇与上两篇不同，带有综合的性质，也更抽象一些。战前商品资本的国际循环与货币资本的国际循环，加上战后跨国公司所推动的生产资本的国际循环，促进了资本国际总循环运动的形成和发展，这是战后国际经济生活和国际经济关系所出现的最为重大的变化。由于各国经济相互联系、相互依赖，对于各国经济来说，国际经济一体化和经济全球化带来的，那就不仅仅是机遇而且还有挑战，世界经济发展显得极不平衡，南北关系中充满了矛盾。第七章阐述生产要素的国际流动，包括资本流动与对外直接投资的一般理论、劳动力国际流动及其政策含义、技术的国际转移及其理论模型，要素国际流动与引进外资，等等。第八章为国际传导机制，主要分析国际非均衡传导的途径与机制，宏观经济的内外失衡与治理，以及泰国金融危机的案例剖析。第九章为国际经济一体化与国际经济秩序，对国际经济关系中的一些重大现象进行了阐述，这些现象包括国际经济集团化、国际经济组织、国际经济秩序以及南北经济关系等。

在书的最后部分，我们列了参考资料，这是我们在编写本书时参考过的著述，但不是全部，而仅仅是我们参考过的一部分。列出这个书目，首先是为了表示我们对著作者的谢意，另一层意思，则是在学习国际经济学时为同学们提供一个阅读书目，要理解和把握好国际经济学的基本理论和知识，读一本教材是远远不够的。

第一篇 国际贸易理论

15世纪末16世纪初，随着资本主义生产关系的发展及地理大发现，对外贸易得以发展。西欧一些国家的学者也开始对这一经济现象进行思考。产生于资本主义原始积累时期的重商主义开始研究对外贸易如何为一国带来财富，孕育着国际贸易理论的萌芽。这以后的西方经济学家进一步对国际贸易的原因、各国参与国际贸易的可能性和国际贸易利益的分配等问题进行深入细致的分析，建立起国际贸易的理论体系。我们把资本主义生产方式的产生和发展时期建立的理论称为国际贸易的传统理论，其中大卫·李嘉图的“比较利益学说”和穆勒的“相互需求方程”奠定了国际贸易理论的基础，对当今国际贸易的研究仍具有很深远的影响。

20世纪初瑞典经济学家赫克歇尔和俄林开始使用不同于传统学派的方法，按照生产要素禀赋来分析国际贸易产生的原因，标志着国际贸易理论中“现代学派”的出现。第二次世界大战后，在第三次科技革命的推动下，世界经济状况发生了很大的变化。生产、资本的日益国际化，使得国际贸易的发展规模和增长速度、商品结构以及贸易地理方向都发生了相应的变化。传统的国际贸易理论已经越来越不能说明现实问题，在此情形下，出现了一些新的用于分析和解释经济现实的国际贸易理论，这些理论称为当代国际贸易理论。

对外贸易政策是各国在一定时期内对进口贸易和出口贸易所实行的政策。为了达到国内经济增长目标，保护国内幼稚工业等目的，几乎所有的国家和地区都制定了各种进出口的管理措施，尤其是实施对进口进行限制的保护措施。国际贸易政策分析正是对这些贸易政策工具，保护贸易理论的发展及主要的保护手段——关税的经济学效应进行全面分析。

通过本篇的学习，学生将能对国际贸易理论有个全面的了解和掌握。

第一章　国际贸易传统理论

世界各国为什么要从事国际贸易，其国际贸易基础是什么？国际贸易的交换比例又是如何确定的？国际贸易利益如何分配？国际贸易利益究竟会带来哪些利益？这些正是传统国际贸易理论作出的所要回答的问题。本章将首先简单介绍重商主义的观点，并在此基础上重点分析亚当·斯密的“绝对利益学说”和大卫·李嘉图的“比较利益学说”及穆勒的“相互需求学说方程”。由于这些传统贸易理论是建立在某些特定的假设基础上，为了使理论更好地解释现实问题，我们在第四节将进一步分析扩展的国际贸易理论模型。

第一节　劳动生产率与贸易利益

古典学派国际贸易理论是古典经济学的一部分。古典经济学形成于 17 世纪后期，到了 18 世纪下半叶分别由英国的亚当·斯密和法国的重农学派取得较为完善的形态，19 世纪初叶达到高峰，其杰出的代表人物为英国的李嘉图。古典学派的国际贸易理论主要是由斯密的“绝对利益学说”和李嘉图的“比较利益学说”构成。它们是西方国际贸易理论的基石，是研究国际贸易纯粹理论的起点。

一、亚当·斯密的绝对利益学说

亚当·斯密（Adam Smith，1723—1790 年）是英国产业革命前夕工场手工业时期的经济学家，是研究国际贸易产生原因的创始人。他在 1776 年发表的著名的《国民财富的性质与原因的研究》(Inquiry into the Nature and Causes of the Wealth of Nations，简称《国富论》）一书中提出了国际贸易成因的绝对利益学说。

1. 绝对利益学说的基本概念与内容

从 16 世纪到 18 世纪中叶，在英国、西班牙、法国和荷兰等国出现了许多关于国际贸易方面的著作，但未发展成为系统的理论，笼统称之为重商主义。其主要观点是认为一国的财富表现为金银货币，金银货币的积聚就是国家财富的增加，增加财富的办法就是进行对外贸易，并保持顺差；为了保持对外贸易的顺差，国家就必须对经济活动，特别是对国际贸易活动进行干预和管制。他们认为一国的贸易所得就是另一国的贸易所失，因此认为国际贸易是一种“零和游戏”。然而这些观点在 18 世纪受到严重的挑战。一些批评者指出一国不可能永远保持顺差，因为如果一国能够长时期保持贸易顺差，则会由于金银大量流入而增加国内货币流通量，导致商品价格上涨，使本国出口商品的竞争能力下降，出口减少，进口增加，从而贸易顺差减少甚至出现逆差，金银又不得不输往国外。

重商主义之后，英、法及西欧各国的经济思想都有了很大的发展，出现了像威廉·配第（William Patty，1623—1687 年）、弗郎斯瓦·魁奈（Francois ·Quesnay）等著名的经济学家。但只是到了亚当·斯密（Adam Smith，1723—1790 年），古典政治经济学才第一次成为比较完备的理论体系，也只是在亚当·斯密这里，国际贸易的理论才得到系统的阐述。亚当·斯密在他的《国富论》中对重商主义进行了深刻的批判，并提出了自由贸易学说。他指出，金银并非财富的唯一形态，一国真实的社会财富是它生产的商品和劳务，它是由一国的劳动生产率决定的。而劳动生产率的提高又是以劳动分工为前提的。通过国家干预人为地保持贸易顺差本身也是徒劳无益的。因此，斯密反对国家干预，主张采取自由放任的经济政策，扩大对外贸易。

为了论证实行自由贸易的重要性，斯密以制针业分工作为例子，强调通过分工带来的好处。根据他的举例，在没有分工的情况下，一个粗工每天连一根针也造不出。而在分工的情况下，10 个人每天可以制造 4.8 万枚针。明显地，分工大大地提高了劳动生产率。他认为，分工的原则不仅适用于一国内部的同行业、不同工种，也适用于各国之间。因此，他主张如果外国的产品比自己国内生产的要便宜，那最好自己就不要生产而是买进，同时发展自己在国际市场上占优势的产品去出口。如苏格兰虽然可以用暖房栽培葡萄，然后酿造出上等美酒，但成本是向外国购买的 30 倍。如果苏格兰不是进口葡萄酒而是用 30 倍的代价来自己生产，那就是明显的愚蠢行为。由此，他从国内手工工场分工大大提高劳动生产率出发，扩展到各企业和各部门的分工，进而引伸到跨国界的部门分工，即国际分工，并提出了著名的绝对利益(Absolute Advantage）理论。该理论指出当一国相对另一国在某种商品的生产上有更高效率，但在另一种商品生产上效率更低，那么两国就可以通过专门生产自己有绝对优势的产品并用其中一部分来交换其具有绝对劣势的商品。这样，个人在各自追求自己的经济利益时将不自觉地增进全社会的利益，结果能使整个世界资源利用效率最高，世界福利最大化。因此，贸易并不象重商主义认为的一国的国际贸易所得，就是另一国的贸易所失，通过国际专业化分工，所有的国家都可以在生产和消费方面获得收益，国际贸易是一种“非零和游戏”。斯密认为产生国际分工的基础是一国的自然优势和后天优势。前者指自然赋予的有关气候、土壤、矿产、土地和其他相对固定状态的优势，一国在生产特定商品时所具有的自然优势有时是非常巨大的，以至他国无法同他竞争；后者则指通过后天积累而具备的生产某种产品的特有工艺、技能等优势。这些优势使一国生产某种产品的成本绝对低，在对外贸易方面与其他国家相比，就可以处于优势地位。

因此，斯密认为两国产生国际贸易的基础和方向是：只要两国分别存在绝对优势的产品，就存在国际贸易，一国将生产和出口具有绝对利益的产品，进口绝对不利的产品。

2. 绝对利益学说的数学表述

假设世界上只有两个国家：A 国和 B 国；生产两种商品：X 和 Y；只有一种生产要素：劳动力，且劳动力可以在国内充分流动，在两国不能自由流动。为简便起见，假设 A 国生产 1 单位 X 产品需要 1 单位劳动，生产 1 单位 Y 产品需要 2 单位劳动；B 国生产 1 单位 X 产品需要 2 单位劳动，生产 1 单位 Y 产品需要 1 单位劳动。分工前的劳动耗费则如下表 1-1 所示：

表 1-1　　分工前的劳动耗费

国家 商品	A	B
X	1	2
Y	2	1

可以很清楚地看出分工前 A、B 两国生产 1 单位 X 产品和 1 单位 Y 产品的劳动耗费分别为 3 单位，即两国各生产 1 单位 X 产品和 Y 产品需要的劳动耗费总共为 6 单位，整个世界对 X 和 Y 产品的消费总共为 4 单位。由于 A 国在生产单位 X 产品耗费的时间小于B 国，因此在 X 产品的生产上 A 国具有绝对优势，B 国在生产单位 Y 产品耗费的时间小于 B 国，因此在 Y 产品的生产上 B 国具有绝对优势。

按绝对利益原则，A 国应专业化生产具有最高生产率的 X 产品，B 国应生产具有最高生产率的 Y 产品，然后两国进行交换。专业化分工后的情况如表 1-2 所示：

表 1-2　　分工后的生产率

国家 商品	A	B
X	3	0
Y	0	3

分工后，A 国将全部的 3 单位劳动时间用于 X 产品的生产，共 3 单位 X 产品，而 Y 产品因为不生产，故为 0 单位 Y 产品；B 国将全部的 3 单位劳动时间用于 Y 产品的生产，共生产 3 单位 Y 产品，而 X 产品因为不生产，故为 0 单位 X 产品。很清楚，在全部劳动耗费不变的情况下，与分工前相比，世界总产量增加了 2 单位，即增加了 1 单位的 X 产品和 1 单位的 Y 产品。

假设 A 国国内仍能保持 1 单位 Y 产品的消费，B 国国内仍能保持 1 单位 X 产品的消费，按两国均能接受按 1 单位 X 产品交换 1 单位 Y 产品的比率进行交换（即交换比率=1∶1），则交换后，A、B 两国的国内消费情况如表 1-3 所示：

表 1-3　　　　交换后的贸易利益

国家 / 商品	A	B
X	2	1
Y	1	2

显然，与贸易前相比，A 国多享受了 1 单位 X 产品，B 国则多享受了 1 单位 Y 产品；或者，两国的消费水平保持不变，即两国总共只消费 2 单位的 X 产品和 2 单位的 Y 产品，则两国只需要投入 4 单位的劳动就可以了，由此可节约 2 单位的劳动。通过国际分工和国际贸易，同样的劳动投入两国都获得更多的产品消费，无论是增加产出还是减少劳动时间，都意味着两国的福利水平的提高。

3. 绝对利益学说的图形表述

按照绝对利益学说参与国际分工，进行专业化生产，然后进行交换，参与国就可以从这种国际分工和国际交换中获得利益。这种利益可以通过图形直观地表示出来。（如图 1-1 和图 1-2 所示）

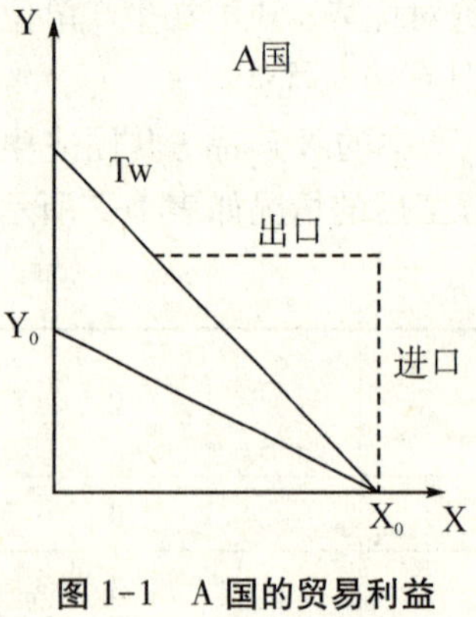

图 1-1　A 国的贸易利益

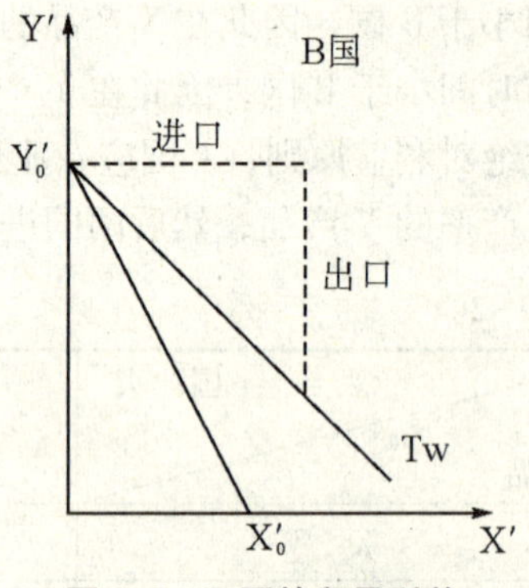

图 1-2　B 国的贸易利益

说明：图 1-1、图 1-2 中 X_0、X_0'分别表示 A、B 两国将全部资源生产 X 产品的产量。Y_0、Y_0'分别表示 A、B 两国将全部资源生产 Y 产品的产量。X_0Y_0为 A 国的生产可能性曲线，$X_0'Y_0'$为 B 国的生产可能性曲线，Tw 为世界价格线，即世界市场上 X 产品和 Y 产品的交换比例。

在贸易前，两国的生产可能性曲线就是消费可能性曲线。经过专业化分工后通过参与国际分工，A 国专业化生产具有绝对优势的 X 产品，并按世界价格线 Tw 向 B 国交换 Y 产品；同样，B 国专业化生产具有绝对优势的 Y 产品，并按照世界价格线 Tw 向 A 国交换 X 产品。由于存在贸易，两国消费者的消费者可能性曲线为 Tw。显然，两国通过分工交换均受益，世界福利也因此得到提高。

4. 对绝对利益学说的评价

亚当·斯密首次肯定了国际贸易对参与双方在经济上都是有利的，从而为开展国际贸易扫除了认识上的一大障碍，这在理论和实践上都具有重要意义。同时绝对成本理论第一次从生产领域阐述了国际贸易的基本原因和利益所在，正确地指出了分工对提高劳动生产率的巨大意义，从而为科学的国际贸易理论的建立奠定了良好的基础。然而这一理论只说明了在生产上具有绝对优势的国家参与国际分工和国际贸易能获得的利益，而不能解释许多没有什么绝对优势的落后国家仍在进行国际贸易的普遍现象，因而无法利用斯密的绝对利益学说来说明国际贸易的普遍现象。另一方面，斯密虽然坚持了劳动价值论，但仍无法说明两种产品进行交换的内在等价要求是什么。

二、李嘉图的比较利益学说

大卫·李嘉图（David Ricardo，1772—1823 年）是英国古典经济学的完成者。1817 年他发表了《政治经济学及赋税原理》（On the Principles of Political Economy and Taxation）一书，提出了重要的**比较优势**（Comparative Advantage）原理，这与要素禀赋论（后面将介绍）一起被誉为国际贸易理论的两大支柱。

1. 比较利益学说的基本内容

"比较利益学说"是在英国产业资产阶级争取自由贸易斗争中产生和发展起来的。1815 年英国政府颁布了《谷物法》。《谷物法》颁布后，英国粮食价格迅速上升，地租猛增，英国的贵族地主阶级大获其利；昂贵的谷物使工人货币工资不得不提高，商品成本增加，却由此严重损害了工业资产阶级的利益。为此，英国工业资产阶级和地主贵族阶级围绕《谷物法》的存废，展开了激烈的斗争。作为工业资产阶级代言人的李嘉图正是在这一背景下提出了比较利益学说。

根据李嘉图的比较优势原理，国际分工中若两贸易参与国生产力水平不相等，甲国在生产任何产品时成本均低于乙国，处于绝对优势，而乙国则相反，其劳动生产率在任何产品上均低于甲国，处于绝对劣势。这时，两个国家进行贸易的可能性依然存在，因为两国劳动生产率的差距，并不是在任何产品上都是一样的。这样，处于绝对优势的国家不必生产全部产品，而应集中生产国内具有最大优势的产品，处于绝对劣势的国家也不必停产所有的产品，而应停止生产在本国国内处于最大劣势的产品，即"两优相权取其重，两劣相权取其轻"。通过国际分工和自由交换，参与国可以节约社会劳动，增加产品的消费，世界也因为国际分工和自由交换而增加产量，提高劳动生产率并增进福利。因此即使某一国家并不拥有任何绝对优势，只要贸易前各国国内两种商品的价格比例不同，相关国家就存在贸易的可能性，并可能通过贸易获得比较利益。

2. 比较利益学说的数学表述

李嘉图用一个经典的例子来说明了这一理论。假设英国和葡萄牙都生产毛呢和葡萄酒，但劳动生产率不同，劳动生产率以每单位产品所花费的劳动量来衡量。则分工前的劳动生产率如下表 1-4 所示：

表 1-4　　分工前的劳动生产率

国家＼商品	毛呢（1 单位）	酒（1 单位）
英国	100 人／年	120 人／年
葡萄牙	90 人／年	80 人／年

从上表中可以看出，英国 1 单位毛呢的劳动成本为葡萄牙的 1.1 倍（100/90），1 单位酒的劳动成本则为葡萄牙的 1.5 倍（120／80），英国在两种产品上的生产绝对成本高于葡萄牙，即都处于劣势，但在酒的生产上劣势更大。国际贸易和国际分工前，英国和葡萄牙分别投入 220 人／年和 170 人/年的劳动，各消费 1 单位酒和 1 单位毛呢。根据比较优势，葡萄牙专门生产酒，英国专门生产毛呢，用两国的一年劳动总量，葡萄牙可生产 2.125 单位的酒（通过（80+90）/80 获得），英国可生产 2.2 单位的毛呢（通过（100+120/100）获得）。则分工后的劳动生产量如表 1-5 所示：

表 1-5　　分工后的劳动生产量

国家＼商品	毛呢	酒
英国	2.2	0
葡萄牙	0	2.125

显然，按照相对优势进行国际分工，一定的劳动总量就能创造出更多的财富或使用价值。分工前，国际上酒的产量为 2 单位，毛呢的产量为 2 单位。分工后酒的产量为 2.125 单位，增加了 0.125 单位。毛呢的产量为 2.2 单位，增加了 0.2 单位。

为了说明贸易对双方的利益，假定一个双方都能接受的交换比例，如 1 单位葡萄酒交换 1 单位毛呢（即交换比率=1∶1）。葡萄牙用生产的 1 单位酒从英国换取 1 单位的毛呢，英国则用 1 单位的毛呢从葡萄牙换取 1 单位葡萄酒，则交换后的贸易利益如下表 1-6 所示：

表 1-6　　交换后的贸易利益

国家＼商品	毛呢	酒
英国	2.2-1=1.2	1
葡萄牙	1	2.125-1=1.125

显然，通过国际贸易，英国实际消费 1.2 单位毛呢和 1 单位的酒，较国际分工前多消费 0.2 单位的毛呢。葡萄牙实际消费 1 单位毛呢和 1.125 单位酒，比贸易前多消

费0.125单位的酒。

两国进行国际分工和贸易的条件和基础是他们之间商品相对成本的比率不同。设P_1和P_2分别是A国生产产品1和产品2的成本；P_1'和P_2'分别是B国生产产品1和产品2的成本，e为单位外汇折算为本币的汇率，则折算为本币价格分别为$e * P_1'$和$e * P_2'$。由于假定产品市场完全竞争，所以其价格便是其生产成本。国内相对价格差异为P_1 / P_2，国外相对价格差异为P_1' / P_2'，与汇率无关。只要无贸易时两国相对价格存在差异，即P_1 / P_2不等于P_1' / P_2'，那么一定存在比较优势和互利的国际贸易。若$P_1 / P_2 < P_1' / P_2'$，则A国生产产品1具有相对优势，若$P_1 / P_2 > P_1' / P_2'$，则A国生产产品2具有相对优势。

3. 比较利益的图形表述

设A、B两国在单位时间生产X产品和Y产品的情况如下：

表1-7　　分工前的劳动生产率

国家 商品	A	B
X	50	70
Y	25	100

显然，A国在生产X产品和Y产品上的成本都比B国高，即两者都处于劣势。如果按照亚当·斯密的绝对成本原理，A国和B国将不存在贸易。由于在A国，每单位X产品等于0.5单位Y产品，或每单位Y产品等于2单位X产品，B国每单位X产品约为1.5单位Y产品，或每单位Y产品为0.67单位X产品。根据比较优势原则，由于两国国内两种产品存在价格差异，因此两国存在分工和贸易的基础。虽然A国在两种产品的生产上都处于劣势，但X产品的劣势小（50/70），Y产品的劣势大（25/100）。A国应集中生产X产品，B国应集中生产优势更大的Y产品。

A国的各种可能的生产组合点如下表1-8所示：

表1-8　　A国的生产组合点

X	Y
50	0
30	10
10	20
0	25

B 国各种可能的生产组合点如表 1-9 所示：

表 1-9　　　　B 国的生产组合点

X	Y
70	0
56	20
42	40
28	60
14	80
0	100

根据 A 国、B 国的生产组合点，可以分别得到两国的生产可能性曲线，如图 1-3 和 1-4 所示：

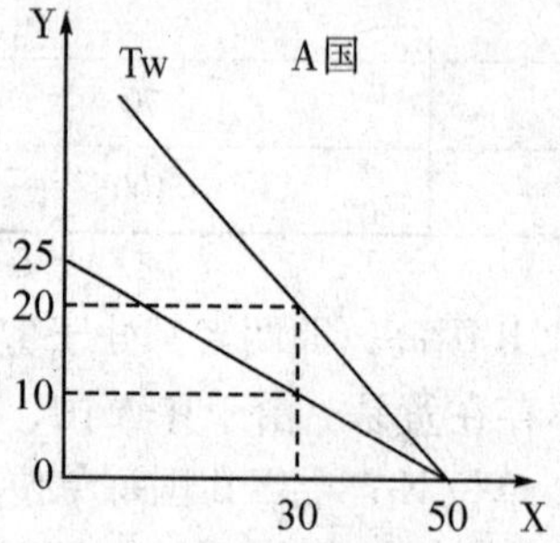

图 1-3　A 国的贸易利益

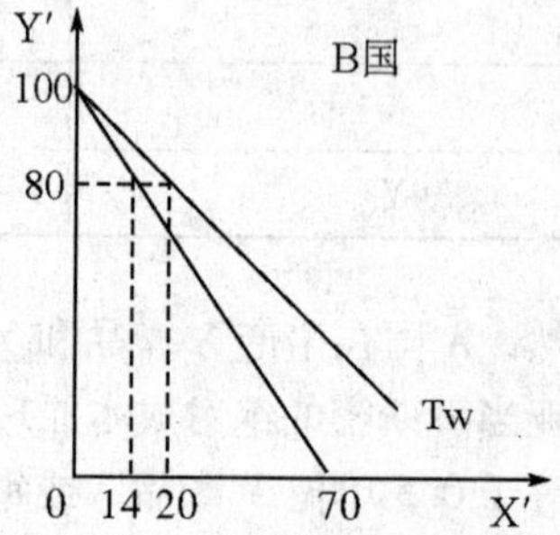

图 1-4　B 国的贸易利益

在图 1-3、图 1-4 中，在无国际贸易时，两国的生产可能性曲线就是其消费可能性曲线。设 A 国生产并消费 30 单位的 X 产品和 10 单位的 Y 产品，B 国生产并消费 14 单位的 X 产品和 80 单位的 Y 产品。经过专业化分工后，A 国生产具有相对优势的 X 产品，B 国生产具有相对优势的 Y 产品。假设现在以双方接受的国际交换比例：1 单位 X 产品交换 1 单位的 Y 产品（即交换比率=1∶1），A 国用 20 单位的 X 产品从 B 国获得 20 单位的 Y 产品，B 国用 20 单位的 Y 产品从 A 国获得 20 单位的 X 产品。显然，A 国较国内贸易能多交换 10 单位的 Y 产品（20-0.5 ＊ 20）。同样，B 国用 20 单位的 Y 产品可从 A 国交换到 20 单位的 X 产品，较在本国交换多得 6 单位的 X 产品（20-0.7 ＊ 20）。可见，通过国际贸易，同样的劳动投入两国都获得更多的消费，两国的福利水平都得到了提高。

我们还可以用其他图形来表述李嘉图的比较利益学说。

我们前面的解说是过于绝对了。事实上，由于机会成本的存在，国际生产专业化不会是完全的专业化，国际分工不会是完全的国际分工。因此，在图示中，任何一国的生产可能性曲线都不会是一条直线，后者仅仅是为了便于说明问题。如图 1-5 所示，A 国在 X 产品的生产上具有比较优势：

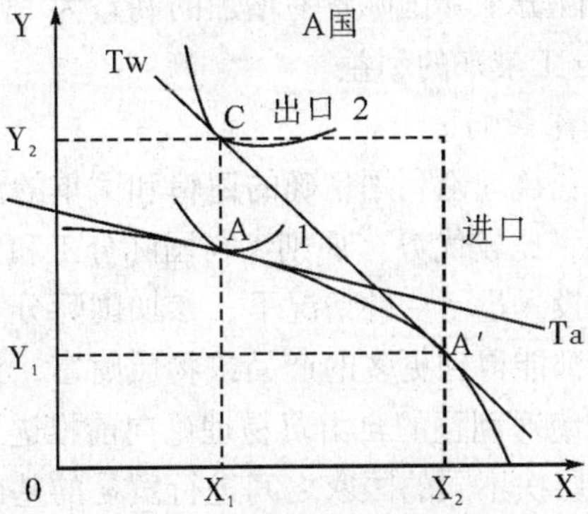

图 1-5 比较优势的图形说明

A 国选择 X 产品进行专业化的生产，但只是意味着更多地生产 X 产品，同时压缩 Y 产品的生产，将生产组合点从 A 向右下方移动至 A′；在世界市场上按照世界市场的交换比例，按照 1∶1 的交换比例，用 X_1X_2的 X 产品交换 B 国 Y_1Y_2的 Y 产品。相对于原来的即国际分工之前的消费组合点 A 来说，在现在的消费组合点 X_1Y_2上，A 国不仅消费的 Y 产品可以比以前多，而且消费的 X 产品也可以比以前多；社会无差异曲线也从 1 移动到了 2。所有这些都表明了通过参与国际分工和国际贸易，A 国福利水平的提高。当然 B 国也会如此。

另外，我们也可以看到，A 国现在所消费的 Y 产品，甚至比自己专业化生产的 Y 产品还要多，假如 A 国进行 Y 产品的专业化生产的话。这说明，国际分工和国际贸易的确能够促进劳动生产率和社会福利水平的提高。

还需要注意的是，社会无差异曲线 1 到 2 这段距离所显示的利益，既是国际分工的结果，也是国际交换的结果；也就是说，这部分增加的利益，实际上包含着两个部分，一部分是国际分工带来的，另一部分是国际贸易带来的。这一点，可用下图 1-6 示表明：

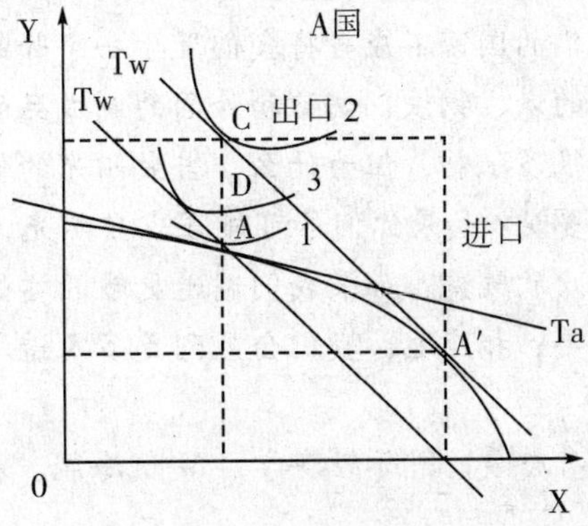

图 1-6 国际贸易利益与国际分工利益的区分

将价格线或交换比例线 Tw 从 C 点下移至 A 点，表明此时没有参与国际分工，但参与了国际贸易。参与国际分工和国际贸易增加的利益为 AC，其中，AD 为国际贸易带来的利益，CD 为国际分工带来的利益。

4. 比较利益学说的理论影响

大卫·李嘉图的比较利益理论利用精确的逻辑和简单的例子证明了一国无论生产水平高还是低，均可根据“比较优势”原则参与国际分工和贸易，都可以得到实际利益。在各自的生产要素的投入量不变的情况下，参加国际分工和国际贸易不仅使世界总产量增加，而且使各国都能得到更多的产品或物质财富，提高消费水平。比较利益理论将亚当·斯密的基于绝对利益的自由贸易理论向前推进了一大步，可以解释当今世界经济技术发展水平和层次不同的国家之间进行贸易的基础。这一学说被当时大部分经济学家接受，并为后来的经济学家所推崇，至今仍被作为影响国际贸易格局的基本因素。

比较优势理论案例　蜡烛工的请愿

在重商主义哲学盛行时期，保护主义蔓延，被激怒的法国经济学家 Frederic Bastiat（1801—1851 年），通过“以子之矛，攻子之盾”的方法压倒了保护主义者。巴斯底持在 1845 年虚构的法国蜡烛工人请愿的故事中，最成功地打击了贸易保护主义。现摘录如下：

我们正在经受着无法容忍的外来竞争，他看来有一个比我们优越得多的生产条件来生产光线，因此可以用一个荒谬的低价位占领我们整个国内市场。我们的顾客全都涌向了它，当它出现时，我们的贸易不再与我们有关，许多有无数分支机构的国内工业一下子停滞不前了。这个竞争对手不是别人，就是太阳。

我们所请求的是，请你们通过一条法令，命令关上所有窗户、天窗、屋顶宙、帘子、百叶宙和船上的舷窗。一句话，所有使光线进入房屋的开口、边沿、裂缝和缝隙，都应当为了受损害的工厂而关掉。这些值得称赞的工厂使我们以为已使我们的国家满意了，作为感激，我们的国家不应当将我们置于一个如此不平等的竞争之中……仅仅因为或部分因为进口的煤、钢铁、奶酪和外国的制成品的价格接近于零，你们对这些商品的进口就设置了很多限制，但为什么，当太阳光的价格整天都处于零时，你们却不加任何限制，任它蔓延？如果你们尽可能减少自然光，从而创造对人造光的需求，哪个法国制造商会不欢欣鼓舞？如果我们制造更多的蜡烛，那就需要更多的动物脂，这样就会有更多的牛羊；相应地，我们会见到更多人造草场，肉、毛、皮和作为植物生产基础的肥料。

资料来源：保罗·克鲁格曼. 国际经济学［M］. 海闻，蔡荣，等译. 北京：中国人民大学出版社，2002.

三、绝对利益学说和比较利益学说

李嘉图的比较利益学说建立在亚当·斯密的绝对利益学说的基础上，两者具有紧密的联系，但两者之间仍存在较大的差别。

1. 基本假设的异同。

绝对利益和比较利益论都基于以下的基本假定：全世界只有两个国家，生产两种商品；只有一种劳动要素——劳动力，且要素只能在一国内自由流动，在两国之间不能自由流动；交易双方生产成本不变，无规模收益，不考虑运输成本和其他交易费用；两国的资源都得到充分利用，同时资源从一部门转移到另一部门时，机会成本保持不变；产品在各国间自由移动，产品市场均处于完全竞争状态；以劳动价值论为基础，即劳动时间决定价值；物物交换；不存在技术进步和经济发展，国际经济是静态的；收入分配不受贸易的影响。因此，他们都是研究纯贸易的理论。但绝对利益论假定各国在不同的商品生产上有的处于绝对优势，有的处于绝对劣势；而比较利益论假定有的国家在所有商品的生产上都处于绝对劣势，有的国家在所有商品的生产上都处于绝对优势。

2. 劳动生产率、国际分工和贸易利益

李嘉图和斯密一样，也是劳动价值论者。在衡量产品的成本时，两者都是用单位产品所耗费的劳动时间来衡量。即从劳动价值论出发，认为商品的价值由生产商品时所花费的劳动时间决定的。但李嘉图又认为，支配一个国家中商品相对价值的法则，不能支配两个或更多国家间相互交换的商品的相对价值。在分析国内交换和国际交换时，李嘉图的出发点似乎都是劳动价值论，但事实上，李嘉图认为劳动价值论在国际交换中是不适用的，造成这种国内外差异的原因在于劳动力要素不能在国与国之间进行自由移动。对于国际贸易的基础和贸易形态与方向的决定，绝对利益学说认为一国只有存在绝对优势产品才有可能参与国际分工，通过专业化生产并出口该优势产品，从而获取贸易利益。比较优势所注重的不是两个国家同一种产品的成本绝对差异，而是两国国内产品成本比率的差异即劳动成本比率的差异。因此，只要存在劳动成本比率差异，即使一国在两种产品的生产上均处于绝对劣势，仍可能通过生产并出口相对优势的产品获利。而两种产品均处于优势的国家则生产并出口优势更大的产品，从贸易获得更多的利益。可以说，斯密的绝对利益情形不过是李嘉图相对利益模式的一个特例，后者更加全面和深刻。

3. 留待解决的理论问题

绝对成本理论和相对成本理论从劳动成本角度分析了贸易产生的原因，但对两国如何分配贸易利益即交换比率的确定只是做了理论的假定，并未进行分析。李嘉图是假定了而不是解释了比较优势。两者没有解释劳动生产率和国家间比较优势的差别，也不能解释国际贸易对生产要素获利的影响。两者虽然用劳动价值论解释了国际贸易产生的内在原因，但对影响劳动时间耗费的具体因素有那些，未进行深入分析，对各国之间产生的劳动生产率的相对差异的解释也不明确；两者只从成本或供给角度来分析产生贸易的条件，没有考虑是否存在构成国际贸易基础的其他因素。

李嘉图的比较利益存在许多苛刻的假定前提，如假定成本不变，假定要素完全不能在国际间自由移动等。这些假定都不符合客观现实，因此可以进一步放松这些假定前提，以使理论更符合贸易实际。此外，根据比较利益原则，似乎比较利益越大的国家贸易的可能性越大，当今的贸易应该主要在发达国家和发展国家进行，但事实上今天的国际贸易主要发生在发达国家之间。现实与理论的冲突不得不要求人们从多方面去解释国际贸易产生的原因。

第二节　贸易利益分配和相互需求方程

在李嘉图的比较利益中，没有解决两国贸易利益分配的问题，即国际商品交换比率的确定。李嘉图的学生，19 世纪中期英国最有影响力的经济学家约翰·司徒亚特·穆勒（John Stuart Mill，1806—1873 年）在其《政治经济学原理》（Principles of Political Economy）一书中用“相互需求原理”回答了这一问题。

一、约翰·穆勒的相互需求方程

1. 相互需求方程的涵义

穆勒认为国际商品交换比率是由两国对彼此商品的需求程度决定的。该理论将供求均衡分析法运用于国际商品交换领域，实质是供求均衡国际价格理论。他强调国际商品交换中商品的供给和需求是交易双方的相互需求。国际均衡价格形成的必要条件是贸易双方的出口商品总值等于进口商品总值。即一国产品同另一国产品相交换，其所要求的价格水平，是要使该国的全部出口价值恰好能够偿付其全部进口价值。实际的国际交换比例介于两国国内交换比例所确定的界限之内，其大小是由两国对对方产品的需求强度所决定的。穆勒不仅说明了国际贸易条件决定于两国的相互需求，还进一步说明了相互需求对国际贸易的影响。外国对本国商品的需求强度越是大于本国对外国商品的需求强度，实际贸易条件就越接近于外国的国内交换比率，这个比率会使贸易利益的分配越是有利于本国。反之，本国对外国商品的需求强度越是大于外国对本国商品的需求强度，实际贸易条件就越接近于本国的国内交换比率，这个比率会使贸易利益的分配越是有利于外国。

2. 相互需求方程的数学表述

穆勒的数学模型与李嘉图的数学模型实际上是相同的，唯一的区别是，在李嘉图模型中，一般是产出一定而投入不等，表述了单位产品的不同劳动耗费或单位产品的价值；与此相反，在穆勒的模型中，是劳动投入一定而产出不定，表述了单位劳动的产出，即劳动生产率。

同样假定世界上有 A 和 B 两个国家。每投入 1 单位的劳动，A 国可生产 10 单位的 X 产品，B 国也可生产 10 单位的 X 产品；但是，使用 1 单位的劳动，A 国只能生产 15 单位的 Y 产品，B 国却可以生产 20 单位的 Y 产品。在 X 产品的生产上，两国具

有相同的劳动生产率，而在Y产品的生产上，B国的劳动生产率则要高许多。（如表1-10所示）

表1-10 各国的劳动生产率

产品 国家	X	Y
A国	10	15
B国	10	20

因此，可以确定：

比较优势：A国在X产品的生产上；B国在Y产品的生产上。

A国和B国参与国际分工和国际交换之前，4单位劳动可生产：20单位的X产品，35单位的Y产品；参与国际分工和国际交换之后，4单位劳动可生产：20单位的X产品，40单位的Y产品。分工与贸易的利益为5单位的Y产品。

我们注意到，X产品与Y产品的交换比例，在A国为10X∶15Y，在B国为10X∶20Y。这就是说，如果A国在世界市场上能以10单位X产品换取等于或多于15单位Y产品，A国便乐于参与国际分工并进入世界市场；如果B国在世界市场上能以等于或少于20单位Y产品换取10单位X产品，B国便乐于参与国际分工并进入世界市场。简而言之，在世界市场上，10单位X产品能够交换到的Y产品为15~20单位。

3. 相互需求方程的图形表述

我们首先看看在世界市场上X产品和Y产品的交换比例区间是如何确定的。

依据上面给定的数据，A国不会以10单位的X产品去交换B国少于15单位的Y产品，B国也不会用多于20单位的Y产品去交换A国10单位的X产品。因此，A、B两国国内各自的交换比率就构成了国际交换比率的上下限，实际交换比率将处于两国国内交换比率之间，即图中的交易区域内。（如图1-7所示）

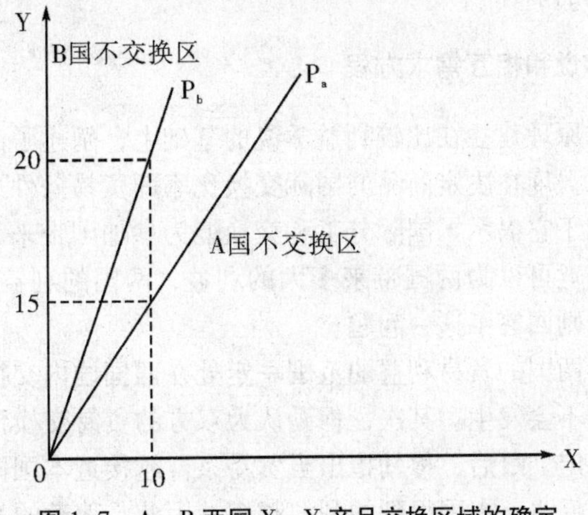

图1-7 A、B两国X、Y产品交换区域的确定

但是，具体的交换比率究竟应该在哪一点上，单单依靠供给曲线的斜率（dY/dX），即仅仅从供给方面是无法说明的。

正如前面已经说明的那样，穆勒认为，在由比较利益决定的两国交换比率的上、下限内，实际而且是唯一的均衡贸易条件，是由两国对于交易对手的相对需求强度决定的，即谁的需求强度越大，交换比率对谁越不利。

现在，我们需要分析一下相互需求方程的均衡条件。

下面以X产品的供求为例，以说明均衡的实现，如图1-8所示。

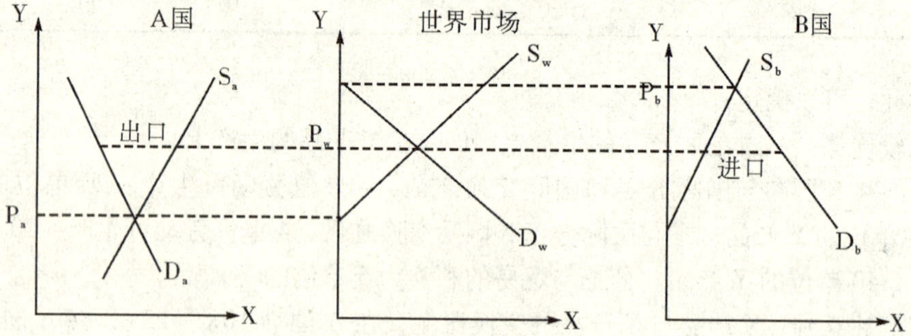

图1-8 国际相互需求的均衡条件

P_a为A国X产品的均衡价格（这里所谓的价格为相对价格，下同），P_b为B国X产品的均衡价格，由于生产X产品的比较优势在A国，故$P_a<P_b$。根据前面的说明，P_a和P_b决定了世界价格的上下限，而P_w是均衡的世界价格。三个价格之间的关系是：$P_a<P_w<P_b$。由于$P_a<P_w$，故A国向世界市场出口X产品；由于$P_w<P_b$，故B国从世界市场进口X产品。在X产品相对价格高于均衡水平时，A国X产品的出口将超过B国X产品的进口需求量，X产品的相对价格将降到均衡价格水平。另一方面，情况若相反，则X产品的进口量将超过X产品的出口量，价格将升回均衡水平。相互需求论从供求角度说明了价格的变化，以及均衡的条件（供给=需求），实际上解释了价格是怎样围绕价值波动的。

二、比较利益学说和相互需求方程

穆勒的相互需求原理建立在比较利益学说的基础上，阐述了商品国际交换比率的确定过程，强调需求强度在决定商品的国际交换比率即贸易条件上的重要作用。比较成本学说的科学性在于它揭示了国际分工和交换能为参加国带来利益。但是比较利益学说没有解释贸易究竟可以为两国带来多大的利益，两国的利益又如何分配等问题。穆勒的相互需求理论则回答了这一问题。

首先，穆勒认为两国的贸易利益的范围一定处在两国国内交换比率之间，超过这个界限，国际贸易就不会发生。其次，穆勒认为双方的贸易交换比例由两国对对方商品的相互需求强度决定。最后，穆勒指出当贸易条件越接近本国国内的交换比率，本国得到的利益越少；反之，本国得到的利益越多。因此，穆勒的相互需求理论在一定程度上发展和完善了李嘉图的比较利益理论。

在分析方法上两者也存在差异。首先，李嘉图在探讨比较利益时，是从两种商品的生产成本，亦即供给方面着眼的；而穆勒在寻找国际商品交换比例的决定因素时，却是从需求方面入手。其次，李嘉图是从劳动价值论出发，衡量单位商品的不同劳动投入量；穆勒则假定两国的劳动投入是相同的，但生产的商品数量不同。最后，穆勒采用供求均衡分析方法。这种微观经济学的分析方法对后来的资产阶级学者进行国际贸易研究产生了很大的影响。

必须指出的是相互需求原理只能运用于经济规模相当，双方的需求都能对市场结果带来显著影响的国家。如果两个国家经济规模相当悬殊，小国相对需求强度远小于大国的相互需求强度。这样，小国只能是价格的接受者，大国可利用其在进出口需求方面的强大影响力，使贸易条件向着有利于本国的方向变动。

三、贸易利益及其分配

两国开展贸易获得的贸易利益既可以来自静态利益，也可以来自动态利益。

1. 贸易的静态利益

一国参与贸易后可以获利，但这些利益是否可以平均地分配给每一个人呢？由于生产者和消费者在国际贸易中地位不同，我们可把利益集团划分为生产者和消费者两大集团，并从贸易前后两大集团的福利变化来考察贸易的影响。

经济学中常用“剩余”来概括一种额外利益，当生产者愿意接受的价格低于实际接受价格时，生产者获得生产者剩余；反之，消费者愿意接受的价格高于实际接受价格时，消费者获得消费者剩余。

首先，我们来分析 Y 产品的进口对 A 国生产者和消费者的影响。（如图 1-9 所示）这里的生产者是与进口商品相竞争的国内生产者集团，消费者集团是指消费进口产品的消费者集团。

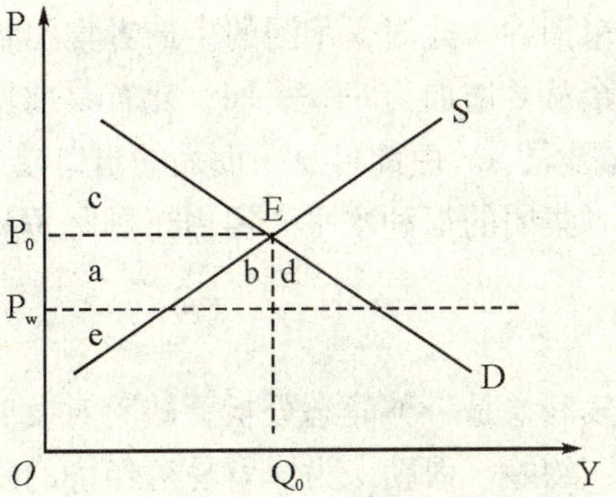

图 1-9　进口对 A 国福利的影响

说明：图 1-9 中曲线 S 表示 A 国 Y 产品的总供给曲线，曲线 D 表示 A 国 Y 产品的总需求曲线，E 为贸易前国内的均衡点，均衡价格为 P_0，均衡产量为 Q_0。Pw 为 Y 产品的世界均衡价格。

如图 1-9 所示，贸易前，A 国的消费者剩余为 c，而生产者剩余为 a+e。贸易后，由于国际 Y 产品的价格低于国内 Y 产品的价格，消费者将增加对 Y 产品的消费，但国内的生产者在产品价格下降后，减少了供应，供给小于需求，供给缺口只能通过国际市场来弥补。此时，A 国的生产者和消费者集团的福利发生了较大的变化。生产者剩余从 a+e 减少为 e，消费者剩余则增加到 c+a+b+d，比贸易前增加了 a+b+d。由此可见，商品的进口提高了消费者集团的福利水平，相反降低了进口国生产者的福利水平。但由于国际贸易，该国的总福利增加了 b+d。

同理，我们分析 A 国按世界价格出口 X 产品时生产者集团和消费者集团所受到的影响。(如图 1-1 所示)

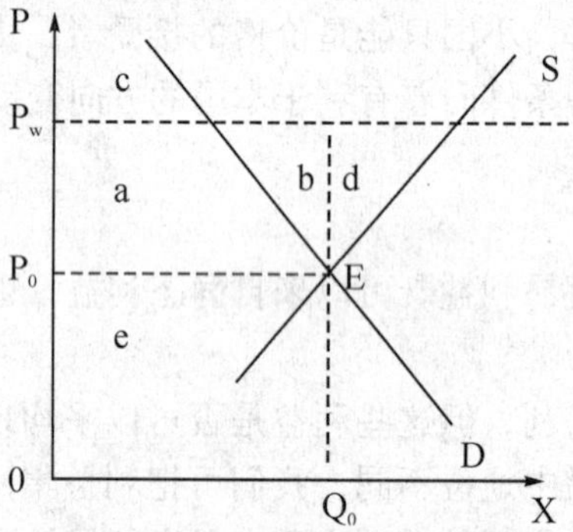

图 1-10　出口对 A 国福利的影响

说明：图 1-10 中曲线 S 表示 A 国 X 产品的总供给曲线，曲线 D 表示 A 国 X 产品的总需求曲线，E 为贸易前国内的均衡点，均衡价格为 P_0，均衡产量为 Q_0，P_w 为 X 产品的世界均衡价格。

如图 1-10 所示，贸易前，A 国的消费者剩余为 c+a，而生产者剩余为 e。贸易后，由于国际 X 产品的价格高于国内小麦价格，消费者将减少对 X 产品的消费，但国内的生产者在产品价格上升后，增加 X 产品的供应，供给大于需求，多于需求的部分只能通过向国际市场出口来消除。此时，A 国的生产者集团和消费者集团的福利发生了较大的变化。生产者剩余从 e 增加为 e+a+b+d，比贸易前增加了 a+b+d，消费者剩余则减少为 c，比贸易前减少了 a。由此可见，商品的出口减少了消费者集团的福利水平，却提高了出口国生产者集团的福利水平。但由于国际贸易，该国的总福利增加了 b+d。

2. 贸易的动态利益

一些经济学家认为比较利益是一种静态分析，缺乏对发展过程中的本质分析，忽视了贸易的动态影响。如：约翰·穆勒认为，贸易对经济的影响除了静态的增加福利外，还应强调它的动态影响。各国根据比较优势原则发展国际贸易，其结果是更加有效地利用了世界生产力。因为一国可以在更大的市场上提供产品，可以在更大范围内进行国际分工，使机械更加有效地利用，可以更好地发明创造和改善生产过程。对外贸易可以克服一国市场较小，不能有效实现规模经济的缺点。他将贸易对经济发展的动态影响概括为：①扩大市场范围，引起更大范围的劳动分工，提高劳动生产率；②引进国外的技术，提高劳动生产率，增加资本积累；③灌输新的思想和新的消费偏好，促进经济“知识率”的提高。W. 马克斯·科尔登（W. Max Corden）在他的《贸易对增长率的影响》一书中，从需求-动力和供应-动力两个方面分析了贸易对经济增长的影响。第一，最直接的影响是实际收入的增长；第二，产生资本积累的影响，它是实际收入增长的部分用于投资的结果，这些投资将成为未来的收入；第三，可能带来替代的影响，如果投资于消费品将导致消费产品增长率的提高，其相对价格将下降，从而增加国内生产，替代消费品进口；第四，收入分配的影响，贸易使收入分配转向出口产品，使得出口产品密集使用的生产要素收入提高。

国际贸易如同发动机，对经济的动态影响是广泛的，综合而言，包括以下几大方面：

（1）开展国际贸易，有利于开拓新市场，实现规模经济。开展国际贸易，企业将面向世界市场组织生产，出口商品的市场日益扩大，市场的扩大反过来促进生产规模的扩大，从而带来规模经济效益。

（2）开展国际贸易有利于带动国内经济增长。根据凯恩斯的对外贸易乘数论，出口的扩大将引起出口部门收入增加，由此带动非出口部门的收入增加，通过消费和投资的乘数效应，将促进国内经济快速发展。因此，对外贸易不仅促进出口产业的发展，而且会促进与出口产业相关联的一些产业发展。如汽车出口将带动与其相关联的钢铁业、橡胶业、玻璃业、塑料业等产业的发展。

（3）开展国际贸易有利于使市场竞争机制充分发挥作用，从而刺激企业采用先进技术，提高竞争力。一国参与国际贸易，必然使本国的企业直接或间接纳入与外国的竞争之中。这样，一方面，企业不能不同外国生产同类商品的企业竞争；另一方面，国内企业又不能避开进口商品的竞争，这就迫使企业不得不采用先进技术，提高科研开发能力，以在市场的激烈竞争中立于不败之地。

（4）开展国际贸易有利于促进一国经济结构调整。一国可以利用对外贸易，积极参与国际分工。这就需要发展本国具有现实或潜在比较优势的产业，淘汰不合理的产业，优化资源配置。

（5）开展国际贸易必然带来新产品、先进技术和管理经验，带来人员交流、文化传播和思想交换。

通过国际贸易带来的新产品，使得消费者可以有更大的选择范围，由此提高消费者福利水平。国际贸易还促进国际先进技术的扩散，促进人们思想进步、思维方式改变，对国内一些传统体制造成冲击。

此外，国际贸易的发展会带动诸如交通运输业、通讯事业、供电、保险、银行等基础设施和公用事业的发展。国际贸易还可以扩大就业，增加收入和资金的积累，促进投资增长，从而带动整个经济增长。

3. 贸易参与国能否获益

国际贸易利益是客观存在的。在现实中，国际贸易利益能否实现，实现多少，往往受诸多条件限制，既有国内因素，又有国际因素，既有微观条件，又有宏观条件。

前面我们进行的国际贸易静态利益分析是建立在完全竞争、充分就业且资源在国内是充分流动的前提下，但一些国家尤其是广大的发展中国家国内经济并不能满足这一前提。通过国际贸易，生产要素无法轻易地从高成本的部门向低成本的部门转移。这样，短期内发展中国家的专业化生产收益将可能下降。尤其是按照比较优势原则，发展中国家应扩大其具有相对优势的劳动型密集产业的发展，这将刺激劳动密集型生产而不是更加现代化的资本密集型生产，这意味着扩张了经济中的传统农业部门、初级产品部门和劳动力密集型的制造业，而牺牲了现代制造业的发展。这些传统产业的相对发展对发展中国家经济的长远发展实际上存在很大弊端。因为这些产品的收入需求弹性和价格需求弹性都比较低，且农产品受天气状况影响大，收入极不稳定，如果发展中国家是该产品的出口大国，出口的扩张还很有可能使得贸易条件恶化。实际上，发展中国家的贸易条件总体上呈现出一种恶化的趋势。

此外，扩大简单的劳动密集型产品的生产与依靠工业化国家提供制成品和资本品不仅会导致一种危险的经济依附关系，而且还将不可避免地把发展中国家的经济安全同工业化国家的经济安全联系在一起。

总体上，发展中国家开展自由贸易的利益远远小于市场经济完善的发达国家。

当然，对一些发展中国家的贸易增长并未能很好地带动本国经济的发展，一些学者认为这是由于一些客观因素造成的。例如：国际市场力量不利于一些发展中国家，使这些国家贸易条件恶化，出口产品价格下降，收入没能得到相应增加，甚至下降；许多发展中国家的出口部门与国内企业部门分离，因此，需要国家建立一个综合经济体系，促进出口部门经济的增长来带动其他部门的发展；发展中国家出口商品的带动作用小。因为不同的出口商品，将产生不同的“知识率”和连锁反映。如果出口部门的生产技术是一种简单的扩大，那么它对经济的带动作用比较微小。如果出口部门使用的是新技术，则对经济的促进作用就比较大。

第三节　单要素模型与相对价格

为了便于认识比较优势对国际贸易模型的决定性作用，我们通常分析一国只拥有单一生产要素——劳动力的情形。这种分析方法虽然与现实有较大的差异，但却非常能揭示问题的内涵。我们假定有两个国家：A 国和 B 国；每个国家只有一种生产要素：劳动力；生产两种产品：X 和 Y。

一、几个基本概念

在分析贸易模型中我们首先需要对比以下几个基本概念。

1. 价格与货币

在国际贸易中商品的价格用货币来表现。在完全自由竞争的经济中，商品的价格等于生产成本，即等于生产要素成本。这里我们只考虑劳动力要素。因此衡量单位商品的货币投入量需要考虑各国工资水平。又由于各国使用不同的货币，因此，需要通过外汇汇率将同一商品的外币价格折算为本币价格才能进行有效比较。

但是，如前所述，在国际贸易理论这一篇中，我们暂时不考虑货币问题，这里没有货币，商品的价格是一种相对价格，也就是用一种商品来表示另一种商品的价格。鉴于我们这里的投入只有劳动，因而，商品的价格即商品的相对价格实际上只是两种商品的劳动耗费之比。

2. 劳动生产率与相对劳动生产率

设L为A国的劳动总供给，alx和aly分别为A国生产单位X产品和单位Y产品的平均劳动耗费。L′为B国的劳动总供给，alx′和aly′分别为B国生产单位X产品和单位Y产品的平均劳动耗费，则两国生产X产品和Y产品的相对劳动生产率分别为$\frac{aly}{alx}$（$=\frac{1}{alx}/\frac{1}{aly}$）和$\frac{aly'}{alx'}$（$=\frac{1}{alx'}/\frac{1}{aly'}$），即前者为A国生产X产品的相对劳动生产率，后者为B国生产X产品的相对劳动生产率。

3. 价格和相对价格

国际间贸易商品的价格是由市场上的供给和需求决定的。然而当我们研究相对优势时，我们必须同时考察两个市场之间的关系。假设考察X产品和Y产品市场，则我们不仅要看X产品和Y产品的供给量和需求量，还要注意它们的相对供给和相对需求。即我们要使用一种商品的供给量除以另一种商品的供应量或一种商品的需求量除以另一种商品的需求量来表示该商品相对供给和相对需求。设Q_x和Q_x'分别表示A国和B国X产品的需求（供给）量，Q_y和Q_y'分别表示A国和B国Y产品的需求（供给）量，则世界市场上X产品的相对供给或相对需求量表示为（Q_x+Q_x'）/（Q_y+Q_y'）。

相对供给与相对价格是互相联系、互相影响的。相对价格是不同商品价格之间的一种比较。如果P_x和P_y分别代表A国X产品和Y产品的价格，P_x'和P_y'分别代表B国X产品和Y产品的价格，则A国X产品的相对价格为$\frac{P_x}{P_y}$，B国X产品的相对价格为$\frac{P_x'}{P_y'}$。当X产品的相对价格上升时，X产品的相对供给将会增加；当X产品的相对价格下降时，X产品的相对供给将会下降；当X产品的相对价格不变时，X产品的相对供给也不会发生变化。

二、单要素经济模型

我们首先只对拥有单一劳动力生产要素的经济模型进行分析，这对于我们进一步认识拥有多要素的两国贸易模式很有帮助。

1. 生产可能性边界

单要素讨论的是每种产品只投入劳动力一种要素，劳动生产率定义为生产单位产品所需的劳动投入。所需劳动投入越少，其生产技术水平越高。在一定量的劳动力供给约束下，经济对两种产品的生产能力也有限。要扩大一种产品的生产，就必须减少另一种产品的生产。机会成本是指增加某种产品的生产所必须放弃的另一种产品的产量。我们可以用生产可能性区域来表示经济可能生产的两种产品的各种产量组合，如图 1-11 所示。

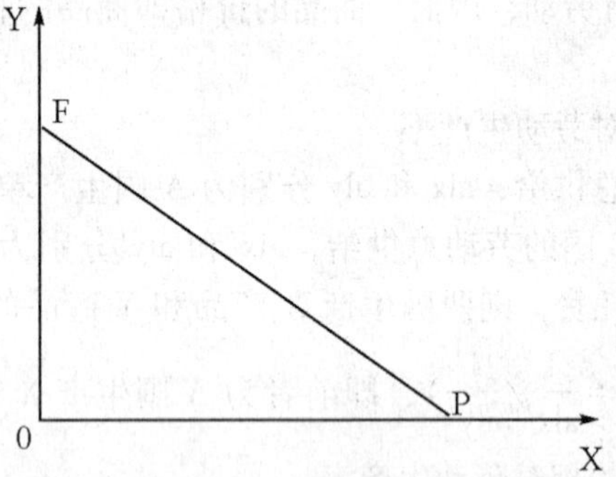

图 1-11　生产可能性边界

说明：直线 PF 表示 X 产品产量给定时，Y 产品的最大可能产量，同时也表示在 Y 产品产量给定时，X 产品的最大可能产量。

令 Q_y 为本国 Y 产品的产量，Q_x 为本国 X 产品的产量。那么本国用于生产 Y 产品的劳动为 $aly \times Q_y$，用于生产 X 产品的劳动为 $alx \times Q_x$。由于本国的劳动总供给为 L，受劳动力资源的限制，本国可使用的劳动量为：$alx \times Q_x + aly \times Q_y \leqslant L$。其中，$alx \times Q_x + aly \times Q_y = L$ 为本国可使用劳动的最大数量，即生产可能性边界。生产可能性边界表明了经济可能生产的两种产品的最大产量的组合。在生产可能性边界上看，每多生产一单位的 X 产品就要减少一定单位的 Y 产品的生产。这样，由于多生产 1 单位 X 产品需要投入 alx 小时的劳动，因为每单位时间（比如 1 小时）的劳动能生产 1/aly 单位的 Y 产品，这意味着多生产 1 单位的 X 产品将丧失生产 alx/aly 单位的 Y 产品。因此，用 Y 产品来衡量的 X 产品的机会成本是 alx/aly，即两种产品的单位劳动耗费之比，这也是生产可能性边界的斜率。

2. 相对价格与供给

经济实际将选择生产哪一种产品，还需要由市场上商品的相对价格来决定。由于自由竞争经济中的工资水平由边际产值决定，每小时工资率等于 1 个工人在 1 小时内创造的价值。本国生产 1 单位 X 产品需要 alx 小时的劳动，所以在 X 产品这个产业部门，每小时的工资率为 P_x/alx，本国生产 1 单位的 Y 产品需要 aly 小时的劳动，所以在 Y 产品这个产业部门，每小时的工资率为 P_y/aly。由于劳动力要素可以在一国自由移动，当 $P_x/alx > P_y/aly$ 时，即是说，当 X 产品这个产业部门的小时工资率高于 Y 产业部门时，劳动力就会被吸引到 X 产品这个部门，本国将更多地生产 X 产品；反之，若 $P_x/alx < P_y/aly$，也就是说，当 X 产品这个产业部门的小时工资率低于 Y 产业部门

时，劳动力就会被吸引到 Y 产品这个部门，本国将更多地生产 Y 产品。

在没有国际贸易的封闭经济条件下，通过生产的调整，各部门的工资率将相同，即 $P_x/alx=P_y/aly$，劳动力将停止在两部门之间的流动。$P_x/alx=P_y/aly$ 可改写为 $P_x/P_y=alx/aly$，即每一种产品的相对价格最终将等于他们的劳动耗费之比，或者说，相对价格与相对劳动生产率成反比。

这里顺便指出，假定 alx /aly 为 A 国单位 X 产品的相对劳动耗费，alx′/aly′为 B 国单位 Y 产品的相对劳动耗费，那末，当 alx /aly<alx′/aly′时，也就是当 A 国 X 产品的相对劳动耗费低于 B 国 X 产品的相对劳动耗费时，A 国的比较优势就在 X 产品的生产上，B 国的比较优势就在 Y 产品的生产上。因此，李嘉图比较优势理论的一般数学表述为：alx /aly<alx′/aly′。

三、交换比例与贸易利益

在分析单一生产要素的经济模型后，我们对拥有单要素的两个国家的贸易模型和交易比例问题很容易得到解决。

1. 交换比例的确定

假定 A 国出口 X 产品而进口 Y 产品，B 国出口 Y 产品而进口 X 产品，X 产品的相对供给曲线为 RS，相对需求曲线为 RD。

一国是否生产 X 产品取决于 X 产品的相对价格和 X 产品相对劳动生产率的大小。我们发现，相对供给曲线呈现“阶梯”型；相对需求曲线是一条向下倾斜的曲线。因为当 X 产品相对价格较高时人们通常会减少 X 产品的需求而增加 Y 产品的需求，这样，X 产品的相对需求量就会减少，反之亦然。具体如图 1-12 所示：

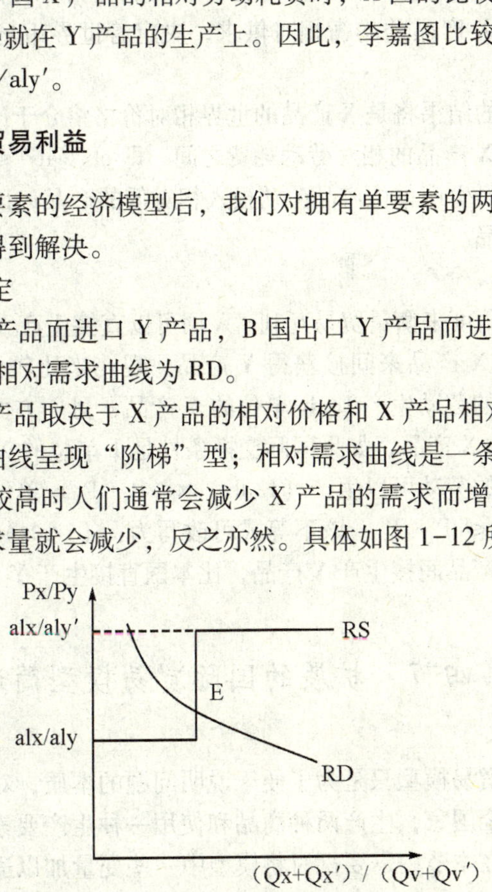

图 1-12　生产 X 产品的相对供给和相对需求

假定两国的相对劳动耗费为 alx /aly>alx′/aly′。令 Px 和 Py 分别为 X 产品和 Y 产品的价格。当世界市场上 X 产品的相对价格低于其相对劳动耗费，即当 $P_x/P_y<alx/aly$ 时，A 国和 B 国都将生产 Y 产品，没有任何国家生产 X 产品，世界上 X 产品的供给量为零。当世界市场上 X 产品的相对价格等于其相对劳动耗费，即当 $P_x/P_y=alx/aly$ 时，A 国的工人无论生产 Y 产品还是生产 X 产品所获得的报酬都是一样的。A 国可任意选择两种产品的相对供应量，供给曲线为水平状。当世界市场上 X 产品的相对

价格大于 A 国 X 产品的相对劳动耗费而小于 B 国 X 产品的相对劳动耗费时，即当 $alx/aly < P_x/P_y < alx'/aly'$时，A 国将专门生产 X 产品，B 国将专门生产 Y 产品。如果本国只生产 X 产品，总共能生产 L/alx，外国只生产 Y 产品，则总共能生产 L′/ aly′，因此，X 产品的相对供应量为（L/alx）/（L′/ aly′）。当世界市场上 X 产品的相对价格高于 B 国 X 产品的相对劳动耗费即当 $P_x/P_y > alx'/aly'$时，A 国和 B 国都将生产 X 产品。因此，在不同的相对价格水平下，A 国和 B 国将调整自己的 X 产品和 Y 产品的供给，从而决定世界市场上 X 产品的相对供给水平。

X 产品的相对供给量和相对需求量均随着 X 产品的相对价格变化而变化，两者相等时表明世界市场上 X 产品的均衡相对供求，决定着世界市场上 X 产品的均衡相对价格。

显然，国际贸易的结果将是 X 产品的世界相对价格将介于国内生产 X 产品的相对劳动耗费与外国生产 X 产品的相对劳动耗费之间，即 $alx/aly \leqslant P_x/P_y \leqslant alx'/aly'$。

这一结果使各国只生产单位产品劳动投入相对低的产品，因此，A 国只生产 X 产品，B 国只生产 Y 产品。

2. 贸易利益

我们可以从另一角度来衡量贸易互利。A 国可以直接生产 Y 产品，也可以通过专业生产 X 产品并出口 X 产品来间接获得 Y 产品。现在来比较两种生产方式的效率。由于 A 国可用 1 小时的劳动生产 1/aly 单位的 Y 产品，另一方面，本国可用 1 小时的劳动生产 1/alx 单位的 X 产品，如果国际交换条件是 1 单位的 X 产品交换 Px/Py 单位的 Y 产品，则 1 小时的劳动可以生产（1/alx）×（P_x/P_y）单位的 Y 产品。前面我们已经分析到，$alx/aly \leqslant P_x/P_y$，该不等式可改写为：（1/alx）×（Px/Py）≥1/aly，这表明，通过出口 X 产品间接生产 Y 产品，比本国直接生产 Y 产品更有效率。

第四节　扩展的国际贸易模型简述

前面分析的国际贸易模型只是为了便于说明问题的本质，对现实作了很多理论的抽象，主要是分析两个国家，生产两种商品和使用一种生产要素：劳动力。为了使理论更符合现实，我们在本节中需要探讨将模型中一些变量加以适当扩展后比较优势是怎样发挥作用的。

一、理论和现实

从产品方面看，简单的李嘉图贸易模型只考察两种产品。这种简化使我们能抓住比较优势的要点，并使其成为我们讨论贸易政策的工具。但在多种产品进入国际贸易的情况下，原来的简单模型中比较优势理论是否仍然有效？

从要素方面看，由于在产品生产中投入的要素往往不只是一种，除劳动力之外，生产产品和劳务所投入的要素至少还包括资本、土地、自然资源和技术等几大类。因此，现实中的贸易理论不仅要看到劳动力的重要性，也要看到其他要素对国际贸易发挥的重要影响。因此，本节我们将从多产品和多要素这两个方面对简单贸易模型进行扩展。

二、单要素多产品贸易模型

当两国生产不止一种产品，而是多种产品的情形下，国际贸易的模式又将如何?

1. 模型的假定

假定世界上只有两个国家：本国与外国，生产 N 种产品。一国的劳动耗费为生产单位产品的劳动投入量。设：

ai：本国生产每单位 i 产品的劳动投入量。

w_1：本国工资水平。

ai′：外国生产每单位 i 产品的劳动投入量。

w_2：外国工资水平。

2. 相对工资与生产专业化

由于企业生产 i 产品的成本等于 i 产品的单位劳动投入乘以工资率，故本国的 i 产品的成本为 $ai * w_1$，外国相应的成本为 $ai' * w_2$。如果 $ai * w_1 < ai' * w_2$ 或改写为 $ai'/ai > w_1/w_2$，那么本国生产产品 i 的成本就比较低。同理，如果 $ai * w_1 > ai' * w_2$，或改写为 $ai'/ai < w_1/w_2$，那么外国生产产品 i 的成本就比较低。因此，在多种产品贸易中，各国专业化分工的原则是：凡是 $ai'/ai > w_1/w_2$ 的产品，即本国相对外国的工资小于外国相对于本国的劳动耗费，则该产品由本国生产，反之若 $ai'/ai < w_1/w_2$，即本国相对外国的工资大于外国相对于本国的劳动耗费，则该产品由外国生产。下面试举一例加以说明。

设本国和外国都生产和消费粮食、奶酪、钢铁和服装。本国与外国这四种产品的劳动生产率如下表 1-11 所示：

表 1-11　　两国产品的劳动生产率

商品 劳动生产率	粮食	奶酪	钢铁	服装
本国劳动生产率	1	5	3	6
外国劳动生产率	10	40	12	12
本国劳动生产率的相对优势	10	8	4	2

哪个国家在生产上述哪种产品上具有比较优势，取决于两国的相对工资。如果本国的工资是外国的 5 倍，显然，本国将生产粮食和奶酪，外国则生产钢铁和服装。如果本国的工资率只是外国的 3 倍，则本国将生产粮食、奶酪、钢铁，外国只生产服装。可见，与简单的李嘉图的两种产品模型不同的是，各国的比较优势不仅取决于两国的劳动生产率的差异，还取决于两国的工资成本，是对两者综合考虑的结果，因此

扩展的模型在分析比较优势时考虑影响成本的因素更全面、更科学。

3. 相对工资的确定

从上面两国专业化分工的原则可知，究竟由哪国生产哪种产品必须在相对工资率已知的情况下才能确定。工资作为劳动力要素价格显然是由劳动力供给与需求确定的。这里劳动力的需求是一种派生需求，它最终由商品需求决定。当商品需求增大时，则对劳动力的需求也扩大；反之，当商品需求减少，对劳动力的需求也减少。下面，我们仍借助上面的例子来说明相对工资的确定。

设本国最初工资是外国的2.5倍，在这一工资水平上，根据上面的分工原则，本国将生产粮食、奶酪和钢铁，外国将生产服装。如果相对工资上升，只要小于4，则专业分工的布局不会变化，但由于本国的相对工资上升，本国的劳动需求减少。然而当本国的相对工资超过4时，本国的钢铁生产已经不具有优势了，因此本国将停止钢铁生产，而外国则开始创建一个新的产业。由此本国的劳动力需求将大幅下降。在相对工资为4时，两国生产钢铁的相对优势相同，两国都能生产钢铁。如果工资继续上升，只要相对工资小于8，仍出现相对劳动需求的下降，当达到8这一转折点时，劳动相对需求又出现一个大幅度的下降。依次类推，我们可以得到一个“阶梯形”的劳动力相对需求（RD）图形，如下图1-13所示：

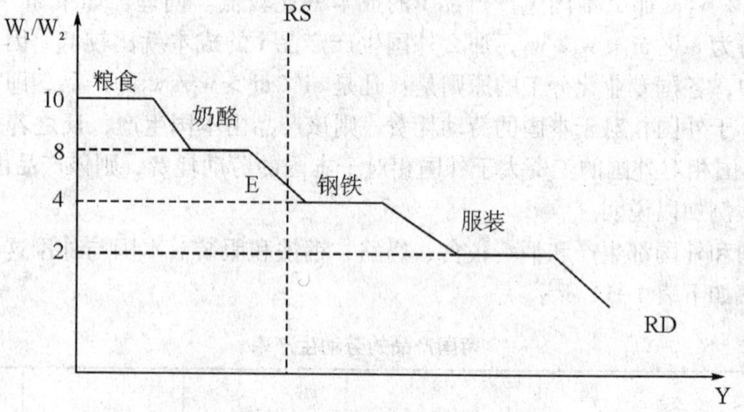

图1-13　两国的劳动分工

劳动的相对供给（RS）是本国和外国可供给的劳动之比。为简便起见，我们假定劳动力的相对供给是固定的。因此劳动的相对供给是一条垂直线。劳动的相对供给与相对需求的交点E确定了均衡的相对工资。

三、特定要素贸易模型

李嘉图的比较利益学说说明所有参与贸易的国家都将从贸易中获利，而且贸易没有影响一国收入的分配。然而现实中国际贸易对一国不同的利益集团影响是不同。为此，我们引入收入分配的特殊模型，即特定要素模型。

1. 特定要素贸易模型的假定

我们研究本国经济，设本国只生产两种产品：钢铁和粮食；有三种生产要素：资本、劳动力和土地。其中，生产钢铁需要劳动力和资本，不需要土地，生产函数为：Q_s= F（K，L），其中 Qs 表示钢铁产出。生产粮食需要土地和劳动力，不需要资本，生产函数为 Q_f= F（T，L），Q_f 表示粮食产出。假定这里只有劳动力可以在两个行业之间自由移动，而土地只能使用在粮食生产上，资本只能使用在钢铁生产上，是属于满足这些产业生产的特定要素。

2. 生产可能性边界

由于特定要素模型中，资本和土地都只能用于各自特定的行业，只有劳动力可以自由移动。在这种前提下，无论是对钢铁行业还是对粮食行业而言，给定一个资本投入量，劳动投入越多，钢铁或粮食的产出就越大。但随着劳动投入的增加，意味着一个工人可支配的资本量或土地减少，因此，每一单位相继增加的劳动所带来的产出增加都比上一个要少，即劳动的边际产量（MPL）递减。如图 1-14 所示：

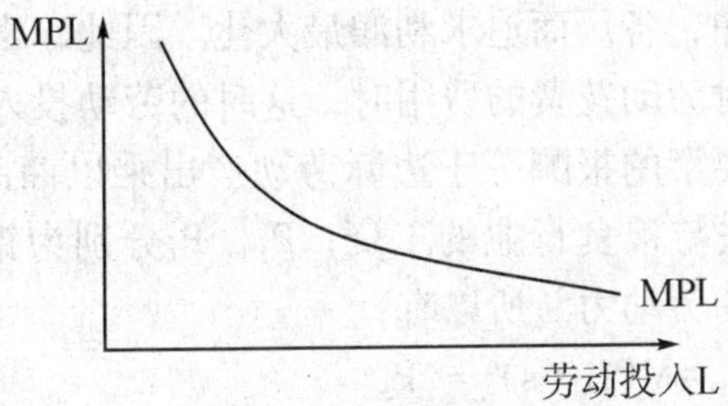

图 1-14 边际劳动产出

令 MPL（s）、MPL（f）分别为钢铁和粮食的劳动边际产量。如果将 1 小时的劳动从粮食行业转向钢铁行业，这一额外的投入会使钢铁的产出增加，增加的量就是钢铁行业的劳动边际产量 MPL（s），因此要使钢铁增加 1 单位，就必须投入 1 / MPL（s）小时的劳动。同时，从粮食生产中每转移 1 单位的劳动，将使粮食的产出减少，减少的量正好等于粮食部门的劳动边界产量 MPL（f）。因此，要增加 1 单位钢铁的产出，就必须减少 MPL（f）/ MPL（s）单位的粮食产出。显然，由于存在边际报酬递减，当越多单位的劳动力从粮食行业转向钢铁行业时，其单位劳动增加的钢铁越少，而减少的粮食越多，这意味着增加 1 单位的钢铁要牺牲更多的粮食产量，即钢铁生产的机会成本增大。这与李嘉图的简单模型中假定不变的机会成本，即机会成本为一条直线不同。在特定要素模型中，机会成本是变化的，生产可能性曲线表现为一条凹向原点的曲线，如图 1-15 所示：

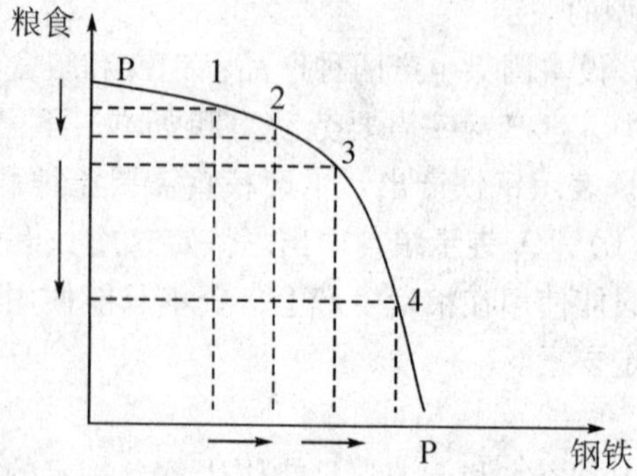

图 1-15　特定要素模型中的生产可能性边界

说明：PP 为生产可能性曲线。当生产从点 1 向点 2、3、4 移动时，钢铁产量都增加同等产量（用向右等长度箭头表示）。与此相应，粮食产量减少呈递增趋势（用向下箭头越来越长表示）。

3. 价格、工资和劳动配置

在自由竞争的经济中，各厂商追求利润最大化。因此，当增加 1 小时的劳动所生产的价值等于雇佣 1 小时劳动花费的费用时，这时的劳动投入量正好为各行业对劳动的需求量。因此，生产要素的报酬等于边际劳动产出乘以商品价格，即 $w = MPL * P$。令 w_S、w_f分别为钢铁与粮食行业的工资；P_S、P_f分别为钢铁和粮食价格；L_S、L_f分别为钢铁和粮食行业的劳动力。所以有：

钢铁行业的工资：$w_S = MPL(s) * P_S$

粮食行业的工资：$w_f = MPL(f) * P_f$

社会劳动的总供给：$L = L_S + L_f$

由于边际报酬递减，边际产量 MPL 是一条向下倾斜曲线，因此，对应于任何价格边际劳动产品的价值 MPL ＊ P 也是一条向下倾斜的曲线。当 P 提高时，企业将雇佣更多的工人。因此我们可以把其视为劳动需求曲线，如图 1-16 所示：

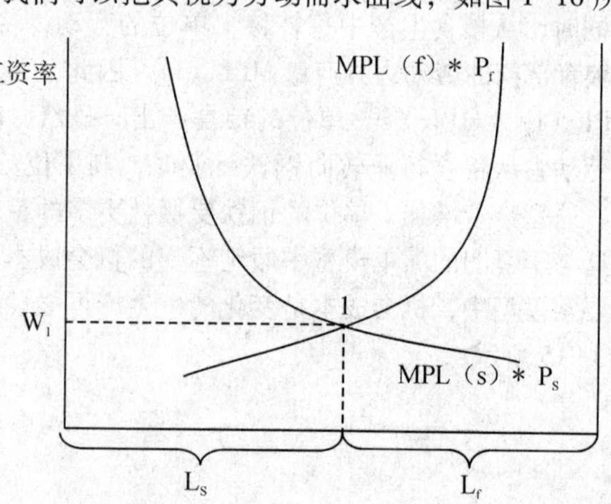

图 1-16　劳动的配置

显然，由于劳动力可以在两个行业自由流动，当某一行业的工资高于另一行业时，劳动力就会流向高工资的行业。最终使经济中各行业的工资相等。劳动力在各行业之间达到合理分配，不再流动。均衡时有：$W_s = W_f$，由此，MPL（s）* Ps=MPL（f）* P_f，或改写为：MPL（s）/ MPL（f）= P_f/ P_S。

当 Ps 和 P_f的价格发生变化时，各行业的劳动配置又会如何？价格变化的结果无非可能出现以下两种情况，一是两者的价格同时上升（或下降），相对价格仍保持不变；二是两者价格变动幅度不一样，相对价格发生变化。这样，我们可以从这两方面看价格变化的结果。

（1）价格同幅度变化

假定钢铁和粮食价格均上升 10%，则劳动需求曲线也都上移 10%，如图 1-17 所示，此时工资率也上升 10%。由于工资与价格同时上升 10%，实际工资保持不变，各行业的雇佣量不变，没有发生劳动力的流动。

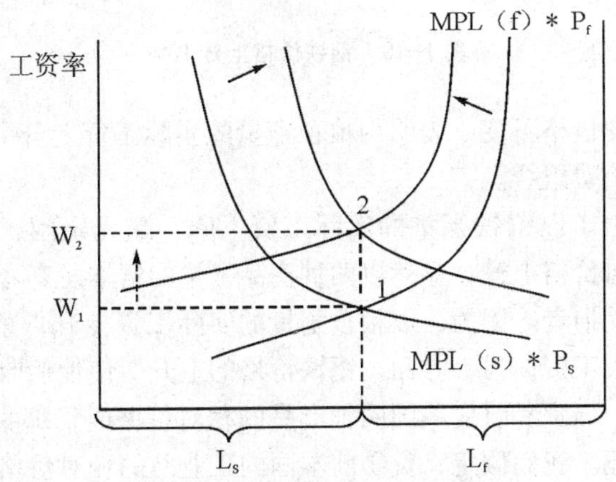

图 1-17　价格同比率上升 10%

（2）相对价格变动

现在，我们假定钢铁价格上升幅度大于粮食价格上升幅度 10%，由于是一种相对比较，我们可以假定钢铁价格上升 10%，而粮食价格不变。则钢铁的需求曲线上移，由于 MPL（s）递减，钢铁相对需求曲线上升的比例将小于 10%。由此，工资的上升也小于 10%。由于钢铁相对价格上升，钢铁产业将扩大生产，劳动力将从粮食行业转向钢铁行业，如图 1-18 所示：

上述分析表明：价格同比率变化不会产生任何实际的影响，也就是说，没有改变经济中的任何实物数量。只有相对价格的变化，才会对资源的配置产生影响。

4. 贸易与收益分配

上面的分析我们已经知道，当钢铁的价格上升 10%，而粮食价格不变时，工资上升将小于 10%。这对工人、资本家和土地所有者的收入分别意味着什么呢？

工人的工资上升幅度小于钢铁价格的上升幅度，这表明以钢铁衡量的实际工资率

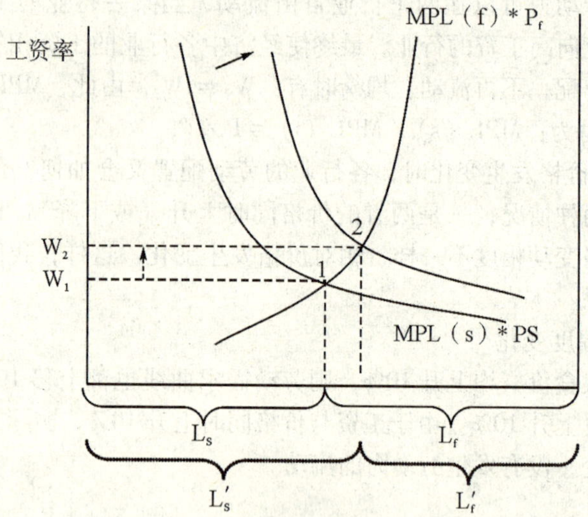

图 1-18　钢铁价格上升 10%

下降了。而由于粮食价格不变，表明用粮食衡量的实际工资上升了。因此，工人的收益变化取决于他的消费组合。

对于资本家，由于以钢铁衡量的实际工资下降，毫无疑问，资本所有者收益上升。由于钢铁的相对价格上升，显然以两种产品衡量的资本所有者的收入都增加了。

土地所有者是受损者。因为，以粮食衡量的实际工资上升，意味着他们的地租收入的一部分转为工人工资；另一方面，钢铁价格的上升，使他们收入的购买力下降。

上述分析表明，当贸易改变本国两种产品的相对价格时，那我们就可以说贸易会影响本国的收入分配。我们假定，贸易前本国的工业品的相对价格 P_S/P_f 低于世界市场的工业品的相对价格水平，那么，自由贸易的结果必将使本国工业品相对价格上升，世界工业品的相对价格趋于一致。这样，贸易使本国资本所有者获利，土地所有者受损。

总之，从固定要素模型中，我们可以看到：贸易很容易使经济中某一部分人受到损害。那些拥有固定于出口部门生产的要素所有者可从贸易中获利，那些拥有固定于进口部门生产的要素所有者会因贸易而遭受损失。对于可移动要素的所有者，由于他们可以在两行业之间移动，贸易对他们的影响需要根据具体情况加以确定。

基本概念：

重商主义　绝对利益　相对利益　相互需求　生产可能性曲线　消费可能性曲线　交换比例　相对价格　特定要素模型　相对劳动生产率　贸易利益　相互需求曲线

思考题：

1. 对比绝对利益学说与重商主义思想的差异性。

2. A 国与 B 国使用劳动一种生产要素生产出两种商品：小麦和布。单位小麦和布的劳动耗费（小时/单位产品表示）分别有以下三种情况：

	I		II		III	
	A	B	A	B	A	B
1 单位小麦	4	1	4	1	4	2
1 单位布	1	2	3	2	2	1

（1）分析 I、II、III 情况下 A 国与 B 国绝对优势与绝对劣势。

（2）依据绝对利益学说，在 I、II、III 情况下，A 国与 B 国是否发生贸易？

3. 依据第 2 题提供的资料，结合比较优势理论，分析 I、II、III 情况下 A 国与 B 国是否发生贸易？

4. 当一国在某一商品的生产上具有比较优势时，是否在此商品上它必定有绝对优势？为什么？反之，当一国在某一商品的生产上具有绝对优势时，是否在此商品上它必定具有比较优势？为什么？

5. A 国与 B 国分别拥有 900 单位和 1 200 单位劳动，可生产两种商品：小麦和水果。A 国生产单位小麦的劳动投入是 3，生产单位水果的劳动投入是 2；B 国生产单位小麦的劳动投入是 2，生产单位水果的劳动投入是 1，试分析：

（1）两国的生产可能性曲线。

（2）两国用小麦表示的水果的机会成本是多少？

（3）假设 A 国在贸易之前用 600 单位时间生产小麦，剩余时间用于生产水果，那么在贸易前，A 国能够生产和消费多少小麦和水果？贸易分工后，若 A 国保持贸易前的小麦消费量，则 A 国的贸易利益将是多少（假定交换比例为 7：12）？

6. A 国与 B 国拥有 1 200 单位的劳动，其中一半用于生产粮食，一半用于生产服装，两国这两种产品的单位劳动产出如下表所示：

	粮食	服装
A	10	15
B	12	24

试分析：

（1）这两种产品的两国国内和国际交换比例是多少？

（2）若 A 国对服装的需求增加，则交换比例会发生什么变动？

7. 设本国单位葡萄酒的国内均衡价格为 10 美元，均衡产量为 1 000 单位；国际葡萄酒价格为 8 美元，本国将进口 400 单位葡萄酒；本国单位小麦的国内均衡价格为 2 美元，均衡产量为 1 200 单位，国际小麦价格为 2.8 美元，本国将出口 300 单位小麦。试计算本国进口葡萄酒和出口小麦所产生的贸易利益分别是多少？

8. 假设A国和B国在酒、布、刀具、小麦和玉米等5种产品的劳动耗费（小时/单位）分别为下表所示：

	酒	台灯	布	玉米	小麦
A国	4	5	12	8	6
B国	1.5	2	4	6	4

试分析：（1）当A国工资为每小时4美元，B国工资为每小时8美元，A国与B国将分别进出口何种产品？（2）当B国工资每小时上升为10元时，两国各生产何种产品？

网络资源：

For information and description of new reports and analyses on international trade theory and policies, generally supporting a liberal trading system, published by the Institute for International Economics, see:

http://www.iie.com

The case against free trade is made by the Public Citizen Global Trade Watch, an organization created by Ralph Nader (the consumer advocate), which is found at:

http://www.citizen.org/trade

Information and data on the comparative advantage of nations, specialization and export concentration, and deindustrialization are published by the World Trade Organization (WTO), the United Nations, the International Monetary Fund, and the World Bank and can be found at:

http://www.wto.org

http://unstats.un.org/unsd

http://worldbank.org

For deindustrialization, see the work of G. Hacche and F. Ramaswamy at:

http://www.imf.org/external/pubs/ft/issues10

ForU. S. trade statistics by region or country see the International Trade Administration, Office of Trade and Economic Analysis of the U. S. Department of Commerce at:

http://www.ita.doc.gov/td/industry/otea

For hourly compensation ofU. S. workers and workers in many advanced countries, see the Bureau of Labor Statistics of the U. S. Department of Labor at:

http://www.bls.gov/data/home.htm

For skepticism of free trade, see:

http://www.citizen.org/trade

Online current and historical data on energy prices in general and petroleum prices in particular are available from the Energy Information Administration at:

http://www.eia.doe.gov

Historical series on export and import unit values, which are used to determine the terms of trade of 45 countries, as well as other specific commodity prices, are found inInternational Financial Statistics, published monthly and yearly by the International Monetary Fund (IMF). See:

http://www.imf.org

第二章 现代与当代国际贸易理论

从第一章中我们知道贸易的基础在于贸易各国之间相对商品价格的差别。那么，究竟是什么因素决定着这种国际贸易中的相对价格呢？在对俄林原理检验中产生的著名“列昂剔夫之迷”又应如何从理论上作出解释？伴随二战后出现新的国际贸易新形式，在传统理论已经显得越来越脱离现实时，又出现了哪些新的国际贸易理论用于分析现实经济问题？本章将首先阐述俄林原理，并从对“列昂剔夫之迷”的分析引入一些现代和当代的国际贸易理论。

第一节 资源禀赋与俄林原理

按照李嘉图的比较成本理论，产生比较成本差异的原因是各国生产要素生产率的差异。但如果各国之间生产要素的生产率相同，即1单位生产要素的效率各国都一样，那么产生比较成本差异的原因又是什么呢？这个问题是由瑞典经济学家赫克歇尔（Heckscher，1879—1952年）和他的学生俄林（Bertol Ohlin，1899-1979年）创建的“资源禀赋论”（Doctrine of Factor Endownment），即H-O理论加以说明的。

一、资源与贸易

瑞典经济学家赫克歇尔在他1919年发表的一篇论文中，使用了不同于新古典学派的要素分析法，来解释李嘉图理论中的比较成本差异产生的原因。他提出产生这种差异必须有两个前提条件：一是两国的要素禀赋不同，二是不同的产品在生产中使用要素的比例不一样。并且还提出，自由贸易具有使要素收益平均化的倾向。然而赫克歇尔本人并未对此进行严密的论证。他的学生俄林循着赫克歇尔的思路，根据与之同时代的瑞典经济学家卡塞尔（G. Cassel）的价格理论，对国际贸易进行了独创性的研究，并在1933年发表的《区间贸易与国际贸易》（*Interregional and International Trades*）一书中作了系统全面的论证。该书的出版标志着国际贸易理论中“现代学派”的出现。

H-O理论认为国际贸易必须符合比较优势的原则，他们将比较优势归因于各国土地、劳动和资本等生产要素禀赋的不同。这是因为比较优势产生于各国价格的差异。价格是由供求两方面共同作用的。从国内供给方面看，价格比率的不同反映了成本比率的差异，也就是比较优势产生于各国成本结构的不同。在完全竞争的市场中，产品的价格等于其边际成本，边际成本反映着用来生产这种产品的边际要素（土地、劳动、资本和企业家的管理才能）投入的价格。由于不同的商品生产需要不同比例的生产要素组合，即不同的要素密集度（Factor Intensity），显然，如果各国要素的价格比例不同（包括地租、工资、利息率和管理的利润），则各国生产同一种产品的成本比率不同，各国的产品价格比率也将不同，从而为贸易提供了基础。那么是什么因素导致各国地租、工资、利息率和管理的利润等生产要素价格存在差异？赫克歇尔-俄林理论认为这是由各国生产要素的禀赋不同造成的。从国内需求方面看，由于赫克歇尔-俄林假设各国的需求偏好相同，同时又假定各国的生产函数相同，从而对生产要素的需求比例相同。因此各国要素价格比率的不同就在于要素供给的差异上。一国要素供给丰裕，该要素的价格就相对低廉，反之，一国生产要素稀缺，该要素的价格就相对昂贵。我们用图 2-1 来表示所有经济力量如何共同确定最终价格。

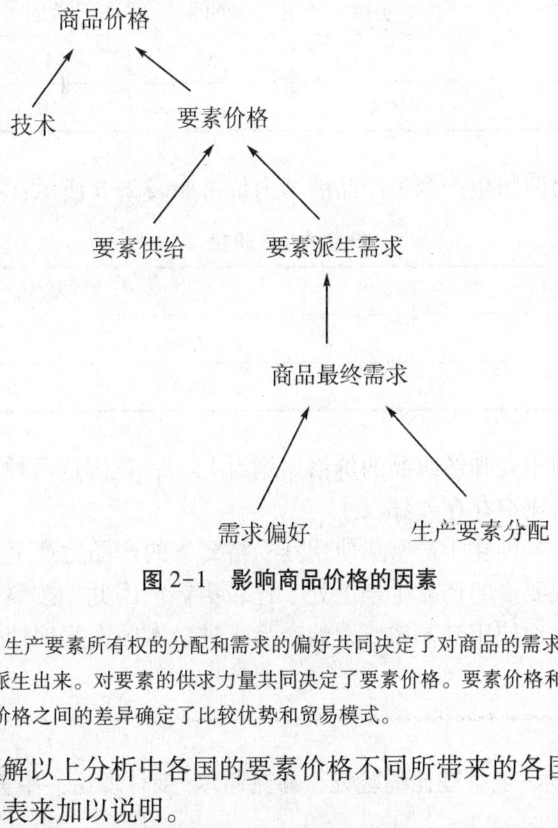

图 2-1　影响商品价格的因素

说明：上图表示，生产要素所有权的分配和需求的偏好共同决定了对商品的需求，对生产要素的需求可以从对最终商品的需求中派生出来。对要素的供求力量共同决定了要素价格。要素价格和技术水平决定了最终产品的价格。各国相对商品价格之间的差异确定了比较优势和贸易模式。

为了更好地理解以上分析中各国的要素价格不同所带来的各国商品价格差异，下面用一个简单的图表来加以说明。

与英国相比，美国是个土地和劳动力丰裕的国家，但土地这种要素最为丰裕；与美国相比，英国无论是土地还是劳动力都很稀缺，但土地这种要素最为稀缺。假定美国的边际单位土地价格为 1 美元，边际单位劳动的价格为 2 美元；英国边际单位土地价格为 4 英镑，边际单位劳动为 1 英镑。假设两国的生产函数相同，生产 1 单位的小麦都需要 5 单位的土地和 1 单位的劳动，生产 1 单位的纺织品都需要 1 单位的土地和 10 单位的劳动。则两国的要素价格如表 2-1 所示：

表 2-1　　两国的要素价格

生产要素 / 价格 / 国家	土地	劳动力
美国（美元）	1	2
英国（英镑）	4	1

两国的要素组合（即生产函数）如表 2-2 所示：

表 2-2　　两国生产要素组合

商品 / 国家 / 生产要素	小麦		纺织品	
	美国	英国	美国	英国
土地	5	5	1	1
劳动力	1	1	10	10

由此，可计算出两国生产两种产品的国内价格如表 2-3 所示：

表 2-3　　产品的生产价格

美国		英国	
小麦	7	小麦	21
纺织品	21	纺织品	14

显然，美国国内小麦和纺织品的价格比例为 1∶3；英国这两种产品的价格比例为 3∶2，两国国内价格比率存在差异。

上述分析表明，各国在生产密集使用其丰裕要素的产品生产上具有比较优势，在生产密集使用其稀缺要素的产品生产上处于比较劣势。因此，按照比较利益原则，一国应生产和出口密集地使用其丰裕要素的产品，进口本国密集地使用其稀缺要素生产的产品。

赫克谢尔-俄林理论的验证　赫克谢尔-俄林理论：中美贸易

	技术组（关键产业）	中国对美国出口百分比	美国对中国出口百分比
	杂志、办公与计算机设备	4.8	7.7
高技术	客机及零部件、工业无机物	2.6	48.8

表(续)

	技术组（关键产业）	中国对美国出口百分比	美国对中国出口百分比
	机械、涡轮机、油脂和石油	3.9	21.3
↕	水泥、非电力探测锤和加热设备	11.5	4.3
	手表、计时器、玩具和运动品	18.9	6.3
	木制品、鼓风炉、生铁	8.2	1.3
	造船和修船、家具和设备	4.1	2.8
	香烟、摩托车、钢铁铸造	5.2	1.8
	编织、羊毛、皮革加工和制成品	17.2	0.4
低技术	童装、非橡胶鞋	23.5	5.2

上表为中美1990年的贸易数据，这些数据来自于一项旨在验证赫克谢尔-俄林理论的研究。研究者根据技术密集度将131个样本产业分为10组。第1组中的产业技术含量最高，而第10组的产业技术含量最低。

美国对中国的出口集中在高技术产业；第1组至第3组占美国对中国出口的77.8%。相反，中国对美国的出口集中在低技术产业，中国对美国出口的40.7%集中在第9组和第10组。

资料来源：罗伯特·J·凯伯. 国际经济学［M］. 原毅军，陈艳莹，等译. 北京：机械工业出版社，2005.

二、两要素经济模型

在特定要素模型中，我们假定每个国家能生产两种产品，每种产品的生产需要两种生产要素，其中除了劳动力要素可自由流动外，其他要素是特定要素，即它们只能用于生产某些特定产品。在两要素经济模型中，我们则假设在每个部门投入的两种生产要素是相同的情形下，两国的贸易将如何开展。

1. 两要素经济模型的假定前提

两要素模型是建立在如下的一些假定前提下进行的：

（1）假定为一个本国经济。生产和消费两种产品：钢铁和粮食。每一种产品的生产都需要投入劳动力和资本两种要素。L：劳动力总供给。K：资本总供给。w：每小时劳动的工资率。r：单位资本的利息。生产单位钢铁和单位粮食可以使用的资本和劳动力组合如图2-2所示：

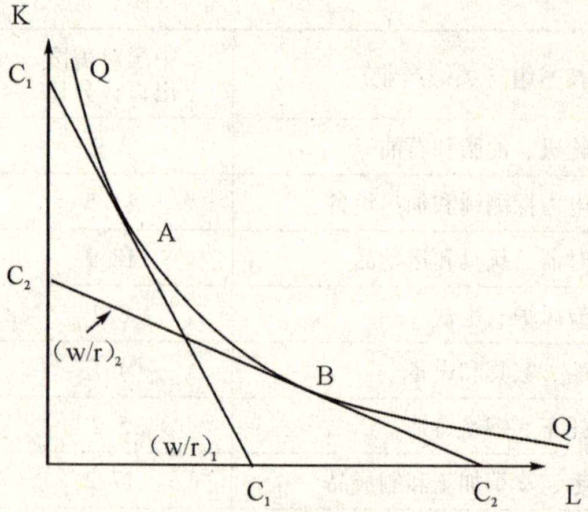

图 2-2　最佳生产点

说明：图 2-2 中 QQ 为等产量线，C_1C_1、C_2C_2 为等成本线。

QQ 等产量线的斜率为边际技术替代率 MRTS。边际技术替代率等于两种产品的边际产量之比，即 $MRTS=-MP_f/MP_s$，其中 MP_s 为钢铁的边际产量，MP_f 为粮食的边际产量。等产量线表明，厂商在生产同等产量时，有多种要素组合方式进行生产。实际上，生产者会选择何种组合的生产点，受厂商等成本线约束。其中等成本线的斜率 $=-w/r$。

显然，当等产量线与等成本线相切时，企业生产点为最佳要素组合点。$MP_f/MP_s=w/r$。这表明生产组合取决于所使用的劳动和资本的相对成本或相对价格。当 w/r 增大时，表明工资成本上升，企业将选择使用更多的资本，更少的劳动，即生产资本密集型产品，如图 2-2 的 A 点；反之，当 w/r 下降时，因为资金变得昂贵了，企业将选择使用更多的劳动，更少的资本，即生产劳动密集型产品，如图 2-2 的 B 点。因此，要素相对投入比率与要素价格相对比率之间是一种负相关的关系，如图 2-3 所示：

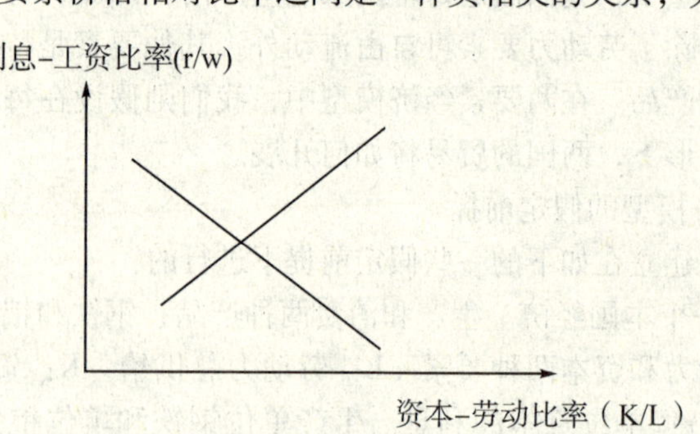

图 2-3　要素价格比率与投入比率

（2）每种产品都按固定比例投入生产要素。

设：生产单位钢铁资本投入为：a_{sk}

生产单位钢铁劳动力投入为：a_{sl}

生产单位粮食资本投入为：a_{fk}

生产单位粮食劳动力投入为：a_{fl}

若 $a_{sk}/a_{sl} > a_{fk}/a_{fl}$，则钢铁为资本密集型产品，粮食为劳动密集型产品。注意，产品要素密集度取决于生产中劳动投入和资本投入的相对比率而不是绝对量的大小。

2. 要素价格与商品价格

（1）要素价格影响商品价格

完全竞争的经济中，每个部门中生产者之间竞争的结果是商品的价格等于该商品的生产成本。根据 H-O 模型，生产一单位商品的成本取决于所使用要素的价格。因此，当资本价格提高，意味着任何使用资金的商品价格将上升，同理，当工资提高，意味着任何使用劳动力的商品价格将上升。又由于不同产品的要素比例是不同的，钢铁作为资本密集型产品，生产要素组合中资本的要素比例一定大于作为劳动密集型产品的粮食。因此，资本价格的上升，必然导致钢铁与粮食价格的变动，且钢铁价格较粮食价格的上涨速度快，即 P_s/P_f 随着 r/w 的上升而上升，如图 2-4 所示：

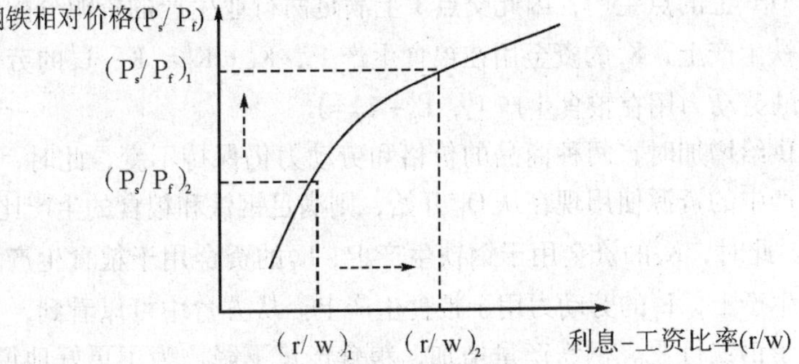

图 2-4　要素价格与商品价格

（2）商品价格变化影响要素价格变化

那么，商品价格又是如何影响要素价格的呢？我们举一简单的例子加以说明：假定单位钢铁的生产要素比例为 10 单位资本和 1 单位劳动力，单位粮食的生产要素比例为 10 单位资本和 4 单位劳动力。显然，当钢铁价格上升时，每增加 1 单位的钢铁生产，就需要 10 单位资本从粮食生产中转移过来。在固定要素比例的假定下，资本转移时，劳动力也要转移。于是，10 单位资本转移出来时，4 单位劳动力也转移出来。而钢铁行业只按 10 单位资本和 1 单位劳动力这样的比例来使用从粮食行业转移的资本和工人，这就造成了 3 单位的工人在经济中成为剩余，从而导致工资下降。

3. 资源和产出

下面，我们借助埃奇沃思方盒（Edgworth Box）来说明这一问题。假定资源得到充分利用，则资本供给增加如图 2-5 所示。

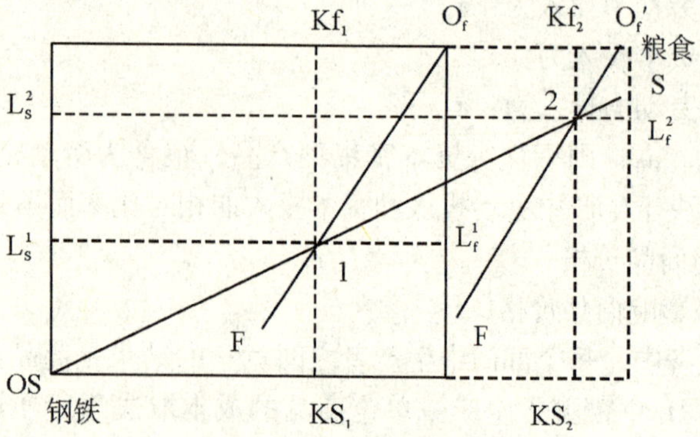

图 2-5　资本供给增加

说明：该方盒的长表示一国的资本总供给，高表示劳动力的总供给。钢铁生产中的要素投入从盒的左下角 O_S 开始衡量；粮食生产中的要素投入从盒子右上方 O_f 衡量。

由于钢铁与粮食生产中要素比例是固定的，因此钢铁生产在 O_SS 上的点进行生产，粮食在 O_fF 上的点生产，因此交点 1 上满足两行业生产的资源分配。此时，K_S^1 的资金用在钢铁生产上，K_f^1 的资金用在粮食生产上，$K_S^1+K_f^1=K$；L_S^1 的劳动力用在钢铁生产上，L_f^1 的劳动力用在粮食生产上，$L_S^1+L_f^1=L$。

当资本供给增加时，两种商品的价格和劳动力仍保持不变，此时，方盒变“长”了。粮食生产中的资源使用现在从 O_f' 开始，则满足钢铁和粮食的生产比例要求的点 1 移动到点 2。此时，K_S^2 的资金用于钢铁生产上，K_f^2 的资金用于粮食生产上；L_S^2 的劳动力用于钢铁生产上，L_f^2 的劳动力用于粮食生产上。从方盒中可以看到，更多的资本和劳动力被用于钢铁行业。钢铁产量增加，粮食产量下降。为了更好地说明这一现象，我们用生产可能线曲线的变动来描述。

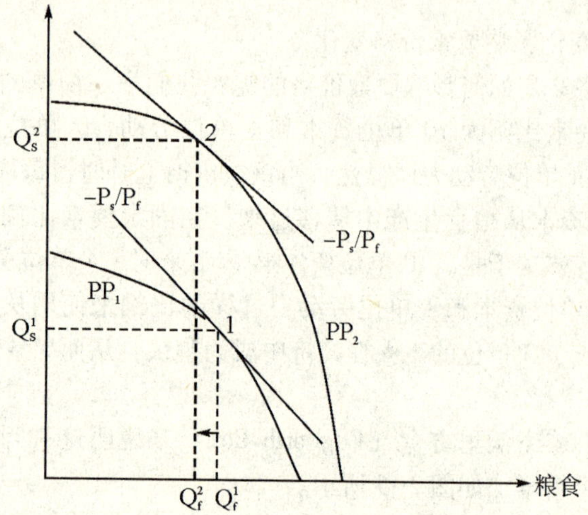

图 2-6　资本增加后的产量变动

资本的增加使一国的生产可能性曲线从 PP_1 外移到 PP_2，而且钢铁方向的移动更大。结果粮食产量从 Q_f^1 降低到 Q_f^2，钢铁的产量从 Q_s^1 增加到 Q_s^2。这表明当商品的相对价格不变时，如果一种生产要素增加，会导致密集使用该要素的产品产量增加，同时另一种产品的产量减少，这就是著名的雷布津斯基定理（Rybczynski Theorem），这个定理表明当商品价格不变时，如果一种生产要素增加，会导致密集使用该生产要素的产品产量增加，同时另一种产品的产量减少。因此，一般说来，一国生产相对充裕的要素密集型产品更有效。

三、两要素经济与国际贸易

我们进一步分析在存在上述两要素经济结构的两国之间开展贸易的问题。

1. 相对价格与贸易模式

首先假定两国的消费偏好都一样，即对于相同的钢铁相对价格，两国对钢铁的相对需求都一致，即两国面对一条相同的需求曲线。然后，假定两国由技术决定的两种要素的投入比例一样，但本国的资本对劳动力的相对供给大于外国的资本对劳动力的相对供给。因此，两国具有不同的相对要素禀赋。

相对要素禀赋有两种表示方法：实物方法和价格方法。其中，实物方法是以各国所拥有的两种要素资本和劳动力实物数量水平进行比较，若本国 K / L 大于外国 K / L，则本国称为资本密集型国家，即资本要素充裕的国家；反之，若本国 K / L 小于外国 K / L，则本国称为劳动力密集型国家，即劳动要素充裕的国家。价格方法，是用两国的资本与劳动力的价格 r 和 w 对比衡量。当本国 r/ w 大于外国 r/ w 时，即当本国资本的相对价格高于外国时，本国为劳动密集型国家；反之，当本国 r/ w 小于外国 r/ w，即当本国资本的相对价格低于外国时，本国为资本密集型国家。

当本国所拥有的资本相对比例较高时，对于资本富有的本国，其生产可能性区域相对于外国就会更多地偏向于资本密集型产品钢铁的生产，外国则更多地偏向于劳动密集型产品粮食的生产。因此，在其他条件不变时，本国的钢铁相对供给会大于外国，外国钢铁的相对供给曲线 RS′位于本国相对供给曲线 RS 的左边。

假定两国的相对需求相同，当两国展开贸易后，贸易就会使两国的相对价格趋于一致。新的世界钢铁价格位于两国贸易前的相对价格之间（如图 2-7 所示）。在本国，由于钢铁相对价格上升，国内生产量大于消费量，钢铁将从本国运往国外，粮食则将从外国运往本国。本国成为一个钢铁的出口国、粮食的进口国；相反，外国钢铁的相对价格下降，使其扩大钢铁的相对需求而减少粮食的相对需求，从而外国成为钢铁的进口国、粮食的出口国。

可见，各国都应出口以其相对充裕的要素资源为密集型投入的产品。

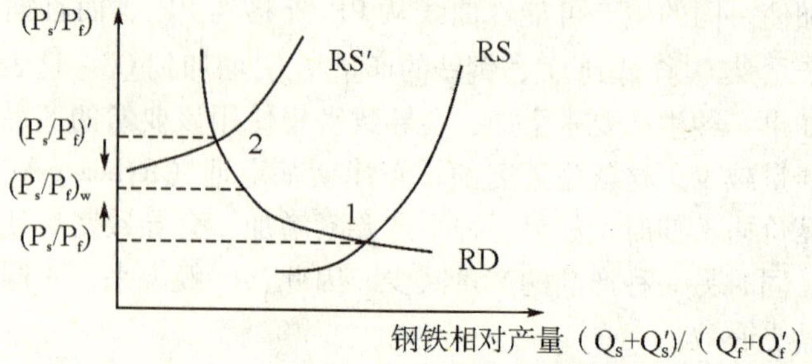

图 2-7　国际贸易使商品相对价格趋同

说明：RS 为本国的钢铁相对供给曲线，RS′为外国钢铁的相对供给曲线。RD 为钢铁的相对需求曲线，点 1 和点 2 分别为本国与外国的均衡点。

2. 国际贸易和收入分配

商品价格由投入要素价格决定。贸易开展后，各国将集中生产丰裕要素密集型的产品并出口，进口本国稀缺要素生产的产品。这样，随着本国扩大丰裕要素密集型产品的生产，对丰裕要素资金的需求增加，丰裕要素的价格上升，而稀缺要素由于需求减少，稀缺要素的价格下降。

国际贸易的结果是本国要素密集型产品钢铁的价格上升，粮食价格下降。利息价格上升，工资价格下降。由于要素报酬取决于边际要素产出价值，即：

$r = MPK_s * P_s$；$w = MPL_s * P_s$

$r = MPK_f * P_f$；$w = MPL_f * P_f$

其中，MPK_s：单位资本的钢铁边际产出。

MPL_s：单位劳动力的钢铁边际产出。

MPK_f：单位资本的粮食边际产出。

MPL_f：单位劳动力的粮食边际产出。

由于要素的边际产出报酬递减，本国的利息上升，本国在钢铁或粮食生产中都将提高劳动力的使用比例，而降低资金的使用比例，单位资本的产出 MPK_s 或 MPS_f 都会因此而上升。r/P_s 或 r/P_f 随之上升，即无论是以钢铁衡量还是以粮食衡量的资本所有者的实际收入都会增加。同样，由于本国的工资下降，本国在钢铁或粮食生产中都将提高劳动力的使用比例，而降低资金的使用比例，单位劳动的产出 MPL_s 或 MPL_f 将因此而下降，r/P_s 或 r/P_f 随之下降，即无论是以钢铁衡量还是以粮食衡量的工人的实际收入都会减少。

事实上，由于钢铁的价格由工资和利息的多少决定，由于工资下降，利息上升，因此，利息的价格上升速度必然快于钢铁的价格上升速度，故以利息收入为主要来源的资本所有者实际购买力提高，而以工资为主要收入来源的工人实际购买力下降。

可见，在两要素的经济中，产品相对价格的变化对收入分配有很大的影响。拥有一国相对丰裕的生产要素的所有者将从贸易中获利，而拥有相对稀少的生产要素的所有者会因贸易而受损失。那些相对丰裕的要素资源就是那些相对集中使用于出口产品生产的资源，那些相对稀缺的要素资源就是那些相对集中使用于进口产品生产的资源。因此，较集中地使用于进口行业生产的要素的所有者会因贸易而受损。

3. 要素价格均等化。

两国的要素价格水平与产品价格水平之间存在一一对应的关系，如图 2-8 所示：

$(r/w)_1$ $(r/w)_2$

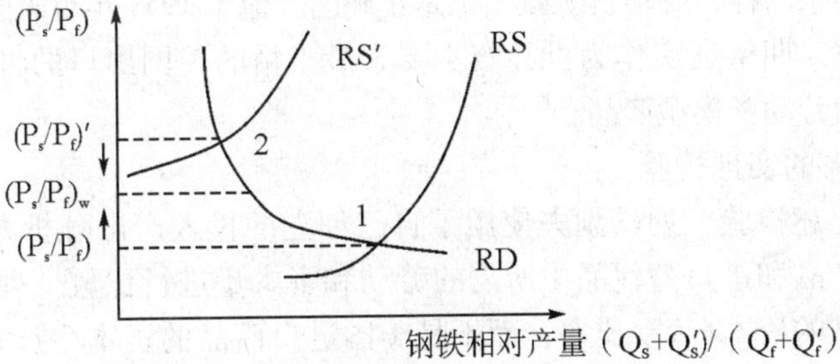

图 2-8　国际贸易使要素价格趋同

由于国际贸易的结果将使各国商品价格趋于均等。萨谬尔森认为这种最终价格的趋同，会使参与贸易的各国生产要素价格相同。这是因为：假定本国是资本丰裕的国家，劳动力相对稀缺，外国是劳动力丰裕的国家，资本相对稀缺，开展贸易后，本国将以资本密集型产品钢铁去交换外国的劳动密集型产品粮食。这样，由于资本密集型的钢铁不断出口，对资本的需求不断增加，原来丰裕的资本现在变得稀缺了，其相对价格 r/w 上升，而外国由于劳动密集型的粮食不断出口，对劳动力的需求不断增加，原来丰裕的劳动力现在变得稀缺了，其相对价格 r/w 因此下降，一上一下，最终使本国的 r/w 与外国 r/w 一致。可见，双方开展贸易的结果，两国拥有的资本和劳动力的相对丰裕或相对稀缺程度发生变化，两国的生产要素价格也随着国际贸易趋于均等，这就是“生产要素价格均等化定理”。

事实上，要素价格均等化与现实不太符合。只有在一些理想化的假定前提下，国际贸易才会导致要素价格均等化。这些假定包括：两国都要同时生产两种产品，两国要具有完全相同的技术水平，贸易必须导致两国产品价格一致等。但现实中，技术水平高的国家，其工资和地租水平都高于低技术水平的国家。此外由于各贸易国之间存在运输成本、关税、配额等因素的差异，两国的贸易不会导致产品价格完全一致。

第二节　俄林原理的检验与现代国际贸易理论

二战后，在第三次科技革命的推动下，世界经济状况发生了很大的变化。生产、资本日益国际化，国际贸易的发展规模和增长速度、商品结构及地理方向发生了相应的变化。传统的国际贸易理论越来越难以解释一些国际经济现象。以美国经济学家列昂剔夫在 1953 年的研究中产生的“列昂剔夫之谜”为转折点，标志着国际贸易进入一个新阶段。

一、列昂剔夫之谜（Leontief Paradox）

资源禀赋论问世之后产生了广泛的影响，它的两个基本定律都具有深刻的政策含义，经济学家在长期的研究中花了很大的精力来作进一步的佐证。美国经济学家列昂剔夫同其他经济学家一样，确信资源赋予论是正确的。他于 1953 年对美国的进出口部门作了一个经验研究，期望证实作为世界资本要素最丰裕的美国出口的将是资本密集型产品，进口的则为劳动密集型产品。

1. 列昂剔夫的实证检验

为了进行上述检验，列昂剔夫使用了自己创立的投入产出分析方法，对美国 200 种产业的出口产品和进口替代品中所需的劳动和资本量进行比较。列昂剔夫用的是美国的进口替代品的资本/劳动比率，而不是美国进口商品的资本/劳动比率。所谓进口替代品就是美国自己可以制造，同时也可以从国外进口的商品。列昂剔夫用美国进口替代品的数据，是因为美国进口的外国产品数据不全。检验结果发现：在 1947 年，美国每百万美元出口品的生产，平均需要 2 550 780 美元的资本和 182 313 个劳动力，即每个工人耗用的资本是 13 991 美元。同时，每百万美元进口替代品的生产，平均需要3 091 339美元的资本和 170 004 个劳动力，即每个工人耗用的资本为 18 185 美元。这样，在每百万美元的商品中，进口品与出口品之间的人均资本量之比为 1. 3 : 1。这说明美国出口的是劳动密集型的产品，进口的是资本密集型的产品（如表 2-4 所示）。这个结论完全出乎列昂剔夫本人的预料。

表 2-4　　美国出口货物和进口替代物对国内资本和劳动力的需求

	每百万美元出口品	每百万美元进口替代品
资本（按 1947 年价格计算的美元数）	2 550 780	3 091 339
劳动力（人/年）	182 313	170 004
人均资本量（每人/年的美元数）	13 991	18 185

美国本是个资本相对丰裕、劳动力相对短缺的国家，按照资源禀赋论，美国参加国际分工和贸易的基础在于它在资本密集型产品的生产方面具有比较优势，所以它应出口资本密集型产品，进口劳动密集型产品。但列昂剔夫的验证却提供了完全相反的结论，即美国参加国际分工是建立在劳动密集型生产专业化基础上，而不是建立在资本密集型生产专业化基础上，这就是著名的列昂剔夫之谜。

2. 有关列昂剔夫之谜的争论

列昂剔夫对资源禀赋论的验证结果，与人们的直觉相反，这就是列昂剔夫之谜。围绕这一问题，西方经济学界进行了多年的辩论和探讨，提出了多种不同的解释：

（1）劳动力不同质论

根据列昂剔夫本人的解释，他认为谜与资源禀赋论是一致的。他认为，各国的劳动生产率差异很大，美国工人的劳动生产率大约是其他国家的3倍，因而在计算美国工人人数时必须把实际人数乘以3。这样，与其他国家相比，美国就成了劳动力丰富而资本相对稀缺的国家。所以，它出口劳动密集型产品，进口资本密集型产品。列昂剔夫认为，美国劳动生产率之所以高于其他国家，是由于美国企业的科学管理水平高，工人受教育和培训较多，还有可贵的进取精神等。

（2）要素逆转说

俄林假设不管要素价格怎么变化，商品的要素密集度是不变的。但现实中同一种商品在不同的国家常常是用不同的方法生产出来的。尤其是两种商品生产中劳动对资本的替代弹性差异越大，要素密集度容易发生逆转，一种给定商品在劳动丰裕的国家是劳动密集型产品，在资本丰裕的国家则可能是资本密集型产品。由于列昂剔夫是用美国的标准来衡量进口商品要素密集度的，即当这些进口商品在美国进行生产时，采用的是资本密集型的方法。然而这并不意味着该商品在出口国也是用资本密集的方法生产出来的，甚至可能是用劳动密集型的方法生产出来的。这样，贸易模式对于进口的美国是反常的，但对出口商品的生产国却是正常的。

对于这种解释，一些经济学家认为要素密集度逆转在现实世界中很少发生。H-O理论的假设一般是成立的。列昂剔夫也证实如果除去生产中大量需要自然资源的一些产业外，要素密集度逆转发生的概率为1%。

（3）自然资源稀缺

一些经济学家认为，列昂剔夫使用的两要素（劳动、资本）模型，没有考虑到自然资源如土壤、矿藏、森林等因素的影响是不正确的。如阿拉伯地区的石油资源丰富，开采方便，并不需要很大的投资。而在其他矿藏条件差的地方，开采石油就需要高强度的投资。由于美国严重依赖几种自然资源进口商品，进口的商品中有相当一部分是资源含量大的商品。又由于美国的资源条件不同，因此，这些进口商品在美国进行生产时就需要大量的资本投入。因此，如果在进口替代品中把资源密集的商品去掉，那么列昂剔夫之谜就可以解开。一些经济学家利用这种分析方法，计算出美国的每人/年资本的进口/出口比率从1.27下降到1.04。证据表明，美国确实进口许多资本密集型的自然资源产品，这增加了美国进口品的资本密集度。但美国的农业出口品是资本密集的，提高了美国出口中的资本密集度。从总体上说，美国进口的资本密集型自然资源产品多于出口的资本密集型自然资源产品，因此，自然资源对列昂剔夫之谜提供了部分解释，但它也同样不能完全解释这个谜。

（4）需求偏好论

各国需求偏好的不同将影响产品的价格，如果一国出现对某一种产品的总体偏好增强，则该产品价格将上升。据此，对列昂剔夫之谜的一个“可能性”的解释是，美国的需求偏向于资本密集型的产品，美国的贸易伙伴国更喜欢劳动密集型商品，这使得美国资本密集型产品的价格上升，原本处于比较优势的资本密集型产品变成比较劣势的产品，而劳动密集型产品则变为比较优势的产品。但事实上，资料表明，美国消费者支出中用于资本密集型产品的份额与其他发达国家并没有明显的差别。

(5) 关税结构说

有的经济学家认为，由于美国是资本密集型的国家，贸易开放对劳动力不利。因此，美国就应对劳动密集型的进口商品施加最为强硬的贸易壁垒。如果没有这种保护性的贸易政策，美国进口中的劳动密集产品份额就会高于存在这些限制的情况。实证研究表明，美国的这种进口限制，确实有一定的影响，但其影响程度不足以产生列昂剔夫的研究中所发现的那么大偏差，因此也只能部分解释列昂剔夫之谜。

二、国际贸易新要素理论

随着人力资本、科研技术和信息要素在现代经济中的作用性与日俱增，越来越多的学者开始重视一些新型要素在国际贸易中的重要作用。

1. 人力资本说

人力资本是资本与劳动力结合而形成的一种新的生产要素。凯能（P. B. Kenen）认为，应把人力资本与物质资本同等看待。物质资本是通过储蓄和投资形成的，一旦形成后，能再生产并不断增值。而人们通过对劳动力进行投资如进行教育、职业培训、保健等，可以提高劳动力的素质和技能，劳动生产率得到提高，从而对一国参加国际分工的比较优势产生作用与影响。因此，该学说认为新时代人力资本与物质资本同样重要，一个国家应重视人力投资，取得好的投资效益，才可能产生新的比较优势。

2. 研究开发要素说

研究与开发要素说主要是基辛（Donald Keesing）、格鲁贝尔（Herbert Grubel）、梅达·弗农（Remond Vernon）等人提出的。基辛在《劳动技术与国际贸易》一文中，通过对商品生产所必须的资本量、自然资源、熟练劳动量、规模利益和研究与开发等5种竞争力要素进行比较分析后指出，研究与开发和人力资本一样，能够改变土地、劳动和资本再生产的相对比例关系，因此也是一种生产要素。实证研究表明，美国产品的出口竞争能力强的部门，大都是基于在研究和开发领先而获得技术要素的高密集度。如格鲁贝尔和弗农等对20世纪60年代初美国19个产业的研究与开发、技术人员的人数与进出口之间的关系进行分析后发现：美国5个具有高度技术水平的产业（运输、电器、工具、化学和机器制造）的研究与开发的经费占19个产业全部研究与开发经费的89.4%，5个产业中的技术人员占19个产业技术人员总数的85.3%，5个产业的销售额虽然只占19个产业技术总销售额的39.1%，但5个产业中的出口量却占19个产业的72%。显然，研究与开发的多寡，可以改变一个国家在国际分工中的比较优势，而充裕的资金、丰富的自然资源、高质量的人才是从事研究与开发的条件，市场对新产品的需求是研究与开发产业化的基础，研究与开发的变化可以产生新的比较利益，它不是靠扩大已有的规模，而是通过向研究与开发进行投资取得的。在实际衡量中大多利用开发经费占销售额的比重来计算它。该学说强调了科技在国际贸易优势形成中的作用，符合国际贸易的发展趋势。

3. 信息贸易理论

信息是可以创造价值并能进行交换的无形资源，是现代生产要素的组成部分，占有信息意味着比较优势的改变，可以促进一国贸易格局的变化。目前这种理论并不完善，需要进一步充实，但它却代表了重要的发展方向。

三、产品生命周期理论

产品生命周期是由美国哈佛大学工商管理学院教授雷蒙德·弗农（Remond Vernon）创立的营销学的一个概念。它指的是产品在市场上的销售状况与获利能力随时都在发生变化，如同生物的生命历程一样，有一个从产生、发展、成熟到衰退的过程。威尔斯等人以美国技术创新为中心，将其引入国际贸易理论，用以解释美国国际贸易产生的原因。这一学说成为二战后解释工业制成品贸易的著名理论。

1. 国际贸易技术差距论

二战后，许多经济学家开始从科学技术的角度来讨论国际贸易问题。技术差距说，也叫做技术间隔说。这是美国经济学家波斯纳（Michael Posner）于 1961 年提出的。

技术差距说的倡导者认为，既然人力资本是过去对教育和培训进行投资的结果，可以将其看作是一种资本或独立的生产要素，那么，技术由于是过去对研究与开发进行投资的结果，也可以将其看作是一种资本或独立的生产要素。以前经济学家总是把技术变革描述为整个生产函数的一种变换，而不是把它看成是一种生产要素本身。其实，使商品生产更便宜或更好的一种新技术等于是生产要素供给量的扩大。技术革新一般有两种形式：一种是发展新的、更节约的方式生产现有产品，另一种是创造发明全新的产品和改进已有的产品。在前一种方式下，技术进展提高了要素生产率，在后一种方式下，获得新技术的国家能够出口新产品。因为一种工业产品的技术水平，与企业在研究和开发方面的费用支出有密切的联系，通过研究开发形成的科学技术，应当是一种相对独立而且非常重要的生产要素。研究开发方面的投入直接影响到产品的国际竞争力。

技术作为一种要素或资源，在特定的时间上，各个国家的禀赋程度是不一样的，即使是从动态的角度去考察问题，各国在技术革新方面的进展也不一致，因而存在一定的技术差距。这使得那些技术资源相对丰裕的或在技术发展中处于领先地位的国家，有可能享有出口技术密集型产品的比较优势。因此，在技术方面所存在的静态和动态的差距，可以构成一国进行对外贸易的基础。

当今世界，很多技术创新首先产生于美国，从而美国在研究密集型的高科技产品上具有比较优势，由于其他国家不能很快地复制创新国家开发出的新产品，这就造成了在特定产品上的技术差距，使得发明创新国在模仿时滞期间具有出口垄断地位。模仿时滞（Time-Lag）可以分为需求时滞、反应时滞和掌握时滞。其中需求时滞指从技术创新国新产品问世，到进口国需求该产品的时间差距。需求时滞通常取决于收入因素，模仿国消费者从对新产品的认识，到该国对这种新产品的需求之间，存在着一个时间滞后。反应时滞的长短取决于模仿国厂商的反应，以及规模经济、关税、运输成本、需求的收入弹性、收入水平和外国市场的大小。新产品生产的经济规模越大、关税越低、市场越小，这种反应时滞越长，反之，则反应时滞越短。创新国在新的制造品上享有垄断优势，而其他国家的模仿者要在本地进行生产，必须具有较低的成本。掌握时滞是指使模仿国从仿制开始到进口变为 0 的时间间隔，取决于模仿国取得技术的渠道，消化技术的能力。总的模仿时滞，是新产品问世到进口国仿制开始的时间间隔。需求时滞与模仿时滞的差距导致了国际贸易的可能性。较早的创新者将产品出口到需求时滞小于反应时滞的国家，其贸易利益较大。

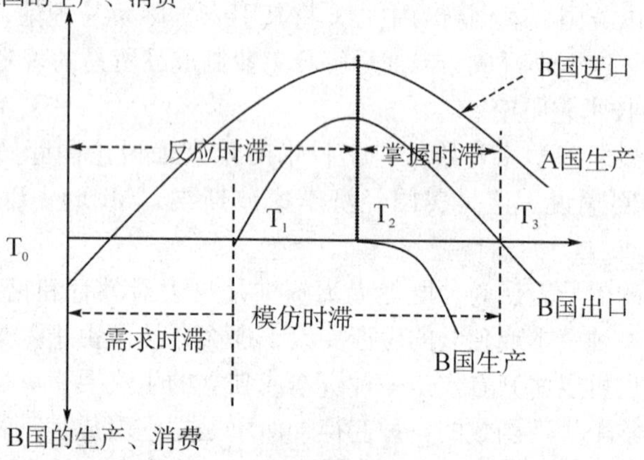

图 2-9　国际贸易中的技术周期

说明：T_0—T_1需求时滞；T_0—T_2为反应时滞；T_2—T_3为掌握时滞，T_2—T_3为模仿时滞；T_0—T_3为两国贸易期。

2. 产品生命周期说的基本内容

技术差距论将技术要素引入国际贸易，无疑具有重要的理论和现实意义。但这种理论本身，并没有解释为什么某些国家是技术领先者而另一些国家是技术的追随者，也未能很好说明技术差距的内容，未能说明一个国家出口技术领先的新产品后会对国际贸易产生什么样的影响。弗农的产品生命周期学说对此作了回答。

按照产品生命周期理论，美国制成品的出口可以划分为四个阶段：

第一阶段，美国在新产品出口中处于垄断地位。在这个阶段，由于美国工业比较发达，拥有雄厚的科学技术力量，重视研究与开发的投资，科技投入高，且企业将创新转化为产品的能力强。加之美国人口众多，个人平均收入又高，所以能经常发明不少的新产品。因此，创新发生在创新国，并对该产品拥有生产和市场的垄断。

第二阶段，外国开始仿制生产这种产品，创新国在该国的竞争力下降。这里说的外国主要是指其他工业化国家。在这一阶段，美国由于技术转让的进行，交钥匙工厂的建设以及跨国公司的企业间技术转移等原因，已不能垄断这种产品的生产，也不能垄断外国的市场。在工业化国家的市场中，美国产品由于要支付运费和进口税，还要分摊大量的科研开发费用，加之劳动力成本高，美国的产品受到这些国家生产的产品的竞争。

第三阶段，外国模仿者开始向第三国出口，创新国出口受到影响并大幅度下降。随着外国模仿者生产产量的增加和经验的积累，生产已经能够实现规模效益，有很强的实力与美国产品在本国和第三国展开竞争。最终使美国在该种产品的出口优势完全丧失。

第四阶段，新技术成为标准技术，创新国与模仿国之间的竞争转化为产品成本竞争，生产转移到有着廉价劳动力的发展中国家。发展中国家产品输入美国市场与美国产品进行竞争，美国已无优势可言，美国由出口国变为进口国。由于对新产品需求的国外市场的不断扩大，外国生产者有条件采用大规模生产，加之劳动力价格便宜，厂房设备较新，花费较少的科研费用，使得成本降低的程度能抵补向美国出口的费用，以致于他们能在美国国内与美国产品展开竞争。由于美国生产该产品的成本高于外国生产的成本，美国就开始从外国进口该种产品来满足国内的需求。在这一阶段，这种产品在美国无疑已经趋于死亡。

由此，新技术和新产品首先在创新国产生，然后传到那些吸收新技术和新产品较快的工业化国家，最后传递到发展中国家。随着技术的传递和扩散，各国在国际贸易中的地位将不断变化，原先的出口国变成了进口国，最初的创新国又将开始新一轮的新技术和新产品扩散，新技术和新产品就是如此波浪似地向前发展，如图 2-10 所示。

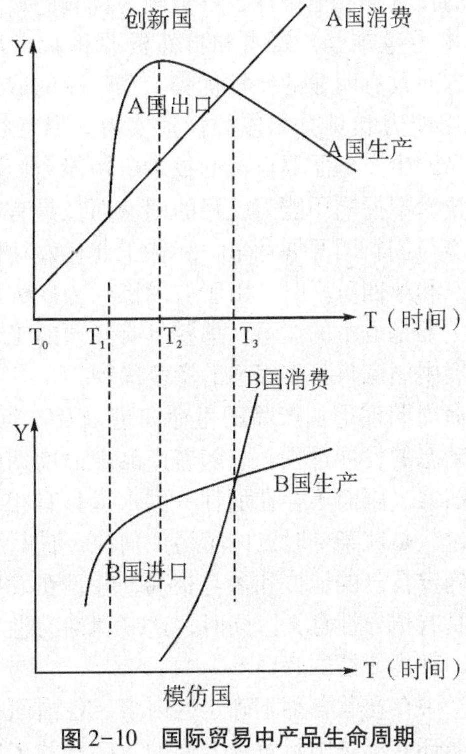

图 2-10　国际贸易中产品生命周期

说明：在 T_0 点创新国生产新产品，T_1 时出口，T_2 达到出口高峰，T_3 时出口为 0；模仿国在 T_1 时开始进口，T_2 时生产，T_3 时达到自给，之后开始以低成本出口。

3. 产品生命周期说的理论意义

与比较成本理论和资源赋予学说相比，产品生命周期理论的研究思路和方法具有创新性。一方面，产品生命周期理论将科学技术作为一个独立的重要的经济因素，并同其他因素比如资源的价格、工资的高低等结合起来，共同解释比较优势的形成和变化，比传统理论前进了一大步。另一方面，它用一种动态的眼光来分析产品在不同阶段所具有的不同特点和各国在不同阶段具有的不同比较优势，由此出现国际贸易的商品流向随时间的变化而变化。主要体现在：

（1）产品要素密集度随着产品在生命周期中的演进发生规则的变化。在产品的引入期，产品的设计和生产都有待于进一步改善，需要科学家、工程师和高技术熟练工人的大量劳动，这一时期产品属于技术密集型。在产品成长时期，为了不断开拓市场而采用大规模生产的方法，相应地，要素投入也由熟练劳动向半熟练劳动转移，产品的生产也改变为资本密集型。到了产品周期的第三和第四阶段，技术处于较为稳定的标准化生产，劳动技能变得更不重要，产品生产的资本密集型程度较前两个阶段更进一步。

（2）比较优势的决定因素随产品生命周期的不同阶段而变化，因此不同类型的国家在产品的不同阶段享有比较优势。在产品引入期，技术创新能力是关键性的因素，同时也需要进行高风险的投资等其他条件，以美国为代表的最发达国家，由于他们的工业水平普遍先进，技术力量雄厚，资本和自然资源相对丰富，国内市场广阔，所以，他们在研制新产品方面具有明显的比较优势。在产品的成长时期，最重要的影响因素是对技术的掌握应用能力和具有相应的投资实力。尽管技术是从创新国扩散过来，但进入一个较新产品的生产仍需要自身的技术应用能力，不同的国家在这方面能力并不相同，只有那些技术掌握应用能力较强的国家而且具有较雄厚资金实力的国家才能通过模仿创新并逐步与创新国开展竞争。那些工业化发达国家在这一阶段具有比较优势。当产品进入第三和第四阶段时，由于技术已经为广大国家所吸收，技术较为稳定，这一阶段的竞争主要是成本的竞争。那些具有必须的工业技术基础同时拥有大量非熟练的劳动力的发展中国家将具有很强的竞争优势。

综上所述，产品生命周期理论从产品的生命演进以及同资源赋予论的有机结合，说明了比较利益是一个动态的发展过程，它随着产品生命周期的变化从一种类型的国家转移到另一种类型的国家，因而不存在那种一国永远具有相对优势的产品。相比之下，传统的国际贸易理论只是就某一时点的贸易如何决定进行分析。这样使得相对落后的国家在国际分工中确定自己的地位和参与格局，并且在发展过程中应该如何进行产业结构的升级、改造具有指导性意义。同时，这一理论为世界性的经济调整和产业的国际转移现象提供了一种规律性的解释。

当然，由于经济生活中存在着各种不确定性因素，各国面临的产业发展方向和环境不同，故生命周期的循环并不是国际贸易普遍的、必然的现象。而且创新国和模仿国的地位也不是固定的，现实经济生活中，新技术的创新也可能在最发达的国家之外进行。

第三节　当代国际贸易理论

过去的国际贸易理论主要研究各国产业间如何产生国际贸易、如何使贸易双方获益等问题，认为国际贸易产生的原因在于劳动成本的差异或要素禀赋的差异。但是，第二次世界大战后产业内贸易开始迅速增加的现象却对传统国际贸易理论提出了挑战。此外，无论是发达国家还是发展中国家的政府都越来越重视一些新因素在一国国际贸易中发挥的作用。本节着重介绍20世纪60年代后逐步发展起来并很快成为西方学术界研究热点的国际贸易新理论。

一、产业内贸易理论

对产业内贸易现象进行系统性研究始于20世纪70年代后期，此后产业内贸易理论成为一个新的国际贸易理论分支。

1. 当代产业内贸易

产业内贸易（Intra-Industry Trade）是指两国在同一产业内进行的贸易，即两国相互出口和进口属于同一部门或同类制成品。贸易的商品一般具有消费上的可替代性以及生产中要素投入的类似性。如美国和西欧一些国家既是机动车辆的出口国，也是其进口国，既出口酒类饮料和食品，也进口酒类饮料和食品。根据赫克歇尔-俄林的要素禀赋论，各国要素禀赋的差异越大，进行互利性贸易的机会越多。因此，国际贸易将主要发生在工业国（具有丰富的资本）和非工业国（具有丰富的土地和劳动力）之间。然而，事实却与此大相径庭，大多数国际贸易是在要素禀赋相似的国家之间进行的，而相当部分的贸易又是在同一产业内进行的，如相同类别的产品的双向贸易等等。据统计，在世界出口总量中，工业发达国家的出口量占3/4，其中75%是在工业发达国家之间销售的。而且这种制成品贸易中超过一半是在行业内进行的，工业国间的产业结构正在趋同而非趋异。同时，工业国集团与非工业国集团（除了新工业化国家）间的收入差距正在逐渐扩大，当代国际贸易并没有出现传统理论所主张的引发大规模的资源重新配置和收入的再分配。所有这些现实需要新的理论加以说明。产业内贸易理论于20世纪60年代以来应运而生，并逐步发展起来，很快成为国际贸易的新理论。

早期的学者对产业内贸易现象进行研究，大都源于实际观测与传统理论之间的矛盾。如早在1945年弗兰克尔（Frankel）发现那些人均对外贸易额高的国家存在着对同一种商品的同时进出口现象。他认为，这是因为进口商品和出口商品之间存在质量差异。同年，海希曼就贸易中的商品结构问题进行了较深入的研究，并且提供了一种在商品种类繁多的情况下对单个国家的进出口进行衡量的方法。结果发现，早在1925—1937年，在国际贸易总额中，制成品的贸易就占了20%。

瑞典经济学家林德尔在1961年出版的《论贸易与转变》一书中则认为，要素禀赋论可以解释自然资源密集型产品的贸易，但不能解释制成品的贸易。理由是：一种产品在成为潜在的出口产品时，首先总是先用于满足国内需要，因为他认为一个企业家总是更了解国内市场而对国外市场了解较少，因此他不可能想到去满足国内市场上根本不存在的需求。因此，一国制成品出口的种类决定于国内需求。这样，如果两国具有相同的需求结构，则两国消费者和投资者需要的是具有相同质量和精密程度的商品。由此得出推论，两国对制造业产品的需求越一致，它们进行贸易的潜在机会越多。林德尔认为，对需求结构影响最大的因素是人均收入水平。因此，人均收入水平相似的国家，需求也相似。“收入偏好相似”理论从一国收入水平决定的需求方面来解释国际贸易的流向，初步说明了发展水平一致或相近的国家之间工业制成品贸易与发展的原因。

继林德尔之后，很多经济学家继续致力于寻找造成产业内贸易的原因。有的学者从地理、气候等方面找原因，有的认为政府政策造成世界范围内的价格扭曲，国内市场价格大大高于国际市场价格，刺激商人到国外购买商品；还有的学者从邻近国家为了运输费用的节省而到他国购买增重性商品等来进行解释。

2. 产业内贸易理论的基本内容

许多西方经济学家认真探讨了造成产业内贸易的原因，归纳起来主要有以下几种解释：

（1）产品差别

美国经济学家赫尔伯特·格鲁贝尔（Herbert · Grubel）将同一产业内的产品分为同质产品和异质产品。产业内贸易可以发生在同质产品之间，也可发生在异质产品之间。

①同质产品产业内贸易

同质产品是指在价格、品质、效用上都是相同的产品，彼此之间可以完全替代。对于同质产品的贸易是由于产品处于不同的市场和不同的时间，消费者可能基于运费和季节之类的考虑进行贸易。同质产品主要有以下几类：国家大宗产品，如水泥、木材和石油的贸易，如中国的南方进口水泥，而北方出口水泥以减轻运费负担；合作或技术因素的贸易，如银行业、保险业走出去引进来；转口贸易；政府干预产生的价格扭曲，使进出口同质产品有利可图；季节性产品贸易，如季节性瓜果的进出口。

②异质产品的产业内贸易

所谓异质产品又称差别产品，是指企业的产品所具有的区别于其他同类产品的主观上或客观上的或大或小的特点，产品间不能完全替代。它即可以是垂直差别，如质量、等级、售前售后服务等方面的差别，也可以是水平差别，即根本特征完全相同的同类产品在规格、品种、款式、包装、服务等方面的差别。对差别产品的需求取决于供求两方面的因素，决定需求的因素是消费者的收入水平和偏好。其中，收入水平的差异引起垂直性产品的需求变化，消费者的偏好不同引起水平性产品需求的变化。决定供给的因素是厂商的规模经济和垄断利润。传统的比较成本论和要素禀赋论建立在边际成本不变或边际成本递增的基础上。而事实上，许多产品随着生产规模的扩大，设备利用率提高，劳动者技术和熟练程度增强，其单位成本会下降，从而产生规模经济优势，这些享有规模经济的国家或企业通过贸易获得利益。另一方面，厂商通过产业内贸易分工后，每一位生产厂商都会经历“边干边学”的过程。这意味着生产特定商品的经验积累之后，即“学习效应”[①]，单位产品成本将下降。由于成本下降，每一种款式的商品销售经过一定时间后都会有所增长。由于消费者存在不同的偏好，在现代经济中，大部分商品具有多种款式。而各国厂商为了获得规模经济，往往只生产某一产品的一种或少数几种款式，而不是生产全部款式。为了满足本国消费者的需求，需要从国外进口同类产品，从而出现产业内贸易。

（2）需求偏好相似说

一般说来，市场的需求结构与收入水平相适应。一方面，收入水平不同的人对商品的需求明显不同，低收入者和高收入者对商品的选择有不同的偏好。因此，当国民收入一定时，就决定了相应的社会需求结构，即对商品的品质和加工程度的要求会朝着一个平均的数值在一定的幅度内波动。另一方面，随着人均国民收入水平的提高，公众对商品的选择也会向加工精细、质量和功能较好的方面移动。因此，两国的人均国民收入越接近，则需求结构越相似，开展相互贸易的可能性越大，相互间的贸易联系越密切。这时，A 国所有的商品都存在向 B 国出口或进口的可能性，因为 A 国生产的所有商品都在 B 国的需求范围内，而 B 国生产的所有商品也在 A 国的需求范围内，如图 2-11 所示。

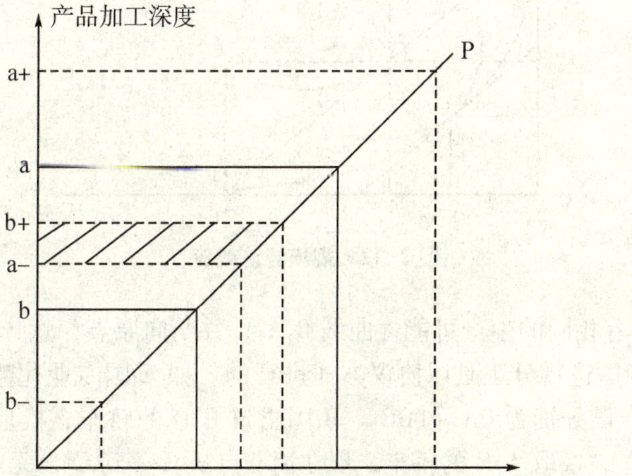

图 2-11　两国的相互需求

图中，A、B 分别为 A、B 两国的代表性收入，其需求不同加工深度的产品分别为 a 和 b；A+、B+分别为 A、B 两国的较高收入，其对应的不同加工深度的产品分别为 a

① 注：指通过在实践中学习而降低成本。

+和 b+；A-、B-则分别为 A、B 两国的较低收入，其对应的不同加工深度的产品分别为 a-和 b-。我们发现，A 国较低的收入与 B 国较高的收入大致相等，因而其需求偏好也相似——所需要的产品加工深度大致相同：a-和 b+之间的阴影部分即为两国重叠的需求。重叠需求的产品可由一个而不是由两个国家来生产，产业内贸易由此而产生。

(3) 追求规模经济利益

规模经济是指通过大批量生产某种产品而实现单位产品成本的下降。例如，当生产要素的投入增大 1 倍时，产品的数量增长大于 1 倍。产生规模经济的原因是生产规模增大引起更细的分工和专业化，从而把固定成本分摊到众多的产品中。规模经济能够成为产生国际贸易的一种重要的基础。

如图 2-12 所示，设 A、B 国都是资金充裕的国家，都生产资本密集型的工业品，如汽车。设汽车分为卡车和轿车两类。由于两个国家的生产技术和资源相同，生产汽车的成本曲线与生产可能性曲线都一样。在两国发生贸易前，各国各自生产一部分卡车和一部分轿车。A、B 两国均生产 $0A_0$ 辆卡车和 $0B_0$ 量轿车。假定两国的偏好相似，则 A、B 两国均在 C 点消费。

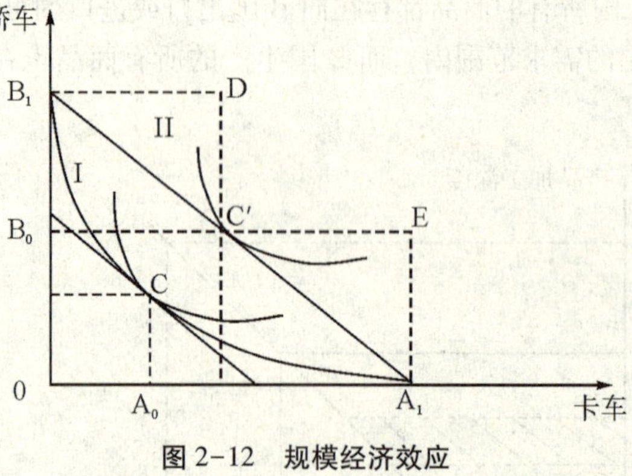

图 2-12　规模经济效应

A、B 两国具有相同的生产可能性曲线 B_1A_1，并凸向原点，意味着具有规模经济。现在假定 A、B 两国进行分工是以协议方式进行的。如 A 国专业化生产卡车，B 国专业化生产轿车，产量分别为 $0A_1$ 和 $0B_1$。B 国出口 C′D 的轿车，换取 B_1D 的卡车，A 国出口 C′E 的卡车，换取 A_1E 的轿车，现在消费点从 C 移到 C′，无差异曲线从 I 移动到 II，福利水平得到提高，但这种提高源于规模生产，而不是资源禀赋的差异。

(4) 各国不同的收入分配

赫尔伯特·格鲁贝尔（Herbert Grubel）提出，即使两国具有相似的人均收入，但两国的总收入分配还是会导致产业内贸易的发生。如果 I 国低收入家庭比重大，II 国分配相对均匀。则 I 国主要生产供本国大部分人口的需要的产品，即生产各种能够迎合收入范围在 $Y_1 \sim Y_2$ 家庭所需要的产品；II 国也将生产国内大部分收入家庭如 $Y_3 \sim Y_4$ 的需求。显然，对于 I 国的高收入家庭 Y_6 和 II 国的低收入家庭如 Y_5 将从国外购买商品，如图 2-13 所示。

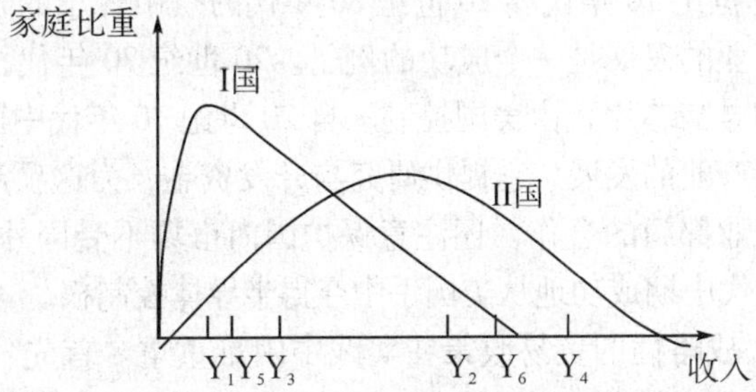

图 2-13　两国收入分布

3. 产业内贸易的数学衡量

产业内贸易可以用产业内贸易指数（T）（Intra-Industry Trade Index）加以衡量：

$$T = 1 - |X - M| / (X + M)$$

其中，X 和 M 分别表示对一种特定产业或某一类商品的出口额和进口额，分子表示净出口的绝对值。T 的取值范围为 0 ~ 1。当一个国家只有进口或只有出口（即不存在产业内贸易）时，T=0；当对某一商品的进口等于出口时（即产业内贸易达到最大），T=1。

格鲁贝尔和劳埃德计算了 1967 年 10 个工业化国家不同产业的 T 指数后发现，对于原油、润滑油产业，10 个国家的 T 值的加权平均值为 0. 30，对于与之相关的化工工业为 0. 66，10 个国家所有产业的混合加权平均 T 值为 0. 48。这意味着在 1967 年，这 10 个工业化国家的贸易额中有一半是由同一产业差别商品的交易引起的。随着时间推移，T 值也在不断上升。1958 年为 0. 36，1964 年为 0. 42，1967 年为 0. 48。

当使用不同的范围定义产业或商品种类时，所获得的 T 值都不会相同。对产业定义的范围越大，T 值越大，所以使用 T 值应慎重。通常 T 值对测度不同产业间产业内贸易的差异和同一产业中随着时间推移产业内贸易的变化时较为适用。

二、政策贸易理论

虽然传统的国际贸易理论强调自由放任的贸易，但人们发现在现代国际贸易中，政府往往在一国国际贸易中能发挥重大的作用。

1. 战略贸易政策理论

与自由贸易倡导的自由竞争、政府不加干预不同，战略性贸易政策认为一个国家可以通过暂时的贸易保护手段如补贴、税收优惠、政府与企业合作等在一些高附加值的高科技产业如半导体、计算机 、远程通信和其他被认为是对该国极其重要领域创造比较优势。由于这些产业是以知识的投资为核心产业，需要投入大量的研究与开发费用，具有较高风险，要求大规模生产以形成规模经济。但高科技产业的知识外溢性很强，当其成功时可以带来很大的外部经济。因此，国家通过鼓励这样的产业发展，不仅加强了这些部门未来增长的前景，而且可以推动社会经济快速发展。比如日本 20 世纪 50 年代的钢铁工业、20世纪70年代和20世纪80年代的半导体工业、欧洲20世纪70年代协和式超音速飞机的开发、20世纪70年代和20世纪80年代的空中客车的开发都是国家扶持的结果。日本半导体工业的发展是一个成功的例子。20世纪70年代，半导体市场（比如可用于许多新产品的电脑芯片）由美国控制。自20世纪70年代中期开始，日本强有力的通产省瞄准了这项产业的发展，它提供研究与开发资金，为这项产业的投资提供税收优惠，促成政府与工业部门的合作，还注意保护国内市场不受国外特别是美国的冲击。最后于20世纪80年代中期成功地从美国手中夺得半导体控制权。

当然在现实中，战略性的贸易政策在实践中困难重重。首先，很难确定哪类产业属于能够提供大量外部经济的理想产业。一些学者认为判断一个产业是否为理想产业有三个标准：产业工人人均增加值高；支付高工资；使用高技术。如果属于上述三方面的产业便是理想产业。但这些标准都缺乏说服力。其次，政府难以设计合适的政策来成功培育他们。最后，战略性的贸易政策取得的成功是以其他国家的损失为代价的，这种“以邻为壑”的政策容易遭受对方政府的报复。当大部分发达国家同时实行战略性贸易政策时，其政策的效果就会相互抵消。

产业内贸易案例　1964年北美汽车贸易协定

1965年以前，加拿大和美国的关税保护使加拿大成为一个汽车基本自给自足的国家，进口不多，出口也少得可怜。加拿大的汽车工业被美国汽车工业的几个大厂商所控制。这些厂商发现，在加拿大大量建立分散的生产体系比支付关税要划算。因此，加拿大的汽车工业实质上是美国汽车工的缩版，大约为其规模的1/10。

但是，这些美国厂商在加拿大的子公司也发现小规模带来的种种不利。一部分原因是在加拿大的分厂比其在美国的分厂要小；但重要的原因可能是美国的工厂更加“专一”——集中精力生产单一型号的汽车或配件。而加拿大的工厂则不得不生产各种各样不同的产品，以至于工厂不得不经常停产以实现从一个产品项目向另一个的转换，不得不保持较多的库存，不得不少采用专业化的机器设备等。这样加拿大汽车工业的劳动生产率比美国的要低大约30%。

为了消除这些问题，美国和加拿大政府通过努力在1964年同意建立一个汽车自由贸易区（附有一些限制条件）。这一举措使汽车厂商得以重组生产：这些厂商在加拿大各子公司大力削减其产品种类。但是加拿大的总体生产及就业水平并没改变。加拿大一方面从美国进口自己不再生产的汽车型号，另一方面向美国出口加拿大仍生产的型号。在自由贸易前的1962年，加拿大出口了价值1 600万美元的汽车产品，然而却进口了5.19亿美元的汽车产品。但是到1968年，这两个数字已分别已成为24亿美元和29亿美元。换而言之，加拿大的进口和出口均大幅度增长。

贸易所得是惊人的。到20世纪70年代初，加拿大汽车工业的生产效率已可与美国的同行相媲美。

资料来源：保罗·克鲁格曼. 国际经济学［M］. 北京：海闻，蔡荣，等译. 北京：

中国人民大学出版社，2002.

2. 对策论与国际贸易

用对策论方法来分析战略性贸易与产业政策是由加拿大哥伦比亚大学的经济学家巴巴拉·斯潘塞和詹姆斯·布兰德首次提出的。他们认为由于在一些产业中，仅有少数企业参与，存在寡占现象，因此自由贸易政策的完全竞争的假设是不成立的。在这种情况下，政府通过市场干预，将这些超额收益从国外转移到国内企业，从而克服市场失灵。其中最简单的方法是对国内企业进行补贴，阻止国外竞争对手的投资和生产，从外国竞争对手那里夺得利润。如果不考虑对消费者的影响，增加的国内企业利润会超过补贴的数额。这就意味着补贴增加了国民收入。

下面我们假定一个双寡头的市场，即只有一家本国厂商 H 和一家外国厂商 F。他们考虑在世界市场上生产一种具有相当规模经济的产品，有四种可能性的“收益距阵”。如果两家都生产，则都将亏损 \$ 20 万；若本国不生产，外国生产，则所有的利润均由外国厂商获得，为 \$ 200 万；若本国生产，外国不生产，则所有的利润均由本国厂商获得，为 \$ 200 万；若两国都不生产，则为 0，如下表 2-5 所示。

表 2-5　　政府参与前的双寡头市场收益矩阵

单位：万元

		外国厂商 F 生产	外国厂商 F 不生产
本国厂商 H	生产	-20 20	0 250
本国厂商 H	不生产	200 0	0 0

显然上述“博奕”不存在任何确定的结果。这时若本国政府为其提供 50 万的补贴，则收益距阵将发生变化。收益距阵变为表 2-6 所示：

表 2-6　　补贴后双寡头的收益距阵

单位：万元

		外国厂商 F 生产	外国厂商 F 不生产
本国厂商 H	生产	-20 30	0 250
本国厂商 H	不生产	200 0	0 0

这时，本国厂商获得一个有保证的利润。如果两国都生产，本国可以获得30万的利润；若外国不生产，则本国可获得250万的利润；若本国不生产，则得不到任何利润。显然，本国厂商在不生产时，不获利，而只要生产，均可获利。

3. 荷兰病

初级产品出口部门的繁荣虽然可以增加一国国际收支和提高国民收入，但有时也会导致国民经济结构发生不利的变化。20世纪60年代，荷兰发现蕴藏量丰富的天然气。随着开采量和出口量的上升，天然气出口收入快速增长。经常项目从1967年到1971年的年均1.3亿美元赤字变为1972—1976年的年均20亿美元顺差。但是，出口收入的急剧增加导致了荷兰货币盾汇率的下跌，与20世纪70年代初期相比，20世纪70年代中期荷兰盾升值16.4%。这就使得制造业部门在面对外部竞争时，处于十分不利的地位。而工业生产的下降又导致失业率上升，从20世纪70年代初的1.1%，提高到20世纪70年代后期的5%以上。这种由于初级产品出口收入的巨增所导致的不良后果被称为“荷兰病”（Dutch Disease）。

在分析荷兰病时，一般采用澳大利亚经济学家科登（W. M. Corden）等人提出的模型。这种模型将国民经济分为三个主要部门：①繁荣部门（Booming Sector），即初级产品出口部门。②落后部门（Lagging Sector），即生产其他贸易产品的部门，可以是工业制成品，也可以是农产品。③非贸易产品部门，主要包括服务业、公用事业和交通运输业等。

当繁荣贸易部门异常繁荣时，容易导致其他贸易部门的衰落，如果衰落的部门是制造业部门，则会产生人们所说的非工业化现象。这主要是由繁荣带来的消费变动和资源流动的效应所造成的。由于繁荣部门的收入得到增长，用于非贸易产品部门的消费往往也随之扩大。由此对非贸易产品的过度需求必然会提高非贸易产品的相对价格，进而导致币值上升。非贸易产品的价格上升，落后部门中的劳动力就会被吸引到非贸易产品部门中，进而导致落后部门的生产下降。如果这个落后部门是制造业，那么消费影响就能使制造业部门出现非工业化。同时劳动力从非贸易产品部门流向繁荣部门后将进一步提高由消费影响引起的对非贸易部门的产品的过度需求，并进一步促使货币升值，导致更多的劳动力从落后部门流向非贸易部门。因劳动力供给即定而使工资上升，从而国内其他可贸易部门和非贸易部门成本提高，由于其他贸易部门的价格是由世界市场确定的因而无法转嫁成本，造成其他贸易部门的缩水。而非贸易部门却可以将成本增加部分转嫁给消费者且贸易部门相对收缩。总比较利益下降，与进口产品竞争时处于劣势。

由于大量的发展中国家是初级产品的出口国，为了减少“荷兰病”的危害，政府应发挥主导作用。比如采用关税保护，在面对汇率下降、货币升值的条件下，通过提高关税，国内制成品的价格可上升，从而促进制造业扩大生产规模，通过关税来保护制造业部门，以消除“非工业化”的不良影响。政府也可采用增加对繁荣部门课税，并将由此获得的税收用于补贴其他贸易产品。总之，初级产品出口繁荣对于发展中国家来说是有益的，但这一繁荣所导致的“荷兰病”却不能被忽视。如果发展中国家不积极地防治它，那么初级产品出口的繁荣所带来的好处就会大打折扣。

第四节　标准贸易模型简述

前面我们已经介绍了单要素模型、特定要素模型和 H-O 模型。这些模型虽然从不同角度分析了国际贸易问题，但都有以下几个共同特点：

（1）社会的生产能力可以用生产可能性边界表示。

（2）生产可能性边界确定了一个国家或地区的相对供给曲线。

（3）世界相对需求曲线和世界相对供给曲线确定了世界均衡点。

为此，我们可引入一个世界贸易的标准模型，并利用此模型来分析一些世界经济现象。

一、开放经济的标准贸易模型

在标准贸易模型中，我们假定只有两个国家：本国和外国；生产两种产品：奶酪 C 和粮食 F。

1. 生产可能性边界与相对供给

（1）生产可能性边界

生产可能性边界是一国在当前一定的生产条件下，充分利用其资源可生产的奶酪和粮食的各种组合。因此，生产可能性曲线上的点都具有生产最佳组合的特征，也都是有效率的生产点，如图 2-14 所示。

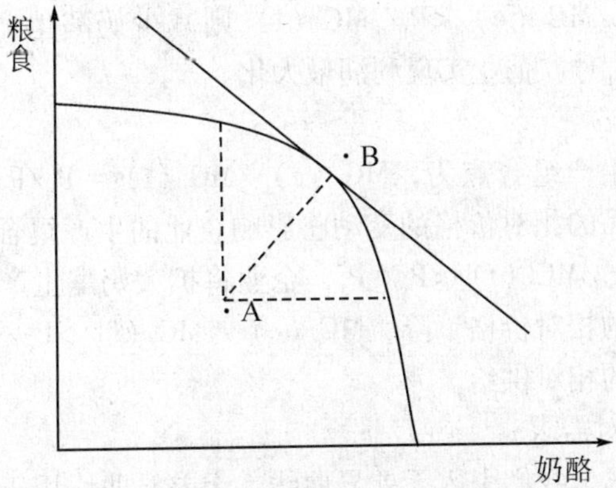

图 2-14　生产可能性边界上的最佳生产点

在生产可能性曲线内的点 A 表明一国未充分利用资源。因为在保持现有奶酪消费的基础上，一国仍可增加粮食生产；或在保持现有粮食生产的基础上，一国仍可增加奶酪生产；或一国可以同时增加这两种商品的生产。对生产可能性曲线外的点 B 则是企业在现有技术和资源条件下，不可能的生产组合点。只有在生产可能性曲线上的点才存在，增加一种产品的生产，必须以减少另一种产品的生产为代价，即存在机会成本。生产可能性曲线的斜率称为边际转换率（MRT），$MRT = -\Delta Y/\Delta X = MC(c)/MC(f)$，即边际转换率正好等于两种产品的边际成本的比率。

在完全竞争的假定条件下，经济在既定的两种产品的价格水平下最大化其产值：$P_c * Q_c + P_f * Q_f$，设经济的产值为 V，则那些使经济的产值刚好等于 V 的各种产量组合，就组成一条经济的等产值曲线，$P_c * Q_c + P_f * Q_f = V$。因此对不同的产值，可以得到在不同产值水平下的一组等产量曲线。这一组等产量曲线具有如下性质：离原点越远，直线所代表的产值越高；等产值曲线的斜率为$-P_c/P_f$，如图 2-15 所示。

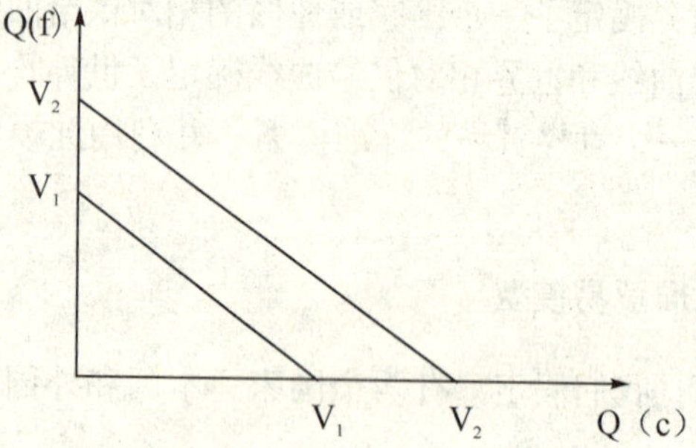

图 2-15　等产值曲线

说明：V_1V_1、V_2V_2为等产值线。

显然，在资源约束下，根据利润最大化的原则，企业的最佳生产组合点就是等产值曲线与生产可能性边界的切点。此时，若 $MC(c)/MC(f) < P_c/P_f$，或改写为 $P_c/MC(c) > P_f/MC(f)$，则扩大奶酪生产对企业有利；反之，若 $MC(c)/MC(f) > P_c/P_f$，或改写为 $Pc/MC(c) < P_f/MC(f)$ 则减少奶酪生产对企业有利。当 $MC(c)/MC(f) = P_C/P_f$时，企业实现利润最大化。

（2）相对供给

由于企业的最佳生产组合点为，$MC(c)/MC(f) = P_c/P_f$，因此，在一定的生产可能性曲线下，产品的相对价格的变动将影响企业的生产组合。当奶酪相对粮食的价格上升时，$MC(c)/MC(f) < P_c/P_f$，企业将扩大奶酪生产，从而扩大奶酪的相对供给。反之，奶酪的相对价格下降，$MC(c)/MC(f) > P_c/P_f$，企业将减少奶酪生产，从而减少奶酪的相对供给。

2. 相对价格与相对需求

为了描述相对需求，我们引入无差异曲线。无差异曲线用于描述一组使经济达到某一效用水平的两种产品的消费组合。它们向下倾斜；离原点越远，代表的效用越高；无差异曲线的斜率为边际替代率（MRS），指消费者为了满足同等的满足水平，在增加一个单位商品 X 时所必须放弃的商品 Y 的数量。$MRS = -\Delta Y/\Delta X = MU(c)/MU(f)$，如图 2-16 所示。

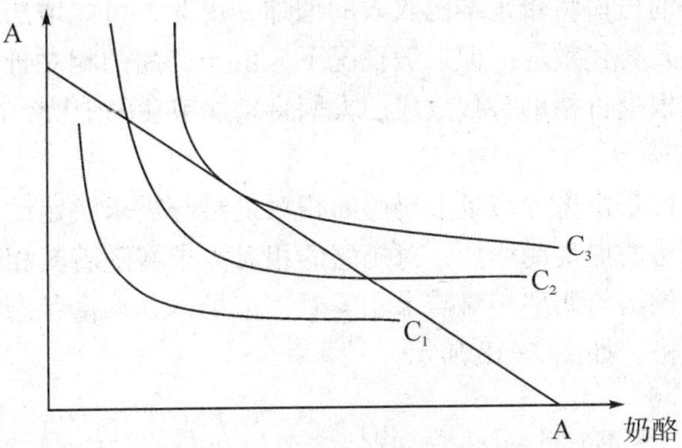

图 2-16　最佳消费点

说明：C_1、C_2、C_3为无差异曲线，AA 为等收入线。

等收入线是消费者在现有的商品价格下，一定的收入可能用于两种商品消费的各种组合。对一组不同的收入将有一组不同的等收入线。在标准贸易模型中，等产量线与等收入线是相同的。则等收入线的斜率 $=-P_c/P_f$。

显然，按效用最大化原则，等收入线与无差异曲线相切点为消费最佳组合点。此时，MU（c）/MU（f）$=-P_c/P_f$。当奶酪的相对价格上升时，即 MU（c）/MU（f）$<P_c/P_f$，消费者将减少奶酪消费，奶酪的相对需求减少；反之，当奶酪的相对价格上升时，即 MU（c）/MU（f）$>P_c/P_f$，消费者将增加奶酪消费，奶酪的相对需求增加，如图 2-17 所示。

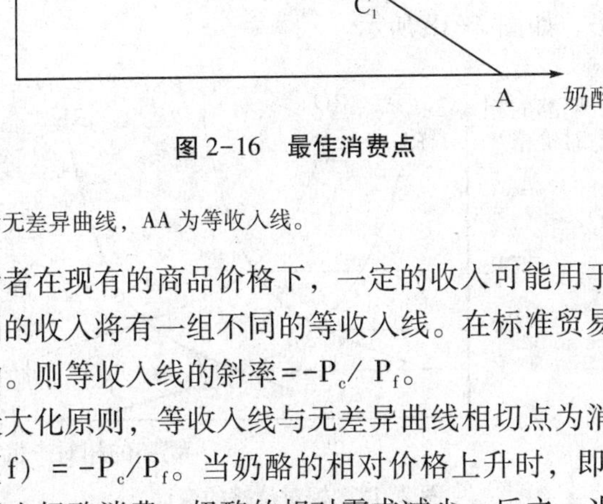

图 2-17　相对价格变动引起的需求变动

从上图我们可以明显地看出，当奶酪相对价格上升时，企业的生产点将从 A 点移动到 B 点。消费点从 D_1 移动到 D_2，消费者的福利水平提高。由于此时奶酪的消费量小于国内生产的奶酪量，因此，有更多的奶酪出口。从理论上讲，由于奶酪价格的相对上升，本国奶酪的出口将带来本国收入的增加，由此，可能增加消费者对奶酪和粮食的消费，发生收入替代效应。但一般情况下，由于奶酪的相对价格上升，意味着粮食相对价格下降，根据价格的替代效应，人们将增加粮食的消费，减少奶酪的消费。

3. 相对价格的确定

奶酪的相对价格是由世界市场上奶酪的相对供给与需求决定的。奶酪的相对供给将随着奶酪相对价格的提高而增加，对奶酪的相对需求将随着其相对价格的提高而减少。当奶酪的相对供给与奶酪相对需求相等时，市场达到均衡状态，此时的价格即为奶酪的相对均衡价格，如图 2-18 所示。

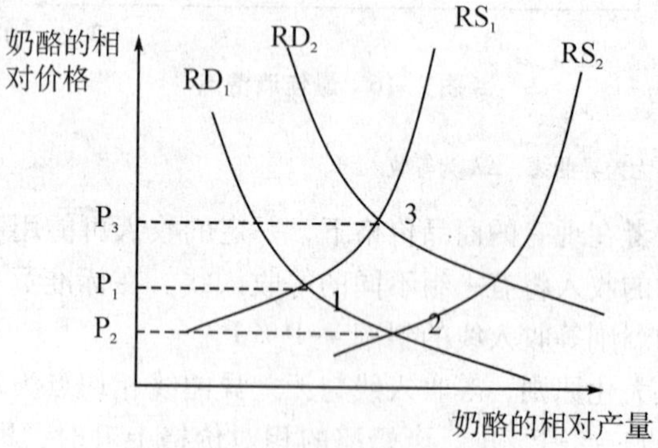

图 2-18　相对价格的变动

说明：RS 为奶酪的相对供给曲线；RD 为奶酪的相对需求曲线。

$RS_1 = RD_1$时，此时奶酪的均衡价为 P_1，当由于某种原因，使奶酪的相对供给增加，RS_1向右移动到 RS_2，由于相对供给增加，而相对需求不变，奶酪的相对价格下降到 P_2，$RS_2 = RD_1$。同理，当奶酪的相对需求增加，奶酪的相对供给不变，则奶酪的相对需求曲线右移到 RD_2，奶酪相对价格上升到 P_3。

二、经济增长与相对供给

经济增长问题一直是经济学家们长期关注的焦点问题。本国经济增长和其他国际的经济增长究竟会对本国带来何种影响?

1. 经济增长与生产可能性边界

当一国作为生产要素（如资本、劳动力）投入的自然资源等拥有量增加时，或者由于技术进步生产率提高时，都会导致该国经济增长，使其生产可能性边界向外移动，扩大经济对两种产品的供给能力。然而经济增长并不是等同地扩大所有部门产品的供给能力。因为当经济中某一部门通过技术革新提高了该部门的劳动生产率时，这一部门相对于其他部门，就具有比较优势，经济资源就会更多地流向这一部门。又如经济中资本要素增长，以资本密集型投入的产品的生产，相对于别的产品，就有更大的可能得到发展。因此，经济增长常常使生产可能性边界偏向某种产品的扩张。这里有两种情况：

(1) 技术进步效应

技术进步改变了投入和产出关系，其结果是固定数量的投入可以带来更大数量的产出。它有三种形式：

①要素中性型。即所使用的资本、劳动力的数量与技术进步前相同，即资本劳动比例不变，但生产每单位产出仅使用更少数量的要素投入。

②劳动节约型。即生产单位产出需要的生产要素投入下降，但资本的使用相对劳动力的使用量在上升。

③资本节约型。即生产单位产出需要的生产要素投入下降，但劳动力的使用相对资本的使用量在上升。

当技术进步只是影响一种产品时，则生产可能性曲线将更偏向这一产品（如图 2-19 所示）：

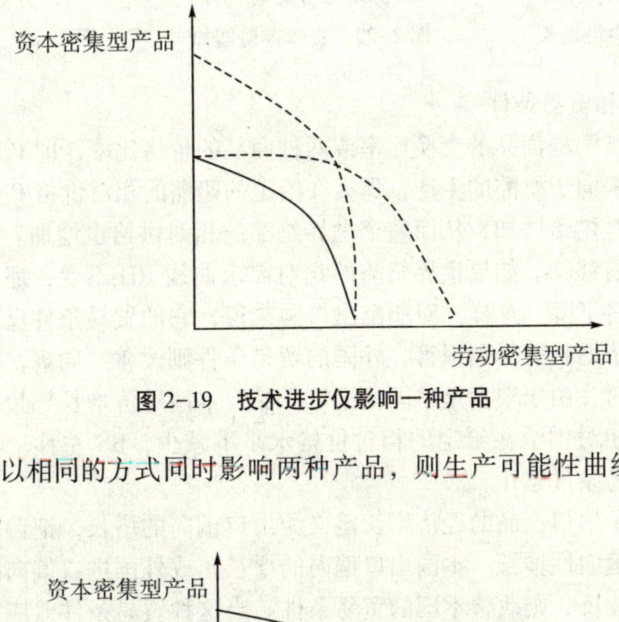

图 2-19　技术进步仅影响一种产品

当技术进步以相同的方式同时影响两种产品，则生产可能性曲线均匀向外移动，如图 2-20 所示。

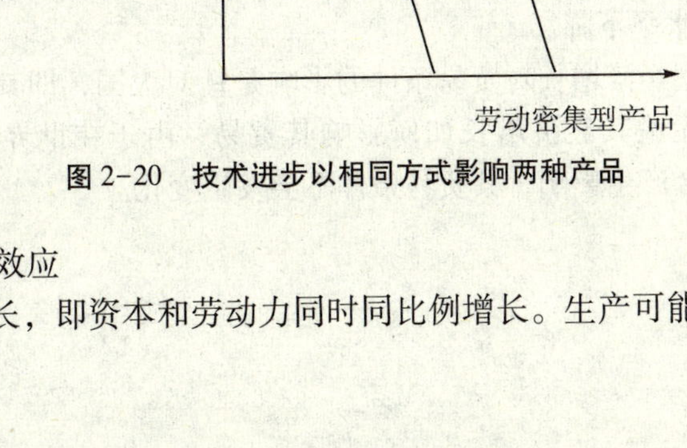

图 2-20　技术进步以相同方式影响两种产品

(2) 要素增长效应

①要素中性增长，即资本和劳动力同时同比例增长。生产可能性曲线均匀向外移

动。（如图 2-21 所示）

②资本存量增加。由于资本存量增加对资本密集型产品的影响大于对劳动密集型产品的影响，生产可能性曲线更偏向于资本密集型产品。（如图 2-22 所示）

③劳动力存量增加。由于劳动力存量增加对劳动力密集型产品的影响大于对资本密集型产品的影响，生产可能性曲线更偏向于劳动力密集型产品。（如图 2-25 所示）

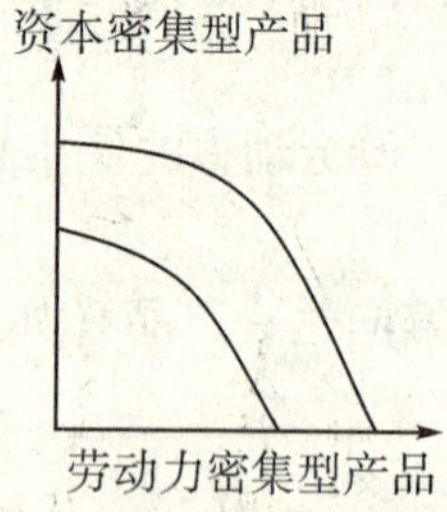

图 2-21　要素中性增长

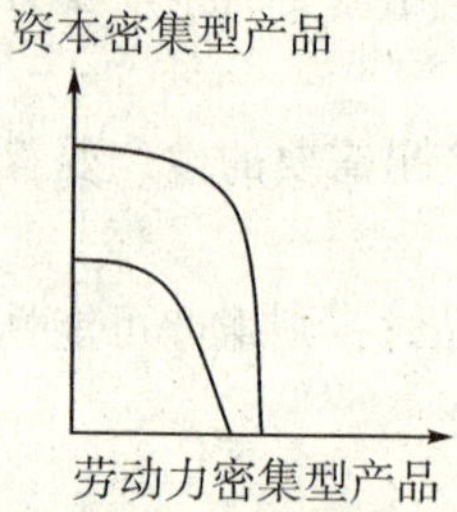

图 2-22　资本存量增加

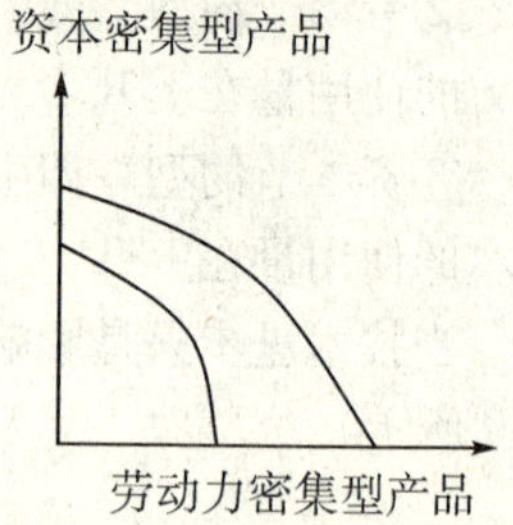

图 2-23　劳动力存量增加

2. 相对供给和贸易条件

贸易条件是指两种商品的交换比率或两种商品的价格比率，即 P_c/P_f。

当经济增长偏向于奶酪的生产，那么在给定的奶酪的相对价格 P_c/P_f 下，必然带来本国奶酪的相对供给增加，从而整个世界奶酪的相对供给也增加。结果，世界奶酪相对供给曲线向右移动。如果世界奶酪的相对需求曲线 RD 不变，那么，世界市场上奶酪的相对价格将下降。这样，对奶酪出口国来说，它的贸易条件反而由于自己偏向于出口产品的经济增长而受到损害，外国的贸易条件则改善。同理，当本国的经济增长偏向粮食生产时，由于粮食是本国的进口产品，本国经济增长导致本国粮食进口减少，从而奶酪的相对供给在给定的相对价格水平下减少，RS 左移。本国的贸易条件改善，外国的贸易条件恶化。

我们把偏向于出口产品的经济增长定义为出口偏向的增长，把偏向于进口产品的增长定义为进口偏向性增长。本国出口偏向的增长，或外国进口偏向的增长将损害本国的贸易条件，相反，则改善本国的贸易条件。当这种贸易条件效应很大时，甚至可能超过经济增长的正效应，这种现象被称为出口的贫困化增长，如图 2-24 所示。

当国内经济增长偏向奶酪生产，生产可能性曲线偏向奶酪一方。当贸易条件不变时，消费者由点 B 消费移动到点 A 消费，福利水平增加。然而当贸易条件恶化到一定程度，如为（P_c/P_f）$_3$，则消费者只能在点 C 消费。无差异曲线 C_3 甚至小于贸易前无差异曲线 C_1，福利水平下降。

应当指出，以上经济增长对贸易条件的影响是针对大国，即其产品的供求能够影响世界价格。小国无论其经济增长如何影响其贸易，由于在世界贸易中所占比重很小，对世界价格不会产生影响，其贸易条件不会发生变化。

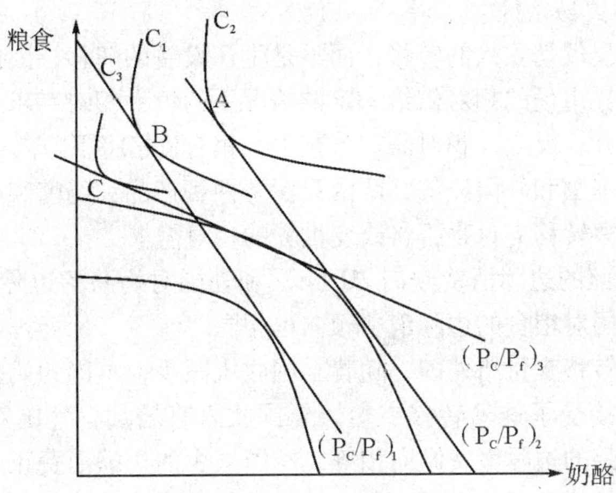

图 2-24 贫困化增长

三、国际收入转移与相对需求

前面我们从供给方面的变化来分析贸易条件改变问题，现在我们将从需求方面来分析贸易条件问题。影响产品相对需求的因素很多，如消费者的偏好的改变、技术的进步等。然而在国际经济学中最重要和最有争议的也许算是国际收入转移对世界相对需求的影响。

1. 收入转移问题

相对供给的变化影响贸易条件的变化，同样相对需求的改变也将影响贸易价格，从而引起贸易条件的变化。影响相对需求的因素有多种，包括人们的消费偏好的改变、新产品的发明、人们的收入变化、替代品的出现等。如人们由于开始关注健康，从过去高脂肪食物转向低脂肪食物，这样高脂肪食品的相对需求将减少，低脂肪食品的相对需求将增加。显然，相对需求的改变将影响到贸易条件。在国际经济学中我们研究的一个主要因素是收入在国际间的转移支付。我们主要考察这种转移支付是否最终改变各国的贸易条件。

对转移支付的讨论最初来源于两位著名的经济学家即俄林和凯恩斯之间关于第一次世界大战德国战争赔款的争论。争论的焦点是德国经济是否能够负担得起以及能够负担多少战争赔款。凯恩斯认为德国为了支付战争赔款，必须扩大出口、减少进口，这样，德国就不得不压低其出口产品的相对价格，这就会损害德国的贸易条件，使其经济雪上加霜，因而战胜国联盟所提出的赔款条件不应太苛刻。俄林则认为，当德国通过增加税收来融资赔款时，它对外国产品的需求即进口需求就会自动减少。同时，这些赔款支付给战胜国联盟后，其结果相当于这些国家实行了减税政策，或使其政府支出增加，或使其居民消费增加，最终都会导致这些国家对德国出口产品的需求增加。这样，德国的贸易条件并不会因为战争赔款而受到损害。

2. 转移支付和贸易条件

由于转移支付仅仅是收入的转移，而不是生产设备的转移，因此世界的生产供给仍保持不变。在世界市场的相对供给一定的情况下，世界相对需求若增加，则世界市场的相对价格将上升；反之，相对需求若减少，相对价格将下降。

我们假定只有本国和外国经济，两国只消费两种产品：奶酪和粮食。现在我们从以下几种情况来考察转移支付是否将改变世界的相对需求 。

（1）本国对奶酪的边际消费倾向 MP(c) 和外国对奶酪的边际消费倾向 MP(c)′相同；相应地，两国对粮食的边际消费倾向也相同。

本国若把收入转移支付给外国，随着本国收入减少，本国的奶酪消费将减少；与此同时，由于外国接受了这笔转移支付，外国收入将增加，外国对奶酪的消费将增加。因为两国对奶酪的边际消费倾向相等，本国减少的奶酪消费正好等于外国增加的奶酪消费，世界总的奶酪需求没有变化，奶酪的相对需求曲线不变，而奶酪的供给与转移支付无关，也保持不变，显然，奶酪的世界相对价格就保持不变。

可见，两国对某产品的边际消费倾向相同，则转移支付不会影响各国的贸易条件。这种情况验证了俄林的观点。德国的赔款多少并不会使德国的贸易条件恶化。

（2）本国对奶酪的边际消费倾向 MP(c) 大于外国对奶酪的边际消费倾向 MP(c)′。相应地，本国对粮食的边际消费倾向小于外国对粮食的边际消费倾向。

本国若把收入转移支付给外国，随着本国收入减少，本国的奶酪消费将减少；与此同时，由于外国接受了这笔转移支付，外国收入将增加，外国对奶酪的消费将增加。因为本国对奶酪的边际消费倾向大于外国对奶酪的边际消费倾向。本国减少的奶酪消费将大于外国增加的奶酪消费，世界总的奶酪需求下降，奶酪的相对需求曲线左移。奶酪的供给与转移支付无关，保持不变，显然，奶酪的世界相对价格下降，如图 2-25 所示。

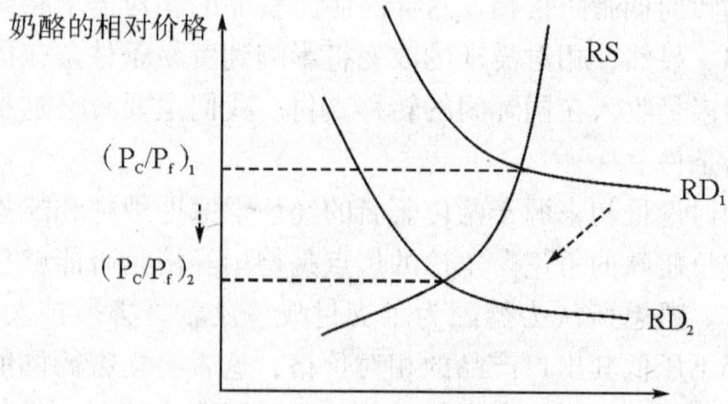

图 2-25　转移支付对贸易条件的影响

可见，当转移支付国的出口产品的边际消费倾向大于转移支付接受国的边际消费倾向时，转移国的贸易条件恶化，接受国的贸易条件改善。

（3）本国对奶酪的边际消费倾向 MP(c) 小于外国对奶酪的边际消费倾向 MP

(c)′。相应地，本国对粮食的边际消费倾向大于外国对粮食的边际消费倾向。

本国若把收入转移支付给外国，随着本国收入减少，本国的奶酪消费将减少；与此同时，由于外国接受了这笔转移支付，外国收入增加，外国对奶酪的消费将增加。因为本国对奶酪的边际消费倾向小于外国对奶酪的边际消费倾向。本国减少的奶酪消费将小于外国增加的奶酪消费，世界总的奶酪需求上升，奶酪的相对需求曲线右移。奶酪的供给与转移支付无关，保持不变，显然，奶酪的世界相对价格上升，如图 2-26 所示。

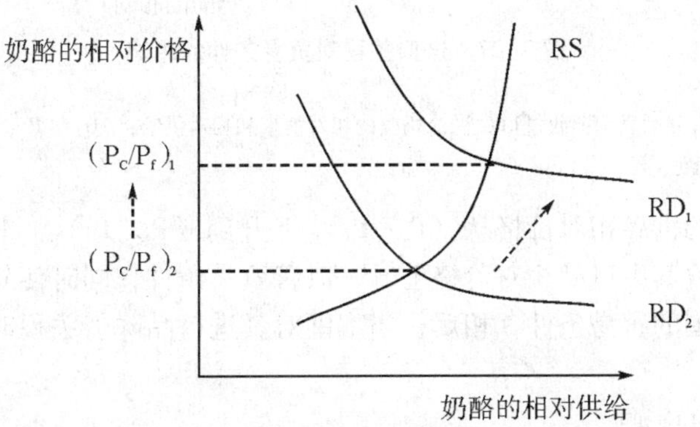

图 2-26　转移支付对贸易条件的影响

可见，当转移支付国的出口产品的边际消费倾向小于转移支付接受国的边际消费倾向时，转移国的贸易条件改善，接受国的贸易条件恶化。本国贸易条件改善，一定程度上减轻了本国转移支付、收入减少对经济的负影响；同时也抵销了外国一部分收入增加对经济的正影响。

从上述几种情况可以看出，转移支付是否对贸易条件产生影响，以及如何影响一国贸易条件，取决于两国的边际消费倾向的差异。

四、进口关税和出口补贴对相对供给和相对需求的影响

下面我们将用标准贸易模型分析一国实施关税和出口补贴措施将如何影响一国贸易条件问题。

1. 进口关税的影响

设本国对进口品粮食征收 20%的关税。由于征收了 20%的关税，使得进口粮食减少，国内粮食价格就比世界粮食价格高出 20%。因此，本国的奶酪相对价格 P_c/P_f 将下降，低于世界奶酪的相对价格。

这样，如果在实施关税前本国按世界市场的相对价格生产奶酪，则实施关税后，随着国内奶酪相对价格的下降，本国的奶酪生产者将减少奶酪生产，增加粮食生产。对本国消费者而言，则增加对奶酪的相对需求，减少对粮食的相对需求。这样，征收关税的结果是本国对奶酪的相对供给减少，奶酪的相对需求增加，如图 2-27 所示。

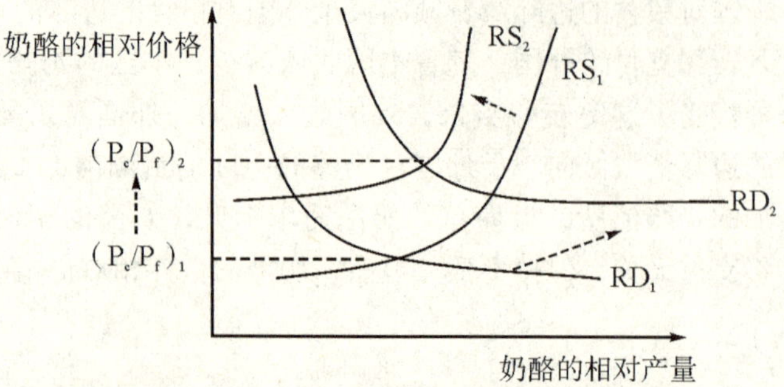

图 2-27　进口关税对贸易条件的影响

说明：RD_1 和 RS_1 分别表示征收进口关税前奶酪的相对需求和相对供给；RD_2 和 RS_2 分别表示征收进口关税后奶酪的相对需求和相对供给。

因此，奶酪的世界相对价格从（P_c/ P_f）$_1$ 上升到（P_c/ P_f）$_2$。本国对其进口品征收关税时，会导致其出口品相对价格上升，改善贸易条件，同时使外国出口品相对价格下降，损害外国的贸易条件。相反，当本国对其进口品降低关税时，则会使外国贸易条件改善。

2. 出口补贴的影响

如果本国对其出口产品奶酪生产者提供相当于产品价值的 20%的补贴，那么必将刺激本国奶酪生产者多出口，国内奶酪供给减少，导致国内奶酪价格上升 20%。这样在世界奶酪的相对价格给定的情况下，本国奶酪的相对价格就会高出世界奶酪的相对价格 20%，本国的生产者将扩大奶酪生产，减少粮食生产，消费者将减少奶酪的消费，增加粮食的消费。这样，在其他条件不变的情况下，本国对其出口品奶酪的补贴，会使世界市场上奶酪的相对供给扩大，奶酪的国内相对需求减少，如图 2-28 所示。

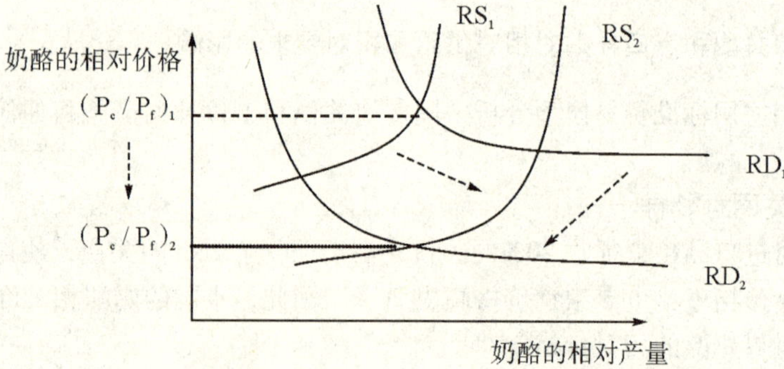

图 2-29　出口补贴对贸易条件的影响

说明：RD_1 和 RS_1 分别表示补贴前奶酪的相对需求和相对供给；RD_2 和 RS_2 分别表示补贴后的奶酪的相对需求和相对供给。

因此，奶酪的相对价格从（P_c/ P_f）$_1$ 下降到（P_c/ P_f）$_2$。这样，本国对其出口品的补贴就降低了出口品在世界市场上的相对价格，损害其贸易条件，同时提高外国出口品在世界市场上的相对价格，改善外国的贸易条件。相反，当本国减少对其出口品的补贴时，就会抬高其出口品在世界市场上的相对价格，改善贸易条件，同时降低外国出口品在世界市场的相对价格，损害外国的贸易条件。

不过，以上分析都是考察在世界进出口中具有影响力的大国情况。他们的供给需求变化将最终影响世界价格，是价格的制定者（Price Maker）。对于那些在世界进出口中所占份额不大的小国，他们没有足够力量影响世界相对供给与需求，因此不能影响世界的价格，是价格的接受者（Price Taker）。显然，无论是征收进口关税还是实施出口补贴，小国的贸易条件都不会变化。

基本概念：

要素密集度　资源禀赋　H-O 学说　雷布津斯基定理　要素价格均等变化　列昂剔夫之谜　产品生命周期　产业内贸易　荷兰病　战略贸易政策　出口的贫困化增长

思考题：

1. 假定美国有 8 000 万工人和 2 亿英亩（1 英亩=4 046. 9 平方米）的土地，英国有 2 000 万工人和2 000万英亩的土地。请问美国的充裕要素是什么，英国呢？

2. 假定在新西兰，生产 1 单位小麦用 1 000 单位土地和 500 单位劳动力，澳大利亚生产 1 单位小麦用 800 单位土地和 300 单位劳动力，由于在新西兰生产一单位小麦使用更多的土地，因此新西兰小麦是土地密集型的产品。请问这种分析正确？说明理由。

3. 试分析两要素模型中要素价格与商品价格如何相互影响。

4. 根据两要素模型，主要以劳动密集性产品出口为主的发展中国家与以资本密集型产品出口为主的发达国家的国际贸易的结果将如何影响它们的收入分配？

5. 说明现实中国际间生产要素价格没有均等化的原因？

6. 分析列昂剔夫之谜产生的原因。

7. 分析产品生命周期的理论和现实意义。

8. 阐述产业内贸易理论的基本内容。

9. 分析进口关税和出口补贴如何影响一国贸易条件。

10. 本国与外国经济增长如何影响本国的贸易条件。

网络资源：

A great deal of trade statistics for theUnited States by country and region can be found through the home page of the U. S. Department of Commerce, International TradeAdministration, at:

http: //www. trade. gov/mas/ian/

Trade statistics for European countries are provided by EuroStat (the Statistical Office of the European Communities) at:

http: //ec. europa. eu/trade/statistics

A wealth of detailed international trade statistics by country, industry, and year for 175 countries and areas is also provided in International Trade Statistics Yearbook, Vol. 1, published by the United Nations at:

http: //comtrade. un. org/pb/

The IMF publishes the Direction of Trade Statistics (yearly and quarterly) on the volume of trade to and from each of the 187 member countries of the IMF, Click "Direction of Trade Statistics (DOTS) " at:

http: //www. imf. org/external/data. htm

The hourly compensation ofU. S. workers in manufacturing and how it compares with that of foreign workers is found at:

http: //www. bls. gov/data/home. htm#international

The capital stock per worker of many countries is found on the University of Pennsylvania website at:

http: //pwt. econ. upenn. edu

Trade statistics that can be used to measure inter-and intra industry trade are provided by the U. S. Census Bureau at:

http: //censtats. census. gov/sitc/sitc. shtml

A great deal of trade statistics for theUnited States by country and region can be found through the home page of the U. S. Department of Commerce, International Trade Administration at:

http: //www. ita. doc. gov/td/industry/otea

International trade statistics by country and product group are available from the International Trade Center (ITC) 188 Economies of Scale, Imperfect Competition, and International Trade by selecting "Countries" and then "Trade Statistics Aggregates" at:

http: //www. intracen. org/trade-support/trade-statistics

Trade Statistics for European countries are provided by EuroStat (Statistical Office of the European Communities) at:

http: //ec. europa. eu/trade

Data on the international competitiveness of nations are available from the Institute of Management Development and the World Economic Forum at:

http: //www. imd. ch/wcy

http: //www. weforun. org

For the environmental sustainability and performance indexes, see:

http: //sedac. ciesin. columbia. edu/es/esi

http: //epi. yale. edu/epi2012/rankings

Data on the growth of capital stock per worker of many countries is found on the University of Pennsylvania and National Bureau of Economic Research web sites at:

http: //www. bized. ac. uk/dataserv/penndata/penn. htm

For information and data on growth of output and international trade and their effect on the terms of trade, see the Internet site addresses for the International Monetary Fund (IMF), World Trade Organization (WTO), Organizationfor Economic Cooperation and Development (OECD), World Bank, and United Nations, respectively, at:

http: //www. imf. org

http: //www. wto. org

http: //www. oecd. org

http: //worldbank. org

http: //www. un. org/depts/unsd/sd

The data and other information used in this chapter are found in the 2016 World Bank's World Development Report, the International Monetary Fund's (IMF) 2016 International Financial Statistics and World Economic Outlook, the United Nations Conference on Trade and Development's (UNCTADs) 2011 Trade and Development Report, and the United Nations Development Program's (UNDPs) 2016 Human Development Report. All reports, except International Financial Statistics, can be accessed through the Internet by clicking the name of the report after accessing the organization web site at:

http: //www. worldbank. org

http: //www. imf. org

http: //www. unctad. org

http: //hdr. undp. org

第三章　国际贸易政策分析

国际贸易政策是各国在一定时期内对进口和出口贸易所实行的政策，是各国政府为了某种目的而制定的对对外贸易活动进行管理的方针和原则。从一国或地区的角度看，国际贸易政策就是对外贸易政策。自由贸易政策和保护贸易政策是两种最基本的国际贸易政策类型；又根据各国贸易政策对外销生产和内销生产的保护程度，将其分为外向型贸易政策和内向型贸易政策。在国际经济联系日益密切的条件下，国际贸易政策对整个国际贸易和各国经济的发展发挥着越来越重要的作用。本章扼要介绍各国限制进口贸易、管理出口贸易的各种贸易政策工具的含义，并对其效应进行实证分析。

第一节　贸易政策工具

贸易政策要通过各种贸易政策工具来实现，当今主权国家是国际贸易的主体，各国通过各种具体的贸易政策的制定来保护国家利益。怎么保护，这里就要考虑各种各样的贸易政策工具。本节扼要介绍贸易政策的具体形式及其作用。

一、贸易利益与国家利益

从事经济交易的企业和个人是贸易行为的主体。在国际贸易中，这些企业和个人分属于不同的国家。由于贸易政策的制定者关心的是以国家为单位的整体利益，不同的国家具有独立的地位和自主的行为，因此国家是国际贸易的主体。

贸易政策既然是以国家利益为基础制定的，因此在分析贸易政策之前有必要了解国际经济学中国家利益的内容。贸易政策所关注的国家利益一般包括以下几个方面：

1. 改善贸易条件与国际收支状况

贸易条件是指进出口商品或进出口要素的交换比例，从实物形式上反映一国在国际贸易中的获利能力。政府可以通过调节关税税率影响进出口商品的相对需求，来达到改善贸易条件的目的。此外无论是国际收支顺差还是逆差，一国都可以通过制定一定的贸易政策来促进进口、抑制出口或是反过来促进出口、抑制进口，以调节国际收支，其中包括关税政策。

案例　新兴工业化国家的经济增长损害了发达国家的利益吗?

许多观察家警告说，新兴工业化国家的经济增长对发达国家的繁荣构成了一种威胁。一些喜欢小题大作的人认为，来自新兴工业化国家经济增长的影响并非是收入的分配，而是整个发达国家的实际收入由于这些新竞争者的出现而已经或将减少。例如，欧洲委员会（欧洲共同体的行政机构）1993 年的一份报告指出，造成欧洲经济困难的所有原因中，最重要的事实是“其他国家逐渐工业化并且在成本方面变得很有竞争力，这使得我们甚至在自己的市场上都无法与之竞争”。另一份由一个很有影响力的私人组织发表的报告的观点更甚，认为低工资国家生产率的增长对高工资国家造成了巨大的压力，以至达到“许多国家的生存都危若累卵”的程度。

下图显示了 1970—1997 年发达国家作为一个整体的出口与进口价格比。它们的贸易条件曾在 1973—1974 年因石油危机恶化，并于 1979—1980 年因石油价格的上升而再一次恶化。贸易条件在 1985—l986 年因油价价格的下降而好转。可见，发达国家的贸易条件主要受石油价格影响，否则不会有很大的变动。即便如此，在整个这段时期内，贸易条件的恶化也只有 6%。

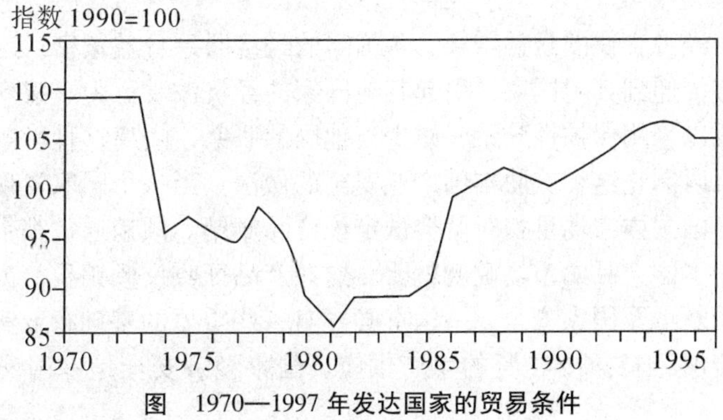

图　1970—1997 年发达国家的贸易条件

资料来源：保罗·克鲁格曼. 国际经济学［M］. 海闻，蔡荣，等译. 北京：中国人民大学出版社，2002.

2. 调配生产要素和产业结构

一个国家的经济资源，如劳动力、矿产、设备等，可能未被充分利用。为了充分利用这些闲置的资源，一个国家可以采取贸易保护政策，以增加对本国产品的需求，提高本国资源的利用程度。也有的国家为了确保经济的健康持续发展常常会使本国产业多样化，以避免对某一产品出口的过分依赖，这对于依赖初级产品出口的发展中国家尤其重要。因此国家可以通过贸易政策来配置生产力，实现经济多元化发展。

3. 保护幼稚行业与国内市场

幼稚行业是那些在国内刚刚发展，在成本和质量方面还未具备很强竞争能力的行业。一国要想使这些行业能够得到充分发展，就必须采取一定的保护政策，以屏蔽掉来自国外的竞争。这是一种更加全面的保护。许多发展中国家的经济整体表现落后，如劳动力素质低、基础设施不足、购买力小、市场发育程度低，从整体上制约着新行业的发展。因此，为促进经济的全面发展，有必要用全面的保护政策来推动经济发展。另外产品的销售市场有国内市场和国外市场之分。对一个企业来说，由于在国内市场销售有种种便利条件，国内市场往往是其主要的销售市场。为了保护这一最重要的市场，国家就必须采取保护措施防止国外产品进入，使本国弱势企业免受激烈竞争的淘汰。

4. 增加国内购买力与就业

提高产品价格可以增加生产商的收入。提高生产商购买力有助于促进经济的繁荣。对农产品实施保护就会维持农产品价格，增加农业生产者的收入。对工业品实施保护就会提高工业品价格，增加工业生产者的收入。发达国家常常关注本国的就业问题。面对低收入国家低工资、低成本产品的竞争，为了保持本国的就业和工资水平，发达国家和地区倾向于使用保护贸易政策来保护本国劳动力的利益。

5. 保护本国经济安全

随着国际间经济交往的日益增长，各国间的经济联系日益紧密。这使得一个国家的经济问题能够传递到其他国家，引起其他国家的经济波动。为了减少这种波动带来的损失，国家可以采用保护性政策，减少与他国的联系，隔离这种影响。在外国对本国进行倾销时可以制止这种威胁本国产业安全的做法。当一个国家发现某种进口商品的价格低于其本国国内市场价格时就会认定该产品倾销。倾销通常都带有恶意竞争的色彩，为了保护本国产品的市场政府就要对这些产品征收反倾销税。为了防止在非常时期由于进口中断危及国家安全，一国有必要对一些重要的基础行业实施保护，确保在进口中断时能够维持重要物资的生产供应。国家经济安全是一国安全的重要组成部分。

6. 政府收入

大多数时候保护性贸易政策会给国家带来更高的关税收入，世界上却有一些国家将关税作为政府的重要收入。

7. 社会目标

贸易政策的制定有时还受社会目标的制约。这些社会目标包括该国的生活方式、身心健康标准及环保要求等，如一些国家处于环保的考虑限制木材出口。

8. 外交政策

对外贸易政策是一国外交政策的组成部分，作为外交政策的工具和手段，它是要受外交政策制约的。具体形式有贸易优惠待遇和贸易禁运及制裁。

正是为了在国际经济活动中保护上诉国家利益，一国才设计了种种政策工具来达到这一目的。

二、国际贸易的政策工具

贸易政策工具主要包括限制进口的关税、配额和管理出口的出口补贴、自愿出口限制等。下面分别加以阐述：

1. 进口关税

进口关税是各种保护措施中最基本的工具，从形式上可分为从量税和从价税。

（1）从量税

以货物的计量单位作为计税的标准，按每一计量单位应缴税额作为税率的关税就是从量税。从量税的缴税总额由进入到进口国的货物数量与税率相乘来决定，而与货物的价格及金额无关，海关只须查明进口商品的数量就可以了，而不必知道货物的货币价值，因此关税的征收极为方便。但这种关税有着严重的缺陷，由于它不考虑商品的货币价值，因此当商品价格急剧波动时，同一税率对商品的保护程度也会急剧变化。这表现为在通货膨胀时价格上升，关税的保护程度下降；在通货紧缩时价格下降，关税的保护程度上升。这使得关税对商品的保护程度缺乏稳定性，所以在 20 世纪 80 年代后由于经历了恶性通货膨胀，各国普遍放弃了从量税。

（2）从价税

以商品价格作为计税标准的关税就是从价税。从价税的税率是应缴税额与课税商品价值总额的比率。这种关税能够避免价格变动引起的关税保护效果的变化，但是其不足之处在于海关人员需要对进口商品的货币价值做出估算，不能简单依靠进口商所报的金额来确定，因为进口商总是力图低估商品价格以减少税负。而海关又总是倾向于高估商品价格，所以很难准确地估算出应税商品的价格。不过，这并没有妨碍从价税被广泛使用。

（3）关税的保护效果

关税的高度

关税通过提高进口商品的价格来实现对国内市场的保护，人们必然要关心一国的关税税则造成了多大程度的保护，即关税的平均高度。对关税高度的衡量有两种指标：非加权平均关税率和加权平均关税率。

非加权平均关税率在计算时不考虑各进口商品在进口总额中的比重。例如有三种进口商品 A、B 和 C，它们的汇率分别为 10%、20% 和 30%，则它们的非加权平均关税率为：

$$\frac{10\%+20\%+30\%}{3}=20\%$$

很显然，由于这种算法没有考虑商品的权重，所以如果 A 商品占的进口比重大，上述结果就偏高；如果 C 商品占的比重大，上述结果就偏低。

为了克服非加权平均关税率的缺点，人们就采用了加权平均关税率。假设上例中 A、B 和 C 的进口额分别是 200 000、300 000 和 500 000，加权平均关税率就是：

$$\frac{200\ 000\times10\%+300\ 000\times20\%+500\ 000\times30\%}{200\ 000+300\ 000+500\ 000}=23\%$$

但加权平均关税率在反映关税高度方面也存在着问题。因为考虑到商品的需求法则，一种商品的税率高，它的进口量就低，因此该商品在计算中占的权重就比较小；一种商品的税率低，它的进口量就高，因此该商品在计算中占的权重就比较大。这样一来，我们实际上看到的是税率体系保护的结果，低税率的商品占的比重总是偏大，高税率的商品占的比重总是偏小，因此计算出的关税高度是偏低的。最极端的情况就是禁止性关税——一种高至不会再有该商品进口的税率。在这种情况下，这种禁止性税率就不会反映在加权平均关税率的计算中。所以在评估关税税则的保护效果时要把这两种平均税率结合起来考察。

②名义税率和有效税率

在评价关税的影响时人们面临着不同性质的税率，究竟哪种税率才能够合理地反映关税的保护效果呢？这个问题对于关税政策的决策者来说是很重要的，它关系到关税实施的实际效果。这就要区分名义税率与有效税率，有时也称为名义保护率与有效保护率。

最明显的就是名义税率，它就是一国关税税则表上所列税率。由此产生的名义保护率，世界银行对它的定义是："由于实行保护而引起的国内市场价格超过国际市场价格的部分与国内市场价格的百分比。"计算公式为：

$$名义保护率=\frac{进口货物国内市价-自国外进口价}{自国外进口价}\times100\%$$

从这个公式可以看出，名义税率关注的只是关税的存在导致一种商品的价格提高了多少。

与名义税率不同，实质有效税率关注的是整个关税体系对一进口竞争行业产值增值的保护。我们知道，一种商品可以是先在国外生产出来后再进口到国内来销售，也可以是直接在国内生产并销售。如果一国的关税体系对这种商品的生产起到了很好的保护作用，那么人们就会倾向于在国内生产，否则就更愿意从国外进口该商品。只有在不失去价格竞争力的条件下，国内生产可以比国外生产获取更多的价值增值（即利润）时，在国内生产才成为可能。实质有效税率就是从价值增值方面来衡量一国关税体系使一种商品在国内生产较国外生产有多大优势。下面举例说明。

假设有 A 商品，生产 A 需要两种投入品（或者称生产要素）A_1和 A_2。如果从国外进口 A，那么将面临 A 的关税税率 t；如果从国外进口投入品 A_1和 A_2，在国内生产 A，则面临着 A_1和 A_2的关税税率 t_1和 t_2。又设 A、A_1和 A_2的国外售价分别为 C、C_1和 C_2。现在我们来计算 A 在国外生产再进口时生产商可获得的价值增值。缴纳关税进口后 A 的售价为 C（1+ t），原料 A_1和 A_2没有缴税，生产成本就是 C_1+C_2，产品价值增值 $V=C-(C_1+C_2)$，这里不能用 C（1+t），因为关税 Ct 没有成为生产商的收入。如果是进口投入品 A_1和 A_2在国内生产，那么 A 的售价就是 C（1+t），这样不失价格竞争力。另一方面生产商要支付投入品的关税：$C_1(1+t_1)+C_2(1+t_2)$。因此在国内生产时的产品价值增值 $W=C(1+t)-[C_1(1+t_1)+C_2(1+t_2)]$。实质有效税率 Z 就表示为：

$$Z=\frac{W-V}{V}\times 100\%=\frac{C\cdot t-(C_1\cdot t_1+C_2\cdot t_2)}{C-(C_1+C_2)}\times 100\%$$

。从表达式可看出，一种产品的关税税率越高，实质有效税率就越高，该产品的投入品关税税率越低，实质有效税率就越高。

从名义税率与实质有效税率的计算可以知道两者是不一致的，衡量的意义也就不一样，名义税率估算的是关税对最终消费品价格的影响，实质有效税率估算的是关税对生产行业的保护，对生产者更有意义。在行业投入品税率过高的时候，有效保护税率可能为负，这种关税结构将促使生产要素流入这一行业。所以当政府希望扶持某个行业时，不仅要提高该行业产品的关税税率，而且还应该降低行业投入品的关税税率，以提高行业的保护程度。

2. 出口补贴

各国一方面利用关税限制进口，另一方面又采取措施鼓励出口。出口补贴就是一种主要的鼓励出口的措施，主要是为了降低出口商品的价格，增加出口商品在国际市场上的竞争力，在出口时由政府给予出口商现金补贴或财政优惠。

出口补贴有两种方式：直接补贴和间接补贴。直接补贴就是当出口商品的国内价格高于国际市场价格，在国际竞争中处于不利地位时，政府直接给出口商现金补贴，以降低该商品的国外售价，提高国际竞争力，促进出口。它实际上是政府财政收入的转移，如财政拨款、优惠收购等，即无偿给予。间接补贴则是政府对商品出口给予种种财政优惠，主要有出口退税或减免税。这么做是因为出口商品将不在生产国国内销售和消费，同时出口商品在进口国境内还可能被征收同种或类似的国内税。当进口的原料和零配件是用于出口商品的生产时，进口关税也会得到免征或退还（结合前面讲过的有效关税税率来考察这一做法）。由于有出口补贴的存在，出口商可以把补贴作为价格折让来与其他国家的同类商品竞争。

出口补贴能使本国商品获得出口优势，但本国消费者却不能从中得到好处，因为出口补贴只是使出口商品价格下降，而该种商品的国内售价却不会下降。更可能出现的情况是如果国内该种商品的供给弹性很小，出口补贴使商品出口规模扩大后，反而会引起价格上升，使本国消费者在消费同样多的商品时支出更多，同时上升的价格将部分抵销一部分补贴对商品出口的促进作用。

出口补贴是当今国际贸易中用得最广泛的一种促进出口的政策措施。具体的补贴形式有以下这些：

（1）亏损补贴。出口商在出口过程中，由于商品、市场的原因，甚至是自身管理不善方面的原因等造成的亏损由政府加以弥补，使出口商在出口过程中不再有亏损方面的顾虑。这时在只赚不亏的保证条件下，厂商的出口积极性被极大地调动起来，不顾一切的出口。因此，它对出口的促进效果特别明显。但这种方式容易造成个别出口商在国内争抢货源，在国外低价竞销，导致本国外贸经营秩序混乱，贸易条件急剧恶化，并易受到国外的贸易报复。

（2）优惠收购或价格支持。它是指政府以高于国际市场的价格将出口商品收购后，再以国际市场价格水平出口，由此导致的差价损失由政府负担的一种出口补贴方式。这种方式和亏损补贴本质上都是由国家承担出口损失，但在这种方式下，出口商是国家，因而没有哄抢货源或恶性竞销的现象。二战后，美国和法国等西方发达国家就经常采用此方法来促进国内农产品的对外出口。

（3）税收优惠。政府对作为出口商品投入要素的进口原材料的进口税给予返还，并对出口商的营业税或增值税及所得税按低于国内水平的税率征收，甚至在一定年限内免税。税收优惠降低了出口商品的成本，提高了出口商品的价格竞争力。

（4）提供廉价的资源。在出口厂商生产出口商品的过程中，政府以低廉的价格供给各种原材料以及电力、运输和用水等。这些资源是出口产品成本的构成要素，廉价的投入形成极富竞争力的低成本，从而促进商品的出口。

（5）金融和保险优惠。在出口商品的生产和出口过程中，有国家的专门政策性银行或国家支持的商业银行，向生产厂家和出口商提供低利息贷款，增加信贷额度、期限或提供信用贷款等，以节省出口商品生产厂家和出口商的利息及各项手续费，提高出口商品竞争力。另外，对于出口过程中，出口厂家所面对的风险，由政府建立出口保险或出口担保制度，以较低的保险费率甚至免费为其承保，减少出口厂商的出口费用，促进出口。

（6）外汇优惠。在一些实行差别汇率制度或外汇管制的国家，对于有出口业绩的厂商，政府以较优惠的汇率兑换其出口所创的外汇或允许其将出口收入的外汇按一定比例留归出口厂商自主支配。其最终结果或者是增加了出口厂商的出口本币收入，或者是节省了出口厂商进口原材料和设备的本币支出，增加了出口商品的竞争力。

出口补贴使本国的出口厂商在国际市场上赢得了价格竞争优势。但一国是否有能力实行出口补贴政策以及这一政策能否促进出口，还会受到以下这些因素的限制。

（1）本国的财政状况。出口补贴无论采用何种形式，其最终的方式都是将财政收入无偿地转移一部分给出口厂商，或者放弃部分本应作为财政收入的征收权力。当一国财政收支状况良好而出口补贴额又不大时，这样做是不会有困难的。但在一国的财政收支出现大量赤字同时出口补贴额又较大时，政府要想实行出口补贴就心有余而力不足。

（2）出口商品的生产潜力。出口在宏观经济学中是一国收入的注入，但对于商品而言，出口确是一国商品的漏出。出口规模本质上是由一国的生产能力所决定的，要扩大出口必须要有本国的生产能力作保证。当一国某种商品的生产能力已经达到最大可能时，再以出口补贴的方式促进出口，其后果只会引起国内该种商品物价水平的上涨。在这种情况下即使可以从国内该种商品的消费中挤出部分用于出口，其增长幅度也是有限的。

（3）出口商品的出口供给价格弹性和进口价格弹性。如果一种商品的出口供给价格弹性很小，那么出口补贴在增加了商品的出口收益时，并不能显著提高对出口商品的供给量，此时出口规模自然不会扩大。当某种出口商品的进口需求价格弹性很小时，出口补贴所形成的该商品的价格竞争优势并不能引起进口国对该种商品需求的显著提高。没有市场容量的扩大，出口补贴也就不能达到促进出口的目的。总之，无论是供给缺乏价格弹性还是需求缺乏价格弹性，最终都会使出口补贴仅仅帮助了进口国消费者减少了消费支出，出口补贴降低了商品的出口价格，但给出口国带来出口额增加的好处。

（4）进口国对出口补贴的态度。根据世贸组织的规则，出口补贴是一种“不公平的竞争”行为。当进口国的产业因享受出口补贴的同类商品的大量进口而造成严重损害时，进口国可以对这类享有补贴的进口商品征收与补贴额同等额度的反补贴税，以此来抵销出口国的出口补贴影响，从而使市场恢复到自由竞争状态。当进口国对享受出口补贴的商品进行反补贴制裁时，出口国不但不能达到鼓励出口的目的，反而把相当于出口补贴额的本国财富拱手转移给了征收反补贴税的进口国。

正是由于有上述限制因素，出口补贴虽然是一种运用广泛的鼓励出口贸易的政策，但各国的补贴额站该国出口额的比例都不大，一般不超过1%。

进口关税的成本与收益案例　羊肉关税损害了美国消费者

美国的养羊生产商长期依靠政府。半个多世纪以来，他们一直接受羊毛补贴，直到1995年国会颁布农场政策改革，补贴才被取消。由于失去了援助，成本高昂，效率低下，又面对鸡肉、牛肉和猪肉的竞争，羊肉生产商提出了减少进口以避免国外竞争的请求。

在美国，几乎所有的羊肉进口都来自于澳大利亚和新西兰，这两个国家在农业上拥有绝对优势。美国羊肉产业联盟非但不采取措施与这些国家竞争，反而在1974年的贸易法案中写入了一条“逃离条款”，为受到进口冲击的产业提供暂时的喘息空间。

美国国际贸易委员会（ITC）确定进口是否给国内产业造成严重损害，如果是这样，可以提请救援措施，该措施的采纳、修改或者否定由总统全权负责。在1999年2月份，ITC并没有发觉国内产业受到严重损害，但却接受了处于劣势的国内生产者提出的进口是损害根源的说法。ITC没有取消进口计划，只是建议对超出上年的进口征收20%（在四年内逐步递减）的关税。然而政府实施的贸易限制措施比ITC的建议更加严格。在现有关税基础上，第一年对所有的进口都征收9%的关税（2~3年降至6%，然后到3%），超过去年的进口征收40%的关税（2~3年降至32%和24%）。

美国羊肉产业联盟主席高兴地宣布，这一变化会给市场带来稳定。征收羊肉进口关税的决定虽然在国内没有引起多少注意，但却被其他国家纷纷仿效。这一决定拆穿了美国政府对自由贸易地花言巧语，使其在让其他国家开放市场上所做的努力前功尽弃。减少进口的预期达到了，但保护羊肉产业的目的却并没有最终实现。在这一极端地迫使下，澳大利亚和新西兰的农民及官员把美国告上了世界贸易组织（WTO）贸易争端解决委员会。

【案例来源】罗伯特·J·凯伯. 国际经济学［M］. 原毅军，陈艳莹，等译. 北京：机械工业出版社，2005.

3. 进口配额

进口配额是一国政府在一定时期（一年或一季度）以内，对某些商品的进口数量或金额加以直接的限制。在规定的时期内，配额以内的货物可以进口。超过配额的就不准进口或是征收较高的关税后才能进口。它是一种进口数量限制手段。进口配额可分为绝对配额与关税配额两类。

（1）绝对配额

即在一定时期内，对某些商品的绝对数量或金额规定一个最高额度，达到这个额度后便不准进口。其具体又分为全球配额与国别配额。

①全球配额。这是一国针对全球范围设定的配额，对来自任何国家的地区的商品一律适用。主管当局通常按进口商申请的先后顺序或过去某一时期的实际进口额批给一定额度，直至总额分发完为止。但通常由于临近国家或地区地理位置近，到货快，因此处在有利位置；相反，距离远的国家则相对不利。所以全球配额也是带有国别色彩的。

②国别配额。即在总配额内按国别和地区分配固定配额，超过规定就不许进口。为了贯彻国别政策，进口商必须提供原产地证明书。这种配额通常反映了一国对外政治关系。进口国可以根据它与有关国家或地区的政治经济关系来分配不同的额度。

国别配额又分自主配额与协议配额。自主配额又称单方面配额，是由进口国完全自主的、单方面强制规定的在一定时期对从某个国家或地区进口某种商品的配额。这种配额不需征求输出国的同意。但由于自主配额是进口国单方面制定的，往往容易因分配额度的差异引起其他出口国家或地区的不满和报复。因而有些国家就采用协议配额，以缓和彼此的矛盾。

协议配额又称双边配额，是由进口国和出口国政府或民间团体之间协商确定的配额。如果协议配额是通过双方政府签定的，一般需要在进口商或出口商之间分配；如果配额是在双边的民间团体间达成的，应事先获得政府许可，才能执行。由于协议配额是经双方协商确定，通常不会引起出口方的报复，并可使出口国对于配额的实施有所谅解与配合，较易执行。

（2）关税配额

这种配额对在一定时期内进口商品的绝对数额不加限制，而对在规定配额以内的进口商品给予低税、减税或免税待遇。对超过配额的进口商品则征收较高的关税、附加税或罚款。关税配额与绝对配额最大的不同之处在于：绝对配额规定的最高数额是不得超过的；而关税配额在额度内可享受关税减免待遇，超过额度仍可进口，只不过超额部分所征收的关税较高而已。

配额案例　美国食糖进口

美国食糖问题的起因与欧洲农业问题有些相似，联邦政府保护的国内价格高于世界市场的价格水平。但与欧盟不同的是，美国国内的供给没有超出国内需求。因此美国政府可以运用配额制度使其国内食糖价格一直保持在目标水平。

美国食糖进口配额的一个特别之处在于：在美国销售食糖的权力被分配给了外国政府，然后由外国政府将这种权力分配给各自的厂商。因此食糖进口配额形成的“租”由外国人获得。配额将美国食糖进口量限制在大约213万吨，因而美国市场的食糖价格比国际市场高出40%还多一点。作为一个比较极端的例子，食糖进口配额说明了保护的倾向：给一小部分生产者提供保护，使每个生产者获取很大的利益；由广大消费者来支付这些代价，但每个消费者只负担很少一点。但是从食糖生产者的角度而言，进口配额可是生死攸关的大事。美国的食糖工业只雇佣约12 000人，食糖生产者从进口配额中的所得，表现为一种隐含的约每人9万美元的生产补贴。这也就难怪美国的食糖生产者会极力维护进口配额。

反对实施进口配额保护的人经常试图从进口限制所“保留”的每个工作机会所产生的消费者成本，而不是从生产者剩余和消费者剩余的角度来提出批评意见。研究过美日食糖行业的经济学家们都相信，即使实行自由贸易，大部分的美国食糖生产者仍将生存下来，只有2 000~3 000人可能失业。因此，被“保留”的每一个工作机会的消费者成本超过50万美元。

【案例来源】保罗·克鲁格曼. 国际经济学［M］. 海闻，蔡荣，等译. 北京：中国人民大学出版社，2002.

4. 自愿出口限制

自愿出口限制是指在进口国的要求或压力下出口国家或地区，“自愿”规定某一时期内某些商品对该国出口限制的制度。在限制的额度内自行控制出口，超过限额即禁止出口。

自愿出口限制与绝对配额都是以进口额度来限制商品进口。但在形式上略有不同：绝对进口配额是由进口国直接控制进口；而自愿出口限制是由出口国直接控制这些商品对指定进口国的出口。但这种限制并非是真正的“自愿”，它往往带有明显的强制性。即进口国往往以商品大量进口使其有关工业部门受到严重损害，或造成所谓“市场混乱”为理由，要求有关国家对出口实行“自愿”限制，否则就单方面予以制裁。在这种情况下，一些国家不得不被迫实行“自愿”出口限制。自愿出口限制主要有以下两种形式：

（1）非协定的自愿出口限制。即不受国际协定的约束，而是由出口国迫于来自进口国方面的压力，单方面规定出口额度，限制商品出口。

（2）协定的自动出口限制。即进出口双方通过谈判签定“自限协定”或“有秩序销售协定”。在协定中规定有效期内某些商品的出口配额，出口国应据此配额实行出口许可证或出口配额签证制，自行限制这些商品的出口。自愿出口配额大多数属于这一种。

5. 其他政策工具

除了上面提到的政策工具外还有其他几种形式：

（1）出口信贷

就是一个国家的银行为了鼓励商品出口，加强商品的竞争力，对本国出口厂商或外国进口厂商提供的贷款。它是一国出口厂商利用本国银行的贷款扩大商品出口，特别是金额较大、期限较长的成套设备、船舶等出口的一种重要手段。出口信贷有卖方信贷与买方信贷两种。卖方信贷是出口方银行向出口厂商（卖方）提供的贷款。买方信贷是出口银行直接向向进口厂商或进口方银行提供的贷款。其附加的条件就是贷款必须用于购买债权国的商品，从而促进本国商品的出口。在出口信贷的早期主要是卖方信贷，后来发展为以买方信贷为主，和卖方信贷比，买方信贷减轻了进口厂商负债负担，更有利于出口方。

（2）政府采购

一般规定政府或由政府控制的公司购买的商品必须国产，即使这些商品的价格比进口商品高。例如美国法律就规定联邦政府机构必须购买美国国内公司生产的产品，除非该产品的价格比外国同类产品的价格高6%。这种对国内产品价格上的优惠起到和关税一样的保护作用。

（3）海关壁垒

海关壁垒是指海关在行使正常的征税权利外，利用法律条文的一些弹性和手中的特权对进口商品进行刁难和阻碍。一般包括这样两个措施：繁琐的通关手续和专断的海关估价制度。繁琐的通关手续是指为了阻碍国外商品的进入，国家海关还可以为进口商品的入关设置繁琐的手续，包括口岸的限制、单据的提交、必须经过的检验等。而这些限制其实是没有必要的，只是增加了货物进口的难度。专断的海关估价制度，是指对实行从价税的商品在进口估价时，海关采取专断的方法，高估进口商品的价格，从而提高税负。

（4）外汇管制

这是一国政府通过法令对国际结算和外汇买卖加以管制以平衡国际收支，控制外汇供求，维持本国货币币值稳定的一项管理措施。在实行外汇管制时，出口商必须把出口所得的外汇收入按官方汇价卖给外汇管理机构。进口商进口所需外汇也必须向外汇管理机构按官方汇价申请购买。具体可分为：数量性外汇管制，这是国家对外汇买卖的数量直接进行限制和分配；价格性外汇管制，这是国家对外汇买卖实行多重汇率制度，对不同用途的外汇交易规定不同的汇率；混合型外汇管制，这是同时采用数量性管制和价格性管制的方法。

（5）最低限价和禁止性进口

最低限价就是一国政府规定某种进口商品的最低价格，凡进口货价低于规定的最低价格则征收进口附加税或禁止进口。最低限价阻碍了国外低价产品的进入，相应地提高了本国产品的竞争力。禁止性进口是指一国政府颁布法令，禁止某些商品的进口。这是一种非常严厉的非关税措施，只有在一国实行进口数量限制已不能缓解经济与贸易困境时才采用。

（6）进口押金

进口押金又称进口预存款制。它要求进口商在进口商品时必须预先按进口金额的一定比例和在规定时间，到指定的银行无息地存放一笔现金。以此增加进口商的资金负担和商品成本，从而起到限制进口的作用。

（7）进口替代目录管理

许多发展中国家为了本国工业化目标而实施进口替代战略，即用本国生产的产品代替进口。进口替代目录管理就是服务于这一战略的。列入这一目录的商品一般不准进口，这是一种比较强硬的非关税壁垒措施。但现在很多国家已放弃这种做法，转而依靠本国的产品竞争力实行进口替代。

（8）本地成分要求

为了限制进口零部件的使用，发展本国的有关工业，许多国家和地区都要求外资企业在本地生产并在本国销售的最终产品中必须含有一定百分比的本国零配件，即本地成分。

（9）歧视性国内税

一些国家在征收国内税时，对进口商品和本国商品采取差别待遇，使进口商品的国内税高于本国产品。这样客观上提高了进口商品的成本，成为一种限制外国商品进入的非关税壁垒。

（10）反倾销政策

不恰当的运用反倾销政策或在实施反倾销过程中歧视某些国家的进口商品等，都可以成为一种非关税壁垒。由于反倾销手段的合法性及有效性，发达国家在努力将反倾销政策扩大化。比如发达国家在针对中国等发展中国家的反倾销调查中，将其视为非市场经济国家，用歧视性的标准来判断是否倾销。

第二节　保护贸易理论

保护贸易理论是国际贸易形成以来不同历史时期贸易保护政策的理论依据。本节扼要介绍重商主义的经济理论与政策、历史学派与新历史学派的保护贸易理论和“辛-普-缪论证”。

一、国民财富与国际贸易

重商主义的贸易差额论是建议在其财富观基础之上的。

1. 重上主义的经济思想

重商主义是指在1500—1750年这一时期存在于欧洲的经济思想的一个集合，其并非是一个正式的思想流派。只是关于国内经济活动和国际贸易作用的一些相同观点的归纳，但他们却支配这一时期欧洲国家的经济思想和政策的制定。在16世纪到18世纪这段时期，资本主义还处在萌芽发展阶段，西欧各国开始走向世界市场，自然经济逐渐瓦解，商品经济越出国家界限，这一政治经济现实导致重商主义思想的发展。

重商主义的一切思想观点都是围绕其特有的财富观展开的。重商主义者认为一国财富的唯一形式就是以金银等形态存在的货币，由此认为一个国家积累的金银货币越多就越是富裕。获取金银的方式只有两个：增加国内金银开采的产量和开展对外贸易。他们认为对外贸易能使外国的金银货币流入本国，扩大本国的财富总量。这是一种静态的财富观，在这一观点下，国际贸易被看成是零和博弈，一国经济所得就是另一国经济的所失。贸易顺差成为国家追求的目标，也就是说一国在参与贸易时要尽可能的使出口超过进口。当出口大于进口时，金银货币就流入到国内，财富增加；当进口大于出口时，金银货币就流出国内，财富减少。至于实现贸易顺差的手段，重商主义在不同时期有不同的观点。

早期的重商主义被人们称为“货币差额论”，主张在国际贸易中多卖少买，甚至不买。这样一来就保证了货币的绝对流入，对外贸易起到了增加货币数量的作用。在保证金银流入的过程中，国家扮演了一个极其重要的角色，当时的欧洲各国都制定了严格的限制金银流出国境的法律，除政府特许的个别情况，对私人偷运金银贵金属的行为，法律规定了严厉的惩罚措施，甚至死刑。同时国家还对殖民地实行垄断贸易，将某些航线或某些区域的贸易权特许给少数公司，由此产生高额的垄断利润。这些利润增加了贸易顺差，也增加了参与垄断贸易的政府收入。此外国家还建立强大的海军，以此保卫海上通商的安全，确立在全球殖民地市场争夺中的优势。

晚期的重商主义被称为“贸易差额论”，主张在对外贸易中追求尽量大的顺差，以达到增加本国货币数量的目的。它和早期重商主义的区别在于对货币的输出持更灵活的态度。晚期重商主义不再简单地反对货币的输出，他们认为重要的是保持对外贸易总的顺差，只要货币的输出是为了进口生产出口品所必需的原料，使将来能够获得更大的出口收入，那么这种货币输出是允许的。晚期重商主义一方面用高关税壁垒阻碍国外商品的进入，另一方面还主张鼓励本国产业的发展，增强本国产品在国际间的竞争力。因此，晚期重商主义较早期重商主义有了进步，反映在他们不再局限于对货币存量的关注，而是把眼光扩展到了国际贸易流量上，意识到产业本身发展水平对货币积累的影响。

2. 重商主义的国内经济政策

重商主义者提倡通过控制行业生产和劳动力的方式来管理一国的经济活动。利用发放独家生产许可证，如英、法授予厂商皇家制造商的称号、免税、补贴和赋予特权的方式来推行一套全面的管理体系。另外，还主张政府通过手工业行会对劳动力实行各种限制。这一切都是为了提高熟练工人的素质和工业制成品的质量——以此增强出口能力，增加一国的财富。

重商主义者提倡推行低工资政策。由于劳动力是最重要的生产要素，低工资就意味着低成本，这将使一国的产品在国际上更有竞争力。当时的流行观点是只有当劳动者组成的下层社会处于贫困状态才能保持劳动生产率，提高工资将导致生产率的下降。由于劳动力被看成是维持一国生产率的关键，所以，产出增长的关键在于劳动人口的增长。这样一来，政府就应采取诸如鼓励大家庭、对儿童给予补贴、给结婚的人提供资金支持等方式来刺激人口增长。

3. 重商主义的历史作用

重商主义的经济政策源于它的价值观。把货币数量等同于财富，而忽视生产力；以静态的观点看待世界的财富，认为贸易中的一国所得就是另一国所失。这些信条在今天看来是幼稚的，但在当时却反映了那一时期政治经济的现实。首先，当时频繁的战事使维持强有力的军队和商船运输非常重要，而军费的开支又要求政府必须有足够的货币资金来支付。其次，商人阶级关于储蓄的观点被很自然地推广至国家的行为上，这就使得对贵金属货币的狂热追求看上去是那么的合理。但它对经济政策的解释本身所包含的悖论使得它不可能引导国家正确的发展，比如它要求富裕的国家必须有大量的贫困人口；为了积累货币必须放弃现时的消费。因此后来在亚当·斯密的批判下，重商主义结束了在国家经济决策中的统治地位。不过尽管它的错误已被人们广泛认识，但在今天，当两个国家的贸易利益发生冲突时，它还会重现在国家的经济政策中。

二、历史学派与新历史学派的保护贸易理论

德国历史学派主张对本国幼稚工业加以保护。新历史学派不仅主张保护幼稚工业，而且主张对已占优势的产业也进行保护，并且强调国家至上。

1. 历史学派保护贸易理论

历史学派是19世纪40年代在德国出现的一个学派。该学派的观点和主张与斯密和李嘉图所倡导的自由贸易理论相对立。历史学派的先驱者和代表人物是德国人李斯特。李斯特曾经在美国游历，深受美国独立后的第一任财政部长汉密尔顿关于保护本国幼稚工业观点的影响，因此，形成了自己的一套关于国际贸易的看法。1841年李斯特出版了《政治经济学的国民体系》一书，在书中他提出了一套完整的贸易保护主义理论。

李斯特的贸易保护主义所主张的不是无条件的全面的贸易保护，他反对的是斯密和李嘉图提出的那种古典主义的绝对自由贸易。他认为斯密和李嘉图的自由贸易理论没有考虑到各国间不同的经济发展特点，忽视了经济水平的国家间差异，因此是不可取的。李斯特指出，贸易保护主义与自由贸易之间并不存在哪个对、哪个错的问题，

而是要根据国家的具体情况而定，看这个国家的民族经济处在哪个发展阶段，并且以是否有利于本国经济发展、促进生产力作为评判的标准。一般说来自由贸易只对先进发达国家有利；而后进的国家由于它的工业尚未发展到可以同国外竞争的水平，采取高关税的保护政策则是更为明智的选择。

斯密的自由贸易理论是以劳动价值论和地域分工论为基础，使用演绎的方法来构筑绝对优势理论的。而李斯特的理论则是以生产力理论和经济发展阶段论为基础，使用历史分析的方法建立起来的。

斯密强调的是劳动的结果，即财富是通过劳动生产出的产品，是物。与此不同，李斯特指出，财富与财富的原因是不同的，不能相混淆。他所说的财富的原因就是生产力。李斯特说：财富固然重要，但是，创造财富的能力比财富本身更为重要。所以，国家应该更重视对生产力的追求，而非财富本身。自由贸易固然可以使落后国家获得物质形式上的贸易利得，但这个国家自己国内产业发展的机会却丧失了，生产力的发展也就被阻碍，民族工业不能成长壮大。当时，李斯特所在的德国正处于工业革命刚开始的阶段，与英国相比工业发展水平较低，产品无法与英国竞争。李斯特认为，如果这时德国采取自由贸易政策，那么，德国刚起步的工业势必会被大量涌入的廉价进口商品扼杀，因此，他呼吁德国政府实施高关税的保护贸易政策，并且劝说国民为了发展德国的生产力暂时忍受保护贸易造成的工业品的高价格。他坚信，最终当本国工业发展成熟，生产力大大增长后，国民将会享受到比国外更为廉价的工业产品。

李斯特的贸易保护观点并不绝对，他认为贸易保护只适于处于经济发展某一阶段的特定国家。李斯特将一个社会的经济发展划分为五个时期：原始未开化时期、畜牧时期、农业时期、农工业时期和农工商业时期。他认为处于农业时期发展阶段的国家没有值得保护的工业，因此，不需要实施贸易保护；而处在农工商业发展阶段的国家由于工业已经充分发展，具备了国际竞争力，因此，应该实施自由贸易，以获取自由贸易的利益。只有处在农工业时期发展阶段的国家由于工业已经开始建立起来，但还未成长壮大，尚不能参与国际自由竞争，因此，需要国家实施贸易保护，为工业的发展提供一个良好的环境。在李斯特看来，当时的德国就正好处于农工业时期，需要贸易保护。

李斯特用历史的方法来研究国际贸易问题，所以他的著作有以下两个特点。首先，李斯特重视对历史资料的分析，通过对各个国家历史和现状资料的研究，借助历史归纳法去说明这些国家和民族的发展特点。由此强调国家发展过程的差异会导致经济政策的不同，这种政策的不一致是合理的。其次，他用历史事实去论述欧美各国发展工商业的“历史教训”，说明自由贸易政策只对先进国家有利，而后进国家在同先进国家竞争时则必须采取贸易保护政策。

2. 新历史学派的贸易保护理论

历史学派在德国 19 世纪 40 年代的特定条件下产生，这种与古典学派不同的学派几乎成了德国经济学的一种传统。在李斯特之后，其他一批德国经济学家对这一理论进一步加以发展完善，成为新历史学派。其代表人有桑巴特等人。新历史学派与历史学派的不同之处在于两方面。一方面，新历史学派不仅主张国家干预和对外保护，而且非常突出国家的意义和作用。宣扬贸易政策必须贯彻国家利益至上的原则，强调要以国家利益为标准去确定保护的对象和程度。国家不再仅仅是执行贸易保护的手段，而且也是贸易保护所服务的目的所在。另一方面，新历史学派不但主张保护幼稚产业，而且还进一步主张对已占优势的产业也进行保护。新历史学学派的这些理论是以20世纪初的“国外市场作用减退”的观点为其核心的。该观点认为，世界各国的贸易往来在不断的减少，经济联系在不断的削弱，各国的经济分工将出现分离的趋向，整个世界经济在走向闭塞，世界市场在日益缩小。基于这种看法，新历史学派的经济学家才如此强调国家至上的原则，才主张实施全面的保护。

三、“辛-普-缪论证”

战后，围绕着发达国家与发展中国家的贸易与经济发展问题，展开了一场国际性的大论战。在对传统的自由贸易理论抨击的一方中最具代表性的人物有英国的辛格（H. W. Singer），阿根廷的普雷维什（R. Prebisch）和瑞典的缪尔达尔（G. Myrdal）。他们从不同角度对自由贸易进行发难，并且站在发展中国家的立场上提出贸易保护的政策主张。人们将这些理论称为“辛-普-缪论证”。

1. 普雷维什的论证

普雷维什是从贸易条件入手来驳斥贸易自由主义。1950年他在向联合国提交的题为《拉丁美洲的经济发展及其主要问题》的报告中把世界分为出口工业品的发达国家和出口原料的不发达国家，然后计算两类产品在一个较长时期里的贸易条件的变化，由此分析贸易对各类国家的实际影响。普雷维什选择的时期为1876—1938年，由于英国在那期间是世界贸易的领袖，其数据具有代表性，所以，选取英国的出口品平均价格指数代表世界制成品价格，英国的进口品平均价格指数代表世界原料价格。以1876—1880年这两种价格为100，再去计算以后的原料品与制成品的价格比率（贸易条件）的变动。计算结果表明，除了1881—1885年的价格比率比基期（1876—1880年）略有上升外（102.4），其余各年的价格比率都是递减的。1936—1938甚至降到64.1。普雷维什据此得出结论，不论古典理论多么动听，实际上是贸易使得原料出口国贸易条件长期恶化。

在实证研究的基础上普雷维什对原料出口国贸易条件长期恶化的原因做了分析。他认为，19世纪的国际劳动分工是整个世界区分为工业中心和外围地带的格局。工业中心是指发达的工业制成品出口国，外围地带则指的是出口原料的殖民地、附属国。在这种模式下，产生了对发展中国家不利的结果。首先，技术进步所产生的利益不能在工业中心和外围地带平均分配。本来技术进步带来的生产率的增长在工业制成品生产和原料生产方面是不同的，因此，由于生产率提高导致的产品价格下降的幅度也是不同的。制成品生产率的提高和价格的下降幅度都比较大；而原料品的生产率的提高和价格的下降幅度则比较小。应该说技术进步应该使贸易条件向有利于原料出口国的方向变化，但实际结果却不是这样。工业制成品的价格并没有随生产率的提高而下降，从而使得工业中心的企业家和工人的收入增加明显高于生产率的增长。这等于是说工业中心不但获取了技术进步带来的全部成果，而且还把外围地带的一部分技术进步成果给占有了。其次，普雷维什进一步指出，造成这种结果的原因在于工业制成品市场的结构具有垄断性，而原料市场的结构则不具有垄断性。经济繁荣时，制成品和初级产品的价格都会上涨。但在经济衰退时原料和初级产品的价格比垄断性市场中的工业制成品价格下降幅度更大。最后，在繁荣时期工业中心由于对劳动力的需求急剧上升以及工会的谈判力量加强，会导致工资上涨。工资是比产品价格更有刚性的，即使在经济萧条期，工资也不会降下来。而在外围地带由于劳动力供过于求，在繁荣时期上涨不会很大。而到了衰退时期，工资则会下降。综合上述市场结构和经济周期与工资弹性等因素，就会发生工业中心通过国际贸易将危机转嫁到外围地带的情况。

2. 辛格的论证

辛格对初级产品贸易条件恶化现象的解释是从需求收入弹性和技术进步两个方面着手的。辛格认为初级产品的需求收入弹性要比工业制成品小得多。因此，收入增加所引起的对食物和原料的需求增长比对工业制成品的需求增长要小许多。另外，对技术进步也要具体情况具体分析。如果这种技术进步是资源节约型的，就必定会减少每单位工业品所消耗的原料数量，从而减少对原料的需求，导致原料价格下降。因此，在需求收入弹性和资源节约型技术进步的共同作用下，原料和初级产品的贸易价格不仅周期性下降，而且是结构性下降。他认为这才是原料和初级产品价格长期恶化的原因。

同前两人一样，瑞典经济学家缪尔达尔在《民族不平等和国际不平等机制》以及《亚洲的戏剧：国家贫困探讨》等专著中也对国际分工现状和贸易自由主义进行了批判。

普雷维什等人根据他们的论证结果提出了自己的国际贸易政策主张：发展中国家应该集中更多的资源来发展他们的现代化工业，而把较少的资源投入到扩大初级产品的出口上。这就是进口替代政策。当然，也有人反对“辛-普-缪论证”的看法。他们认为，普雷维什所依据的历史资料准确性不可靠。首先，不是只有发展中国家才出口初级产品，一些发达国家也是某些初级产品的主要出口国，如美国就出口小麦和大豆等农产品。另外，国际市场上也不存在如普雷维什所说的那种足够大的垄断力量，并且一般地去讨论所有初级产品的总需求对特定国家的意义不大，因为每个发展中国家关心的是自己国家出口产品的需求等。贸易自由主义者对普雷维什等人的反驳总体上归结为：分析一个包括所有初级产品在内的总的贸易条件并不具有多大现实意义；即使就初级产品而言，大多数产品的贸易条件近百年来经常在变动，但并未出现长期恶化的的趋势。因此，他们仍然坚持贸易自由主义的理论和主张。

第三节　关税分析

前面我们讨论了关税政策对进出口贸易产生的影响，但却没有分析这种政策带来的利益和损失，以及怎样衡量这类利益和损失。本节将从关税政策对一国福利的影响来分析关税政策的后果。

一、关税与福利

经济学中衡量政策产生的福利效果时使用消费者剩余和生产者剩余两个概念。消费者剩余是指在供求曲线图中在顶部由需求曲线、底部由市场价格线围成的区域（见图 3-1）。它的经济意义是消费者对某一种商品愿意支付的价格和该商品的市场价格的差额，当市场价格低于消费者为满足自己的欲望所愿意支付的价格时，消费者在购买中就获得了超过所付价格的福利。关税的征收使得商品的价格上升，消费者剩余减小，在图中表示为价格从未征税前的 P_1 升至征税后的 P_2 后，减少了区域 2 的部分。

生产者剩余是指在供求曲线图中在顶部由市场价格线、底部由供给曲线（边际成本曲线）围成的区域（见图 3-2）。由于生产厂商是按照市场价格销售所有的产品，所以那些边际成本低于市场价格的厂商就能获得生产者剩余。当商品价格上涨时，生产者剩余就会增加，在图中表示为价格升至 P_2，生产者剩余增加了区域 2 部分。

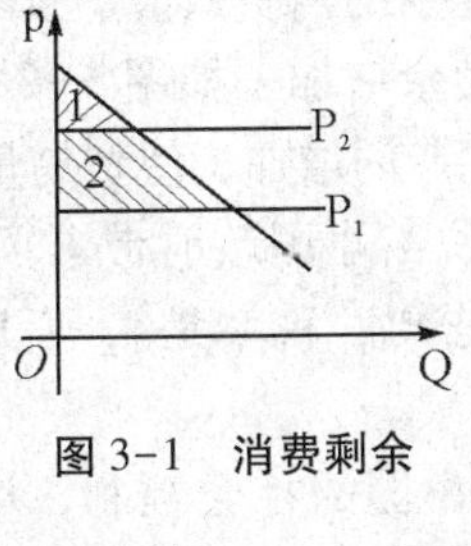

图 3-1　消费剩余

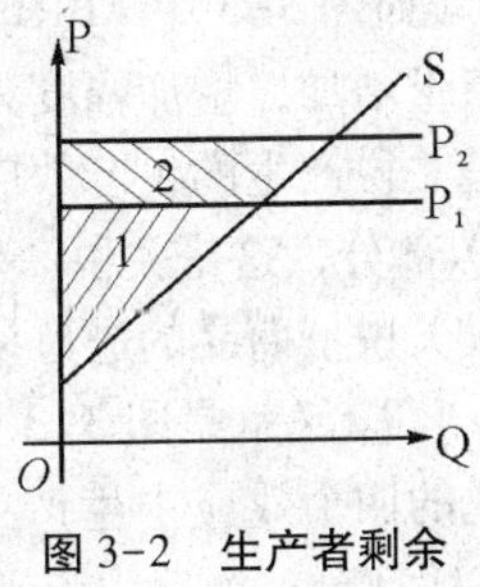

图 3-2　生产者剩余

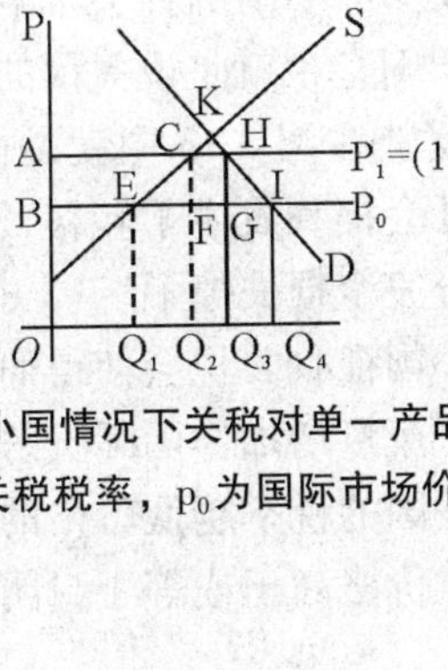

图 3-3　小国情况下关税对单一产品市场的影响：

t 为关税税率，p_0 为国际市场价格。

二、关税的局部均衡分析

下面将考察关税对社会福利的影响。这里我们研究的对象是个小国，所谓小国就是它的需求或供给不会对国际市场价格产生影响的国家。因此，在没有关税的情况下其国内的市场价就等于国际市场价格，实施关税后福利效果如图 3-3 所示。

图 3-3 中 S 曲线和 D 曲线分别是该小国某种商品的供给和需求曲线，在封闭经济条件下小国的供需均衡点为 K。在 K 点，小国的国内生产与国内需求相等。在开放条件下，由于小国的国内市场价格等于国际市场价格 P_0，所以在这一价格下它国内的总供给量为 Q_1，需求量为 Q_4，出现了供给缺口 Q_4-Q_1。这部分国内生产不能满足的供给量就由来自国外的进口来弥补。因此，自由贸易条件下，小国的这种商品进口额为 Q_4-Q_1。

假定现在小国海关对进口商品征收关税，税率为 t，这时该小国国内市场上这种商品的价格就会上升，变为 $P_1=P_0(1+t)$。在 P_1 价格下，小国的国内厂商愿意生产的数量增加到 Q_2，国内消费者愿意消费的数量减少到 Q_3。此时，国内的供给缺口为 Q_3-Q_2。因此，就会有总额为 Q_3-Q_2 的进口。这部分进口被征收了总额为 $(Q_3-Q_2)P_0t$ 的关税。于是征收关税的结果就是国内的生产量上升，但消费量下降。

关税的这种结果必然对小国的社会福利产生影响，即有福利效应。关税对福利的影响体现在四个方面：消费效应、生产效应、贸易效应和收入效应。征收关税导致商品价格上涨，商品消费量因此减少了 Q_4-Q_3，消费者从商品消费中获得的消费者剩余也就减少了（如图 3-3 中 ABIH 所示部分），这是关税产生的消费效应。征收关税使得国内厂商产量增加，增加幅度为 Q_2-Q_1，导致生产者剩余增加了如图 3-3 中的 ABEC 部分，这是关税产生的生产效应。国内消费的减少和生产的增加，使贸易量减少了 $Q_2-Q_1+Q_4-Q_3$ 部分，这是关税产生的贸易效应。征收关税给小国政府带来了关税收入，由于在征收关税下商品的进口量是 Q_3-Q_2，国外价格是 P_0，税率是 t，所以关税收入为 $(Q_3-Q_2)P_0t$（就是图 3-3 中的 CFGH 部分所示）。

在关税的四个效应中生产效应和收入效应增加了小国的社会福利，增加的量为 ABEC+CFGH 部分；消费效应则减少了小国的社会福利，减少的量为 ABIH 部分。显然从图中可看出 ABEC+CFGH< ABIH，也就是说关税的净福利效应为负，它使社会福利总减少了。这部分损失的福利反映在图 3-3 中就是 CEF+HGI。我们可以将这一结果理解为征收进口关税使小国的社会福利发生了转移，即部分福利从消费者转移到了生产者和政府手里，另外还有部分完全损失掉了。

经过上面的分析我们发现，小国征收关税会使得商品价格上涨、消费量减少、财政收入增多、国内产业得到保护、产量增加、国际贸易数量减少、资源不能在国家间有效配置，国家有净福利损失。一国的税率越低价格的上涨幅度就越小，由此引起的福利变化也就越小。当关税使进口价格高于或等于封闭经济的均衡价格时，实际上也就完全禁止了国际贸易。

上面的分析我们称之为局部均衡分析，因为在分析中我们只考虑了对一种商品征税从而对该商品本身市场供求产生的影响，同时假定其他条件不变，而忽略了对其他产品市场的影响。

三、进口关税的一般均衡分析

下面我们继续对小国的情况进行研究，但现在我们要分析的是对一种商品征收关税后对其他商品市场的影响，即一般均衡分析。假定这个国家生产和消费两种商品 X 和 Y。由于这是一个小国，因此，该国对一种商品的供求变化不会影响这种商品的国际市场价格，国际市场上 X、Y 两种商品的价格固定为 P_x 和 P_y，两种商品的贸易条件 P_x/P_y 亦固定不变。也就是说，无论小国的进出口量如何变动，它们都面临着固定的 P_x/P_y，在图 3-4 中表示成斜率为 $-P_x/P_y$ 的直线 l_1 和 l_2，也就是贸易条件；左下方的弧线是小国 X、Y 两中商品的生产可能性曲线；右上方的弧线 u_1 与 u_2 是表示小国消费这两种商品所得效用的无差异曲线。在自由贸易的时候，小国居民面对的贸易条件就是与 l_1 平行的一族直线，小国国内生产点是 l_1 与生产可能性曲线的切点 B_1，消费点是 l_1 与无差异曲线 u_1 的切点 A_1。因此，小国对 X 商品的消费量小于它的生产量，差额为图 3-4 中的 B_1C_1 部分；而它对 Y 商品的消费量大于它的生产量，差额为图 3-4 中的 A_1C_1。在 l_1 表示的贸易条件下，小国出口数量为 B_1C_1 的 X 商品，进口数量为 A_1C_1 的 Y 商品。这样一来，小国通过国际贸易实现了 B_1 点的生产组合和 A_1 点的消费组合。

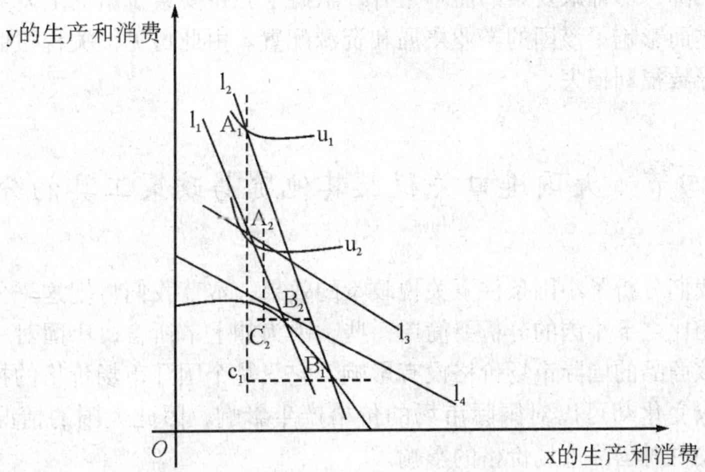

图 3-4　小国关税的一般均衡分析

现在假设小国政府对进口商品 Y 征收税率为 t 的关税。由于关税的存在，Y 的国内价格升至 $P_y(1+t)$，这样一来，国内的生产者和消费者就面临着 $P_x/[P_y(1+t)]$ 的交换条件。如图 3-4 所示，国内厂商由于面临 $P_x/[P_y(1+t)]$ 的贸易条件，因此，生产点为 B_2（生产可能性曲线与 l_4 的切点）。与生产点相比消费点的确定要复杂一些，一方面可以肯定，由于消费者面临的是国内市场上的价格，所以，消费点应是无差异曲线与平行于 l_4 的直线族中某一条直线的切点。另一方面，由于有国际贸易的存在，这一点还应该是经过生产点 B_2 的一条贸易条件直线 l_2 上的一点。根据上面的分析就确定出小国的消费点是图 3-4 中的 A_2 点，无差异曲线 u_2、国内交换条件 l_3 和国际贸易条件 l_2 三线相交与 A_2。此时，小国对 X 商品的需求小于其产量，差额为图 3-4 中的 B_2C_2 部分；而小国对 Y 商品的需求大于其产量，差额为图 3-4 中的 A_2C_2 部分。通过国际贸易，小国出口数量为 B_2C_2 的 X 商品，进口数量为 A_2C_2 的 Y 商品，实现了 A_2 点的消费组合与 B_2 的生产组合。

图 3-4 也反映了关税的效应。首先小国的生产组合发生了变化，征收关税后减少了用于出口的商品产量，增加了进口商品的产量。其次小国的消费组合也发生了变化，征收关税后出口品的消费增加了，进口品的消费减少了。消费者从新的商品组合中获得的效用总的下降到一个更低的水平，即从 u_1 水平降至 u_2 水平。生产和消费的变化对贸易产生的作用是使国家间的贸易量减少，X 的出口量由 B_1C_1 减少到 B_2C_2，Y 的进口量由 A_1C_1 减少至 A_2C_2。

除上面分析的生产、消费和贸易效应外，关税还对一国的产业结构和资源配置产生影响。自由贸易时，一国会大量出口在生产中集中使用该国相对充裕的要素，并通过贸易换回那些在生产中集中使用该国相对稀缺的要素的产品。这个过程将使一国对充裕要素的需求上升，对稀缺要素的需求减少，这将降低稀缺要素的价格，提高充裕要素的价格。而关税的设置减少了出口品的生产，增加了进口品的生产。因此对充裕要素的需求下降，对稀缺要素的需求上升，阻碍了充裕要素价格的上升和稀缺要素的价格下降，进而影响了该国的产业格局和资源配置。由此可见，关税扭曲了小国的生产和消费，导致福利损失。

第四节　大国进口关税及其他贸易政策工具的分析

在上节我们分析了小国条件下关税政策的效果，本节我们将把这一分析扩展至大国的情况。相比之下小国的分析要简单一些，因为如上节所言，小国对一种商品的供给与需求对该商品的国际市场价格没有影响，它只是个国际市场价格的接受者。而大国国内的供求变化却可以对国际市场的价格产生影响，因此大国的情况要相对复杂些，要考虑关税对国际市场价格的影响。

一、大国关税的局部均衡分析

图 3-5 显示了大国征收关税对单一商品市场的影响。A 国是征收关税的东道国，B 国是外国，这里我们把除了大国 A 国以外的世界市场看成一个整体，通称为外国。在自由贸易条件下商品的国内外价格是一致的，为图中的 P_0。在这一价格下 A 东道国消费者的需求点为 f 点，生产者的供给点为 c 点，供给小于需求，缺口为 Q_0。外国消费者的需求点为 g 点，生产者的供给点为 j 点，供给大于需求，超额供给量也为 Q_0。国内外市场从整体上达到了供求均衡，即 A 国的供给短缺部分与 B 国的供给过剩部分

相等。两国通过国际贸易来弥补缺口，实现整体均衡，此时的贸易量就是 Q_0。

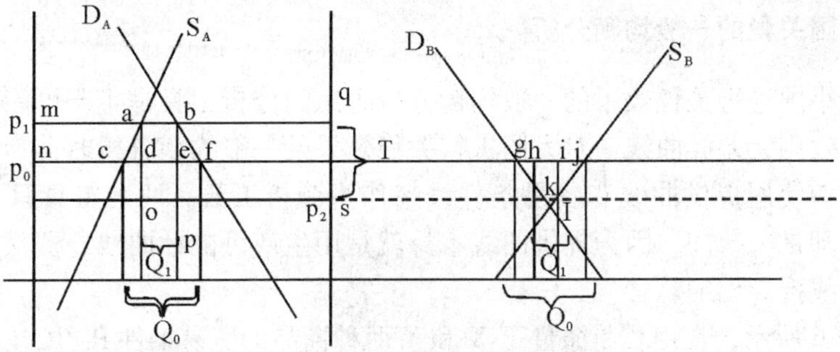

图 3-5 大国关税的局部均衡分析

现在假定大国 A 开始征收进口关税。征收关税将导致国内市场价格上涨，从而导致国内需求量下降。其供求变化会对国际市场上同类商品的供求产生明显影响，因此国际市场价格水平会随着 A 国的需求下降而向下调整，到达新的均衡价格水平，相应地对外国 B 的产品需求就会下降。作为对这种市场需求下降的反应，B 国的出口价格就会下降，厂商的供给量也随之下降，最后恢复供求的均衡。可见在大国征税后，国内外的价格发生了变化，国内价格 P_1 将高于 P_0，国外价格 P_2 将低于 P_0，两者的关系为 $P_1 = P_2+T$，$T= P_2(1+t)$，t 为关税税率。在图 3-5 中，征收关税后 A 国的消费者需求点为 b 点，生产者的供给点为 a 点，国内需求大于国内供给，差额为 Q_1。B 国消费者的需求点为 k 点，生产者的供给点为 l 点。供给大于需求，差额为 Q_1。世界市场整体上达到新的供求平衡。

接下来分析这些变化对社会福利的效果。在图 3-5 中，A 国的情况是：由于征收进口关税，A 国的国内价格由 P_0 上涨至 P_1 后，消费需求量下降，使得消费者剩余减少了图 3-5A 中的 mnfb 部分；同时价格上升促使生产者扩大产量，使得生产者剩余因此增加了图 3-5B 中的 mnac 部分。由于此时的进口量是图中的 ab 部分，A 国政府对这部分总量为 Q_1 的进口征收每单位 $T=P_1-P_2$ 的关税，获得了图中 abop 部分的关税收入，金额为 TQ_1。

所以 A 国福利总的变化为 mnac+abop−mnfb＝deop−acd−bef，结果为正表示福利增加，为负则表示福利减少。B 国的情况是：B 国因为出口价格下降，消费者剩余增加了 qskg；生产者剩余减少了 qslj 部分。所以 B 国的福利总的变化是减少了 qslj−qskg＝gklj 部分。我们注意到，在 B 国损失的福利中，hkli 恰等于 A 国政府的关税收入中的 deop 部分，也就是说，A 国的关税收入来自 B 国的福利损失。于是从上面的分析得到这样一个事实：即在大国条件下，由于大国对一种商品的供求变化会影响商品出口国的国内供求变化，因此大国征收关税不仅影响本国的福利变化，而且还将影响外国福利的变化，这使得大国因征收关税而损失的福利可以从外国的福利损失中得到部分甚至全部的补偿。这种关税福利效果的具体情况如何取决于两国各自的供给和需求的弹性，进口国的弹性越弱，出口国的弹性越强，那么上诉效果就越明显，大国就越可以从关税中获利。

二、大国关税的一般均衡分析

前面对小国进行关税效果的一般均衡分析时用的分析工具是生产可能性曲线、贸易条件线和效用无差异曲线。对大国进行关税效果的一般均衡分析时，为了使表达形式简洁，我们使用提供曲线和贸易条件线来作为分析工具。两套工具只是形式上不同，但实质却是一样的，因为提供曲线本身就是用生产可能性曲线、贸易条件线和效用无差异曲线推导出的。

如图 3-6 所示，自由贸易条件下 X 和 Y 两种商品的贸易条件 P_x/P_y（P_x为 A 国出口 X 商品的价格，P_y为 A 国进口 Y 商品的价格，是征收关税前的价格）为 TOT_1的斜率；A_1为大国 A 的提供曲线，表示 A 国愿意出口的 X 商品数量和进口的 Y 商品数量的组合；B_1为外国 B 的提供曲线，表示 B 国愿意出口的 Y 商品数量和进口的 X 商品数量的组合。三条线的交点表示自由贸易条件下达到均衡时的状态，此时 A 国出口 Oa_1数量的 X 商品，进口 Ob_1数量的 Y 商品。当 A 国对 Y 商品开征进口关税后，Y 商品在 A 国的市场售价上升，需求下降，A 国进口的数量就减少，表现为图中 A 的提供曲线向左移动，新的提供曲线为 A_2，在同一贸易条件下，A_2上的贸易量都低于 A_1的贸易量。由于 A 国对 B 国 Y 商品需求减少，使得 B 国 Y 商品出口价格 P_y下降，因此两国间的贸易条件 P_x/P_y变大，向有利于征税国 A 的方向变化，新的贸易条件就是图中的 TOT_2。征收进口关税后，新的贸易均衡就是 A_2、B 和 TOT_2三条线的交点，此时 A 国出口 Oa_2数量的 X 产品，进口 Ob_2数量的 Y 商品，无论出口量还是进口量都下降了。

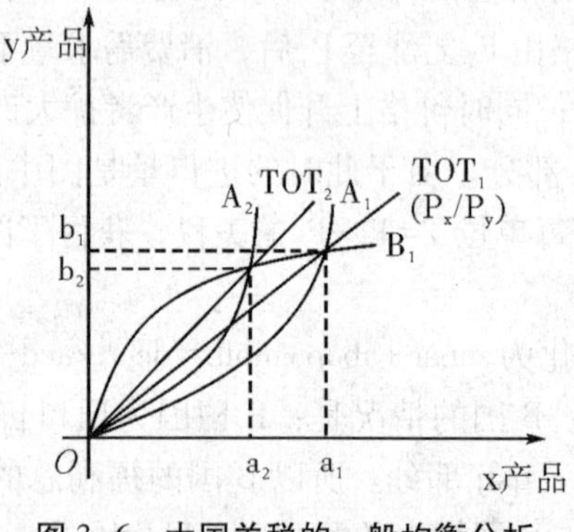

图 3-6 大国关税的一般均衡分析

可见进口关税对大国的社会福利的影响有着很大的不确定性。原因在于大国的进口关税能够对外国的出口价格产生影响，改善贸易条件。即进口关税使大国因贸易量萎缩而引起福利损失，但同时又使贸易条件改善而获得从外国向本国转移引起的福利增加。

三、其他政策工具的分析

下面对进口配额和出口补贴的经济效应进行实证分析。

1. 进口配额

前已述及，进口配额是用直接的数量限制来减少进口量。从图 3-7 可看出进口配额的经济效应。自由贸易时的进口量是高于配额的，为图中的 GH 部分，此时价格是 P_0，它弥补了国内生产与消费的缺口。当实施配额后，只允许进口数量等于 IJ 部分的商品。由于进口量减少，供给小于自由贸易时的需求，商品价格就会上涨，以减少消费需求，同时，刺激国内生产。在达到新的均衡后，价格稳定在一个更高的水平 P_1 上。在这一价格水平，国内产量增加到 I 点，国内消费量减少到 J 点。进口恰好等于国内供求不足的差额。

与关税相比，两者的效果有相似之处。它们都增加了国内产量，减少了对进口品的消费需求，使进口量下降。从社会福利的角度看，都减少了消费者剩余，提高了生产者剩余。所以，每一个配额水平都有一个能产生相同上述市场效果的关税水平与之对应，成为等价关税。同理，每个关税水平也有一个等价配额与之对应。但它们仍是有区别的，区别在于关税是借助价格调节来限制进口，进口配额则是借助数量管制来限制进口。这一差别导致进口配额与进口关税又有不同的经济效应。这就是关税措施在限制进口的同时产生了关税收入，而进口配额没有带来关税收入。进口配额的效应图 3-7 与进口关税的效应图 3-3 基本相同，但在计算福利效应时，进口配额没有计算 FLKE 那部分区域，在关税措施中，这部分区域表示关税收入，但在进口配额中这部分福利完全损失了。因此，进口配额使进口国损失了 CDEF 区域的福利。

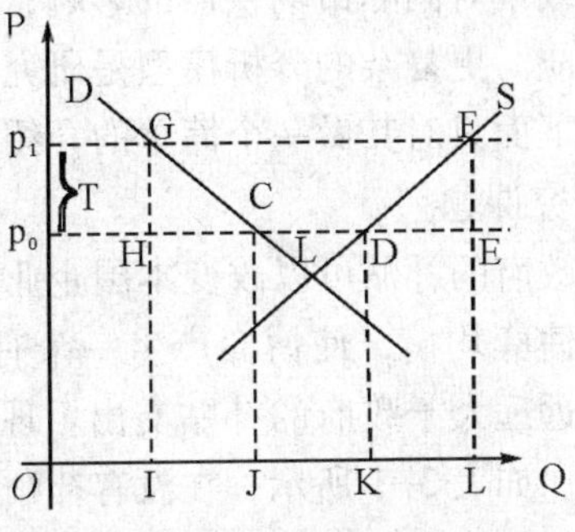

图 3-7 进口配额的经济效应

2. 出口补贴

出口补贴政策使厂商在出口时可以得到各种形式的补贴，这些补贴都可以看成是在每出口一单位产品时获得一份额外收入。图 3-8 表示一小国和出口补贴政策产生的效果。国际市场上的商品价格为 P_0，在这一价格水平上，该国的国内生产点为 d 点，国内需求点为 c 点，出口量为两者的差：cd。现在政府为每单位产品的出口提供金额为 T 的出口补贴，这使得厂商相当于以 $P_1=P_0+T$ 的价格出售产品，这个价格中国外的买方支付 P_0，本国政府支付 T。由于是小国，所以其国内的价格也就会升至 P_0+T 的水平，否则厂商宁愿把所有产品以 P_0 的价格出口到国外，同时获得每单位 T 的出口补贴。因此在实施出口补贴后，小国的国内价格上涨到 P_0+T，国内生产点为 f，国内需求点为 g；出口补贴使国内消费下降了图中的 ij 部分，同时使国内生产上升了图中的 kl 部分；新的出口量是图中的 il 部分，显然大于原来的 jk。

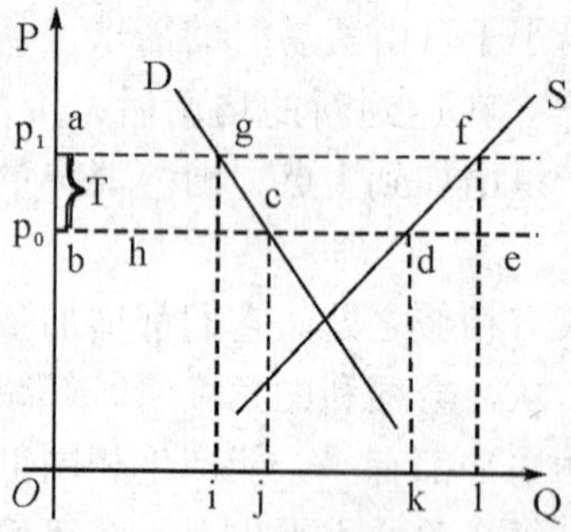

图 3-8　出口补贴的效应

出口补贴产生的福利效应是：消费者剩余减少了 abcg 区域，生产者剩余增加了 abdf 区域，政府为出口补贴支付的财政收入为 ghef 区域。将这些福利效应加总，生产者福利增加量是 abdf，福利减少量是消费者福利 abcg+政府补贴 ghef，小国的社会福利总的减少了 abdf-abcg-ghef=ghc+def，该国损失了两个三角形区域的福利。

在关于出口补贴的分析中，上面所研究的是最简单的一种。一方面，研究对象是个小国，不用考虑它的补贴政策对国际市场供需的影响；另一方面，没有考虑其他国家对这个小国补贴政策的反应。更复杂的分析模型是研究两个势均力敌的大国相互对对方补贴政策的反应对策。下面只对其做一个简单的介绍，实际上这个内容更应单独列入“战略贸易政策”的研究课题。

布兰德和斯宾塞指出，政府的补贴可以改变本国企业与外国企业博弈的规则，从而影响两国企业争夺市场的博弈均衡，使博弈产生一个有利于本国企业的博弈结果。这一结果带来的利益可能会远远大于政府的补贴支出。现假设有 A、B 两个不同国家的公司在争夺同一商品市场。如表 3-1 所示，在没有补贴的情况下，两者如果都进入这一市场，由于市场容量有限，双方每件产品都会亏损 5 个单位的利润，如果一家进入，另一家放弃进入，则进入的一方每件商品就会获得 100 单位的利润。如果两家公司都不进入，那就没有任何亏损或盈利，净利润为零。这种情况下是没有静态均衡的，只有序列均衡，即先进入的一方将占领市场，后开始的一方就会放弃进入策略。但是如果 A 公司得到了政府补贴，每件产品出口补贴 25 个单位的收入，则博弈矩阵就变成表 3-2 所示的样子：两公司都进入市场时，无补贴的公司每件商品亏 5 单位的利润，有补贴的公司有 20 单位的盈利；只有一家公司进入市场时，有补贴的公司进入每件商品可有 125 单位的盈利，无补贴的公司每件商品只有 100 单位的盈利；两家公司都不进入时，就都是盈利为零。于是，假定 B 公司进入该市场，A 公司也选择进入策略是最优的，因为和不进入相比仍有每件商品 20 单位的盈利；假设 B 公司不进入，那当然 A 公司进入是最优策略，此时获得每件商品 125 单位的高额盈利。而对 B 公司而言，无论 A 是否进入市场，它的最优策略都是不进入。这种博弈的静态均衡就是 A 公司占领市场，B 公司放弃市场，有补贴的 A 公司获得每件商品 125 单位的高额盈利，从国家整体上看，弥补了补贴支出并还有很高的利润收入。

表 3-1　　无补贴时的竞争

B 国公司 \ A 国公司	生产	不生产
生产	−5 / −5	100 / 0
不生产	0 / 100	0 / 0

表 3-2　　A 国提供补贴时的竞争

B 国公司 \ A 国公司	生产	不生产
生产	−5 / 20	100 / 0
不生产	0 / 125	0 / 0

基本概念：

名义保护率　有效保护率　幼稚产业　贸易条件恶化　进口配额

思考题：

1. 国际贸易政策的作用是什么?
2. 主要的国际贸易政策工具有哪些?
3. 出口补贴发挥作用的限制因素有哪些
4. 早期和晚期的重商主义的异同何在?
5. “辛-普-缪论证”的政策主张是什么?
6. 小国征收关税对其社会福利的影响?
7. 大国征收关税的国内经济效应有哪些?
8. 大国关税的局部均衡分析说明什么问题?
9. 大国关税的一般均衡分析说明什么问题?

网络资源：

For international trade policies around the world, see the Internet site of the World Trade Organization (WTO), the European Union, and the Canadian Department of Foreign Affairs, respectively, at:

http://www.wto.org

http://mkaccdb.eu.int

http://www.infoexport.gc.ca

For international trade policies in theUnited States, visit the Internet site for the Economic Report of the President (and click on the most recent year to get the latest Report), and the Internet site of the State Department, the United States Trade Representative, and the U.S. International Trade Commission, respectively, at:

http://www.gpoaccess.gov/eop

http://www.state.gov

http://www.ustr.gov

http://www.usitc.gov

For a discussion of "fast track," see:

http://www.citizen.org/trade/fasttrack

http://www.iie.com/publications/newsreleases/newsrelease.cfm?id=33

http://www.fasttrackhistory.org/conclusion.html

http://www.nationalaglawcenter.org/assets/crs/97817.pdf

For dumping cases dealt with by the Canadian International Trade Tribunal, see:

http://www.citt.gc.ca

For information on the Export-Import Bank, see:

http://www.exim.gov

For government support of R&D in the United States, Japan and Korea, see the web site of the National Science Foundation and Sematech for the United States, the Statistics Center of the Management and Coordination Agency for Japan, and the World Bank site for Korea, respectively, at:

http://www.nsf.gov/statistics/fedfunds/

http://www.sematech.org

http://www.stat.go.jp/english/index.htm

http://www.worldbank.org/research/journals/wbro/obsfeb00/art3.htm

A strong anti-globalization view is found at:

http://www.nologo.org

For international environmental laws, see:

http://www2.spfo.unibo.it/spolfo/ENVLAW.htm

第二篇 汇率与国际收支

在上一篇，分析了生产要素中最主要的要素商品的国际流动方面的问题。与之相对应的货币面的问题，除了相关商品的价格，尚没有专门涉及。在本篇，则要结合国际经济中商品要素的流动，对相应的货币金融问题加以探讨。本篇（第四章、第五章、第六章）涉及外汇市场、汇率和国际收支平衡等方面的理论，以及汇率制度和国际货币体系的发生发展、历史演变的分析。

第四章　外汇市场与汇率

国际经济贸易的发展必然会导致相应的用于清算各国货币收支的国际支付手段——外汇的产生。外汇汇率作为各国货币之间交换或兑换的比率，其基本依据是什么？汇率变动对一国经济乃至国际经济会产生什么影响？以及外汇市场和外汇市场风险的防范等问题，构成了本章从理论与实践结合分析的主要内容。

第一节　货币与国际经济

在国际经济学当中，出于该学科分析方法的需要，将对国际经济贸易活动的考察分为商品流动与价值流动，并从实质面和货币面分别加以阐释。对国际经济活动中的价值流动及国际货币作用的认识，是学习理解国际货币金融方面问题所必须先加以了解的。

一、国际经济中的价值流动

国与国之间的经济活动与经济关系，尽管错综复杂，但概括起来无非是商品、劳务和技术等生产要素的跨国输入和输出活动，以及由此而产生的经济关系。这些活动和关系，可以从商品形态的流动和价值形态的流动两个不同角度加以观察分析。

从价值形态流动的角度出发考察的国际经济活动，主要表现为每笔跨国经济交易在商品经济条件下，必然表现为相应的价值转移。对一个国家而言，生产的商品的进出口，意味着该笔商品价值的实现，以及以该商品的使用价值为载体的价值的跨国流动的完成。商品是如此，劳务和技术等其他生产要素的跨国流动也是如此。这里所说的价值。按照国际流行的经济学观点，指的是用货币表现出来的商品等生产要素的国际交换价值，具体表现为它们在国际市场的价格。

在国际经济的活动中，从最终意义上来说，商品流动和价值流动是不可分割地结合在一起的。没有价值的商品与劳务的交换，与没有商品或劳务作为价值载体的价值流动，在现实市场经济中是不复存在的。在国际经济学当中，之所以将其分为商品流动与价值流动，并从实质面和货币面分别加以阐释，只是该学科分析方法的需要。国际经济学从实质面转入货币面的分析，就其主题而言，是从与商品货物国际流动为对象的国际贸易的分析，转到与之相关的价值、货币的国际流动为对象的国际金融的分析。前者将厂商或单个国家作为基本单位，研究单个商品的（相对）价格，因而可以看作是一般经济学微观经济理论的延伸和发展；而后者以国际收支的平衡及其调整为主线，研究内容涉及国际流动的货币及相应的国际货币金融制度，因而则可以看作是一般经济学的宏观经济理论的延伸和发展。

将货币作为一个重要的变量列入国际经济活动的价值流动分析之后，展现在人们面前的显然是不同于国际贸易的理论分析。这种对国际经济活动的总体性研究，伴随着国际经济联系的加强，以及国际市场上资金流动规模和速度的迅速增大，呈现出日益重要的地位，因此，对国际货币金融问题的研究，也不断地引起更多人们的关注。

二、国际经济中的货币

货币作为经济活动的一个极为重要的要素和变量，起着媒介交换（Medium of Exchange）、衡量交换对象比价（Unit of Account），以及价值储藏手段（Store of Value）等基本功能。经济活动从一国内部扩展到国与国之间，并没有使货币的这些基本功能得以改变。然而，正如国际经济活动有别于国内经济活动一样，作为国际经济活动使用的货币，与一国国内经济使用的货币又有一定的区别，国际经济活动使用的货币，必须具备以下几个特征或条件：第一，普遍接受性，即它能够在外汇市场上或企业间、国际经济交易结算时，以及政府间清算国际收支差额时，被有关当事方所普遍乐于接受；第二，可得性及可兑换性。即它能较方便地、随时地被国际经济交易的当事方所得到，具有可自由兑换和变现的能力。

国际贸易与国内贸易的一个重要区别，在于它往往要使用不同种类的货币。国际间大规模的商品交易，是以交易双方能够进行货币的交易为前提的。例如一家美国出口商向英国出口商品，他要求得到的是美元而不是英镑，因为他生产这批出口商品所花费的固定资本和流动资金，都是以美元支付的。因此，要完成美英这两家进出口商品之间的交换，或者是英国进口商用美元来支付这家美国出口商的商品货款；或者是美国出口商得到英国进口商支付的英镑之后，易于将其转换成美元。这就涉及到交易双方两国货币要具备可兑换性的一面。除此而外，美元与英镑的交易（或兑换），是按照什么比率进行，这是进出口双方都必须考虑的问题的另一面。用货币表现出来的国际经济活动中的价值流入与流出（即所谓资金的国际流动），使实际发生的国际经济交往中的商品、劳务的具体形态得以消失，国际经济活动在呈现为同质化或简单化的同时，亦派生出其他更为复杂的问题，即货币价值的变化和不同货币兑换的可能性及兑换比率的确定，这些正是国际经济学对国际经济活动从货币面进行分析时所不可回避的问题。

事实上，正如国际经济活动不完全等同于国内经济活动一样，在国际经济活动中，货币的作用也不完全等同于它在国内经济中的作用，这体现在：首先，国际经济货币交换中介功能的发挥要以货币本身的交换为前提；其次，国际经济中的货币，是以外汇，即国际上通认的国际经济交易活动的支付手段形式表现出来的货币；最后，国际经济活动中对货币的交易需求，是从对国外商品和劳务的需求，或对外国资产的需求所派生出来的。

第二节　外汇与汇率

无论是一个国家，还是企业或个人，参与国际经济活动首先必然要遇到是以何种货币、以什么样的比率进行支付和兑换等问题。本节旨在使学生掌握外汇及汇率基本概念的基础上，正确认识决定和影响汇率变动的主要因素，以及汇率变动对一国经济会产生什么影响。

一、外汇的含义

外汇是国际汇兑（Foreign Exchange）的简称。它可以从动态和静态、狭义和广义两个不同方面加以考察。

动态的外汇与静态的外汇之区别在于，前者是指进行国际汇兑的行为，即国际间结算债权、债务关系的外汇业务活动；而后者作为物质存在的本身，是指可用以结算国际间债权、债务关系的支付手段。

静态的外汇又有狭义和广义之分。狭义的外汇是指以外币表示的用于国际债权、债务结算的支付手段。广义的外汇，则指能够通过银行汇兑结算国际债权债务的各种国际通用支付手段，它不仅包括外汇，还包括以外币表示的国际间公认的支付凭证，如汇票、本票、支票、银行付款委托书、银行存款凭证、外国政府债券及股票等。狭义的静态外汇应具备以下两个特性，其一，外汇必须具备可兑换性和普遍接受性；其二，外汇的实体在国外，即作为外汇实体的外币资金是多种形式的国外银行存款和现金，而外汇则是这部分国外银行存款求偿权的具体表现，这也是现代国际非现金结算的要求。

狭义外汇是广义外汇的主体。静态的、广义的外汇，即国际货币基金组织（IMF）及各国外汇管理法令所指的外汇，它在现实国际经济活动中具有普遍的意义。

二、外汇汇率及其标价方法

1. 汇率的标价方法

外汇汇率是用个一个国家的货币折算成另一个国家的货币的比率、比价或价格。它是因国际支付结算需要所产生的用本币买卖外汇的折算标准。

汇率的标价方法有两种：

（1）直接标价法（Direct Quotation）。以 1 个单位或一定单位（如百、万、十万等）的外国货币作为标准，折算为一定数额的本国货币，叫直接标价法。目前，世界上绝大多数国家都使用直接标价法。我国人民币对外汇率也采用直接标价法。在直接标价法下，外国货币数额固定不变，本国货币数额随两国货币币值和供求关系的变化而变动，如果数额越大，表示外汇汇率上涨，则外币升值而本币贬值；反之，外汇汇率下跌，外币贬值而本币值升值。例如，某日中国银行挂牌 USD 100 = RMB 827.40。

之后变为USD 100=RMB 827.60，表示美元汇率上升；或USD 100=RMB 826.80，表示美元汇率下跌。

（2）间接标价法（Indirect Quotation）。用1个单位或一定单位（如百、万等）的本国货币作为标准，折算为一定数额的外国货币，叫间接标价法。目前英国和美国采用间接标价法，美国原先采用直接标价法，1978年9月改用间接标价法，但对英镑、爱尔兰镑、欧洲货币单位仍用直接标价法。在间接标价法下，本国货币数额固定不变，外国货币数额随两国货币币值和供求关系的变化而变动，如果数额越大，表示汇率上升，本币升值而外币贬值；反之，外汇汇率下跌，本币贬值而外币升值。例如，某日伦敦外汇市场£ 1=USD1.500 0，之后变为£ 1=USD1.490 0，表示汇率下跌；或£ 1=S1.510 0，表示汇率上升。

2. 汇率的分类

汇率的分类主要有以下多种：

（1）按制定汇率的不同方法划分

①基本汇率（Basic Rate）。指本国货币与某特定外国货币之间的汇率，是一国确定其他外汇汇率的基础，该特定外国货币称为关键货币（Key Currency）或钉住货币（Pegged Currency），是该国国际收支中使用最多、外汇储备比重最大的自由兑换货币，通常为美元，也可是英镑、法国法郎、特别提款权（SDRs）等。

②套算汇率（Cross Rate）。基本汇率确定后，对其他国家货币的汇率可以通过此基本汇率套算出来，故称为套算汇率。例如我国人民币对美元基本汇率为USD1=RMB￥8.30，而伦敦外汇市场£ 1=USD 1.50，则人民币对英镑的套算汇率为：£ 1=RMB￥1.50×8.30=RMB￥12.45。

（2）按银行买卖外汇的角度划分。

①买入汇率或买入价（Buying Rate）。银行向同业或客户买入外汇时所使用的汇率。直接标价法下，买入价数字较小；间接标价法下，买入价数字较大。

②卖出汇率或卖出价（Selling Rate）。银行向同业或客户卖出外汇时所使用的汇率。直接标价法下，卖出价数字较大；间接标价法下，卖出价数字较小。

③中间汇率或中间价（Middle Rate）。是买入价与卖出价的平均值，即（买入价+卖出价）÷2=中间价，适合于银行同业之间买卖外汇用以及媒体报导汇率消息使用。

（3）按外汇交易支付工具的付款时间快慢划分

①电汇汇率（Telegraphic Transfer Rate，T/T Rate）。用电讯通知付款的外汇价格，叫电汇汇率。由于交收时间最快，银行不能占用顾客资金，故汇率最贵。银行挂牌一般为电汇汇率。

②信汇汇率（Mail Transfer Rate，M/T Rate）。用信函方式通知付款的外汇价格，叫信汇汇率。由于邮程需要的时间比电讯长，银行可以利用信汇资金，故汇率低于电汇汇率。其间差额一般相当于邮程时间内的利息。

③票汇汇率（Demand Draft Rate，D/D Rate）。银行买外币汇票、支票或其他票据的汇率。又可分即期票汇汇率和远期票汇汇率。前者是银行买卖即期汇票时所使用的

汇率，由于收付款时间较电汇迟，故汇价比电汇汇率低。后者是银行买卖远期汇票时所使用的汇率，通常在即期票汇汇率基础上，扣除远期付款贴现利息后得出，期限越长，汇率越低。

(4) 按外汇买卖的交割日期的不同划分

①即期汇率（Spot Rate）。即期汇率又称现汇汇率，是指买卖双方成交后，规定在两个营业日内办理外汇交割时所采用的汇率。

②远期汇率（Forward Rate）。远期汇率又称期汇汇率，是指买卖双方成交时规定在两个营业日以后的未来某个确定日期或某段时间内办理外汇交割时所采用的汇率。

(5) 按外汇管制的松紧程度划分

①官方汇率，也叫法定汇率。其指一国货币当局为某种目的而人为规定并维持的汇率。

②市场汇率。其指外汇市场上主要由供求决定的自由买卖外汇的实际汇率。

此外，按国际货币制度的演化进程，还可以划分为固定汇率和流动汇率等。

三、汇率的决定与变动

1. 汇率的决定

不同货币制度下汇率的决定基础是不同的。

(1) 金本位制度[①]下的汇率决定。汇率决定的基础是铸币平价，是外汇市场上由于外汇供求变化而引起的实际汇率波动的中心，其上下波动的幅度要受制于黄金输送点（Gold Point）。

这是因为金本位条件下黄金可以自由跨国输出或输入，当市场汇率与法定铸币平价之间的偏差达到一定程度时就会导致有关国家不用外汇而改用输出黄金的办法，来办理国际结算。决定黄金输送点的量的界限，是用于替代外汇直接用于国际支付的黄金的铸币平价加上（或减去）该笔黄金的运送费用（如包装费、运费、保险费和运送期的利息等。假定英、美之间运送1英镑黄金的费用为0.02美元，那么当1英镑兑美元的汇价高于4.886 5美元的黄金输入点时，美国的进口商或债权人就愿以黄金来支付；反之当1英镑兑美元汇价低于4.846 5时，美国的出口商或债权人则愿从英方输入黄金。黄金输送点的存在起到了金本位制条件下国际收支的重要的自动调节机制，它起到了保持汇率波动稳定的作用。

(2) 纸币信用本位条件下的汇率决定

纸币信用本位条件下的汇率决定与调整，要受制于众多的因素。究其性质和特点，可以从长期和短期角度考察。不同国家货币实际代表的价值量对比，是决定汇率

① 金本位制是以黄金为本位货币的货币制度，该制度下各国都规定金币的法定含金量，不同货币之间的比价是由它们各自含金量的对比来决定的，例如在1925—1931年，1英镑所含纯金量为7.322 4克，1美元则为1.504 656克，两者之比为4.866 5，即1英镑等于4.8665美元，这种以两种金属铸币含金量之比得到的汇率又称为铸币平价（Mint Parity），它是金本价（Gold Parity）的一种表现形式。

的一个基本的长期因素。

①在实行纸币流通制度的初期阶段，各个国家一般都规定过纸币的金平价。即纸币名义上或法律上所代表的含金量。在纸币实际代表的金量与国家规定的含金量一致的情况下，金平价无疑是决定不同货币汇率的价值基础。

②然而随着纸币流通制度的演进，纸币的发行开始与黄金的准备及兑换相分离，黄金非货币化的纸币信用本位制条件下，货币作为价值的符号，它们实际代表的价值量对比，成为其汇率决定的基础。当然，不同国家货币的价值量对比，主要是由其购买力相对地表现出来。通过比较不同国家纸币的购买力或物价水平，可以较为合理地决定两国货币的汇率。

2. 影响汇率变动的因素

汇率变动受到许多因素的影响，既有经济因素，又有政治因素还有心理因素等，而各个因素之间又是相互联系和相互制约的。随着世界政治经济形势的发展，各个因素在不同的国家、不同的历史时期所起的作用是不一样的。

（一）实际经济因素的影响（Real Economic Factors）

影响汇率的实际经济因素主要有经济增长（Economic Growth）、国际收支（BOP）、资本流动（Capital Mobility）和外汇储备（Foreign Exchange Reserve）。

（1）经济增长。实际经济增长率对一国汇率的影响是复杂的。一方面，实际经济的增长反映了一国经济实力的增强，于是该国货币在外汇市场上的信心大增，货币汇率有可能下降（直接标价法），即该国货币值有可能上升；另一方面，经济增长加速，国内需求水平提高，将增加一国的进口。如果出口保持不变，则该国贸易收支项目的盈余减少甚至出现逆差，这样该国货币币值有下降的压力。经济增长对一国汇率影响的净结果取决于上述两方面影响的大小。

（2）国际收支。国际收支状况对一国汇率有长期的影响，尤其是经常收支项目。一国国际收支发生顺差、则外国对该国货币的需求以及外国本身的货币供应量会相对增加，于是该国货币汇率会下降即其币值会上升。反之，该国货币汇率就会上升即其币值会下降。在固定汇率时期，国际收支是决定汇率的特别重要的因素。在当时条件下，国际收支逆差往往是货币贬值的先导。20 世纪 70 年代后随着浮动汇率制取代固定汇率制，一些名义经济因素如利率和通货膨胀率变得更加重要了。

（3）资本流动。资本流动对汇率的影响通过两个渠道：一是改变外汇的相对供求状况，二是改变人们对汇率的预期。就前者来看，如果一国有大量资本外流，意味着在本国外汇市场上外币的供应量相对减少，这样外币币值相对于本币而言会上升，即本币汇率上浮，反之，则本币汇率下降。就后者来看，当一国出现资本外流时，市场就预期该国货币会贬值，于是就抛售该国货币购入外币，结果汇率上浮，开始时的预期变为现实。这种预期就是“自我实现”的预期（Selfrealized Expection）。无疑，预期会加强一种汇率的结果。

（4）外汇储备。中央银行持有的外汇储备可以表明一国干预外汇市场和维持汇价的能力，所以它对稳定汇率有一定的作用。当然，外汇干预只能在短期内对汇率产生有限的影响，它无法从根本上改变决定汇率的基本因素。

（二）名义经济因素（Nominal Economic Factors）

名义经济因素主要有通货膨胀率、利率和货币供应量。

（1）通货膨胀率。通货膨胀率之所以能影响汇率的变动，是因为购买力平价的存在。当今，汇率的基础是各国纸币以购买力形式出现的价值，一国货币的实际购买力，是影响汇率变动的一个重要因素，它也影响一国商品、劳务在世界市场的竞争力。由于存在通货膨胀，出口商品以外币表示的价格必然上涨，该商品在国际市场上的竞争能力就会削弱。与其他国家相比，如果其物价上涨率超过其他国家，这时该国政府不调整汇率就难以维持正常的出口，因而通货膨胀最终必然导致货币对外贬值，引起汇率的波动。

值得注意的是，通货膨胀影响汇率往往不是直接表现出来的，除影响出口和进口外，还会影响国内外实际利率（Real Interest Rate）的差异，进而影响国际收支的资本项目，通货膨胀率过高，必然引起资本外流，还会影响到今后对物价和汇率的预期，这些表现又都会对汇率变动产生影响。自 20 世纪 70 年代初期开始，由于各国财政与货币政策的不同，通货膨胀率发生很大差异，因而汇率波动剧烈。但一国货币内部贬值（通货膨胀）转移到货币外部贬值要有一个过程，这种转移过程需要半年，也可以需要几年。从长期看，汇率终将根据货币实际购买力而自行调整到合理的水平。

（2）利率。利率的高低直接影响到各种金融资产的价格、成本和利润的高低。一国利率相对于另一国为高，或上升的幅度大，就会使该国的金融资产增殖，从而阻止本国资本外流，刺激国外资本内流，进而引起对本币需求量的增加，促使本币汇率上升；反之则反是。当然，引起资本内流外流的利率是指实质利率而不是名义利率（Nominal Interest Rate），西方国家计算实质利率通常是通过长期政府债券利率减去通货膨胀率差额。从短期看，利率在汇率变动中的作用是明显的。例如，1981 年初，美国联邦储备银行将贴现率提高到 13%，商业银行的优惠利率从 1981 年 4 月份起逐渐上升，7 月 8 日达到了 20.5%的最高点。由于美元利率高，西欧大量游资流入美国，促使美元上涨。所以，1981 年美元汇率特别坚挺。

（3）货币供应量。货币供应量对汇率的影响主要是通过利率、通货膨胀率和实际经济的增长而进行的。货币供应量的增加意味着银根放松，利率下降，物价可能上升，经济会扩张。利率下降和物价上升会促使一国货币币值的下降，既汇率上升。但经济的扩张又会促使一国实力增强，从而有助于该国货币信心的增强，货币供应量对一国货币汇率的影响取决于该国的经济结构、商品市场和外汇市场的调整速度等。然而，根据许多经济学家的实证研究，在短期内，货币供应量的突然增加会使一国货币币值迅速下降，在长期内，汇率会回复到均衡水平。

在谈到货币供应量对汇率的影响时，有两点需要说明：一是世界上一些可自由兑换的货币而言影响它们的汇率的货币供应量不仅仅是指各货币发行国国内居民持有的货币数量，而且也包括其他国家居民持有该种货币数量。例如，影响美元的货币供应量就不只是美国居民持有的美元数量，而且还包括其他国家居民持有的美元数额，因此，对美元汇率的影响就不仅是由于美国居民的美元供求数量的变化，而且，更重要的是世界主要外汇市场上美元供求数量的变化。二是一国国内的货币供给量不仅是指本国发行的货币数量，而且也包括本国居民持有的外汇数量，因为本国收入的外汇总是转化为本币在国内流通，从而持有的外汇数量的增减也会影响国内货币供应量的增减。

（三）心理因素（Psychological Factors）

心理因素主要是指预期心理。预期被引入汇率的研究领域是在 20 世纪 70 年代初期。预期对汇率的影响很大，其程度有时远远超过其他经济因素对汇率的影响。

为了尽可能地减少或避免汇率波动带来的损失，或为了从汇率波动中得到好处，人们都在根据各种经济的和非经济的因素或信息对汇率的波动方向、趋势与幅度进行预测，作出外汇汇率将要上升或下跌的判断，进而根据这种预期作出抛出还是购进外汇和以外币表示的金融资产的决策。比如当人们预期英国的通货膨胀将比别的国家高，实际利率将比别国低，对外收支的经常项目将有逆差，以及其他因素对该国经济将发生不利的影响，那么该国的货币就会在市场上被抛售，它的汇率就会下跌，反之，汇率就会上升。

（1）预期有稳定（Stabilizing）和非稳定（Distabilizing）之分。稳定型的预期是指人们预期一种货币币值会下降，就购进这种货币，从而缓和货币币值下降的程度；反之则抛出货币，从而降低该货币的升值幅度。显然，按这种预期心理进行的外汇买卖行为有助于汇率的稳定。非稳定型的预期行为同稳定型预期行为正好相反。按这种预期心理行事的交易会在币值底时进一步抛出，在币值高时进一步购进，进而加剧了汇率的不稳定。

（2）影响人们预期心理的主要因素有信息（Information）、新闻（News）和传闻（Tumours）。信息是指同外汇买卖和汇率变动有关的资料、数据和消息。新闻既有经济新闻也有政治新闻。传闻是未经证实的消息。有时，信息、新闻和传闻难以区分。特别是后两者之间更难以分清孰是孰非。在外汇市场上，交易员在对待传闻时有一句行话，这就是“于传闻时买进，于事实时卖出”（Buy on Rumours，Sell on Fact），或者“于传闻时卖出，于事实时买进”（Sell on Rumours，Buy on Fact）。

（四）其他因素

其他因素主要是指中央银行的干预，其他金融工具如股票、债券、外币期权等的价格变动，石油价格的变动、黄金价格的变动和政治因素等。

（1）中央银行影响和干预外汇市场的手段主要有：a. 本国的货币政策，以期通过利率变动来影响汇率；b. 直接干预外汇市场，既直接在外汇市场上买进或卖出外汇；c. 对资本流动实行外汇管制。中央银行对外汇市场的干预早已有之。过去，欧洲货币体系就规定汇率波动的上下限，各中央银行有责任干预外汇市场，维持成员国之间货币汇率的稳定。自实行浮动汇率制以来，各中央银行曾多次单独或联合干预外汇市场。1985 年 9 月 22 日，西方五国财长和中央银行行长曾达成联合干预的协定。会后，中央银行一起向外汇市场抛售美元，致使美元汇率狂泄。这是最典型的中央干预行动。

(2) 一国股票价格的上升通常会带动该国货币币值上升，因为股价上涨表示该国经济前景看好，值得投资；反之，货币币值会下降。

(3) 债券价格的上升通常发生在利率看跌的情况下。就短期看，利率下跌会使一国货币币值下降，但从长期来看低利率和价格高的债券会刺激经济的发展，在某种程度上，货币币值又会有所回升。

(4) 外币期货价格的变化也是影响汇率的要素之一。当期货价格下跌时，现汇价也会下跌；反之现汇价上升。

(5) 石油价格的变化对产油国和对依赖石油进口的国家的影响是不一样的，油价上升使产油国货币坚挺，石油进口国疲软；反之，则相反。

(6) 黄金价格对美元汇率影响很大，通常，金价上升美元下跌，美元上升金价下跌。两者大致呈相反方向，但变化并非一定同步。

(7) 此外，政治因素（政局的变化、战争等突发的重大事件）也会突然地、短时间地作用于汇率，使其发生变化。

案例　预测汇率的冒险行动

如果汇率作为一种资产价格能够对预期和利率的变动立即作出反应的话，汇率就应该与其他资产价格（如股票价格）具有相同的性质。与股票价格一样，汇率应该对“新闻”，即对意料之外的经济政治事件反应强烈，并且，也像股票价格一样，汇率应该是非常难以预测的。

尽管对股票价格进行预期存在明显的难度，众多的新闻、电视节目仍然致力于股市预测。同样，许多公司把汇率预期卖给单个投资者、跨国公司和其他在外汇市场中有金融利益的单位。纽约大学的理查德·M. 利维奇在一项著名的研究中，对十二家汇率预测公司对远期汇率的短期预测记录进行了分析。

研究结果表明，所谓的汇率预测并不是那么灵验，但是，运用资产方法去研究汇率却是可行的。利维奇发现，在样本所在期间里，几乎没有证据证明职业预测家们进行的预测在整体上比个人进行的预测（例如，用三个月的远期汇率作为三个月后可实现的即期汇率）更为准确。这一发现并不意味远期汇率是精确的预测器，相反，证据表明远期汇率通常只包含很少的对预测未来即期汇率有用的信息（我们将在第 21 章里进一步研究）。利维奇的结果表明，本身就无法预测的“新闻”在决定汇率和汇率变动时起着主导作用，而一年期以内的汇率的变动，与股票价格一样，几乎是完全不可能预测的。

我们在本章中推导出的理论表明，汇率不应是完全不可预测的。根据利率平价条件，利率差可以反映出预期的货币贬值程度。然而实际上，没有预期到或意外的货币流动要比利率差大得多，淹没了可以预期的汇率变动。基于经济模型基础之上的汇率预测似乎在长期预测（即预测几年以后的汇率）中最为成功。例如，一个价格水平持续增长的国家最终很可能会出现货币贬值，虽然贬值的精确时间可能是无法预测的。在后面的几章里，我们将推导出一个开放经济模型，把汇率变动与各国的价格水平等宏观经济因素的变化联系起来。

【案例来源】保罗·克鲁格曼. 国际经济学 [M]. 海闻，蔡荣，等译. 北京：中国人民大学出版社，2002.

四、均衡汇率的形成及其模型

为简便起见，假定只有两个国家：美国与英国，美元（$）为本币，英镑（£）为外币。两者之间的汇率（R）等于每购买 1 英镑所需的美元数，即当 R = $/£ = 2 时，则意味着需要花 2 美元购买 1 英镑。

在浮动汇率制度下，英镑的美元价格决定与普通商品的价格决定一样，即由英镑供求曲线的交点确定。如图 4-1，纵坐标表示英镑的美元价格，或汇率 R = $/£，横坐标表示英镑的数量。市场对英镑的供求曲线交于 E，它决定了均衡汇率为 R=2，均衡时每日的供求量都是4 000万英镑。

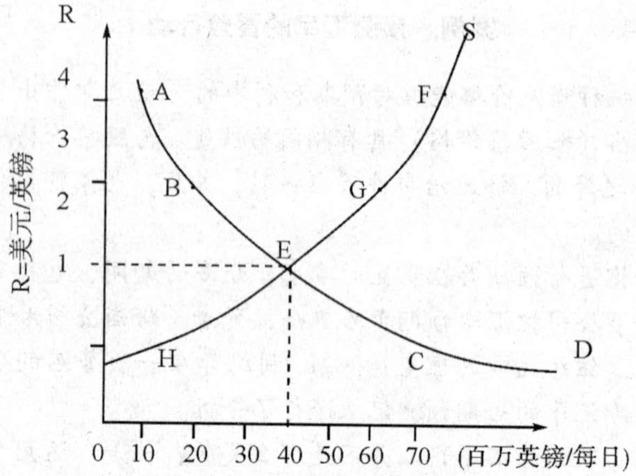

图 4-1 浮动汇率制下均衡汇率的形成

汇率较高时，英镑供给量大于需求量，汇率将向下变动至均衡点 R=2。当汇率低于 R=2 时，英镑的需求将超过供给，汇率将向上变动至均衡点 R=2。假如汇率不允许向上变动至均衡点，那么就应该要么限制美国居民对英镑的需求要么美国中央银行（联储）拿出自己的储备，来满足多出的英镑需求。

美国对英镑的需求曲线是负的斜线，说明汇率 R 越低，美国对英镑的需求量越大。原因是汇率越低（即每购买 1 英镑所需的美元数越少），美国从英国进口和向英国投资就越便宜，于是美国居民对英镑的需求就越大。相反，美国对英镑的供给是递增的，英镑汇率 R 越高，美国所赚得的或提供的英镑就越多。因为英镑汇率高时，英国居民的每英镑可以换得更多的美元。因此，他们觉得美国货和美国投资便宜，更具有吸引力，便更多地把钱花在美国，于是便向美国提供了更多的英镑。

如果美国对英镑的需求曲线向上平移（例如，当美国人更欣赏英国货时），并与供给曲线交于G点，均衡汇率R=3，英镑的均衡数量将为每日6 000万英镑，则意味着美元贬值了，因为现在需要花3美元（原来是2美元）才能买到1英镑。相反，如果美国对英镑的需求曲线向下平移，与供给曲线相交于H点，均衡汇率将降至R=1。这时就意味着美元的升值（因为现在只需1美元便可以买到1英镑）。本币贬值意味着外币升值，反之亦然。美元供给曲线的平移同样也会影响均衡汇率和均衡数量。

五、汇率变动的经济影响

汇率的变动决取于国际收支、通货膨胀、经济增长以及政府宏观经济政策等多方面的因素。反过来，汇率的变动也会对上述各因素产生重要影响，这些影响主要表现为下几个方面：

1. 汇率变动对贸易收支的影响

相对稳定的汇率，有利于进出口贸易成本的计算和利润的核算，促进生产和进出口贸易的发展。汇率不稳定，必然增加国际贸易的风险，在贸易双方不能准确地计算进出口贸易成本和收益的情况下，显然很难顺利有效地进行贸易。汇率变动对贸易收支的具体影响，一般认为，一国本币汇率下跌有利于扩大出口，限制进口，促进贸易收支的改善；本币汇率上升则有利扩大进口，限制出口，从而使贸易收支恶化。但不能一概而论，这是因为，一国货币贬值能否改善国际收支，关键取决于进出口商品的需求弹性和供给弹性。一般来说，进出口商品需求弹性越大，货币贬值对国际收支调节的效果越好，外汇市场也就越稳定，当需求弹性无穷大时，一国的货币贬值最有可能使贸易逆差转变为顺差。相反，当需求弹性等于零时，货币贬值将导致贸易收支进一步恶化。

那么究竟在什么条件下，货币贬值才能发挥对国际收支应有的调节作用呢？这里有一个条件，即马歇尔-勒纳条件：

$|dx+dm|>1$

式中dx表示出口商品的需求弹性，dm表示进口商品的需求弹性。它说明：只有当一国进口需求的价格弹性和出口需求的价格弹性之和的绝对值大于1，其货币的贬值才能有效地使国际收支得到改善。

2. 汇率变动对非贸易收支的影响

当本币贬值外汇汇率上升时，外国货币的购买力相对提高，贬值国的商品、劳务、交通、旅游和住宿等费用就变得相对便宜，这无疑增加了对外国游客的吸引力。对其他无形贸易收入的影响也大致如此。反过来，本币贬值后，国外的旅游和其他劳务开支对本国居民来说相对提高，进而抑制了本国的对外劳务支出。本币升值后的情况，当然与以上结果相反。

3. 汇率变动对国际资本流动的影响

本币汇率上升，本币的购买力增强，从而会刺激本国资本扩大对外投资。例如，日元在20世纪80年代和20世纪90年代初大幅度升值后，日本企业加快了向海外发展的速度，汽车行业首先决定扩大和提前实施在海外就地生产计划；家用电器、办公设备和机床生产行业也拼命向海外拓展。与此同理，本币汇率上升对外资流入将会产生阻碍作用。

本币贬值对资本流动的影响，取决于贬值如何影响人们对该国货币今后变动趋势的预期。如果贬值后人们认为贬值的幅度还不够，汇率的进一步贬值将不可避免，即贬值引起汇率将进一步贬值的预期，那么人们就会将资金从本国转移到其他国家，以避免再遭损失；但如果人们认为贬值使得本国货币汇率已处于均衡水平，那么原先因本币定值过高而外逃的资金就会流回到国内。

4. 汇率变动对外汇储备的影响

当作为主要储备货币的美元汇率下跌时，拥有美元储备的国家就会遭受损失。但对积欠美元债务的国家来说，则相应地减轻了债务负担。相反，如果某种储备货币的汇率上涨，持有这种储备货币的国家其外汇储备的实际价值就会增加，而对积欠以这种货币计算的债务国来说，则会增加债务的实际负担。

本国货币汇率变动，通过资本流动和进出口贸易额的增减，直接影响到本国外汇储备的增减。一国货币汇率稳定，外国投资者能够稳定地获得利息和红利收入，有利于国际资本投放，从而促进外汇储备增加；反之，则容易引起资本外流，外汇储备减少。

5. 汇率变动对物价的影响

本币贬值后，国内物价将会上升，并逐渐扩展。因为，一方面，本国货币贬值后，进口商品的物价用贬值国的货币来表示就会上升，进口原材料、半制成品价格上涨，就会直接影响本国商品生产成本的提高；另一方面，由于进口消费品价格的提高，会影响到本国工资水平提高，这又间接地影响到商品生产成本增加。

国内物价上涨的另一方面原因，是通过贸易收支改善的乘数效应，引起需求拉上的物价上涨。

6. 汇率变动对产业结构和资源配置的影响

本币贬值后，出口产品在国外市场的竞争能力提高，出口扩大，整个贸易部门的利润率就会高于非贸易部门，由此会诱使资源流向出口产品制造业或出口贸易部门，这样一来，整个经济体系中贸易出口部门或出口产品制造业所占的比重就会扩大，从而提高本国的对外开放程度，更多的产品将加入同外国产品相竞争的行列。另外，货币贬值后，进口商品的价格提高，使原来的对进口商品的一部分需求转向了本国商品的需求，这样，使国内某些内销产品行业也得到了较快的发展。

第三节　外汇市场及外汇市场风险

本节分析了外汇市场的概念和功能，并对外汇市场的风险及其防范等进行了较为全面的介绍。

一、外汇市场及其构成

外汇市场（Foreign Exchange Market）是交易主体买卖外汇的场所和进行外汇交易关系系统的总和。作为国际金融市场的一个组成部分，它是国际间清算或转移债权债务的重要渠道。之所以说外汇市场是一个系统，是指在当今世界上，外汇交易并非一定在固定的场所里进行。事实上，更多地是通过电报、电话和电子网络等现代通信工具来进行的。当今世界各大外汇市场都连为一体进行交易，具有同质性和价格均等化的特点；除此而外，由于电子计算机的发展，外汇市场已消除了营业时差的限制，因而在全球范围内它还具有在时间和空间上的连续不间断性特点。

外汇市场主要由四方面的当事方所构成：

①外汇银行。通常包括专营和兼营外汇业务的本国商业银行，在本国的外国银行分行，以及获得兼办外汇业务的金融机构。外汇银行是进行外汇买卖的中心。

②外汇交易者。包括众多的进出口商人、跨国投资者、国际旅游人员，以及其他进行外汇买卖的企事业单位和个人，共同构成了外汇交易的主体。

③外汇经纪人。是银行与众多的外汇交易者外汇买卖接洽的中介。他们起着在外汇买方和卖方之间加强联系及促成交易的作用，并从中获取手续费。

④中央银行。作为一个国家货币政策的制定者和实施者，同时也是该国外汇管理的最高机构。中央银行参与外汇市场交易主要起着外汇市场供求宏观监控的作用，以保持外汇汇率的相对稳定及本国国际收支的大体均衡。

二、外汇市场的功能

外汇市场在实现国与国之间的债权、债务的结算和清偿，促进国际资本的融通，避免和减少外汇风险，调节各国国际收支，以及推动国际经济贸易的发展等方面，都有着重要的作用。它的主要功能包括：

1. 国际清算

国际经济交易的结算需要债务人向债权人进行支付，这种国际清算是通过外汇市场实现的。例如美国波音公司将价值 1 000 万美元的飞机出售给一家德国公司，这笔交易的结果需要德国公司向美国波音公司进行支付，这有两种情况：一是德国公司用欧元支票支付，美国波音公司将收到的欧元，出售换取美元；二是波音公司只接受美元，那么德国公司就需找机会出售欧元以取得美元。不论哪种方式，这笔国际交易最终会产生对欧元的供给和对美元的需求。

通常情况下，进入外汇市场兑换货币的公司和个人并不是互相直接交易，而是委托银行进行兑换。然后，在这些银行之间通过专业的外汇经纪人买卖各种货币。因此，波音公司可取得德国公司的欧元汇票，并向一家美国银行贴现，这家银行把这张欧元汇票再卖给另一家想要用美元购买欧元的银行。这样，这家美国公司收到的美元支票账款就抵偿了贴现给波音公司的美元。

2. 套期保值

进出口商从签订进出口合约到支付或收到货款，通常都要经过一段时间，也就是说，他们要在将来某一日期才能获得外汇收入或支付外汇货款。由于外汇市场汇率的不稳定性，因此，持有外币或有外币负债都会存在一定的风险或可能获得的收益。如果不愿对未来汇率变动进行投机，只想用本国货币来保持他们的资产，那么就需要对这些货币资产进行套期保值，以确保对该项资产既无净资产也无净负债头寸，套期保值就是通过卖出或买进等值远期外汇，轧平外汇头寸来保值的一种外汇业务。这里的头寸是指银行、企业和个人持有的某种外币资产负债差额。例如德国公司进口价值1 000万美元的美国波音公司的飞机，3个月后付款，波音公司要求用美元支付。德国公司为避免美元价值带来的损失，在作成交易合同时，买进了3个月的美元期汇，到期办理交割，德国公司收进美元支付进口货款。这样德国公司就不至于因为美元升值而遭受损失。

套期保值也可以通过即期外汇市场和货币市场进行。在上例中，德国公司可在货币市场借三个月等值欧元，同时在外汇市场上买进1 000万美元存入银行，到期支付货款，但买卖即期外汇会占用较多资金。

3. 投机

外汇投机包括从事远期交易投机以及套汇和套利。

远期交易投机是取得某类某货币资产的净资产头寸或净负债头寸，利用将来的汇率变化赚取汇率差额的行为。例如，美国某投机商预测欧元汇价要下跌，他出售1 000万欧元期货，约定远期汇率为1欧元=0.532 0美元，90天后交割。该投机商是做欧元空头，他希望以后用低价进欧元。这与套期保值不同，它是一种纯粹投机性的交易。假定10天后，欧元远期汇率果然下降，降到1欧元等于0.500 0美元，投机商按这一汇价买入相同数额的远期欧元，交割日期与卖出的远期相同，等到了相同的日期，两笔交易的抵补，该投机商从中获取32万美元的投机利润。但是，如果欧元远期汇价不跌反涨，那么该投机商就要蒙受损失。

套汇是利用不同外汇市场某种货币的汇价差异同时在不同外汇市场买进和卖出这种货币以赚取汇率差额收益的一种外汇交易。套汇包括两种：一是双边套汇，也称直接套汇，是利用两个外汇市场汇率的差异，在汇率低的市场买进，同时在汇率高的市场卖出，利用贱买贵卖，套取投机利润；二是多边套汇，也称间接套汇，是利用三个或三个以上不同外汇市场汇价的差异，同时进行三种或三种以上的货币买卖，从而获取差额收益。在一般情况下，由于电讯联系的发达，信息传递迅速，资金调拨畅通，各外汇市场的汇率是非常接近的。但是，不同外汇市场的汇率，也可以在短暂的时间内发生较大的差异，从而引起套汇活动，而套汇的结果，又会使贱的货币上涨，贵的货币下跌导致汇价差异消失，从而使某一市场的汇价与另一市场的汇价联系起来，形成全球性外汇市场。

套利是利用两个国家金融市场利息率的差异，将资金从利率较低的市场调往利率较高的市场以赚取利率差收益的一种外汇投机活动。在套利过程中，投机者为了避免汇率变动带来的风险，一般还要进行套期保值。假设伦敦市场英镑的实际利率为 8%，纽约市场的利率为 6%。为追求较高的利息收入，投机者将资金从纽约调往伦敦，在即期市场上卖出美元，买进英镑投放伦敦市场 3 个月；与此同时，投机者在远期市场进行套期保值交易，即卖出远期英镑，买进远期美元，以免 3 个月后发生汇率损失。

三、外汇市场风险及其防范

1. 外汇市场风险的含义及其主要形式

外汇市场风险，是指因外汇市场上汇率或相关因素的变动，给外汇或以外币计价的资产与负债的持有者所带来的或可能带来的损失。

从宏观经济和微观经济的不同角度考察，外汇市场风险的主要表现形态有：

①外汇储备风险。即企事业单位和个人，特别是政府以不同外币币种所持有的外汇资产，因外汇市场汇率及不同币种利率变动所导致的储备资产币值的下跌风险。

②交易结算风险。以外币计算成交进行的贸易或其他经济交易，因交易合同外币与本国货币汇价的变化而引起的亏损风险。这一方面较多地表现在进出口交易，因合同签署成交日与支付日之间的时间差当中，合同外币汇价的变化，可能导致的进出口商以本国货币衡量的收入的减少；另一方面亦可表现在以外币计价的国际投资和借贷活动中，因汇价波动而导致的收益减少。

③经济风险。指开放型经济条件因汇率变动对产品成本、价格、产量的影响所带来实际收入的不确定性。它直接影响到企业的生产、销售和资金融通，又称之为会计风险。

2. 防范或减少外汇风险的原则方法

防范或减少外汇储备风险的主要方法，是实行外汇储备的多元化。使得因汇率变化所产生的波动加以抵销或减少，外汇资产的实际购买力相对稳定。

对企事业单位、外汇银行和个人而言，防范或减少外汇风险的一般方法，大致可划分为三类：

第一类，签订交易合同时的防范，主要包括：

选择好合同货币。合同货币选择的前提是区分交易所选用货币是硬币还是软币。所谓硬币是指汇率稳定且呈上升趋势的货币；所谓软币情况则相反。一般情况下，可遵循如下原则：

a. 出口和贷出资本争取使用硬币，进口和借入资本争取使用软币。

b. 在难与交易对方达成所选择的合同货币时，亦可折衷争取同时使用软硬搭配的两种货币，以使软币可能的贬值损失，由硬币可能的升值相抵销。

c. 交易对方同意的情况下，使用本国货币。

（2）加列合同条款。即在合同上加列有关货币的保护性条款。主要包括：

a. 货币保值条款。选择某种币值较稳定的货币作为合同货币的参照物，将合同货币与所选货币币值挂钩，在交易结算或清偿时，参照当时所选货币币值支付。现实当中，常采用美元或由美元、欧元（以前为欧洲货币单位）、日元等若干主要国际货币组成的“一篮子”货币，作为参照货币。

b. 均摊损益条款。由交易双方共同承担风险。其计算公式为：

$$V_f=\frac{2V_d}{r_0+r_1}$$

式中，V_f代表调整后的外币价格，V_d代表签订合同时等值的本币价格，r_0代表签合同时的汇率（按直接标价法），r_1代表结算时的汇率。

案例　均摊损益的运用

某瑞士商人从英国进口一批商品，协议规定三个月后交货并以英镑计价结算，货价为200万英镑。签订合同时的汇率为£ 1=SF3.8400，货款200万英镑等于768万瑞士法郎。为防范和共同分担汇率风险，交易双方在合同上采用均摊损益条款。三个月双方结算交割时，英镑兑瑞士法郎汇率上涨，达到£ 1=SF3.880 0，则依据均摊损益条款计算公式，有 $V_f=\frac{2V_d}{r_0+r_1}=\frac{2\times768}{3.840\,0+3.880\,0}=198.96$（万英镑），此数额为瑞士商人应实际支付的货款。为购买198.96万英镑，该瑞士商人需实际花费198.96×3.880 0=771.964 8（万瑞士法郎）。瑞士商的损失为 $\frac{771.964\,8-768}{768}\times100\%=0.52\%$。

与此同时，交易的另一方，英国商人实收货款为198.96万英镑，其损失为 $\frac{200-198.96}{200}\times100\%=0.52\%$。

可见，由计价结算外币汇率上涨而带来的损失（或风险），被进口商和出口商均摊了。

（3）调整价格或利率。其原则是，适当提高以软币计价结算的出口价格或以软币计值清偿的货款利率，适当压低以硬币计价结算的进口价格或计值清偿的借款利率。该措施与加列货币保护性条款中的调整价格的区别在于，它是以谈判中的待定价格或利率为对象，调整的行为发生在合同正式签订之前；而后者则是以合同中的既定价格为对象，调整行为发生在交易结算（或清偿）时。

第二类，借助外汇市场和货币交易操作的防范，主要包括：

（1）即期外汇交易，又称现汇交易或现期交易（Spot Exchange Transaction），是指在合同成交后两个交易日内办理外汇收付的交易，表现为电汇、信汇、票汇几种形式。它可起到平衡外汇资金头寸，进而将外汇市场风险限制在尽可能短时间范围的作用。

（2）远期外汇交易（Forward Exchange Transaction）。又称期汇交易，是指合同成交后，按交易合同规定，在约定的日期或期限内，按约定的金额、数额和汇率办理外汇收付的交易。它是一种预约性的外汇交易。亦是防范外汇市场风险最常见的一种方法。它可避免汇率发生不利变动的影响；但同时也放弃了从汇率可能发生的有利变动中得到额外收益的机会。

远期外汇交易使用的汇率为远期汇率。该汇率与即期汇率之间的差额，称为远期差价。在外汇市场上，远期差价用升水、贴水或平价表示。当远期汇率高于即期汇率时称升水（Premium），反之称贴水（Discount）；如果远期汇率与即期汇率相等，则称平价（Par）。

远期差价的计算公式为：

$$f_S = S \times (i - i^*) \times \frac{N}{12}$$

式中，f_S为远期差价，S 为即期外汇汇率，i 和 i^* 分别为交易双方所交换的货币利率，N 为期汇月数。

知道了远期差价，就可以算出远期外汇汇率（F）：$F = S \pm f_S$。

但在不同的标价法条件下，远期汇率升水和贴水的表示方法有所不同。直接标价法下，$S + f_S$表示远期外汇汇率升水；$S - f_S$表示远期外汇汇率贴水。间接标价法下，则正好相反。

（3）外汇期货交易（Foreign Currency Futures Transaction）。这是一种在交易所达成的按标准合同金额和固定交割日期在未来买入或卖出某种货币的交易。

（4）外汇期权交易（Foreign Exchange Option Transaction）。这是指一种权利的买卖。期权的买方在向卖方支付一定手续费后，即获得了未来某个时期内按照协议价格向期权卖方购进或出卖一定数量的某种外汇的权利。它又分为买进期权、卖出期权，以及双向期权等多种形式。外汇期权交易亦可起到防范未来这段时期内汇率发生不利变动的风险；与此同时，又保留了汇率可能发生有利变动时放弃已购的这一权利，获取额外收益的机会。

（5）外汇调期交易，又称转期交易（Swap Transaction）。其是在买进一种货币的同时，卖出期限不同的同一种货币的外汇交易，它实际上是即期交易和远期交易的综合，具体有时间套汇和套期保值两种形式。

所谓时间套汇（Time Arbitrage），是在买进或卖出即期外汇的同时，卖出或买进远期外汇，以避免外汇汇率变动所带来的损失。这一过程中，套汇者所特别关心的是期率（Swap Rate），即买进和卖出两种不同期限外汇所使用汇率之间的差价。

所谓套期保值，又称海琴（Hedging），指的是卖出或买进价值相等的一笔外国资产或负债的外汇，使这笔外国资产或负债的价值不受汇率变动的影响，从而达到保值的目的。

第三类，提前或延期外汇结算、交割及汇率保险等其他防范措施。

案例　如何利用远期外汇交易

在签订了进出口交易合同之后，对外贸易交易双方关心的对象将发生变化，注意力将从如何谈判合同成交转移到如何结算。出口方首先关心的是，通过出口。企业能安全、及时地获得预期的本国货币表示的收益；进口方关心的是，支付预算好的外汇，便能安全、准时地收到货物。然而，由于从签订进出口合同到实际收付，需要短则3~6个月，长则几年之久的时间。而现行的浮动汇率，常常会出现从签约到收付汇时软币变硬，硬币变软的情况。特别是在国际贸易中使用频率较高的美元的大幅度波动，会使贸易交易双方对未来结算时收入和支付的情况不清，蒙受出口实际收入减少或进口实际支出增加的风险。进行远期外汇交易，无论是进口方，还是出口方，都能回避外汇交易中的不确定因素，准确地掌握企业未来成本和利润的情况，便于企业财务核算、结算和生产计划的安排。

例如，某公司有10万美元外汇，准备3个月后支付向日本购买的机器设备贷款。为了避免汇率变动风险，该公司按1美元=100日元的汇率向外汇银行购买了3个月远期的日元，并卖出3个月的远期美元。到交割日，该企业用10万美元买进1 000万日元支付了货款，避免了短汇情况。因为在3个月后，实际上日元兑美元的汇率已经上浮到1美元兑90日元。通过远期外汇交易，该公司避免了日元上浮可能造成的100万日元的汇率变动损失。但是，如果在交割日日元下浮，则该公司会因为进行远期外汇买卖而失去相应的可能获得的收益。

第四节　有关汇率的主要理论

关于汇率的理论，几百年来，西方国际经济学界一直是高度重视的，在此方面的研究也不断取得突破和进展，形成了许多富于特色的学说和流派，其中较有影响或具有代表性的按时间顺序排列主要有以下几种。

一、国际借贷说（Theory of International Indebtedness）及其发展

1. 国际借贷说

国际借贷说是英国经济学家戈逊（G. L. Goschen）于1861年在其《外汇理论》一书中提出的。这一理论以国际借贷关系来说明汇率的决定和变动。戈逊认为，正如商品价格取决于商品供求关系一样，汇率也取决于外汇的供求关系。具体要点如下：

第一，汇率变动取决于外汇的供求状况，而外汇供求发生的原因是国家之间存在的借贷关系。

第二，国家借贷关系起因于国际商品的输入、提供劳务的收支以及资本的流动。

第三，国际借贷分为固定借贷和流动借贷两种形式，前者指尚未进入实际支付阶段的借贷；后者指已进入支付阶段的借款，只有它的变化才对外汇供求产生影响。

第四，汇率变动取决于流动借贷是否相等。如果流动债权大于流动债务，则外汇供给量大于外汇需求量，汇率下跌，即本币升值；反之，则本币贬值。

需要指出的是：国际借贷说只适用于具有比较发达的外汇市场的国家，如果外汇市场不发达，外汇供求关系的真实情况就会被掩盖。外汇市场如果受到国家的干预，外汇供求决定汇率理论的作用就会有很大折扣。该理论的适用性，还要受到两国经济发展阶段必须大体相同的限制。

2. 国际收支说（Balance of Payments Theory）

实行浮动汇率制后，一些学者将凯恩斯主义国际收支均衡条件的分析应用于外汇供求流量分析，形成国际收支说。国际收支说是国际借贷说的现代形式。它在运用供求分析的理论基础上，将影响国际收支的各种因素（这些往往是国际借贷论所未考虑的因素）纳入汇率的均衡分析，认为影响均衡汇率变动的因素有国内外国民收入、国内外价格水平、国内外利率及人们对未来汇率的预期。并有如下分析结论：

第一，本国国民收入增长，通过伴随而来的进口增加，将引起国际收支赤字，由此外汇市场就会出现超额需求，本国货币趋于贬值。

第二，外国国民收入增长，通过本国的出口的增加，引起国际收支的盈余，造成本国货币趋于坚挺。

第三，本国物价水平上升，或外国物价水平下跌，通过提高本国商品相对于外国商品的价格，会引起出口减少，导致本币疲软；反之亦然。

第四，本国利率上升，或外国利率下跌，会刺激国外资金流入增加，本国资金流出减少，从而带来外汇价格下降。

第五，如果人们对外币现汇汇率的未来走势看涨，就会在外汇市场上抛出本国货币，换成外国货币，由此造成外币现汇价格的上涨；反之亦然。

国际收支说在运用供求分析的基础上，将影响国际收支的各种重要因素纳入汇率的均衡分析，这对于短期外汇市场分析是有意义的，至今这一理论仍为人们广泛运用。然而，它同样不可避免地存在着许多缺陷和不足，主要表现在：这一理论实际上是以外汇市场的稳定性为假定前提的；该理论的分析基础是凯恩斯主义宏观经济理论（弹性论、利率平价说等）。这样也就没有摆脱这些理论基础本身具有的缺陷，故其结论往往与经济现实相抵触。

二、购买力平价说（Theory of Purchasing Power Parity）

购买力平价说是瑞典经济学家卡塞尔（G. Cassel）于1916年系统地提出的。这一学说的主要观点是，人们之所以需要外国货币，是因为它在外国具有对一般商品的购买力；外国人之所以需要本国货币，也是因为它在国内具有购买力。因此，两国货币的汇率主要是由两国货币的购买力决定的，购买力平价说有两种形式：绝对购买力平价和相对购买力平价。

1. 绝对购买力平价理论

卡塞尔指出，绝对购买力平价的理论基础是：一种货币的价值及对这种货币的需求，是由单位货币在发行国所能买到的商品和劳务量决定的，即由它的内在购买力决定的，而购买力的高低是由物价水平体现的。即：

$$E=\sum P_a/\sum P_b \qquad (4.1)$$

式4.1中E表示两国货币的汇率，P_a 和 P_b 分别表示a和b国的物价水平，假设美国的物价指数比英国高一倍，则一英镑应等于两美元。这一理论实际上就是国际间的“一价定律”。即在自由贸易条件下，同质、同类的商品在世界各地的价格应该是一样的，但由于各国使用的货币不同，一种商品以不同货币表示的价格需要经过汇率折算，才能保持相等。因此式（4.1）可变为 $P_a=EP_b$。如果实际汇率与均衡汇率不符，国际间商品的套汇活动将使实际汇率调整至与绝对购买力平价相等为止。

2. 相对购买力平价理论

卡塞尔除了提出绝对购买力平价说之外，还提出了相对购买力平价说。其主要观点是，由于各国经济状况的变化，各国货币的购买力也必然经常发生变化，两国货币购买力的相对变化导致了两国货币汇率的变化，用式（4.2）表示：

$$E'=\frac{P_a'/P_a^0}{P_b'/P_b^0}\cdot E^0 \qquad (4.2)$$

式（4.2）中 P_a' 和 P_a^0 分别代表a国当期和基期的物价水平，P_b' 和 P_b^0 分别代表b国当期和基期的物价水平，E^0 为基期汇率，E' 为当期汇率。如果a国发生了通货膨胀，其国内的货币购买力降低，而b国的国内物价水平保持不变或物价上涨的幅度不如a国大，那么，a国货币对b国货币的汇率就会下跌；反之，若b国的物价上涨幅度比a国大，那么，a国货币对b国货币的汇率就会上升；而如果两国都发生了通货膨胀且幅度相等，则两国货币汇率保持不变。例如，英镑对美元原来的汇率为£1＝$2，现在英国的物价指数从基期的100上升到120，而同期美国的物价指数从基期的100上升到110，由于两种货币的购买力发生了变化，因此，现在英镑对美元的汇率则为：

$$E'=\frac{110/100}{120/100}\times \$\ 2.00/1£ = \$\ 1.833\ 3/1£$$

购买力平价说在西方汇率理论中占有重要的位置。该学说把一国货币的对内价值和对外价值联系起来，较合理地体现了汇率的决定基础。但该理论也有一些缺陷：

其一，购买力平价说的基础是所有商品都必须是国际贸易商品。然而在现实中，各国都有诸多的商品和劳务由于本身的性质、运输费用及贸易壁垒等原因并不进入国际贸易领域。这就产生了一个问题，决定两国的相对物价水平用什么来代表？很显然，所用物价指数不同，计算出的汇率也就不同。

其二，由于受时代的局限性，购买力平价说过于侧重国际贸易关系而忽略了国际资本流动对汇率决定的影响。

案例　有关一价定律的一些生动证据

1986年夏，《经济学家》杂志对麦当劳快餐店的巨无霸汉堡包在世界各地的价格进行了一次广泛的调查。这个听起来有点怪的念头并不是编辑一时头脑发热，该杂志的目的是想嘲弄一下那些过于自信的经济学家。这些经济学家认为根据购买力平价，各国的汇率不是“过高”就是“过低”地反映了货币的实际价值。由于巨无霸在41个国家销售，而且配方只作了极微小的改变、所以该杂志认为，通过对汉堡包价格进行比较可以对汇率是否合理作出比较公正的判断，从1986年开始，《经济学家》定期更新它的数据和计算。

《经济学家》的这一调查可以看作是对一价定律的一次检验。从这一角度来看，最初的调查结果很让人吃惊。巨无霸在不同国家的价格换算成美元相差巨大。在纽约，其价格比在澳大利亚高出50%，比在香港高出64%，而巴黎的价格则比纽约高54%，东京则要高出50%，只有英国和爱尔兰的价格才与纽约相似。

如何解释这一显著违背一价定律的现象呢？《经济学家》认为，运输费用和政府管制是部分原因。产品差异也可能是另一重要因素。在一些国家，与巨无霸相似的替代品很少，这种产品差异使得麦当劳有能力依据当地市场条件来定价。最后，应当注意到，巨无霸的价格不仅包括肉饼和面包的成本，还包括员工的工资、房租、电费等。这些投入品的价格在不同国家可能相差很大。

长期情况又如何呢？随后的调查并没有表明1986年的价格差异在世界范围内有缩小的趋势；1989年4月份的调查结果是，巨无霸在巴黎的售价比在纽约高12%；但纽约售价又比香港高出153%。值得注意的是，该杂志还指出，美国四大城市亚特兰大、芝加哥、纽约和旧金山之间巨无霸的差价超出不少国际差价。这意味着在造成违背一价定律的各种可能因素中，政府对国际贸易的直接管制并不是最重要的。

摘引自：保罗·克鲁德曼. 国际经济学［M］. 海闻，蔡荣，等译. 北京：中国人民大学出版社，2002.

三、利率平价理论（Theory of Interest Rate Parity）

利率平价理论是由英国经济学家凯恩斯（J. M. Keyness）于1923年在其《货币改革论》中首先提出的，后经一些西方经济学家发展而成。该学说主要研究国际货币市场上利率差与即期汇率和远期汇率的关系。

利率平价说的主要观点是：由于各国间存在利率差异，投资者为获得较高收益，就将其资金从利率低的国家转移到利率高的国家。如甲国的利率水平高于乙国，投资者就会把资金从乙国调到甲国。为避免汇率风险，投资者一般按远期汇率把在甲国的投资收益变为乙国货币，并将此效益与乙国投资所得收益进行比较，从而确定投资者的投资方向。两国投资收益存在的差异导致了资本在国际间的移动，直到通过利率的调整，两国的投资收益相等时，国际间的资本移动才会停止。

利率平价学说的主要贡献在于：它从理论上说明了远期汇率取决于两国货币的相对收益，即以利差作为汇率变动的主要原因。对于实际操纵外汇市场，预测远期汇率趋势，制定和调整汇率政策，都具有重要意义。利率平价说在理论上可以成立，但从实践的角度看，有以下两个缺陷：

其一，它是以国际间资本流动不受任何限制为前提，即要求存在一个一体化的国际货币市场。这一条件过于严格，这无疑影响其理论和模型的应用性。

其二，该学说的另一前提是各国间的证券可以完全替代。实际上，以各国货币标价的资产的风险程度不同，预期收益率也不同，因此，不同资产之间不能完全替代，这就使得利率平价条件难以成立。

利率平价说尽管有一定的缺陷，但不能否认，它已越出了传统的国际收支、商品价格的范畴，转而从国际资本流动角度研究汇率，这不能不说是当时汇率理论研究的一项新成果。可以说，利率平价说不但奠定了第二次世界大战后远期外汇理论的基础，而且也成为现代西方汇率理论的基础之一。

四、汇兑心理说

法国学者阿夫达里昂（A. Aftalion）根据奥地利学派的边际效用论在 1927 年提出汇总心理说。

该理论认为，一个国家的公民之所以需要外国货币，是为了支付在国外进行购买的货款。而购买外国商品（包括金融商品）的原因，又是为了满足某种欲望。这种欲望（Desire）便是使得外国货币具有价值的基础，因此，外国货币的价值决定于外汇供需双方对外币所作的主观评价；外国货币价值的高低，主要取决于外汇需求者对外汇边际效用大小的评价。阿夫达里昂就是用这种观点去解释当时法郎汇价下跌的原因。他认为，在 1924—1926 年，法国人对外汇的边际效用评价很高，为了取得外汇，他们宁愿用更多的法郎去交换，因此，导致法郎汇价下跌。

用边际效用的概念去说明汇率的决定与变动，缺乏科学性。但事实上，心理因素对汇率的影响是不能否定的。汇率预期对汇率变动的影响，说明了主观的心理活动与客观经济过程之间有一定的关系。然而，将经济活动者的主观心理预期说成是经济变动的决定因素，便有一些夸大其词了。同样的道理，在分析汇率的决定与变动时，要考虑到心理因素，但很难将其作为主要的根据。

五、资产结构平衡说（Theory of Portfolio Balance）

资产结构平衡说产生于 20 世纪 70 年中后期，主要是西方学者布兰逊（W. H. Branson）、沙德勒（Schadler）等人所论述的；进入 20 世纪 80 年代以后，比西格纳诺（J. Bisignana）和胡佛（K. Hoover）等人又陆续做了充实和修正。这一理论的特点是强调财富和资产结构平衡在汇率决定过程中的作用，它提出并论述了一些被其他理论所忽视的方面，因而在 20 世纪 80 年代以来引起了国际学术界较大的兴趣。

该理论认为，汇率作为一般均衡体系的一部分，被所有市场的相互作用所决定，汇率的均衡是在流量市场，又是在存量市场上达成的，而均衡汇率又会随着货币供应或实际货币需求的改变而相应地改变，因此，汇率是由货币因素和实体经济因素所诱发的资产调节和资产评价所共同决定的。具体而言，该学说主要包括以下三点内容：

第一，各国的个人，通常将其金融财富分布于各种可供选择的资产之中，其中，最一般地分布于三种资产：本国货币、本国债券和外国债券。人们愿意以这三种资产形式持有的财富在其财富总额中所占的比率，主要取决于它们各自的收益。

第二，当本国利率上升时，在人们所希望保持的资产结构组合中，本国债券所占的比例就会增加，而本国货币和外国债券所占的比例则会下降，该国货币汇率就会上升。

第三，当人们所持有的财富存量发生变动时，其货币汇率也会受到影响，而影响的方向如何要视导致财富变动的原因而定，一般有三种情况：

（1）由于一国货币供应量增加而导致财富总额增加，此时，该国货币汇率会下跌。因为在一国货币扩大供应量的情况下，人们的资产组合中，本国货币所占比例会上升。为了保持平衡的资产结构比例，该国的财富持有人就会相应增加本国债券和外国债券的持有量，由此产生了对外国债券和本国债券的过度需求。

（2）由于一国出口增加，经常项目出现盈余而引发的财富总额增加，此时，该国货币汇率会上升。在这种情况下，该国财富持有人为了维持资产结构的平衡，必然相应地增加本国资产（本国货币或债券）的持有量，出售其持有的一部分外国债券，则会使外币的供应相对增加，需求相对减少，而本国货币汇率趋于上升。

（3）当一国比如说为了弥补政府的财政赤字而增发债券时，该国的财富也会增加。这样，该国的财富持有人会扩大对货币的需求，其结果是利率上升，但汇率的变化尚难确定。因为此时，增发债券对汇率的影响具有两重性：一方面，由于该国财富持有人为了维持资产结构的平衡而扩大对外国债券的需求，引起对外币需求的增加，从而使该国货币汇率下跌；另一方面，由于该国国内金融市场的利率会提高，这又可能降低外国债券的吸引力，减少人们对外币的需求。如果后者的影响力大于前者，则该国货币的汇率就会上升。反之，则下跌。

资产结构平衡论综合了传统的和货币主义汇率理论的分析方法，一方面承认经常项目的失衡会影响汇率，另一方面也承认两国货币供应增长率的差异会影响汇率，这种理论上的探索具有一定开拓意义。该理论提出了一些较为现实的假设，认为本国资产与外国资产之间存在着“高度的替代性”，但不是完全的替代性。另外，该理论较符合20世纪70年代以来的实际经济生活，的确，选择和持有本国或外国金融资产的数量，在任何时候都远远超过经常项目的规模，所以在短期内，汇率要反映资产市场的均衡情形。

但该理论认为经常项目对汇率的影响只是通过资产组合变动而导致，忽略了购买力平价和国际贸易量的作用。此外，它忽视了汇率变动趋势对资产实际收益的影响。

基本概念：

外汇　外汇汇率　直接标价法　间接标价法　升（贴）水　基本汇率　套算汇率　即期汇率　远期汇率　黄金输送点　外汇风险　远期外汇交易　外汇期货交易　外汇期权交易

思考题：

1. 国际经济中的货币，其作用与一般国内经济中的货币有何差别？

2. 汇率及其标价方法？

3. 决定和影响汇率变动的主要因素是什么？

4. 汇率变动对一国经济有何影响？

5. 马歇尔-勒纳条件的含义及其经济意义是什么？

6. 防范或减少外汇风险的原则方法，从签订交易合同的角度主要包含哪些内容？

7. 防范或减少外汇风险的原则方法，从借助外汇市场操作的角度主要包含哪些工具？

8. 均摊损益条款计算公式及其应用有哪些？

9. 购买力平价说的主要内容及简要评介是什么？

10. 试述国际借贷说、汇兑心理说、资产组合说汇率理论等外汇汇率理论。

12. 试运用有关汇率理论，分析近几年来人民币兑西方主要货币汇率的走势及主要原因？

网络资源：

The basics of the foreign exchange market in the United States can be found at：

http：//www. newyorkfed. org/education/addpub/usfxm/chap2. pdf

Data on exchange rates by country and region, cross-rates, and the ability to calculate the exchange rate between any two currencies can be found at：

http：//www. x-rates. com/

The monthly trade-weighted exchange rate of the dollar, as well as data on U. S. interest rates, can be obtained by clicking, respectively, on "Exchange Rates" and "Interest Rates" (for covered interest arbitrage) on the Federal Reserve Bank of St. Louis website at：

http：//research. stlouisfed. org/fred2

For the internationalization of therenminbi, see：

http：//www. bis. org/repofficepubl/arpresearch200903. 05. pdf

http：//www. citibank. com/transactionservices/home/corporations/docs/rmb. pdf

http：//www. jpmorgan. com/tss/General/ChinaInternationalization _ of _ RMB/1288220029583

The carry trade is examined at：

http：//www. babypips. com/school/what-is-carry-trade. html

http：//www. fxwords. com/c/carry-trade. htm

http：//www. moneyweek. com/investments/why-is-the-carry-trade-so-dangerous

Data on the exchange rate of the dollar, and interest rates, money supply, and inflation rate in the United States are found on the Federal Reserve Bank of St. Louis web site at：

http: //www. research. stlouisfed. org/fred

Data on the exchange rates, interest rates, money supply, and inflation rates for most countries are found by following the links to the various countries' central banks on the web site of the Bank for International Settlement at:

http: //www. bis. org

For a wide variety of global financial indexes on exchange rates, interest rates, inflation rates, and nominal and real GDP, see the MIT web site at:

http: //eh. net/hmit

第五章　国际收支

国际收支是国际经济领域中的一个重要课题，它常被作为国际金融研究的起点来看待，因为在国际经济关系中，国与国之间经济、贸易、政治、文化和科技等方面的往来，通常都会引起相互间的债权债务关系以及国际货币收支关系。例如，商品的进出口、劳务的进出口、长短期资本的流动等都会引起国际间的货币收支，从而产生国际收支问题。本章着重介绍与论述：什么是国际收支；什么是国际收支平衡表；国际收支平衡表的基本账户有哪些；国际收支的差额结构；国际收支平衡的含义；国际收支平衡的标准；国际收支失衡的原因；国际收支失衡对一国经济的影响；以及国际收支失衡的调节，最后对国际收支调节理论作了较为详尽的介绍及评述。

第一节　国际收支的概念

各国对自己的国际收支都特别重视，都希望保持有利于自己的国际收支，因此，学习国际收支的有关知识就显得特别重要。本节主要介绍国际收支与国际收支平衡表的一些基本概念，为以后分析国际收支打下基础。

一、国际收支与国际收支平衡表

1. 国际收支的含义

国际收支（Balance of Payments）是指一定时期内一国居民与外国居民之间的全部经济交易（Economic Transaction）的收入和支出。这里的“一定时期”一般是指一年，居居（Resident）是和非居民（Nonresident）相对的概念，“居民”既可以是自然人，也可以是政府机构或法人。自然人属于哪国居民不以他们的国籍为依据，而是以下列原则来确定：首先身在国外且代表本国政府的个人（包括军队）一般作为所代表的国家之居民。他们在当地购买商品和劳务都要记入两国的国际收支中；其次身在国外而不代表政府的个人，属于哪国居民只能依他收入的主要来源而定。收入主要来源于哪国属于哪国居民。如仍无法判断，就以其工作地作为判断标准。所有派驻国外的政府机构，无论其国外时间长短都属本国的居民。就法人组织而言，它在哪国成立、注册就属哪国居民，但它在国外的分支机构和分公司属于国外居民，因此，跨国公司的内部贸易只要是跨国界的贸易都属国际贸易，交易形成的货币收支应计入两个有关国家的国际收支账户上。反之，不符合上述定义或条件的自然人、政府机构、法人和社会团体则是一国的非居民，一些国际性机构，如在美国的联合国、国际货币基金组织、世界银行等，不是美国的居民。经济交易是指一国居民与外国居民间的商品和资本所有权的交换，以及不需要偿还的单方面转移。

在《国际收支手册》第5版上，国际货币基金组织为了便于各成员国家向它报道国际交易的数据，对国际收支作了如下规定："国际收支是一种统计报表，它系统地记录了在特定时间内一经济体（An Economy）与世界其他地方的各项经济交易。大部分交易是在居民和非居民之间进行，包括货物、服务和收入，对世界其他地方的金融债权和债务的交易以及转移项目（如礼赠）① 从会计意义上讲，需要建立对销项目以平衡单方面交易②。交易定义为一项经济流量（Flow），它反应了价值产生、转化、转换或消失并涉及到货物或金融资产所有权的变更，服务的提供或劳务及资本的提供。"

2. 国际收支平衡表的含义

国际收支平衡表（Balance of Payments Statement）是一国居民和外国居民之间在一定时期内一切经济交易的综合收支记录。国际收支平衡表是按复式记账法编制的，每笔交易都会产生金额相等的借方（Debit）和贷方（Credit）两笔记录。借方是负号项目（Minus Items），贷方是正号项目（Plus Items），任何导致对外国人进行支付或外汇需求的交易，即资产增加，负债减少，都记入借方；任何导致从外国人那里获得收入或外汇供给的交易，即资产减少，负债增加都记录贷方。每一笔国际交易都自动进入国际收支平衡表两次，之所以正确是因为每一笔交易都有两个方面：一方面是交易的买方付钱给卖方；另一方面是交易的卖方将这笔钱花掉或存起来。

3. 个别交易记录实例分析

案例1：你从美国一家公司进口价值8 000千万元（人民币）的计算机。由于你的购买导致对外支付，这笔交易便在中国国际收支平衡表经常项目的借方记录-8 000千万元人民币，但用以抵销这笔支付的贷方是什么？这笔交易的另一方面是，这家美国公司在中国的销售商得到你的支付（支票、信用卡），它必须对这笔收入进行处理，如果它把这笔收入存入中国银行，则这家美国公司购入了中国资产——价值8 000千万元人民币的中国银行存款，它记入中国国际收支平衡表资产项目的贷方。这笔交易在中国国际收支平衡表上产生了如下两个互相冲抵的复式记录：

	借方	贷方
商品进口 ——购买计算机（经常项目，中国商品进口）	-8 000千万元（人民币）	
短期资本流入（资本项目，中国资产出口）		+8 000千万元（人民币）

---

① 不属于居民/非居民范畴内的国际收支交易有居民部门之间可转让的金融资产的交换，以及程度更低的非居民之间可转让的国外金融负债的交换。

② 本手册中的国际账户的定义、分类的目的是帮助向基金组织报送国际贸易数据，这些定义和分类并不存在解释或实施基金组织协定的有关条款（这些条款涉及上述交易，官方采取行动或不采取行动的法律特点）。

案例 2：假如你到新加坡旅游，在旅行、食宿方面花费了 10 万人民币。你的支付，即旅游花销，将被视为中国的劳务进口而记录经常项目的借方，相应的贷方呢？你的信用卡签单会成为新加坡有关债权人（餐馆、宾馆）在中国银行的人民币权利（实际上是以本地货币折合成的人民币数额），这是一项资产。于是使用信用卡支付你的在新加坡的旅行费时，你就出售了一笔资产给新加坡，从而在中国的资本项目贷方增加了 10 万元人民币。即：

	借方	贷方
从国外购买劳务（经常项目）	−10 万元人民币	
短期资本流入 ——（出售中国银行的支付要求权）		+10 万元人民币

案例 3：假如你购买了 3 万人民币的微软公司股票，从中国的角度看，购买美国公司股票增加了中国在国外（美国）的长期投资，是一种长期资本流出，应计入借方。另外，还导致美国在中国银行中的存款增加，对中国来说，这又是一种短期资本流入，应计入贷方。即

	借方	贷方
长期资本流出	−3 万人民币	
短期资本流入		+3 万元人民币

上述各个例子都显示出，一笔交易产生后，会根据具体情况以许多不同的方式在国际收支账户上冲抵。我们不能确定每一笔特定交易的对应交易会发生在什么地方，但我们知道它一定会在国际收支账户的某一处出现。

二、国际收支平衡表的基本账户

各国在国际收支平衡表账户设置上有众多的细微差别，这里采用国际货币基金组织的规定，将国际收支平衡表分为三大账户：经常账户、资本账户和平衡账户。

1. 经常账户（Current Account）经常账户是国际收支平衡表中最基本的账户。根据国际货币基金组织的规定，经常账户记录涉及商品进出口、服务进出口、单方面转移、要素收益等项国际交易。

（1）商品进出口。商品进出口是实体物品（Physical Goods）的买卖，因而是有形的，所以有时也被称为“有形贸易”（Visible Trade）。按照国际货币基金组织规定，商品的进口和出口以各国的海关统计为准，而且都按离岸价格（FOB，Free on Board）计价，进出口的商品主要包括食品、原料、燃料等初级产品（Primary Goods）和金属制品、化工产品、机器设备、电子产品、纺织服装等工业制成品（Manufactured Goods）、非货币黄金。

（2）劳务进出口（Services Trade），亦称为无形贸易（Invisible Trade），其内容很

多，包括运输、旅游、通讯、建筑、保险、金融、广告、计算机和信息服务，以及其他商业服务、个人、文化和娱乐服务，另处包括政府服务（如大使馆、领事馆开支、国际性、地区性组织服务）等，也包括专利权、商标权、版权、特许权转让，还包括投资收益（利息、股息、利润）、租金以及国际货币基金的手续费、国际复兴开发银行的借贷利息、民间团体和企业长驻机构的费用，互派留学生、代表团的费用等的国际收支。其中，劳务收入，投资收益、技术转让费、特许使用费以及租金等是要素收益（Factors Income），对外投资收入之所以归入经常项目，是因为这部分收入可以看成是对外投资所提供的服务所获的补偿。

（3）单方面转移（Unrequired Transfer），这里的单方是指无偿的意思，单方面转移就无偿取得或无偿提供财富，即实物资产或金融资产的所有权在国际间不需要偿还的转移。它包括私人单方面转移和官方单方面转移，私人单方面转移主要有年金、侨民汇款、赠与、奖学金、财产继承等，官方单方面转移主要有无偿援助、外债豁免、战争赔款、捐赠等，本国提供或取得其他官方机构及国际经济组织的无偿让款。特别要注意的是，无偿军援部分不包括在单方转移中，而是放在劳务收支项目之中。这些单方面转移表示国内与国外居民之间收入的再分配，单方面对外支付可看作是国内收入的减少，所以记入借方；单方面从国外获得的收入可看作是国内收入的增加，所以记入贷方。

2. 资本账户（Capital Account）记录一国居民在一定期间内对外金融资产和负债的变动。对外金融资产和负债的变动是指短期资本和长期资本的流动。

⑴短期资本（Short Term Capital）流动，是指期限在一年或一年以下的资本的流出或流入。主要包括：①银行间短期资本的流动，即各国银行间短期资金拆放，营业头寸调拨等；②贸易性短期资本的流动，即由国际贸易引起的短期融资及其结算；③保值性资本流动，即逃避外汇管制和货币贬值风险的资本外逃；④套汇、套利、抵补、保值等外汇买卖，以及利用货币危机或某些政治事件冲击黄金、外汇市场谋取利益等活动而引起的短期的资本流动。

⑵长期资本（Long Term Capital）流动，是期限在一年以上或未规定期限（如股票）的资本流出或流入。长期资本流动的形式可分为三种：①直接投资，即一国居民以获得外国的企业经营权为目的而进行的投资，它包括本国居民在外国投资建厂，本国的国外企业获得的利润在当地的再投资，跨国公司在国外设立子公司等；②证券投资，指购买外国公司股票和长期债券，以获得经营收益。但拥有外国企业的股权达到一定的比例时，就作为直接投资；③国际贷款，包括企业、政府和国际金融机构所提供的中长期商业性贷款。但是，国际货币基金组织的贷款列入储备项目，不属于资本流动项目。

由于经常账户和资本账户缺乏自动平衡功能，两者的综合收支经常处于不平衡的状态，为了弥补这一经常存在的差额，需要一种与经常账户和资本账户相辅相成的平衡账户。

3. 平衡账户（Balancing Account）

前述两个账户所记录的内容，是一国居民出于经济目的或其他动机进行的国际经济交易，他们被称为自主性交易（Autonomous Transaction）。当自主性交易的借方总额与贷方总额不一致时，就需要通过某种途径来实现平衡。以实现国际收支平衡为目的的交易被称为调节性交易（Regulative Transaction）。为此，国际收支平衡表中专门设立了平衡项目账户，它的内容包括两个项目：

（1）官方储备交易

它记录一国金融当局在一定时期内为平衡经常项目、资本项目，而动用官方储备的数额，它等于官方对外国官方债权债务的变化。官方储备是一国金融当局用于平衡国际收支，调节汇率，干预国际金融市场的资产。

官方储备包括四个部分：①货币化黄金，即一国官方机构持有的作为金融资产使用的黄金，它与其他经济实体所使用的黄金不同；②特别提款权，它是国际货币基金组织所发行一种记账单位，根据成员国在基金组织中缴纳份额的比例分配给成员国；③外汇，它是指国家货币当局持有外汇资产；④在国际货币基金组织的储备头寸，它是指成员国在基金组织的份额和贷款安排下对基金组织负债的总和。

当经常项目与资本项目相抵仍有差额时，往往通过官方储备的增减变动来加以调节，以达到平衡。由于官方储备的增减变化是为了平衡上述两个项目的差额，因此，官方储备的增加反映在国际收支平衡表的借方（负号项目），反之，官方储备的减少反映在贷方（正号项目）。

（2）错误与遗漏（Errors and Omissions）

错误与遗漏是指用于扎平国际收支平衡表中借贷方总额而人为设计的平衡项目。按照复式记账原理，国际收支平衡表中的借贷双方净额应该等于零。但现实中并非如此，原因是：①在统计国际收支有关数据时可能发生遗漏。一国不可能把国内外居民之间的一切交易活动都记录下来，商品走私、民间货币收付、携带现金出入境、军火的贩运、洗钱等都是官方难以控制的经济交易；②许多统计数字是从不同来源中选择计算出来，资料来源和口径不同，也会造成误差。比如，商品进出口由海关呈报，而与之相对的货币收付则由银行呈报，自然会产生报告时间、报告范围和数据精确度等方面的差异；③为了避税，资本项目中的一些交易活动都有少报现象；④一些不诚实的企业自动少报出口发票而多报进口发票，人为地缩减其利润；⑤发生超前滞后现象，这种现象在延期付款或预付货款的贸易中时有发生，货款预付后，这笔交易在银行中便有了记录，从而增加了本期的贷方数额，而海关要到下一期商品入关时才会将该笔交易记录下来，从而增加了下一期国际收支中的借方数额。同样的，资本项目也会产生类似的问题。当官方统计结果借方大于贷方时，两者之间的差额就记在错误与遗漏项目的贷方，前面加“+”号；官方统计结果贷方大于借方时，两者之间的差额就记在借方，前面加“-”号。

4. 国际收支平衡表的格式

以下是国际收支平衡表的一种式样：

项目	借方	贷方
A. 商品和劳务		
①商品	(-)	(+)
②劳务	(-)	(+)
B. 单方面转移		
①私人汇款和馈赠	(-)	(+)
②政府转移	(-)	(+)
C. 长期资本		
①私人直接投资	(-)	(+)
②其他私人投资 (-)	(+)	
③政府（官方）资本	(-)	(+)
D. 短期资本（非货币）		
局部总额（A-D）	(-)	(+)
E. 官方储备资产和负债		
①短期官方资本	(-)	(+)
②货币黄金	(-)	(+)
③特别提款权和其他储备资产	(-)	(+)
局部总额 E	(-)	(+)
全部总额（A-E）	(-)	(+)

说明：

1. 下面的一些交易活动，在国际收支平衡表中可记入借方：(1) 从国外得到商品和劳务（A_{1-2}）；(2) 对国外提供馈赠或转移（B_{1-2}）；(3) 从国外获得资产或（对外负债减少）（C_{1-3}，D，E_{1-3}）。

2. 下列的一些交易活动在国际收支平衡表中可记入贷方：(1) 对国外提供商品和劳务（A_{1-2}）；(2) 从国外获得馈赠或转移（B_{1-2}）；(3) 放弃资产给外国居民（或对外负债的增长）（C_{1-3}，D，E_{1-3}）。

5. 国际收支的差额结构

为了了解不同交易项目的收支平衡状况，各国编制了下面五种收支差额的统计数字。

(1) 贸易收支差额

贸易收支差额即进出口收支差额，它是指一定时期内一国商品出口总额与进口总额之差。如果出口大于进口，则称贸易收支顺差；如果进口大于出口，则称贸易收支逆差，如果出口等于进口，则称为贸易收支平衡。贸易收支差额在许多经济类许多刊物上都能看到，例如英国出版的经济学家杂志每个月都公布有关国家贸易收支情况的数据。中国的《中国对外贸易》杂志也公布了有关中国贸易收支的状况的数字。

（2）经常项目收支差额

经常项目收支差额是指一定时期内一国出口商品、劳务和单方面转移项目上的贷方总额与同期进口商品、劳务和单方面转移的借方总额之差。当贷方总值大于借方总值时，经常项目收支为顺差，反之则为经常项目收支逆差。经常项目收支差额国际收支平衡表中最重要的收支差额。如果经常项目收支是顺差，则意味着由于有商品、劳务和单方面转移的贷方净额，该国的国外资产净额增加；反之，如果经常项目收支是逆差，则意味着该国有商品、劳务和单方面转移的借方净额，即该国利用了其他国家的商品和劳务，这对加快经济成长是有利的。国际货币基金组织特别重视各国经常项目收支，虽然经常项目收支不代表全部国际收支状况，但它综合了一国的进出口状况（包括劳务、保险、运输等无形进出口），因而被广泛使用，并被当做是制定国际收支政策和产业政策的重要依据。

（3）基本收支差额

基本收支差额是指一定时期内经常项目与长期资本项目借方总额与贷方总额的差额。由于经常项目差额和长期资本流动主要受该国生产率长期变化、生产要素的有效配置、消费者偏好以及预期资本利润率等基本经济因素的影响。因此，基本收支是一国国际收支的长期趋势。基本收支逆差表示一国国际收支有长期恶化的趋势，顺差则表示该国的国际收支有长期加强的趋势。正因为这样，基本收支便成为许多国家，尤其是那些长期资本进出规模较大的国家观察和判断其国际收支状况的重要指标。

（4）官方结算差额

在基本差额基础上加进短期资本流动差额，就是一国的官方结算差额。贸易收支差额，经常项目收支差额、基本收支差额和官方结算差额都是自主性交易形成的结果，特别是官方结算差额，如果它为正，说明该国在自主性交易中存在净余额，亦即该国居民在对外经济交往中形成的外汇供给，在总量上是超过了对外汇的需求。因此，官方结算差额可以作为一个全面分析国际收支状况的指标，尤其是对那些金融市场发达、国内金融市场和国际金融市场紧密的国家更为重要。

（5）综合差额

在官方结算差额的基础上加进官方借贷差额就构成了综合差额，官方结算差额由官方的短期借贷和储备变动来予以平衡，也即当官方借贷仍不能平衡官方结算差额时，就需要使用储备来实现平衡，从这个意义上说，综合差额象征着一国储备资产的增减。

以上五种差额分别从不同的侧面衡量了一国的国际收支状况，人们可以根据不同的目的，所要分析问题的不同，选择和使用某个指标。例如，在分析早期时代各国的国际收支状况时，贸易差额应当是最重要的，因为那时资本跨国流动的规模小，而对当今许多国家来说，国际资本流动在国际收支中的比重相当高，要分析变化的原因，恐怕采用基本差额更加合理一些。

第二节 国际收支的平衡与失衡

国际收支的平衡与失衡是国际收支的两种表现形态。国际收支的平衡有多种含义，判断一国的国际收支是否平衡有四个标准。国际收支的失衡是绝对的，也就是就是说国际收支失衡是正常的，但是不管国际收支是长期大幅度的顺差或是逆差，都会对该国的经济甚至世界经济产生不利的影响，因此，搞清国际收支失衡就显得特别重要。

一、国际收支平衡的含义

在一个开放的经济中，国际收支平衡是整个宏观经济均衡的重要组成部分，国际收支的平衡对整个宏观经济的均衡发展有着深刻的影响，按照复式记账原则，国际收支平衡表上借贷双方总额是相等的，但为什么又会出现国际收支恶化、国际收支失衡的问题呢？这主要是因为国际收支平衡有几种不同的含义。

1. 主动平衡与被动平衡

据交易目的和交易主体的不同，各种国际经济交易活动，可以分为自主性交易和调节性交易。当一国自主性交易产生的外汇需求大于外汇供给时，为平衡供求，金融当局就需动用本国的黄金、外汇等官方储备或通过外国中央银行、国际金融机构融通资金以弥补自主性交易带来的收支差额。错误与遗漏也是调整项目，它可以使国际收支平衡表最终在账面上达到平衡。由此可见，国际收支的账面平衡是通过调节性交易来实现的，这种平衡被称为被动平衡，真正能反映国际收支状况的是自主性交易项目，因此在自主性交易收支均衡基础上的国际收支平衡，被称为自主平衡。这种平衡没有调节性交易的弥补，它是国际经济交易中各种自主性交易自动产生的结果。

2. 数额平衡与内容平衡

一国国际收支在数额上的平衡，即使是主动平衡也只能说是表面上的平衡，因为这种平衡未必对本国经济有利，考察一国国际收支平衡还必须分析这个国家对外经济交易的内容。如果输出的货物是对本国财政经济都有利的交易，而输入货物并不妨碍本国生产事业的发展，这才是内容上平衡；如果出口货物是国内经济发展所短缺的，进口货物都会明显对本国幼稚产业起打击作用，则这样的平衡就不是内容上平衡或真正的平衡，资本的输出、输入也是这样，以上两种含义的国际收支平衡分别从不同的角度强调了各自的重点。

二、国际收支平衡的标准

国际收支平衡不是一个收与支数量相等的数字概念，而是涉及面广，一个与宏观经济、资本流动、货币汇率、国际储备等有密切关系的综合经济概念。一般来讲，判断一国的国际收支是否平衡有以下四个标准：

（1）如果一国经常项目差额可以由正常的资本流动来弥补，货币汇率基本稳定，外汇储备水平能维持2~3个月进口需要，那么这个国家的国际收支就达到了平衡。

（2）一国的国际收支平衡不能仅以一时的或短期的差额为标准，而应着眼于长期，因为影响一国国际收支差额的因素是多方面的，其中一些因素只能起暂时作用，只有在分析较长时期起作用的因素后才能准确地判断国际收支是否平衡：在一个较长时期的国际收支顺差中，并不排除特殊经济发展阶段具体年份的逆差；反之亦然。

（3）国际收支平衡不是一个静态的概念，而是一个动态的概念。静态的平衡是某一时点的存量的均衡，动态的平衡是一定时期流量的均衡。国际收支平衡应看作是在经常项目差额、资本净流量与外汇储备的合理增长中，在从一个时期到另一个时期的运动达到和谐一致。

（4）国际收支平衡不是局部的均衡，而应是一般均衡，即国际收支是否平衡不能仅就国际收支各项目的数量关系而言，而应就国际收支与国内主要宏观经济变量（收入与支出、储备与投资）关系而言，国际收支各组成部分与国内主要宏观经济变量是相互影响的，因此，国际收支平衡存在着究竟是高水平的平衡还是低水平平衡的问题。如果为了达到国际收支平衡而抑制了国内经济的发展，那么，这只是低水平的国际收支平衡，是以牺牲国内平衡为代价的国际收支平衡，只有在国内平衡与国际收支平衡相互作用、相互促进下的均衡，才是高水平的国际收支平衡。

三、国际收支失衡的原因

国际收支无论出现顺差或逆差都是失衡的表现，国际收支的平衡是相对的，失衡是绝对的，也就是就是说国际收支失衡是正常的，但是如果一国国际收支长期大幅度的顺差或逆差，则会对该国经济，甚至世界经济产生不利的影响。

国际收支持续大量逆差对经济发展的不利影响主要表现在以下三个方面：①使本国积累的对外负债超过本国的支付能力，从而引起偿还外债的困难，甚至出现债务危机。②耗尽一国的国际储备，金融实力减弱，本币汇率下降，损害该国在国际上的信誉和地位。③由于出口收汇主要用于还本付息，国民经济的增长必然受到影响，因为无力进口本国经济发展所需的生产要素。

国际收支持续大量顺差对经济发展的不利影响也主要表现在三个方面：①国内总供给与总需求平衡遭到破坏，持续大量的顺差意味着出口大于进口，这对某些资源型出口国来说意味着国内的经济资源的掠夺性开采。②增大本国的外汇供给，在外汇需求一定的情况下，外汇供给大于需求会使本币汇率上升，也使国内基础货币的供给增大。前者不利于商品的出口，后者则会增加通货膨胀的压力。③一国国际收支顺差就是主要贸易伙伴国其他国家的逆差，如果顺差国不采取必要的措施缩减顺差，必然引起国际摩擦，不利于国际经济发展。

导致国际收支失衡的原因是多方面的，既有客观的，又有主观的；既有内部的，又有外部的；既有经济的又有非经济的；既有经济发展阶段的，又有经济结构的。而且这些因素往往不是单独而是混合地发生作用。这里列举几个：

1. 周期性失衡

即经济的周期性波动引起的国际收支失衡。在经济衰退阶段，居民的收入减少，有效需求不足，从而导致进口减少。在出口量保持不变的情况下，该国的国际收支可能趋于顺差。相反，在经济景气阶段，随着居民收入水平的上升，有效需求增加，从而导致进口需求扩张，同时，部分出口产品转向内销，由此可能引起国际收支逆差。资本流动也会明显地受到经济周期的影响，通常是当一国经济处于萧条时期时资本的流出会增多，而在经济景气时期，由于人们看护好前景，而导致资本大规模流入。在各国经济联系日益密切的当今，这种由经济周期的循环使经济条件发生变化从而引起国际收支失衡的现象会不时地出现。主要发达国家的经济周期必然影响到其他国家的生产、消费和国际收支，而且传播的速度快，影响的程度加深。

2. 结构性失衡

即一国产业结构同国际分工失调引起的国际收支失衡，也就是当国际经济结构发生变化，而一国产业结构不能适应这种变化所引起的国际收支失衡。

通常，一国的产业结构决定着该国的进出口商品结构，因为产业结构是影响进出口商品结构层次和优化程度的最直接、最重要的因素。很显然，如果一国的产业结构不能适应世界商品供给结构和需求结构的变化，该国就可能出现出口减少，进口增加，从而导致国际收支逆差或逆差加大；反之，就会出现国际收支顺差或顺差加大。例如，许多发展中国家出口以初级产品为主，进口以制成品为主，近几十年来，由于国际市场上制成口价格大幅度上扬，而初级产品价格增长相对缓慢，导致这些国家贸易条件恶化，从而引起国际收支的失衡。

应当看到，在当代国际分工中，任何一个国家都难以享有永恒的比较利益，关键在于及时地对国内经济结构进行及时的调整，以适应世界经济发展的需要。

3. 货币性失衡

货币性失衡又称为价格性失衡，是指在汇率一定的条件下，由于通货膨胀或通货紧缩而引起的国际收支失衡。币值（货币购买力）的变动是导致国际收支失衡的直接原因，不管造成这种变动的原因是实物性原因还是货币供应本身。

如果一个国家在一定时期内货币增长过快、导致商品成本和物价水平相对地高于其他国家，必然导致出口下降，进口增加，国际收支发生逆差；反之，如果通货紧缩，一国物价水平普遍低于其他国家，则会发生相反情况，从而使该国的国际收支出现顺差。在资本流动上，一国发生通货膨胀，对资本流入存在不利的影响，而对资本流出起着鼓励作用，反之亦然。

4. 收入性失衡

收入性失衡是指由国民收入及其变动引起的国际收支失衡。一般说来，一国国民收支水平较其他国家高或经济增长引起国民收入增加，会增加对国外的商品、劳务的需求和对外投资，从而引起国际收支逆差。反之，国际收支则会出现顺差。

然而，一国国民收入的变化是否会引起对国外的商品、劳务和投资的变化，要取决于以下两个条件：

（1）该国的对外经济政策，如果该国采取鼓励出口、限制进口的外贸政策和汇率政策，则该国国民收入虽然较高或在增加，并不会使该国国际收支呈现逆差，反而出现顺差。相反，一国民收入水平虽然低下或在下降，但可能因不恰当的国内经济政策、外贸政策和汇率政策而导致国际收支逆差。

（2）进出口商品的价格和收入弹性。在各国相对价格水平不变，各国的进口商品的需求价格弹性较大，进口商品需求收入弹性为正且大致相等时，一国国民收入较高或增长率较大，则会导致该国国际收支恶化。

5. 贸易竞争性失衡

贸易竞争性失衡指由于一国商品缺乏国际竞争力所引起的失衡。一国商品国际竞争力强，在一些重要出口商品市场占据优势，是其国际收支是保持顺差的基础。反之，一国商品国际竞争力弱，光靠降低汇率，搞贸易保护等，并不能从根本上改善国际收支状况。

6. 过度债务性失衡

过度债务性失衡是指有些发展中国家在发展民族经济过程中，违背了量力而行的原则，借入大量外债，超过了自身的承受能力，而有些发达国家实施高利率政策和保护主义措施，结果使发展中国家贸易条件进一步恶化，国际收支逆差不断扩大。

7. 其他因素

如由于生产、消费的季节性原因而引起的季节性失衡；由无规律的自然灾害、洪水、地震导致出口猛降和进口剧增引起的偶然性失衡；长期持续地对外进行直接投资，外汇管制下汇率确定失当等引起的国际收支不平衡，尤其是在国际金融市场上，存在着数额巨大的游资，追逐高利润的本性诱使它们在各国间频繁进出，一国货币持有者在国内政府动荡不稳或其他偶然性因素可能导致该国货币贬值时，将该国货币兑换成其他外币存入外国银行、投机或资本外逃行为都可以迅速地减少一国官方储备，影响该国的国际收支，有时甚至可能引发国际支付困难，短期资本流动的加快是现代经济的一种突出现象，它具有规模大、速度快、事发突然等特点，有时会成为一国国际收支失衡的直接诱因。

当然，以上几方面原因不是截然分开的，任何只从某一个角度去分析国际收支失衡的原因都是不充分的、不全面的。而且，必然注意到：

（1）固定汇率制度下的国际收支失衡不同于浮动汇率制度下的国际收支失衡。在固定汇率制度下，由于汇率是相对稳定的，因而影响国际收支失衡的原因不是汇率，而是国民收入水平和进出口对收入的依赖性。而在浮动汇率制下，国际收支状况在很大程度上与汇率水平有关。

（2）发达国家和发展中国家的国际收支失衡的原因和表现形式不同。前者的主要原因是经济周期，后者的主要原因是经济结构，同时也受到前者周期的影响。

四、国际收支失衡对一国经济的影响

在一个开放的经济中，国际收支平衡是整个宏观经济均衡的重要组成部分。宏观

经济均衡决定了其对内经济的均衡发展，而国际收支的均衡决定了其对外经济的均衡发展，国际收支均衡与否对宏观经济均衡发展有着深刻的影响。

国际收支均衡（平衡）状况对外汇市上供求关系会产生直接的影响，进而影响到国内的总供给和总需求。从货币供求的角度看，国际收支记录的外币收付实际上反映了外汇供求的变化过程。因此，从原则上讲，国际收支的经常项目、资本项目贷方所记录的是以外币标价的国际交易，表现为外币的供给。同样，他们借方项目所记录的交易表现为对外币的需求。所以说，国际间外汇的供求最终是由各国国际收支差额决定的。当一国国际收支为顺差时，外汇供给大于对外汇的需求；当国际收支为逆差时，外汇供给小于对外币的需求。外汇供求的这种此消彼长的关系造成了汇率升降，从而影响到该国商品的进出口和国内总供求。

此外，国际收支平衡状况是一个动态的过程，今年的国际收支可能影响到一国明年的贸易和收支，甚至影响到下一年的经济发展。

经常账户与经济增长案例　经常账户的赤字会减少美国的就业机会吗?

近几年，美国经常账户的大量赤字使人们开始担心，美国的就业机会会因此而减少。随着亚洲国家低成本产品的进口，美国国内市场的竞争越来越激烈，美国公司面临着解雇工人的压力。由于美元坚挺，福特公司在海外汽车市场的价格上升，销量下降。别的出口商也面临这样的问题，因此它们也开始裁员。最后，1997—1998 年的亚洲金融危机减少了对美国商品的需求，这也使波音公司等出口导向型企业的就业机会受到了影响。人们除了担心经常账户赤字会对就业造成影响之外，还害怕美国公司会为了利用国外的低劳动力成本而关闭国内工厂，将生产活动转到其他国家。

然而，虽然人们担心进出口的变动会使美国的就业机会减少，但就业统计数据显示，经常账户赤字和低就业率之间并没有必然联系。在 20 世纪 90 年代，失业率稳步下降，1998 年达到 25 年来的最低水平，而经常账户的赤字量却不断攀升。那么，人们担心国际贸易会减少美国的就业机会会是杞人忧天吗?

【案例来源】罗伯特·J. 凯伯. 国际经济学［M］. 原毅军，陈艳莹，等译. 北京：机械工业出版社，2005.

第三节　国际收支失衡的调节

国际收支失衡的调节包括两个方面，即市场机制对国际收支失衡的自动调节和政府可能采取的政策引导措施。

一、国际收支失衡的自动调节

国际收支失衡的自动调节是指由市场这只“无形的手”来实现的国际收支调节，即在政府没有干预的情况下，由市场经济中的其他变量与国际收支相互作用和相互影响来实现的国际收支调节。一国的国际收支失衡必然引起其他经济变量的变化，而后者反过来又会引起国际收支失衡的缩小。通常，国际收支的失衡会引起汇率、物价、国民收入、利率的变化，而后者的变化又会改变国际收支的失衡。

1. 国际收支与汇率变动

国际收支是影响汇率变动的实际经济因素之一。现实经济生活中，人们对汇率的预期和资本流动的决策等，都要把国际收支状况作为主要的考虑因素；另一方面当汇率发生变动时，不仅一国商品的进出口、服务的贸易会受到显著的影响，而且资本的跨国流动也会出现大规模的变化。比如，当本币汇率下跌时，会使外国金融资产的价格相对提高，从而对本国金融资产的需求会相对上升、对外国金融资产的需求会相对下降，国际收支会因此得到改善。

2. 国际收支与物价变化

英国的经济学家大卫·休谟最早注意到物价变化同国际收支状况之间的关联，他于1752年提出了有名的“物价-铸币流动机制”。休谟指出，在国际金本位制度下，各国的国际收支失衡会通过价格水平的变化而自动地得到调整。这是因为每一个国家的货币供给是以黄金本身或以黄金为基础的纸币构成的。在黄金自由进出口的情况下，如果某个国家的国际收支出现了逆差，就会导致黄金外流，结果是该国货币供应量减少，物价水平下降，该国的出口商品竞争力增强，对进口商品的需求减少，进而在对外贸易方面形成顺差，改变赤字状况；反之，如果某个国家的国际收支存在顺差，就会导致黄金流入，结果是国内的物价水平升高，出口商品的竞争力下降，进口商品的数量增多，导致在对外贸易方面形成逆差，逐步地消耗掉国际收支的盈余。总之，在严格的金本位制下，任何国家都不会长期处于国际收支的顺差或逆差状况之中。

在当代，价格变化对国际收支状况仍然存在重要的影响。当一国出现国际收支逆差时（顺差情况正好相反），意味着对外支出大于收入，货币外流（基础货币减少，从而减少了社会的货币量），物价下降，同时该国的货币会贬值，即汇率上浮，由此引起本国出口商品价格相对下降，进口商品价格相对上升，从而使出口增加，进口减少，贸易收支得到改善。

3. 国际收支与国民收入水平

当一国国际收支发生逆差时，表明国民收入水平下降。国民收入水平下降导致社会总需求、进口需求下降，从而贸易收支得到改善。国民降收入水平下降不仅能改善贸易收支，而且也能改善经常项目收支和资本项目收支。因为国民收入水平下降会使对外国劳务和金融资产的需求都程度不同的有所下降，从而使整个国际收支得到改善。值得注意的是，国民收入变动对国际收支的影响是“不完全的”，它很可能在国际收入完全恢复平衡以前就不再起作用，而不象“物价-铸币流动机制”那样会消除国际收支的失衡。

4. 国际收支与利率变化

一国的国际收支出现顺差，表明该国银行所持有的外币存款和其他外国资产增多，负债减少，因此产生银行信用膨胀，国内金融市场银行银根趋于松动，利率水平逐渐下降。利率下降会引起本国资本外流，同时，也阻止外国资本内流，于是在资本账户中净差额减少，国际收支的顺差也会减少；相反，一国的国际收支出现逆差，即表明该国银行所持有的外国货币和其他外国资产减少，而负债增多，于是该国信用会出现紧缩，银根也会相应地趋于紧张，利率也会随着市场供求关系的变化而上升。利率上升必须会导致本国资本不再外流，同时，外国资本也纷纷流入本国谋求高利。因此，资本账户的逆差就会向顺差方向转化。

以上是国际收支与各种经济变量，在没有政府干预的情况下，实现的国际收支调节，这种调节是一种基于内生因素的自动调节，它的成立必须具备一系列的条件：

（1）这种调节只有在进口商品需求价格弹性较大时，才能发挥作用。如果价格弹性小，即无法缩小进口，也就不能改变贸易入超状况。

（2）由物价变动导致商品进出口的变化，其前提条件是需求的价格弹性较大，否则，它也不能起到自动调节作用。

（3）这种自动调节需要对利率升降有较敏感的反映。如果对利率的反应迟钝，那么即使是信用有所扩展或紧缩，也难于立即引起资本流入与流出。对利率反映的敏感程度与利率结构也有关系，也与一个国家金融市场业务的发展情况息息相关。

（4）这种自动调节必须在国家财政金融政策不过分干预的情况下，才能发挥作用。

二、国际收支调节的政策引导

国际收支自动调节的实现必须以一定的经济条件为基础，离开了这些条件，它是无法实现的，而现实生活中往往不具备或不完全具备这样的条件。国际收支的自动调节还会带来一些问题：比如，它会产生某些难以接受的后果，比如市场汇率随供求而变化必然造成汇率的变化无常，这会增大外汇市场的风险；降低赤字会减少国内总需求从而使均衡产出下降；充分就业时，出口的自发性增加会在国内引起通货膨胀，通货膨胀又会降低或消除盈余。如果让货币调节机制自发地作用，就需要允许本国货币量随着国际收支状况的变化而变化，这样一国的货币政策就可能由外部因素来决定，货币政策的独立性就会丧失等。再如，自动调节过程可能需要很长的时间，例如，当一国存在较为严重的国际收支赤字时，市场机制就需要较长的时间来解决这个问题，因此，各国不能单纯地依靠市场来自动调节国际收支，而必须利用各种政策措施来调节国际收支的失衡，政策引导就是指政府为校正国际收支失衡而采取各种措施。这些措施具有人为的主动性。

各国政策可以选择的调节国际收支的政策和措施很多，这些政策和措施不仅会改变国际收支，而且还会给国民经济带来其他影响。因此，政府在对国际收支失衡进行调节时，应当根据不同的情况，采取不同的对策。

1. 外汇缓冲政策

外汇缓冲政策是指政府通过官方储备的变动或短期的对外借款来干预外汇市场，校正国际收支的失衡。外汇缓冲政策可以很好的解决暂时性的国际收支失衡。当国际收支出现逆差，外汇需求大于供给，汇率面临下跌压力的时候，政府可以通过出售外汇来维持市场的平衡；反之，某个时点上外汇的供给大于需求，本币可能出现升值时，政府就以低价收购外汇，以保持汇率稳定。政府也可以用对外借款来支付对外国际收支逆差，这样，就能避免外汇市场的波动给国民经济带来的冲击，同时又不背上沉重的负担。因为由于外汇价格较高出售所造成的损失，政府会在随后外汇价格较低时的收购中得到补偿，短期的、暂时性的国际收支失衡，官方对外借款的偿还时间短，利息负担不会很大。类似地，短期资本的不正常流动可通过外汇缓冲政策来对付。

当然，如果一国的国际收支上不是暂时性的失衡，运用外汇缓冲政策就可能面临严重的问题。一方面，如果本国货币实际上已经贬值即均衡汇率不跌了，政府继续运用外汇缓冲政策来维持现有的汇率，结果只能导致外汇储备被消耗干净。另一方面，如果国际收支的失衡不是暂时性的，本国政府的信誉也会受到影响，官方对外借款也将会难以为继。即使一国是处在国际收支顺差的状态，外汇缓冲政策仍然无法解决长期性的失衡问题。因为尽管政府力图控制本国货币升值，但市场机制必然会改变汇率，这就会刺激投机行为。同时，官方储备的过量增长，会给经济运行带来不良的影响。

不过，要判断什么是暂时性失衡，什么是根本性失衡并非易事。许多国家的政府在这方面有过失误。例如，1967 年英国试图运用外汇缓冲政策来解决“暂时性”国际收支逆差，但在外汇储备大量消耗之后，还是未能顶住英磅贬值的压力。20 世纪 70 年代初，日本政府不希望日元升值，采用外汇缓冲政策来处理国际收支顺差问题，阻止美元对日元的汇率下跌，以便维持日本出口商品的竞争力。美国多次建议日元升值，尼克松总统甚至公开地邀请进行外汇投机。在市场汇率波动时，日本政府开始坚持以购买美元的方式进行干预，但几个月内就买了数十亿美元，如果继续下去，美元就会成为日本官方的唯一储备资产。结果，只得停止下来，听任日元对美元升值 30%以上。

2. 需求管理政策

又称为改变支出政策，即通过运用财政政策和货币政策来改变国内总需求，以校正国际收支失衡的政策。

财政政策是需求管理广泛使用的手段之一。具体地说就是通过调整政府的收入和支出，影响社会总需求，进而校正国际收支失衡，当一国出现国际收支顺差时，政府可以通过扩张性财政政策促使国际收支平衡。首先，减税或增加政府支出通过税收乘数或政府支出乘数成倍地提高国民收入，从而使进口相应增加。其次，需求带动的收入增长通常伴随着物价水平上升，后者具有刺激进口抑制出口的作用。最后，在收入和物价上升的过程中利率有可能上升，后者会刺激资本流入。一般说来，扩张性财政政策对贸易收支的影响超过它对资本项目收支的影响，因此，它有助于一国在国际收支顺差的情况下恢复国际收支平衡。

当一国出现国际收支逆差时，政府可以通过紧缩性财政政策促使国际收支平衡。一方面，增税或减少政府支出，可以减少国民收入，从而相应的压缩进口；另一方面，抑制总需求和降低通货膨胀率和实物价格，从而有利于出口并抑制进口。当然，紧缩性财政政策可能促使利率下降和刺激资本流出。但是政府一般只是在充分就业和高通货膨胀率情况下推行紧缩性财政政策，因此，它的基本作用是减少国际收支逆差。

货币政策也是实施需求管理的一个重要途径。假设其他方面的条件不变，货币当局紧缩银根，就会引起利率上升，从而产生双重的结果。一方面利率提高会降低企业的投资意愿，增强消费者的储蓄意愿，从而降低国内总需求，正常情况下这会导致进口规模缩小；另一方面，利率变动对资本流动有更加敏感的影响，尤其是对短期资本的流动。总的来说，货币政策对改变总需求的效果比较明显，而且政府的操作成本低。

需求管理政策的优点在于，它是从根源上对国际收支进行调节，是各国在解决长期性国际收支失衡的必须考虑采用的。但它面临的一个重要问题是时间上的滞后。因为当政府调整财政或货币政策之后，对国际收支产生影响还要有一个过程，对外汇市场的短期波动不能收到直接的效果。另外，为解决国际收支失衡问题而采取的财政和货币政策可能同国内经济目标发生冲突。因此，正确选择财政货币政策实现国际收支平衡，必须注意时机。

3. 直接管制政策

直接管制政策是指政府直接直接干预对外经济活动以实现国际收支调节的政策措施。直接管制的一个主要方面是对进出口贸易干预，其基本措施包括通过关税、各种非关税壁垒来限制进口，以及对本国的出口给予政策上的鼓励。直接管制是政府调节国际收支的基本手段，可以分为外汇管制、财政管制和贸易管制。

外汇管制。外汇管制是指政府机构对外汇买卖和国际结算加以行政性干预。它是许多国家曾经使用或正在使用的直接管制办法，当一国的国际收支状况十分严重时，外汇管制可能成为政府首先选用的措施。外汇管制机构通常是中央银行，有些国家是财政部和外汇管理局。

各国常用的管制手段包括：

①限制私人持有外汇，如规定出口商品必须将全部或部分外汇收入按官方汇率出售给国家。

②限制私人购买外汇，如限制进口商购买外汇的数量。

③限制资本输入，如提高非居民存款的法定准备金，对非居民存款不付或倒收利息限制非居民购买本国有价证券，限制企业借用外资等。

④限制资本输出，如限制居民账户向非居民账户转移，征收利息平价税，限制资本账户可兑税性等。

⑤实行复汇率制。即针对国际结算的不同项目和不同商品分别为本国货币规定不同的汇率。据国际货币基金组织的解释，复汇率制还包括课征外汇税，给予外汇津贴、不付息的预付进口存款制、规定未偿债务的存款额，官方汇率明显背离市场汇率且未得到及时调整等。

⑥禁止黄金输出，限制个人携带本币进出国境的数量。

从历史上看，外汇管制起源于第一次世界大战期间，受战争的影响，当时参战的英、法、德、意等国都出现了巨额的国际收支逆差，各国货币的对外兑换比例剧烈地波动，资本大规模的外逃。为了动用资金进行战争，各国在战时都取消了外汇的自由买卖，并严格禁止黄金输出。直到1924—1929年，西欧各国陆续进入了经济稳定时期，才逐步地放宽和取消外汇管制。但1929—1933年严重的世界经济危机，使外汇管制很快又卷土重来。经济危机导致西方各国都陷入国际收支危机，许多国家采用以邻为壑的贸易保护政策，造成国家的贸易结算困难重重，德、意等国全面恢复外汇管制。第二次世界大战爆发以后，参战国都实行了非常严格的外汇管制政策，禁止外汇的自由买卖，限制资本的跨国流动。二战结束①至今，世界进入相对稳定的发展时期，工业发达国家先后宣布取消外汇管理，以利于更好地展开国际经济交往。例如，德国在20世纪60年代实现了货币的自由兑换，英国从1979年10月取消外汇管制，日本在1984年5月宣布日元国际化和金融自由化。

外汇管制对经济生活的影响是广泛的。外汇管制使实际交易中的汇率背离均衡汇率，如图5-1所示：

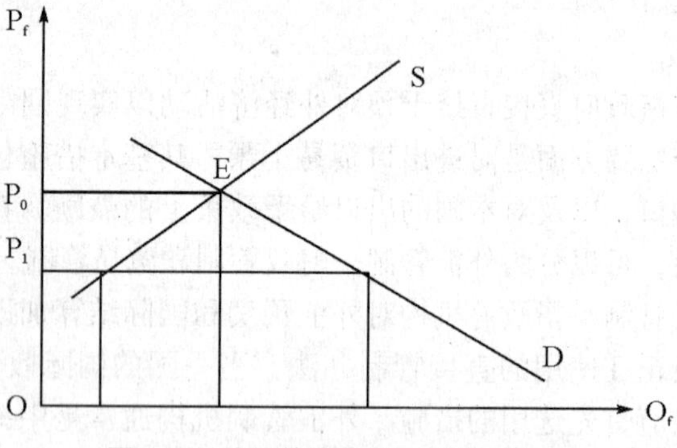

图5-1　外汇管制条件下的外汇市场

纵轴P_f代表外汇的本币价格，横轴Q_f代表外汇的数量，如果没有外汇管制，外汇市场的汇率将由供求关系来决定，确定在P_0的水平上，这时一国对外汇的需求与供给

① 二战结束后，西欧各国在重建经济的时候，又面临严重的"美元荒"，较长时期内奉行相当严格的外汇管制政策，20世纪60年代以后才逐步放开。

相等，市场达到均衡，但外汇管制都使汇率固定在P_1的水平上，严重偏离均衡的汇率。这时市场上存在着超额的需求不能满足，而外汇的供给受到严重的压抑。于是，一方面政府不得不采用行政的办法对外汇进行分配，强制性地实现暂时性的均衡；另一方面，外汇黑市也就应运而生，时时对政府的管理提出挑战。

受外汇管制影响最深的还是国内经济，资源配置严重扭曲，国民福利水平被人为地降低。因为外汇管制带来的一个直接后果对本币的估值偏高，造成市场信息失真，削弱本国产品的出口竞争力，使整个社会的资源配置流向效率偏低的生产部门，这对一国经济长远发展相当不利。同时，消费者对进口商品的需求既无法得到正常的满足，又被迫放弃从出口增长中可能获得的收入，受到双重的损害。

此外，实行外汇管制，在对外汇的分配过程中存在很多黑洞，极容易导致腐败现象的产生。即使排除这一点，公众在获得外汇前往往要长时间地等待，也会造成经济效率的大大降低。在当今国际资本的流动非常频繁和具有重要作用的条件下，外汇管制的不利也是比较明显。因此，外汇管制作为一种在特定情况下使用的手段是必要的，而作为长期性的国际收支调节措施应当说是弊大于利。

国际收支的财政管制是指政府通过有关机构管制进出口商品的价格和成本从而调节国际收支的政策手段，财政管制机构包括财政部、海关、官方金融机构等。

常用的财政管制手段包括：①进口关税政策，如提高关税税率以限制进口数量，降低某些进口生产资料的关税以扶植本国进口替代和出口替代产业的发展。②出口补贴政策，如对出口产品发放价格补贴和出口退税等。③出口信贷政策，如官方金融机构向本国出口商或外国进口商提供优惠等，以优惠利率贴现出口商的汇票，政府对出口商或出口方银行提供信贷担保等。

贸易管制是指政府直接限制进出口数量的政策。政府可以通过加强贸易管制缓和国际收支逆差。

常用的贸易管制手段有：①进口配额制，即政府规定一定时期某种进口商品的数量限制。②进口许可证制，即政府通过发放进口许可证来限制进口商品的种类和数量。③规定苛刻的进口技术标准，包括卫生检疫条件，安全性能指标，技术性能规定，包装和标签条例等。④歧视性采购政策，即要求政府部门和国营企业尽量采购国产商品、限制其购买进口商品。⑤歧视性国内税收政策，即政府对进口商品征收较高的销售税、消费税和牌照税等。⑥国家垄断外贸业务，禁止私人从事出口贸易。

直接管制在政策调节方面具有一些明显的优点：①见效快，通过的中间环节少。②由于它对市场机制依赖程度较低，市场发育程度较低的发展中国家可以有效地采用这种国际收支调节手段，即具有可操作性。③直接管制的效力容易测定，从而政府可以更好的控制国际收支调节力度。④直接管制对国内经济的影响面较小，政府在使用这种调节手段时更具有更大的灵活性。⑤直接管制使政府对经济的调节深入到微观领域，它可以克服财政货币政策等宏观调控手段的某些局限性。

另一方面，直接管制也表现出一些弊端：①直接管制容易遭受对方的报复，从而可能给国际贸易和国际金融带来消极影响。②直接管制本身要消耗一定的行政管理费用和信息成本。③它可能扭曲市场价格信号，使市场机制作用不能充分发挥，从而可能使该国资源配置不够合理，不能充分利用国际分工发挥自身优势。④它在一定程度上限制了竞争，从而消费削弱了国内企业创新的动力。⑤它可能鼓励寻租行为，助长社会上的不正之风，如配额分配中经常出现权力与金钱的交换。⑥公众承担的福利损失可能相当高。

4. 汇率调整政策

汇率调整政策是指一国通过调整本币汇率来实现国际收支的平衡政策。

政府改变法定的汇率以后，在其他条件不变的情况下，国内产品与外国进口产品的市场价格会发生变动，由此会导致社会需求的转换。比如，当一国发生国际收支逆差后，政府实行货币贬值可以增强出口商品的国际竞争力并削弱进口是商品的竞争能力，这时本国居民的支出会从外国商品转向本国商品，其他国家的居民也会增加对本国商品的消费，从而改善该国的贸易收支。同样，当一国长期存在国际收支顺差时，政府可以用货币升值来促使国际收支平衡。

汇率调整政策操作简便而且见效快，一些国家的政府故意将本国货币的价值贬到均衡汇率以下，以刺激本国产品的出口，增加就业机会，并力图在国际收支中追求顺差。但一国货币贬值要达到预期的目标，还需具备一定的条件，其中最重要的是国内存在较大供给弹性，而且，其他国家不采取报复措施。如果各国都竞相进行货币贬值，就会导致汇率变化无常，谁都不能获得利益。为了避免滥用汇率调整政策，IMF规定只有当会员国的国际收支出现根本性失衡时才可以调整汇率，但什么是根本性失衡却难以明确定义。

三、国际收支调节政策的国际协调

各国政府调节国际收支的政策都是以本国的利益为出发点，他们采取的调节措施可能对别国的经济产生不利的影响，并导致其他国家采取相应的调节措施。为了维持世界经济的正常秩序，各国政府加强了对国际收支调节政策的国际协调。

通过各种国际经济协定确定国际收支调节的一般原则。例如关贸总协定规定了非歧视原则，关税保护和关税减让原则，取消数量限制原则，禁止倾销和限制出口补贴原则，磋商调解原则等。国际货币基金协定规定了多边结算原则，消除外汇管制和制止竞争性贬值原则等。这些原则以贸易和金融自由化为核心，通过限制各国采用损人利已的调节政策来缓和各国之间的矛盾。

（1）建立国际组织或通过国际协定向逆差国提供资金融通，以缓解国际清偿力不足的问题，例如，国际货币基金组织向成员国发放多种债款用于解决暂时性国际收支困难，并创设特别提款权用于补充成员国的国际储备资产。借款总安排和互换货币协定要求有关成员国承诺提供一笔资金，由逆差国在一定条件下动用以缓和国际收支逆差问题和稳定汇率。

（2）建立区域的一体化集团以促进经济一体化和国际收支调节。当前区域性世界经济中的区域性一体化集团主要有优惠汇率安排、自由贸易区、关税同盟、共同市场和经济共同体等类型，其中最为成功的是欧洲经济区。

（3）建立原料输出国组织以改善原料输出国的国际收支状况。国际贸易中的不等价交换是许多发展中国家出现长期国际收支逆差的重要原因。为了反抗原料消费国垄断集团对原料价格的操纵，以发展中国家为主的原料出口国建立了许多输出国组织，如阿拉伯石油输出国组织（OPEC）、铜矿业出口政府联合委员会、可可生产者联盟等。特别是石油输出国组织通过限产提价等竞争手段，提高了石油价格，对扭转石油输出国的国际收支状况起到了很大的作用。

（4）通过各种国际会议协调多种经济政策，以提高经济政策特别是国际收支平衡政策的效力。各国的经济政策可能相互抵消，各国领导人通过国际会议进行政策协调，可以提高政策的效力。例如，西方七国首脑定期举行高级会议，对财政、货币、汇率等多种政策进行协调，一定程度上缓解了这他们之间的矛盾，提高了国际收支调节措施的效力。

国际收支不平衡的根本原因在于各国之间经济发展的不平衡性以及各种制度安排的不合理。政府的国际收支调节政策只能起到暂时缓和本国国际收支困境的作用，而不能从根本上解决国际收支不平衡的格局。

第四节　国际收支调节理论

国际收支调节理论是国际经济学的重要组成部分，它研究国际收支的决定因素、国际收支失衡的原因以及调节国际收支失衡的方法等基本问题。早在三百年前，重商主义就着重研究贸易收支问题，后来，休谟又提出金本位制下国际收支的自动调节理论。随着世界经济发展和经济思潮的更替，国际收支调节的理论也不断向前发展。20世纪30年代金本位制崩溃后，各国实行浮动汇率，于是国际收支弹性分析法应运而生。20世纪50年代和60年代，随着凯恩斯主义的流行，国际收支吸收分析法风靡一时，在西方学术界占据了支配地位，20世纪60年代末和70年代初货币主义盛极一时，因而货币分析法广泛流传。以上是当代西方三种主要的国际收支调节理论，另还有结构理论等。这些理论不仅丰富了国际经济理论，而且为各国政策调整国际收支、维护内外经济的均衡与协调发展提供了理论依据。现分别介绍如下：

一、国际收支调节的弹性分析性（弹性论）

弹性论（Elasticity Approach）主要是由英国剑桥大学经济学院琼·罗宾逊（Joan Rokinson）于1937年加以系统化的，这一理论着重考虑货币贬值取得成功的条件及其对贸易收支和贸易条件的影响。

1. 关于弹性的基本概念

价格变动会引起需求和供给数量的变化，需求量变动的百分比与价格变动的百分比之比，称为需求对价格的弹性，简称需求弹性。供给量变动的百分比与价格变动的百分比之比，称为供给对价格的弹性，简称供给弹性。在进出口方面，就有四个弹性，它们分别是：

①进口商品的需求弹性（E_m），其公式为：

$$E_m=\frac{\text{进口商品需求量的变动率}}{\text{进口商品价格的变动率}}$$

②出口商品的需求弹性（E_x），其公式为：

$$E_x=\frac{\text{出口商品需求量的变动率}}{\text{出口商品价格的变动率}}$$

③进口商品的供给弹性（S_m），其公式为：

$$S_m=\frac{\text{进口商品供给量的变动率}}{\text{进口商品价格的变动率}}$$

④出口商品的供给弹性（S_x），其公式为：

$$S_x=\frac{\text{出口商品供给量的变动率}}{\text{出口商品价格的变动率}}$$

由上可知，所谓弹性，实质上就是一种比例关系。这种比例关系的值越高，弹性越高；反之，比例关系的值越低，就称弹性越低。

2. 马歇尔—勒纳条件（Marshall-lerner Condition）

琼·罗宾逊在一定的假设条件[①]下，探讨了汇率变动时国际收支的调节作用。由于其理论主要是围绕进出口商品的供求弹性展开的，所以被称为弹性分析法。琼·罗宾逊把调整汇率作为调节国际收支的手段，而考察汇率变动对国际收支的影响，即考察汇率变动对出口总值和进口总值的影响，出口总值等于出口价格乘出口数量，进口总值等于进口价格乘进口数量，进出口值者都是用外币表示的。

货币贬值能否改善贸易收支，取决于需求与供给的弹性，这里要考虑四个弹性：①出口商品的需求弹性（E_x）；②出口商品的供给弹性（S_x）；③进口商品的需求弹性（E_m）；④进口商品的供给弹性（S_m），假定供给具有完全的弹性，那么，贬值的效果取决于需求的弹性。

马歇尔—勒纳条件研究的就是在什么样的情况下，贬值才能导致贸易收支的改善。马歇尔—勒纳条件指出：当进出口商品的供给弹性无穷大时，一国的货币贬值要取得成功的条件是：

$$E_m+E_x>1$$

即出口商品的需求弹性和进口商品的需求弹性之和大于1，举个例子，假设一国出口的需求弹性小于1，比如说1/3，即出口量的增加只有价格下降的1/3。如果价格下降3%，出口数量仅增加1%，结果出口总值将减少2%，又假设进口货的需求弹性为2/3，那么，国内价格上涨3%，进口数量就会减少2%，进口值也减少2%。由于这里的两种弹性之和等于1（1/3+2/3=1），进出口总值按同一方向同一数量变动，所

① 陈彪如. 国际金融概论［M］. 上海：华东师范大学出版社，1996.

以，贸易差额保持不变。如果两种弹性之和大于1，贸易收支可以改善。调节过程是这样的：一国货币贬值后，从出口商品来看，以外币表示的价格下跌，于是出口增加。如果出口数量是增加抵销出口价格下降而有余，则出口总值增加，其增加的程度取决于国外的需求弹性，国外的需求弹性越高，出口总值增加得越大。从进口商品来看，贬值后国内价格上涨，进口数量减少，以外币表示的进口总值随之下降。其结果是出口总值增加，进口总值减少，从而贸易收支得到改善。若 $E_m+E_x<1$，贸易收支恶化。发展中国家的进出口多是低弹性的商品，所以，货币贬值的作用不大。改变进出口的商品结构，由出口低弹性的初级产品转为出口高弹性的制成品，才是改善国际收支状况的根本途径。

3. J曲线效应

从长期来讲，在一般情况下马歇尔-勒纳条件是成立的，但从短期来看也许不能得到满足，可能会出现J曲线效应（J-curve effect），如下图：

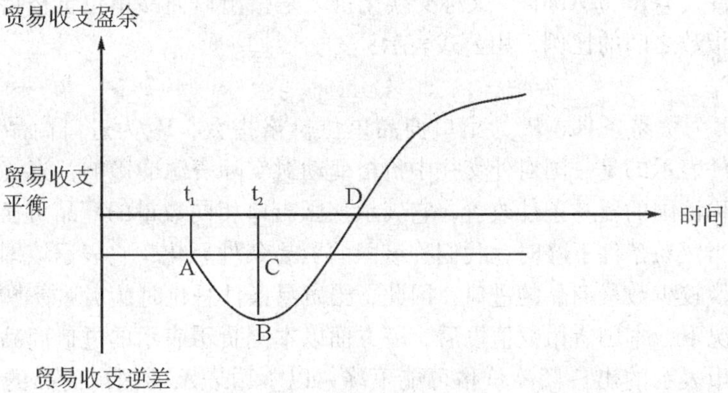

图5-2 货币贬值的“J曲线效应”

J曲线效应揭示了一国货币贬值后，贸易收支变动对汇率变动做出反应的过程或变动的轨迹。在货币贬值的“J曲线效应”图中，$Bt_2>At_1$，表示贬值后贸易收支首先恶化，逆差扩大，然后，随着时间的推移，再经过C点和D点逐步得到改善。

为什么贬值对贸易收支的有利影响要经过一段时滞后才能反映出来呢？经济学家的理由主要有三个：

（1）消费者反应的时间滞后。汇率变化后，消费者还需要花费时间来调整自己的消费行为。比如，当一国货币贬值后，国内消费者除了考虑贬值因素外，还把变得较贵的外国商品与变得较便宜的国内产品在贸易可靠性和信誉等方面进行比较后，才会逐渐转向购买国内产品。

（2）生产经营者反应的时间滞后。首先，货币贬值增强了本国出口商品的竞争优势，然而，国内生产经营者需要时间来调整以达到扩大商品生产经营的目的。其次，在贬值之前已签订的贸易协定仍然必须按原来的数量和价格执行。贬值后，凡以外币定价的进口，折成本币后的支付将增加；凡以本币定价的出口，折成外币的收入将减少。换言之，贬值前已签订但在贬值后执行贸易协议下，出口数量不能增加以冲抵出口外币价格的下降，进口数量不能减少以冲抵进口价格的上升。最后，即使在贬值后签订的贸易协议，出口增长仍然受认识、决策、资源、生产周期等的影响。至于进口方面，进口商有可能会认为现在贬值是以后进一步贬值的前奏，从而加速订货。

（3）不完全竞争。在国外市场上获得一席之地需要耗费时间和成本，在这种情况下，外国出口商就不会轻易放弃它在贬值国家已经占有的市场份额。它们也许会通过降低出口商品的价格来对他们可能丧失的竞争力做出反应。与此类似，外国进口竞争行业也会针对贬值国可能增加对它的出口的威胁，而做出降低在国内市场上出售商品的价格的反应。从某种程度上讲，这些努力取决于不完全竞争状态，即外国厂商是否有超额利润可以削减，以使它能降低商品的价格。如果厂商处在高度竞争状态而仅能获得正常利润，那么，它就无力降低商品的价格。

4. 贬值对贸易条件的影响

贸易条件（Term of Trade）又称交换比价，是指出口商品单位价格指数与进口商品单位价格指数之间的比例，用公式表示：

$T=P_x/P_m$

其中，T 为贸易条件，P_x为出口商品单位价格指数，P_m为进口商品单位价格指数。贸易条件表示的是一国对外交往中价格变动对实际资源的影响，当贸易条件 T 上升时，我们称该国的贸易条件改善，它表示该国出口相同数量的商品可换较多数量商品的进口；当贸易条件下降时，我们称该国的贸易条件恶化，它表示该国出口相同数量的商品可换较少数量商品的进口，因此，当贸易条件恶化时，实际资源将会流失。

一般情况下，本国货币贬值以后，一方面以本国货币表示的进口商品价格可能上升，而以外币表示的出口商品价格可能下降，以本币表示的国内商品的价格也会上升。因此，货币贬值后，该国的贸易条件是改善、不变、还是恶化需要比较进出口价格各自的变化幅度才能确定，而进出口价格的变动幅度是由商品的供给和需求弹性决定的。经数学推导，可得出以下几种情况：

①$S_xS_m>E_xE_m$，贸易条件恶化

②$S_xS_m< E_xE_m$，贸易条件改善

③$S_xS_m= E_xE_m$，贸易条件不变

上述结论是同以下四个假定情况有关的：①在供给弹性趋于无限大时，以本币衡量进口价格上涨，出口价格不变，以外币衡量进口价格不变出口价格下降，贸易条件将恶化；②在供给弹性无限小时（等于零时），进口价格不变，出口价格上升，贸易条件可以改善；③当需求弹性趋于无限大时，出口价格上升，进口价格不变，贸易条件可以改善；④当需求弹性无限小时，出口价格不变，进口价格上升，贸易条件将恶化。需要指出的是，货币贬值对贸易条件的上述影响，是理论推导的结果，它有待更充分的实际检验。事实上，货币贬值对贸易条件的影响，在不同的国家和同一国家的不同发展阶段是不一样的，很难做出一般的判断。

5. 弹性分析法的局限性

（1）对弹性分析法的批评主要在于弹性分析法是建立在局部均衡分析法的基础上的，它仅局限于分析汇率变化对进出口市场的影响，而忽视了汇率变化对社会总支出和总收入的影响，因而具有很大的局限性。当然，这一局限是与这一理论出现的历史背景分不开的，弹性分析法出现在 20 世纪 30 年代，当时，宏观经济学体系尚未建立，因此，这一理论以微观经济学为基础是必然的。

（2）弹性分析法的弹性值难以计算。这不仅在于进出口商品种类繁多，而且也在于弹性值会随着时间的推移而发生变化。

（3）弹性分析法忽视了预期的作用。该理论事实上假定贬值是一次性的，但是在现实生活中，一旦政府采取贬值政策，便会造成人们对汇率变动的预期，这会对贬值的效力发生很大影响。

（4）马歇尔—勒纳条件关于贸易收支期初平衡的假定完全不符合实际，在这种情况下政府没有必要采取贬值措施；关于供给弹性无穷大的假定条件也不大符合实际情况。

（5）弹性分析法没有明确区分不同货币可能带来的不同结果，结果常常使人迷入歧途。

二、国际收支调节的吸收分析法

吸收分析法（Absorption Approach）又称支出分析法，它是詹姆斯·米德（James Meade）和西德尼·亚历山大（Sidney Alexander）等经济学家在凯恩斯宏观经济学的基础上提出的。这一理论从凯恩斯的国民收入方程式入手，着重分析总收入与总支出对国际收支的影响，并在此基础上，提高了相应的政策主张。

1. 吸收分析法的基本理论

按照凯恩斯的理论，国民收入与国民支出的关系可以表述如下：

国民收入（Y）= 国民支出（E）

在封闭经济的条件下：

国民支出（E）= 消费（C）+投资（I）+政府支出（G）= 国民收入（Y）

在开放经济条件下，如果把对外贸易也考虑进去，则：

国民收入（Y）= 消费（C）+投资（I）+政府支出（G）+［出口（X）-进口（M）］

移动等式两边得：

$X-M=Y-C-I-G=Y-(C+I+G)$

上式中，X-M 为贸易收支差额，以此作为国际收支差额代表。C+I+G 为国内总支出，即国民收入中被国内吸收的部分，用 A 表示。由此可见，国际收支差额实际上就可由国民收入（Y）与国内吸收（A）之间的差额来表示。设国际收支差额为 B=X-M，则有：

$B=Y-A$

当国民收入大于总吸收时，国际收支为顺差；当国民收入小于总吸收时，国际收支为逆差；当国民收入等于总吸收时，国际收支平衡。

2. 吸收分析法的政策主张

根据上述理论公式，国际收支的吸收分析法认为国际收支的调节政策，无非是改变总收入与总支出（总吸收）的政策，即支出转换政策与支出增减政策。

按照米德的两种目标两种工具的理论模式，内部均衡就是非贸易商品市场处于供求相等的均衡状态，外部不均衡（外贸逆差）意味着贸易商品的需求超过供给，因而一国的总需求超过总供给，也就是总吸收超过总收入，要同时达到内部均衡与外部均衡这两种目标，就必须同时运用转换政策和支出（吸收）政策这两个工具，即通过紧缩性的货币政策和财政政策来减少对贸易商品的过度需求，纠正国际收支逆差。但吸收政策也会减少对非贸易商品的需求，由于价格刚性，需求的减少将导致供给过多，所以还要运用转换政策消除非贸易商品的过度供给，抵销吸收政策的不利影响。这样，贸易商品的供求相等，非贸易商品的供求也相等，就整国家而言，总吸收等于总收入，从而实现内部平衡与外部平衡。

亚历山大认为，贬值对贸易收支的实际效果取决于三个因素：①贬值对实际国民收入所引起的变化；②边际吸收倾向[①]的大小；③贬值对吸收的直接影响。贬值改善贸易收支的条件是，不用于吸收的收入变化必须超过直接吸收的变化。在考察这个条件能否满足时，要区别两种经济情况。一方面，在非充分就业的条件下，贬值可以刺激国外对出口商品的需求，使闲置资源转向出口部门，从而扩大出口，改善国际收支。另一方面，出口增加会引起国民收入和国内吸收的增长，只要边际吸收倾向小于1，即吸收的增加小于收入的增加，国际收支就可改善。在这里，吸收分析法还强调“乘数”作用。它认为，增加一个单位的出口，可以使国民收入增加若干个单位，即成倍增加。

当一国达到充分就业水平时，没有闲置资源用来扩充生产，因而国民收入不能增加，则贬值只能通过压缩直接吸收来改善贸易收支。吸收减少的结果，一方面使进口商品的国内需求下降，从而减少进口，另一方面使出口商品国内需求下降，从而增加出口数量。但吸收政策会减少对非贸易商品的需求，这就需要采取支出转换政策使非贸易商品的供求平衡。亚历山大认为贬值之所以能引起吸收的直接变化，是因为当一国经济处于充分就业时，贬值虽然不可能使国民收入增加，但却可以引起以本币表示的进口品价格上涨，进而引起国内物价水平上涨，导致该国总吸收减少，贸易收支改善。具体来说有以下四种直接吸收效应：

（1）现金余额效应。假定货币供给不变，货币持有者总想把自己的实际资产的一部分以货币形式持有。这样，随着物价的上涨，他们将持有更多的现金。这样做的结果是：①减少消费；②出售其他资产以便持有更多的现金，这又会使其他资产的价格下跌。其他资产价格下跌，意味着利率上升，这又会影响人们的消费和投资。这样，

① 边际吸收倾向，指每增加一个单位收入中，用于吸收的百分比。

现金余额效应或者直接影响收入-支出，或者通过利率影响收入-支出。

（2）收入再分配效应。贬值导致的物价上涨能促进收入再分配。这表现在以下几个方面：①物价上涨先于工资的提高，从而增加了企业家的利润；②物价上涨使收入从固定货币收入集团转移到社会的其他集团手中；③物价上涨使更多的实际收入转变为政府税收。当收入从高边际吸收倾向集团向低边际吸收倾向集团转移时，对外贸易差额将得到改善。但也要看到，第一个转变并不会减少吸收，因为，利润的增加使吸收中的投资增加。政府总希望边际吸收低，因此，税收的增加可以极大地影响吸收与收入的关系，从而影响对外贸易的差额。

（3）货币错觉。在货币贬值的情况下，人们总是更多的注意物价而不是注意货币收入。尽管人们的货币收入按比例上升，但在物价上涨的情况下，人们总是减少购买和消费。这显然有利于对外贸易差额的改善。

（4）其他各种直接吸收效应。它们中有的对改善外资差额有利，有的不利。例如，当一国的投资品大量来自国外，那么，本币贬值后会比贬值前减少进口，其他进口品也是如此。

综上所述，货币贬值只有在它增加产量（收入）或减少吸收（支出）时，才是有效的。一般地说，贬值一定要通过货币政策和财政政策的配合来压缩国内需求，把资源从国内吸收中解放出来转向出口部门，才能成功地改善国际收支，保持内部和外部均衡，所以吸收分析具有强烈的政策配合含义。这对决策者来说是具有重要意义的。如果一国政府配合以适当的经济政策措施，提高国民收入，约束吸收，那么货币贬值就可以改善贸易收支状况。伴随贬值所采取的经济政策，在非充分就业时，应以膨胀为主，尽量扩充生产；在充分就业时，则应压低国内吸收，减少逆差。

3. 吸收分析法的理论意义与局限性

吸收分析法的主要理论贡献在于把国际收支当作宏观变量，从总收入与总吸收（总支出）的相对关系中来考察国际收支失衡的原因并提出国际收支的调节政策，而不是从相对的价格关系出发。这是它与弹性分析法的重大区别。就理论基础与分析方法而言，吸收分析法是建立在凯恩斯的宏观经济学之上的，它采用的是一般均衡的方法；而弹性论则是建立在马歇尔等人建立的微观经济学基础之上的，采用的是局部分析法。

当然，吸收分析法也有其理论局限：首先，亚历山大分析贬值对贸易收支的影响时作了两个假定：一是贬值是出口增加的唯一原因，他认为，贬值引起进出口价格的等比例上涨，从而导致国内物价水平提高，总吸收水平下降，国际收支改善；二是生产要素转移机制平滑，这些假定并不符合实际情况。其次该理论仅分析了贸易收支而忽视了资本流动，不够全面。自20世纪70年代以来，国际游资急剧增长，资本流动日益频繁，资本账户在国际收支中起着重要的作用，吸收分析法没有分析资本流动对收入和吸收的影响。最后，在吸收分析法中，相对价格的变动对贸易收支的影响没有受到重视。

三、国际收支的货币分析法

货币分析法（The Monetary Approach）是随着货币主义的兴起而出现的，其主要代表人物是芝加哥大学的罗伯特·蒙代尔（Robert Mundell）、伦敦经济学院的哈里·约翰逊（Harry Jonhson）和他的学生雅各布·福兰科尔（Jacob Frenkel）。货币分析法从货币的角度而不是从商品的角度，来考察国际收支失衡的原因并提出相应的政策主张。

1. 货币分析法的三个基本经验假定

（1）在充分就业均衡状态下，一国货币需求是收入、价格和利率等变量的稳定函数，在长期内实际货币需求是稳定的。

（2）贸易商品的价格是外生的，从长期来看，一国的价格水平和利率水平接近世界市场水平。

（3）货币供给不影响实物产量①。

2. 货币分析法的基本理论

在上述假定下，货币分析法的基本理论可以用以下公式表述：

$MS = MD$

其中，MS 表示名义货币供应量，MD 表示名义货币需求量。从长期看假定货币供应等于货币需求。

$MD = pf(y, i)$

其中，P 为本国的价格水平，f 为函数关系，y 为国民收入，i 为利率（持有货币的机会成本）。Pf（y，i）表示对名义货币的需求；f（y，i）表示对实际货币存量（余额）的需求。

$MS = m(D+R)$

其中，D 指一国货币基数的国内来源，即中央银行的国内信贷或支持货币供应的国内资产；R 是一国货币基数的国外来源，它通过国际收支盈余获得，以国际储备作为代表；m 为货币乘数，指银行体系通过通过转碾存贷创造货币，使货币供应基数多倍扩大的系数，货币基数又称为强力货币，若将 m 忽略，则 $MS = D+R$，因为 $MS = MD$，所以 $MD = D+R$，移项可得：

$R = MD - D$

上式是货币分析法最基本的方程式，它告诉我们：①国际收支本质上是货币现象。②国际收支不平衡反映的是国内名义货币供应与名义货币需求的不一致。国际收支逆差，实际上就是一国国内的名义货币供应量（D）超过了名义货币需求量

---

① 这里（2）、（3）相当于假定“一价定律”（即国际间套购活动使各国利率和商品价格趋于一致）和充分就业成立，这是国际间货币流动的前提条件。因为一国货币量增加时，在充分就业状态下生产无法增加，在“一价定律”的作用下，国内价格也无法上升，过度的货币需求只能通过大量购买国外商品和劳务而消除，从而引起国际收支逆差。

(MD)。由于货币供应不影响实物产量，在价格不变的情况下，多余的货币就要寻找出路。因为一国货币量增加时，在充分就业状态下生产无法增加，在“一价定律”的作用下，国内价格无法上升，过度的货币需求只能通过购买国外的商品和劳务来消除，从而引起国际收支逆差。对个人和企业来说，就会增加货币支出，以重新调整它们的实际货币余额；对整个国家来讲，实际货币余额的调整便表现为货币外流，即国际收支逆差。反之，当一国国内的名义货币供应量小于名义货币需求量时，超额的货币需求不能从国内来满足，就必须从国外吸收资金满足，即通过向国外出口较多的商品劳务，吸引外国直接投资和长短期证券投资等方式使货币流入，从而使国际收支出现顺差，国际储备增长。在价格不变的情况下货币的缺口就要寻找来源。对个人和企业来讲，就要减少货币支出，以便使实际货币余额维持在所希望的水平；对整个国家来说，减少支出维持实际货币余额的过程，表现为货币内流，国际收支盈余。③国际收支调节过程是把实际货币余额调整到理想水平的过程，它反映的是实际货币余额（货币存量）对名义货币供应量的调整过程。当国内名义货币供应量与实际经济量（国民收入、产量等）所决定的实际货币余额要求一致时，国际收支便处于平衡状态。

3. 货币分析法的政策主张

货币分析法的政策主张，归纳起来有以下几点：

（1）所有国际收支失衡，都可以用国内货币政策来对付，因为国际收支差额意味着官方储备的增减，它等于名义货币的需求量减去国内提供的货币供应基数（R=MD-D）。

（2）所谓国内政策，主要是货币供应政策。因为货币需求是收入、利率的函数，而货币供应则在很大程度上可由政府操纵，因此，紧缩性的货币政策（使D减少）可以减少国际收支逆差，而膨胀的货币政策（使D增加）可以减少国际收支顺差。货币分析法认为，贬值相当于国内信贷紧缩，升值相当于国内信贷扩张，因为：①在充分就业情形下，贬值意味着商品价格的变动，贬值国的国内价格上涨，升值国的国内价格下跌；②物价变动意味着实际现金余额的变化，贬值国的余额减少，因而压缩支出，升值国的余额增加，因而扩大投资和消费；③实际现金金额的变化将通过贸易差额而逐渐消失，即由贬值国的贸易盈余补充短缺的现金余额，由升值国的赤字压缩过多的现金余额，从而恢复平衡。从这里我们可以看出，货币分析法的国际收支理论与汇率理论是统一的。

（3）关税、进口配额、外汇管制等方法可能限制进口数量，提高进口商品价格乃至国内其他商品的价格，从而提高货币需求量，产生国际收支盈余。

（4）货币分析法认为，在固定汇率制下，国际收支平衡就是自主性项目的平衡，储备项目没有变化。储备货币国只要遵守货币主义者所提出的“单一规则”，将货币供给的增加率稳定在国民收入的平均增长率的同一水平上，就能经常保持各国国际收支的稳定，不会发生储备的移动。弗里德曼长期主张浮动汇率制度。在自由浮动制下，没有储备的转移情形，货币供给完全是在各国金融当局的控制之下。汇率是否变动，取决于两国各自的货币增长与真实国民收入增长的差距是否相等。如果相等，汇率不变，如果不相等，差距大的一国货币下浮，差距小的一国货币上浮，于是国际收支自动达到平衡。这样，各国就可以根据国内需要执行稳定的货币政策，而不必考虑国际收支问题。

4. 对国际收支货币分析法的评价

（1）国际收支的货币分析法在一定程度上反映了经济对外开放过程中，客观存在的国际收支与国内名义货币供求等经济变量之间的关系，具有一定的现实意义和参考价值。但是影响国际收支的因素是多方面的，它把货币因素看成是绝对性的，而把收入水平、支出政策、贸易政策和其他实物因素看成是次要的，认为只有通过对名义货币供求的影响才能发生作用，这在认识上是片面的。

（2）货币分析法的假定前提难以成立。首先是充分就业的假定在现实生活中难以成立，各国都或多或少地存在资源闲置。其次，一国商品的价格和利率也因为各国政府的干预以及各国的关税和非关税壁垒，商品和资本难以在各国间自由流动，而与其他国家存在差异。再次，货币供应对实物产量和收入没有影响，也不尽切合实际。最后，货币论认为货币需求是收入和利率的稳定函数，但如果它不是稳定的，那么，国际收支就不能仅仅从货币供应的变化中预测出来。

（3）对它有关贬值效应论述的评价，弹性论认为，在进出口需求弹性之和大于1时，贬值能改善贸易收支，从而对经济具有扩张性影响。吸收论认为，当存在闲置资源时，贬值能扩大出口，增加民国收入，从而对经济具有扩张性作用。尽管弹性论和吸收论都给出了一定的条件，但它们都认为成功的贬值对经济增长具有刺激作用。但货币分析法则认为贬值仅有紧缩性影响，贬值能暂时地改善国际收支，是因为它减少了对实际货币余额 f（y，i）的需求和增加了对名义货币的需求。这是货币论与弹性论和吸收论的一个明显的区别。实际货币余额减少，意味着消费、投资、收入的下降，这无法解释为什么许多国家把贬值作为刺激经济增长的手段。

（4）对货币分析法政策主张的基本含义的评价。货币分析法认为，国际收支逆差的基本对策是紧缩性的货币政策。这个政策结论的一个重要前提是价格不变，通过紧缩货币政策来消除货币供应大于货币需求的缺口，然而，事实上，当名义货币供应大于货币需求时，价格必然上涨，从而名义货币需求 Pf（y，i）也会上升。在这种情况下，降低名义货币供应，在价格刚性的条件下，只能导致实际货币金额需求的下降；另外，货币分析法还提出当采用贬值来改善国际收支时，必须结合紧缩的货币政策。因此，无论从哪个方面看，货币政策主张的含义或必然结果，就是以牺牲国内实际货币余额或实际消费、投资、收入和经济增长来纠正国际收支逆差。这一点，曾受到许多国家，尤其是发展中国家经济学家的严厉批评。

四、国际收支的结构分析法（结构论）

结构论（Structural Approach）的有关分析，散见于20世纪50年代和60年代的西方经济学文献中。作为比较成熟和系统的独立学派，结构论是20世纪70年代形成的。倡导和赞成结构论的经济学家，大多来自发展中国家或发达国家中从事发展问题研究的学者。因此，结构论的理论渊源同发展经济学密切相关。

1. 结构分析法的基本理论

由前述可知，货币分析法政策的必然结果是以牺牲国内经济增长来换取国际收支平衡，这在国际收支普遍发生困难的20世纪70年代得到了印证。当时，许多国家执行了国际货币基金组织的国际收支调节规划，而这一个调节规划是以货币分析法为理论基础的，其结果是经济活动受到抑制，有的甚至因过度削减预算和货币供应而导致国内经济、社会甚至政治动荡。

在这种情况下，结构论有针对性地提出：国际收支失衡并不一定完全是由国内货币市场失衡引起的，货币论乃至以前的吸收论，都是从需求角度来制定国际收支的调节政策，忽视了经济增长从供给方面对国际收支的影响。就货币论来讲，它主张的实际上是通过压缩国内名义货币供应量来减少实际需求，就吸收论而言，它主张的实际上是通过紧缩性财政货币政策来减少国内投资和消费需求。结构论认为，国际收支逆差尤其是长期性的国际收支逆差，即可能是由长期性过度需求引起的，也可能是由长期性供给不足引起的，而长期性供给不足往往是由经济结构问题引起的。这表现为：

（1）经济结构老化

这是指由于科技和生产条件的变化及世界市场的变化，使一国原来在国际上具有竞争力的商品失去了竞争力，而国内资源没有足够的流动性等因素，使经济结构不能适应世界市场的变化，由此造成出口供给长期不足，进口替代的余地持续减少，结果是国际收支的持续逆差（或逆差倾向）。

（2）经济结构单一

经济结构单一往往会导致国际收支的经常逆差：一方面，单一的出口商品，其价格易受国际市场价格波动的影响，因而国际收支难以稳定。在出口多元的情况下，一种出口商品价格的下降，会被另一种出口商品价格的上升所抵销，整个国际收支呈稳定现象。而在出口单一的情况下，价格任何程度的下降，都会直接导致国际收支恶化。另 方面，经济结构单一，意味着经济发展将长期依赖进口，进口替代的选择余地几乎为零。比如一个只生产锡矿的国家，其经济发展所需要的采矿机械、电力设备、交通运输等，只能依靠进口。经济发展的速度越快、愿望越高，国际收支逆差或逆差倾向越严重。

（3）经济结构落后

这是指一国产业生产的出口商品需求对收入的弹性低和需求对价格的弹性高，进口商品的需求对收入的弹性高和需求对价格的弹性低。当出口商品的需求对收入的弹性低时，别国经济和收入的相对快速增长不能导致该国出口的相应增加；当进口商品的需求对收入的弹性高时，本国经济和收入的相对快速增长却会导致进口的相应增加，这样，就会发生国际收支的收入性逆差。当出口商品需求对价格的弹性高时，本国出口商品价格的相对上升会导致出口数量的相对减少；当进口商品需求对价格的弹性低时，外国商品价格的相对上升却不能导致本国进口数量的相对减少，在这种情况下，货币贬值不仅不能改善国际收支，反而会使国际收支恶化。

2. 结构分析方法的政策主张

既然国际收支失衡的原因是经济结构的老化、单一和落后，支出增减型政策和支出转换型政策对此无能为力，那么，政策调节的重点应放在改善经济结构和加速经济发展方面，以此来增加出口商品和进口替代品的数量和品种。改善经济结构和加速经济发展的主要手段是增加投资，增加资源的流动性，使劳动力和资金等生产要素能顺利地从传统行业流向新兴行业。经济结构落后的国家要积极增加国内储蓄，而经济结构先进的国家和国际经济组织应增加对经济结构落后国家的投资，经济结构落后的国家通过改善经济结构和发展经济，不仅能克服自身的国际收支困难，同时，也能增加从经济结构先进国家的进口，从而有助于经济结构先进国家的出口和就业的增长。

3. 对结构论的批评

结构论出现后，受到了许多批评。批评者认为：结构性失衡的原因同进出口商品的特点及现实与愿望之间的差距有关。如果一国的出口商品没有能满足国际市场的特点，那么，出口商品需求对收入的弹性就会低。这种问题与其说是缺乏价格竞争力，不如说是缺乏非价格因素的竞争力，比如，产品质量的低劣、售后服务质量太差、产品包装和款式不能满足消费心理等。对于经济结构单一和经济结构落后引起的国际收支困难，结构论的批评者认为：所谓国际收支结构性失衡，实际上是愿望与现实之间的失衡。国际收支困难有两种不同的概念，一种是事先的概念，另一种是事后的概念。事先的概念是指国际收支失衡的压力，而不是指失衡本身。只要财政与货币政策适当，就能避免失衡的发生，批评者认为，国际收支制约力是无处不在的，它的存在，对于维持一国经济长期均衡的发展和世界货币金融秩序是必要的。结构论实际上讲的是经济发展问题，而不是国际收支问题。经济发展政策对国际收支失衡的调节，常常是行之无效的或收效甚微的。另外，要求以提供暂时性资金融通为主的国际货币基金组织，向经济结构落后的国家提供长期的国际收支贷款而同时又不施予必要的调节纪律和恰当的财政货币政策，尤如把资金填入一个无底洞，既不有利于国家经济的均衡发展，又违背了国际货币基金组织本身的性质和宪章，同时，也是国际货币基金组织在客观上无力做到的。

基本概念：

国际收支　国际收支平衡表　经常项目收支差额　基本收支差额　官方结算差额　综合差额　国际收支的被动平衡　国际收支的主动平衡　物价-铸币流动机制　外汇缓冲政策　需求管理政策　直接管制政策　外汇管制　国际收支的财政管制　贸易管制　汇率调整政策　需求对价格的弹性　供给对价格的弹性 贸易条件　吸收分析法　货币错觉　收入再分配效应

思考题：

1. 简述国际收支平衡表的记账方法。
2. 国际收支平衡表的基本账户有哪些？各账户记录的内容各是什么？

3. 短期资本的流动主要包括哪些内容?
4. 官方储备是由哪四个部分组成的?
5. 国际收支平衡表中的错误与遗漏发生的原因是什么?
6. 简述国际收支的差额结构?
7. 为什么说持续大量的顺差和逆差对一国的经济发展都是不利的?
8. 国际收支平衡的标准是什么?
9. 国际收支失衡的原因有哪些?
10. 国际收支失衡对一国的经济有什么影响?
11. 试述国际收支的自动调节。
12. 国际收支自动调节成立的条件是什么?
13. 国际收支自动调节带来的两个主要问题是什么?
14. 政府调节国际收支的政策和措施有哪些?
15. 商品市场、货币市场和国际收支均衡的条件是什么?
16. 试述“J曲线效应”及其形成原因。
17. 为什么贬值对贸易收支的有利影响要经过一段时滞后才能反映出来?
18. 贬值对贸易条件的影响是什么?
19. 弹性分析法的局限性有哪些?
20. 吸收分析法的基本理论和政策主张是什么?
21. 吸收分析法的理论有何意义和局限性?
22. 货币分析法的基本理论是什么?
23. 货币分析法的政策主张是什么?
24. 如何评价货币分析法?
25. 国际收支结构分析法的基本理论和政策主张是什么?
26. 对结构分析法的批评有哪些?

网络资源:

Data on the international transactions and the international investment position of the United States are found on the Bureau of Economic analysis website:

http://www.bea.gov [by clicking "international data"]

Data on current account balances and ratio of current account balance to GDP for each nation are found in the World Economic Outlook, published in April and October of each year by the International Monetary Fund, whose website is:

http://www.imf.org [by clicking on "World Economic Outlook"]

The Survey of Current Business with data onU. S. international transactions and U. S. international investment position are found in the July issue of each year at:

http://www.bea.gov/scb/index.htm

Information and data on the international investment situation of theUnited States and other nations, as well as on foreign direct investments is published in the World Investment Report. For the 201 Report, see:

http: //www. unctad-docs. org/files/UNCTAD-WIR2016Full-en. pdf

Data on foreign direct investments are also published by OECD at:

http: //www. oecd. org/statisticsdata/0, 3381, en_ 2649_ 34863_ 1_ 119656_ 1_ 1_ 1, 00. html

Data on exchange rates (daily, monthly, and trade-weighted average from 1971 or 1973) for the United States and the world's most important currencies, as well as data on current account balances, that can be used to find the effect of exchange rate changes on the trade and current account balances of the United States and other nations are found on the Federal Reserve Bank of St. Louis web site at:

http: //research. stlouisfed. org/fred2

Some recent studies on the effect of international trade and finance on the U. S. economy are found on the web site of the Institute for International Economics and the Council of Foreign Relations at:

http: //www. iie. com

http: //www. cfr. org

Data to examine the effect of changes in the trade and current account balances on the economy of the United States are found on the Bureau of Economic Analysis and the Federal Reserve Bank of St. Louis websites, respectively, at:

http: //bea. gov

http: //www. stls. frb. org540

The Price Adjustment Mechanism with Flexible and Fixed Exchange Rates Trade data to examine the economic impact of a change in the trade and current account balances on the economics of the European Monetary Union and Japan are found on the web sites of their central banks, respectively, at:

http: //ecb. int/home/html/index. en. html

http: //www. boj. or. jp/en/index. htm

Data for measuring the effect of exchange rate changes on trade and current account balances and inflation in Latin American and Asian countries are found on the web sites of the Inter-American Development Bank and the Asian Development Bank, respectively, at:

http: //www. iadb. org

http: //www. adb. org

第六章　国际货币体系与汇率制度

在这一章，我们将从理论与现实结合的角度，对国际货币体系及汇率制度的历史演变、现状特点以及发展趋势作较全面的考察，并就不同汇率制度安排的利弊及其与开放条件下宏观运行调整的关系加以分析。

第一节　国际货币体系及其历史演变

本节将介绍国际货币体系的概念及其作用，并从国际金本位制和布雷顿森林货币体系的产生、发展和瓦解，对国际货币体系的历史演变作了回顾。

一、国际货币体系概述

国际货币体系（International Monetary System），是指为适应对外经济关系的需要，各国政府对货币兑换、国际收支的安排、调节等所确定的原则，以及为此建立的组织形式的总称。主要内容有：各国货币比价的确定依据，包括比价的市场波动界限、调整幅度；各国货币和可兑换性，对国际支付所采取的措施；国际储备资产的确定和供应方式；国际金融事务的协调、磋商和有关管理工作；国际收支的调节方式，包括逆差和顺差国所承担的责任。国际货币体系是历史的产物，它伴以货币为媒介的国际经贸往来的产生而出现，只是在早期，它主要是依靠约定俗成的做法而形成。随着资本主义生产方式的确立和世界市场的形成，国际经济交往日益密切，国际货币体系的法律和行政色彩也相应增加。现代国际货币体系，就是这样一种既包括有法律约束力的有关货币国际关系的规章制度和相应的国际货币金融机构，并包括具有传统约束力的由各国约定俗成的某些规则、做法的整合体。

围绕着促进世界经济和各国经济的平衡发展及稳定这一中心任务，国际货币体系的作用主要表现为以下几个方面：

（1）确定国际清算和支付手段来源、形式和数量，为世界经济发展提供必要充分的国际货币，并规定国际货币及其同各国货币相互关系的准则。

（2）确定国际收支的调节机制，以确促世界的稳定和各国经济的平衡增长。该调节机制涉及汇率机制、对国际收支逆差国的资金融通机制，以及对国际货币（储备货币）发行国的国际收支纪律约束机制等不同方面。

（3）确立有关国际货币金融事务的协商机制及建立相应的组织机构。

国际货币体系在不同的历史时期有着不同的类型。按国际货币体系的基础即本位货币来划分，可分为国际金本位制、黄金—美元本位制，以及与黄金完全脱钩的多元信用纸币本位制；按国际本位货币与其他货币之间关系的划分，可分为固定汇率制、浮动汇率制，以及介于这两者之间的可调整的钉住汇率制或管理浮动汇率制等多种类型。

二、国际金本位条件下的国际货币体系

国际金本位制始于 19 世纪 80 年代，是一种随着各国普遍采用金本位而自发形成的国际货币制度，也是人类历史上最初的国际货币制度。

1. 金本位制的概念与形式

金本位制是以一定重量和成色的黄金为本位货币，并建立起流通中各种货币与黄金间固定兑换关系的货币制度。金本位制有广义与狭义之分。广义的金本位制是指以一定重量和成色的黄金来表示一国本位货币的货币制度，包括金币本位制、金块本位制和金汇兑本位制。狭义金本位制仅指金币本位制。

（1）金币本位制（Gold Specie Standard）。这是金本位制的最初形态。其特点是：银行券可自由兑换金币；金币可自由铸造；黄金可自由输出入；货币储备全部使用黄金；国际结算使用黄金。在这种位制，货币等同于黄金，与黄金直接挂钩，价值比较稳定。

（2）金块本位制（Gold Bullion Standard）。这是在金币本位制崩溃以后出现的一种货币制度。其主要内容是：金币虽然是本位货币，但在国内不流通，只流通银行券，不允许自由铸造金币，但仍规定货币的含金量，并规定有黄金平价；银行券不能自由兑换金币，但在国际支付或工业方面需要时，可按规定数量向中央银行兑换金块。

（3）金汇兑本位制（Gold Exchange Standard）。这又称“虚金本位制”，是与金块本位制同时盛行的货币制度。其主要内容是：国内不流通金币，只流通不能直接兑换黄金，只能兑换外汇的银行券；本国货币与另一实行金本位制的国家货币保持固定比价，并在该国存放外汇和黄金作为储备金；通过买卖外汇来稳定外汇行市。

金币本位制始于 1816 年的英国，此后其他欧美国家纷纷效仿；到 1914 年，由于第一次世界大战爆发而终止。“第一次世界大战”结束后，金块本位和金汇兑本位的货币制度开始流行。这个阶段金本位制的基础与战前相比已被严重削弱。

1929—1933 年爆发的世界性经济危机，使得西方国家统一的国际金本位制终于彻底瓦解。随后，纸币流通制度开始盛行，各西方主要发达国家与黄金不相挂钩的纸币流通制度开始盛行，各西方主要发达国家纷纷成立了以各自为核心的货币集团，如英镑集团、美元集团、法郎集团。在货币集团内部，以该国的货币为中心，以这种货币作为集团内部的储备货币，进行清算。集团内部外汇支付和资金流动完全自由，集团内部的货币比价、货币波动界限及货币兑换与支付均有统一严格的规定，但是对集团外的收付与结算则实行严格管制，常常要用黄金作为国际结算手段，发挥其世界货币职能。货币集团的形成和发展，加剧了集团之间的矛盾冲突以及整个世界经济的不

稳定。

2. 国际金本位制的作用评价

国际金本位制对世界经济的发展起到了积极的作用。

首先，有利于保持各国货币对外汇率和对内价值的稳定。在金本位制下，各国货币都规定有含金量。各国货币之间的汇率是建立在黄金平价基础上的，即由各国本位货币所含纯金数量之比决定的。外汇市场的实际汇率由于外汇供求关系的影响而围绕黄金平价上下波动。但这种波动是有限制的，即不能超出黄金输送点（黄金平价加运送费用），最低不得跌破黄金输入点（黄金平价减黄金运送费用）。另外，各国发行货币均以一定的黄金作保证，因此，可限制政府或银行滥发纸币，这样不易造成通货膨胀，保持货币对内价值的稳定。

其次，为国际贸易和国际资本流动创造有利条件。在金本位制下，黄金能自由发挥世界货币职能，各国汇率的基本稳定可以保障对外贸易与对外信贷的安全，有利于国际贸易和国际资本流动。另外，也促进商品的流通和信用的扩大，从而促进各国经济增长和充分就业。

最后，有利于各国经济政策的协调。一国管理经济的主要目标是尽量达到对内平衡和对外平衡的统一。对内平衡是指国内物价、就业和国民收入的稳定增长；对外平衡是指国际收支和汇率的稳定。但是内外平衡常常是矛盾的。当两者发生矛盾时，实行金本位制的国家首先考虑对外平衡，而将对内平衡置于次要地位，因此，国际金本位制有利于这些国家经济政策的协调。

当然，国际金本位制也存在缺陷，主要表现在以下两个方面：

一是货币的供应受到黄金数量的限制，缺乏灵活性，不能适应经济增长的需要。

二是当一国发生国际收支逆差，由于黄金输出、货币紧缩以及有可能出现的国内经济活动被迫服从外部平衡的需要而引起国内经济的恶化。当失业增加和经济增速下降时，一国国际收支的逆差需要长期的调整过程才能逐步改善。

三、布雷顿森林体系

与金本位制不同，布雷顿森林体系是一种人为的国际货币制度，而且运行的时间也不长，但是，对于战后国际贸易和世界经济的发展来说，却是功不可没。

1. 布雷顿森林体系的建立

第二次世界大战结束前夕，为了改变由于国际金本位制的崩溃而出现的国际金融经济秩序混乱局面，促进战后经济的恢复和贸易的发展，美、英等国经济学家积极着手研究重建国际货币体系问题。

1943 年 4 月 7 日，英、美两国政府分别在伦敦和华盛顿同时公布了英国财政部顾问凯恩斯拟订的“国际清算同盟计划”（又称“凯恩斯方案”）和美国财政部长助理怀特（H. D. White）拟订的“联合国平准基金计划”（又称“怀特方案”）。这两个方案虽然都以“设立国际经济合作机构、稳定汇率、扩大国际贸易、促进世界经济发展”为目的，但由于各自体现其本国利益，内容大不相同。

凯恩斯方案，又称“清算制”方案（Clearing System）。该方案的要点是：建立一个起世界中央银行作用的国际清算同盟；各会员国同中央银行在“同盟”开立往来账户，各国官方对外债权、债务通过该账户用转账办法进行清算；当一国国际收支发生顺差时，将其盈余存入账户，当发生逆差，可按规定的份额向“同盟”申请透支或提取存款；各国在“同盟”账户的记账单位为“斑柯”（Bancor），“班柯”以黄金计值，“同盟”可调整其价值，会员国可用黄金换取“班柯”，但不得用“班柯”换取黄金；各国货币以“班柯”标价，非经“同盟”理事会批准不得变更；各会员国在“同盟”的份额按照战前3年进出口贸易平均额的75%来计算；“同盟”总部设在伦敦和纽约，理事会议在英国和美国轮流举行。这一方案反对以黄金作为主要储备，还特别强调顺差国与逆差国共同负担调节的责任，这显然对当时国际收支发生逆差的英国十分有利。此外，关于“同盟”总部与理事会会议地址的规定，更暴露出英国同美国分享国际金融领导权的意图。

怀特方案由美国财政部长助理怀特于1943年4月提出。该方案采取存款原则，建议设立一个国际货币稳定基金，资金总额为50亿美元，由各会员国用黄金、本国货币、政府债券缴纳，认缴份额取决于各国的黄金外汇储备、国民收入和国际收支差额的变化等因素，根据各国缴纳份额的多少决定各国的投票权。基金组织发行一种国际货币名为“尤尼它”（Unita）作为计算单位。“尤尼它”可以兑换黄金，也可以在会员国之间互相转移。各国要规定本国货币与“尤尼它”之间的法定平价，平价确定后，非经基金组织同意，不得任意变动。基金组织的主要任务是稳定汇率，并对会员国提供短期信贷以解决国际收支不平衡问题。可见，这个方案有利于美国操纵和控制基金组织，迫使其他会员国的货币“钉住”美元，剥夺其他国家货币贬值的自主权，解除其他国家的“外汇管制”，为美国的对外扩张与建立美元霸权扫清道路。

两个方案提出后，英、美两国政府代表团在谈判中就国际货币计划展开了激烈的争论。由于英国经济、军事实力不及美国，双方于1944年达成了基本反映怀特方案的“关于设立国际货币基金的专家联合声明”。遂于当年5月，参加筹建联合国的44国政府代表在美国新罕布什尔州的一个小镇——布雷顿森林举行联合国货币金融会议，史称“布雷顿森林会议”。经过三周的激烈讨论，会议通过了以怀特方案为基础的《联合国货币金融会议最后议定书》及两个附件，即《国际货币基金协定》和《国际复兴开发银行协定》，总称“布雷顿森林协定”。由此形成了战后运转达25年之久的以美元为中心的国际货币体系——布雷顿森林体系。

2. 布雷顿森林体系的主要内容

（1）建立两个国际金融机构，即国际货币基金组织（IMF）和国际复兴开发银行（IBRD），维持布雷顿森林体系的运行。IMF属于短期的融资机构，宗旨是重建国际货币秩序，稳定外汇，促进资金融通及推动国际经济繁荣。IBRD属于长期的融资机构，宗旨是从长期资金方面配合IMF的活动，促进国际投资，协助战后受灾国家经济的复兴，协助不发达国家经济的发展，解决国际收支长期失衡问题。

（2）实行可调整的钉住汇率制度。各IMF会员国确定1934年1月美国政府规定的 35 美元等于 1 盎司黄金的官价，美元的黄金平价为 0.888 671 克黄金，其他会员国按照本国货币平价与美元保持固定比价，这一比价不经基金组织批准不得变动，但当一国出现国际收支极度不平衡时，可向基金组织申请调整，经批准后可进行升值或贬值，这就是所谓的“可调整的钉住汇率制度”。

（3）美元等同于黄金，作为国际间主要清算支付工具和储备货币，发挥国际货币的各种职能。美国政府承担美元作为可兑换货币的义务，各国中央银行可随时申请用美元按官价向美国政府兑换黄金。

（4）通过基金组织和调整汇率来调节国际收支。会员国如果出现国际收支暂时不平衡，可向基金组织申请借款；如果出现长期持续的逆差，则要通过改变货币平价，即改变汇率的办法加以调节。

布雷顿森林体系上述内容的核心是美元与黄金挂钩，各国货币与美元挂钩，因而又称“双挂钩”。

通过这一系列安排，确立了美元在世界货币体系中的中心地位，使它发挥着世界货币的职能，其他国家的货币则依附于美元。所以，有人称“二战”后以美元为中心的国际货币体系为“新金汇兑本位制”或“黄金-美元本位制”，以区别于 20 世纪 20 年代末 30 年代初曾实行的金汇兑本位制。

应当看到，布雷顿森林体系下的国际金汇兑本位制，同二战前的国际金汇兑本位制是全然不同的。其一，战前金汇兑本位制，是以英镑、法郎、美元等多种货币为主导货币，而布雷顿森林体系下的主导货币仅美元一种。其二，战前的金汇兑本位制缺乏一个全球性的协调机构，而布雷顿森林体系下的国际金汇兑本位制却有 IMF 发挥这一职能。其三，与战前相比，布雷顿森林体系下的国际金汇兑本位制中，美元的国际储备货币的作用得到了灵活和加强。

3. 布雷顿森林体系的作用

布雷顿森林体系的建立和运转，对战后国际贸易和世界经济的发展起到了一定的积极作用。这主要表现在：

（1）确立了美元与黄金、各国货币与美元的双挂钩原则，结束了战前国际货币金融领域的动荡无序状态。

（2）实行的可调整的固定汇率制度，货币汇率保持相对稳定，有利于国际贸易的扩大以及国际投资和信贷的发展。

（3）美元成为最主要的国际储备货币，弥补了国际清偿能力的不足，在一定程度上解决了由于黄金供应不足所带来的国际储备短缺问题。

（4）使会员国国际收支困难得到暂时性缓解。IMF 通过向会员国提供各种中、短期贷款，一定程度上缓和了会员国的国际收支困难。

最后，促进了国际贸易合作和多边货币合作。该体系条件下，要求各成员国取消外汇管制，客观上推动了战后国际贸易合作、国际货币合作的建立和发展。

4. 布雷顿森林体系的缺陷及其崩溃

布雷顿森林体系从其产生伊始，就面临着四个不可回避的问题。

（1）各国政府必须有足够的外汇与黄金储备来缓和国际收支的短期波动，维持与美元的固定汇率。随着二战后世界经济快速发展，国际贸易和国际投资的急剧扩大，趋于加大的国际收支差额的波动幅度，要求各国不得不加大本国的外汇及黄金储备额。结果必然会对本国经济宏观调控的自主性和有效性产生不利影响。

（2）美国政府必须拥有足够的黄金储备，以保证美元与黄金的可兑换性。要维持布雷顿森林体系下金汇兑本位制的稳定，世界黄金产量的增长应能满足黄金储备需求的增长，其中尤其是美国的黄金储备的变化应能适应世界其他国家持有的美元数量的变化。但是事实上，无论是全球范围的黄金产量的增长，还是美国的黄金储备量的变化，都远远不能达到上述要求。黄金在世界各国的国际储备中的比重，由 1959 年的 66%下降到 1972 年的 30%；而美国 1960 年以来的常年国际收支逆差，导致美国黄金大量外流，其结果是，到 1971 年，美国黄金储备下降到不足所欠外国短期债务的 1/5。

（3）布雷顿森林体系所奉行的固定汇率制导致的国际收支调节机制失灵。由于 IMF 贷款能力有限，汇率调整次数很少，各国国际收支失衡的调整，常常只能消极地以牺牲国内宏观经济政策自主权为代价。在这一国际货币体系下所出现的国际收支调节压力的不对称现象，导致了巨大的世界性国际收支失衡。

（4）对付由外汇投机引致的国际金融动荡或危机，成为各国政府的棘手问题。

除了上述存在的问题，作为建立在黄金-美元本位基础上的布雷顿森林体系的根本缺陷还在于，美元既是一国货币，又是世界货币。作为一国货币，它的发行必须受制于美国的货币政策和黄金储备；作为世界货币，美元的供给又必须适应于国际贸易和世界经济增长的需要。由于黄金产量和美国黄金储备量增长跟不上世界经济发展的需要，在“双挂钩”原则下，美元便出现了一种进退两难的境地：为满足世界经济增长对国际支付手段和储备货币的增长需要，美元的供应应当不断地增长；而美元供给的不断增长，又会导致美元同黄金的兑换性日益难以维持。美元的这种两难，是美国耶鲁大学教授罗伯特·特里芬（Robert Triffin）于 20 世纪 50 年代率先提出的，故又被称之为“特里芬两难”（Triffin Delimma）。“特里芬两难”指出了布雷顿森林体系的内在不稳定性及危机发生的必然性，该货币体系的根本缺陷在于美元的双重身份和双挂钩原则，由此导致的体系危机是美元的可兑换的危机，或人们对美元可兑换的信心危机。

正是由于上述问题和缺陷，导致该货币体系基础的不稳定性，当着该货币体系的重要支柱——美元出现危机时，必然带来这一货币体系危机的相应出现。

布雷顿森林体系的危机及其瓦解，经历了一个特定的历史过程。1960 年二战后首次爆发的美元过剩危机，是以当年美元对外短期债务首次超过它的黄金储备额为条件的，它亦标志着美元-黄金挂钩机制的开始动摇。此后约两年当中，美国分别与若干主要工业化国家签订的“互惠信贷协议（Swap Agreement）、借款总安排（General Arrangement to Borrow）以及“黄金总库”（Gold Pool）等，无非是为使该货币体系摆脱困境所作出的非制度性的操作措施。由于这些措施的局限性，其作用是十分有限的。

第二次规模较大的美元危机发生在1968年。由于越战战况愈加激烈，美国财政金融状况趋于恶化，美国国内通胀加剧，美元同黄金的固定比价再次受到严重怀疑。全球范围的抛售美元风浪，使得继续维持美元与黄金固定比价已无可能，美国政府不得不在当年3月宣布实行“黄金双价制”（Two-tier Gold Price System），即在官方基金市场和私人黄金市场，实行不同的美元兑黄金比价。美国不再承担维持后一市场美元兑黄金的固定比价。

此次美元危机的爆发后，各国已经认识到布雷顿森林体系的缺陷和危机的性质。为此，经各国长期商讨，IMF于1969年创设了特别提款权（SDR），作为同黄金、美元和IMF头寸并列的补充性国际储备资产。SDR作为成员国在IMF特殊账户上的记账单位，它不以黄金或其他货币为基础，但代表了IMF创造的有价值的国际储备，对此称为“纸黄金”。SDR按各国在基金中的份额进行分配，可用作会员国国际储备、归还IMF贷款，以及中央银行之间的国际结算。它的创立分配使用，一定程度上缓解了美元过剩危机及布雷顿森林体系危机。

尽管如此，美国国际收支状况的恶化，特别是进入20世纪70年代后美国经济的进一步衰落，使以美元为中心的布雷顿森林体系无可挽回地走向了全面崩溃。

1971年爆发的第三次美元危机，较之前两次更为严重。在国际汇市抛售美元、抢购黄金和其他硬通货风潮的冲击下，美国尼克松政府不得不在1968年8月15日宣布停止美元与黄金兑换；并在1971年12月18日与主要工业化国家达成的史密森协议中，提出美元兑黄金贬值，日元、西德马克、瑞士法郎等欧洲货币兑美元升值；扩大其他货币钉住美元的准固定汇率波动幅度等诸多措施。

史密森协议协定虽然勉强维持了布雷顿森林体系下的固定汇率，但美元与黄金的可兑换性的冲击，意味着“双挂钩”的布雷顿森林体系的实质性瓦解。当1973年2月国际外汇市场美元危机再度出现时，这个协定便寿终就寝，布雷顿森林体系亦随之彻底崩溃。

案例　布雷顿森林体系的衰败与瓦解

固定汇率制使得许多国家难以在不进行汇率调整的状态下同时实现内部和外部平衡。然而，随着国际间资金转移日趋容易，只要汇率有可能变化，不管这种可能性多么小，也会导致投机性的资本流动，使得政策制定者们面临的任务更为棘手。布雷顿森林体系崩溃的过程，也正是各国在其规则下试图协调内外部平衡问题的一个不成功的例子。

暴风雨前的平静：1958—1965年

1958年，即欧洲恢复货币可兑换性的那一年，美国的经常项目盈余急剧下降。1959年，美国出现了赤字。虽然在1960年美国经济进入衰退以后，经常项目的状况有所改善，然而外国的中央银行在那一年将它优将近20亿的美元储备都兑换成了黄金。在此之前的1958年和1959年，它们已兑换了大约30亿美元。1960年标志着

"美元短缺"时代的结束和一个害怕美国将美元相对黄金贬值时期的开始。

尽管一些欧洲国家，主要是英国，面临着外部平衡的问题，但从总体上来说，1961—1965年对美国来说是一段平静的时期。美国在此期间的经常项目盈余增加了，外国银行大规模挤兑黄金的威胁也降低了。但私人资本的持续外流和由此导致的外国官方储备中美元的增加一直是肯尼迪与约翰逊政府担心的主要问题。因此，从1963年开始，美国政府通过对美国人购买外国资产征税及其他的方法试图减少美元外流。

在这一时期的初期，德国面临着内部平衡和外部平衡的两难抉择，到20世纪60年代末这一问题越发严重。1960年，德国遇到一个就业高涨和国际储备大量涌入的时期。政府实行紧缩性的货币政策以限制就业高涨的努力导致了德国中央银行的国际储备以更快的速度增加，而德国中央银行为防止马克升值，被迫出售德国马克购买美元。1961年3月马克的一次轻微升值（5%），使产出增长速度放慢，经常项目盈余减少，经济更接近于内外部平衡。虽然在德国问题上布雷顿森林体系成功地避免了一次大的危机，但部分原因是因为外汇市场认识到德国的货币升值反映的是德国的宏观经济问题而不是美国经济问题。这种认识在下一个十年发生了变化。

越战的军事升级和"伟大社会计划"：1965—1968年

许多经济学家把1965—1968年间美国的宏观经济政策看做是导致固定汇率制度瓦解的一个主要因素。1965年，由于林登·B. 约翰逊总统扩大了美国在越南冲突中的参与程度而使政府的军事购买支出开始增加。同时，伴随着总统"伟大社会计划"（包括公共教育与城市重新建设基金）的实施，其他方面的政府开支也大大增加了。图18-4（a）显示了政府购买增长率是在1965年缓慢上升，接着在1966年大幅度上升。政府支出的增加并未辅之以税收的快速增长。1966年是大选之年，约翰逊总统不愿意因为增加税收而招致国会对其开支的严密监督。

这样做的结果是，巨大的财政扩张引起美国价格的上涨并使美国经常项目盈余急足下降（见图18-4（b）与18-4（c））。虽然货币政策（用货币供给增长率衡量）最初随产出的扩张而转向紧缩，但它所产生的高利率对建筑业的负面影响使联邦储备不得不在1967—1968年选择一个宽松得多的货币方案（图18-4（d），这使得美国国内的价格水平进一步提高，以至于到20世纪60年代末，美国的年通货膨胀率接近6%。

从黄金危机到整个体系的崩溃：1968—1973年

危机的迹象最早出现在伦敦的黄金市场。1967年年底与1968年年初，私人投机者由于预期黄金价格可能会上升而开始囤积黄金。当时的观点认为这是由于英镑在1967年11月的贬值所造成的，但1967年左右美国货币的急剧扩张与通货膨胀率的上升也影响了投机者的预期。美联储与欧洲各国中央银行大量出售黄金仍无济于事。英格兰银行在1968年3月15日关闭了黄金市场，两天后宣布实行黄金市场的双轨制，即官方价格与私人价格并存。私人的黄金买卖可以继续在伦敦市场上交易，不过价格将实行浮动。与此相反，各国中央银行仍继续以每盎司黄金35美元的官方价格进行黄金交易。

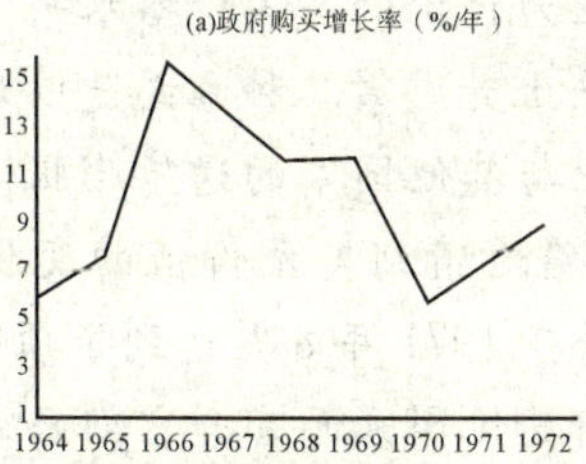

（a）政府购买增长率（%/年）

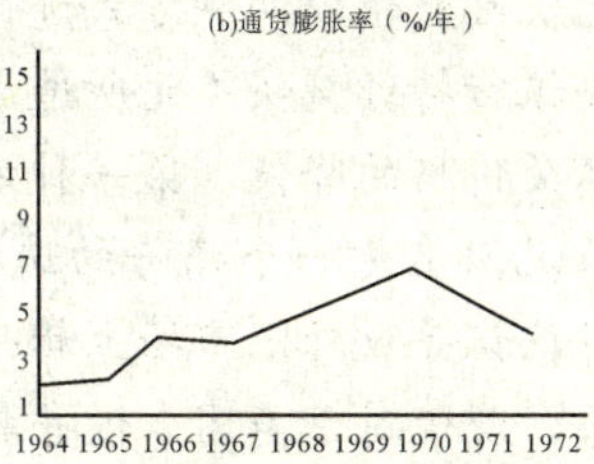

（b）通货膨胀率（%/年）

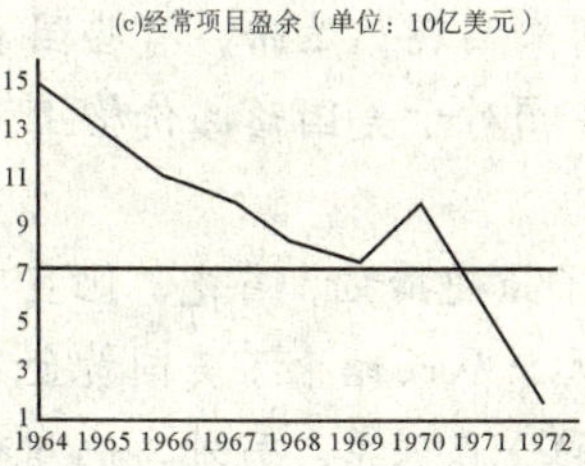

（c）经常项目盈余（单位：10 亿美元）

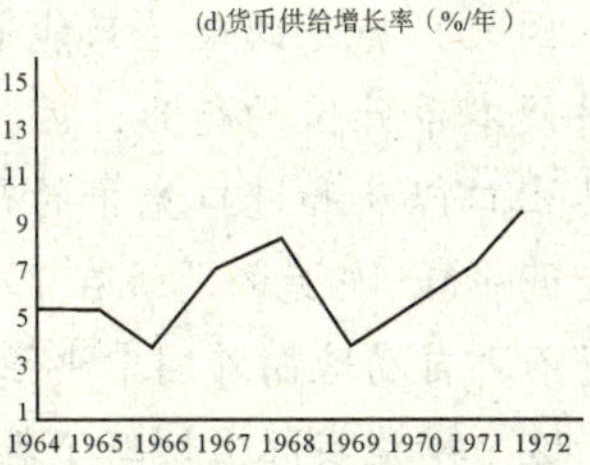

（d）货币供给增长率（%/年）

图 18-4　1964—1972 年美国宏观经济数据

资料来源：Economk Repert of the President，1985。其中货币供给增长率是当年 12 月份的 M1 相对于上一年 12 月份的 M1 的增长百分比。通货膨胀率是当年的平均消费者物价指数相对于上一年平均消费者物价指数的增长百分比。

双轨制的建立是布雷顿森林体系的一个转折点。该体系实行金汇兑本位制的最初目标是通过固定美元与黄金的比价防止通货膨胀，各国中央银行割断了美元与黄金的固定市场价格之间的联系，也就抛弃了布雷顿森林体系固有的反通货膨胀的机制。双轨制的实行从整体上来说并未消除对美国的外部限制，因为外国中央银行仍保留以官方价格向美联储兑换黄金的权利。不过此时官方价格已经只是中央银行结清账目的一个虚假的机制，不再能自动地对世界的货币增长起制约作用。

如图 18-4（b）所示，虽然 1970 年美国正处于经济衰退中，通货膨胀率仍然上升了。在那时，通货膨胀的预期在经济中已经普遍存在，并且即使在经济增长放慢时期也影响到工资的确定。不过，总需求的减少确实使得美国的经常项目在 1970 年得以改善。

这种改善不久就被证明是暂时性的。美国 1971 年初公布的国际收支不利的消息导致私人在外汇市场上大量购买德国马克，因为人们相信马克将在不久以后对美元升值。仅在 1971 年 5 月 4 日当天，由于对马克的需求扩大，德国中央银行不得不购进 10 亿美元以保持其固定汇率。5 月 5 日清晨，在外汇市场开盘交易的第一个小时内，德国中央银行就买进了 10 亿美元！此时德国中央银行不得不放弃努力并允许其汇率浮动，以避免德国的货币供给以更惊人的速度增加。

几周以后，市场越发相信美元将不得不对主要的欧洲货币贬值。1971 年美国失业率仍然很高，和前些年相比，价格水平猛增。为了恢复充分就业并保持经常项目平衡，美国政府不得不在一定程度上对美元进行实际贬值。

美元实际贬值以两种方式进行。第一种是以失业为代价的美国价格水平下降和让外国中央银行持续购买美元所造成的外国的价格水平上升。第二种方式是以外币表示的美元名义价格的降低。第一种方式——美国的失业与其他国家的通货膨胀，对政策制定者来说似乎是一个痛苦的选择，因此，市场正确地猜到美元价值的变化势在必行。这种认识导致外汇市场上新一轮的美元抛售，并在1971年8月达到了顶峰。

然而，贬值对于美国来说并非一件易事。对任何其他国家而言，它们只需重新制定对美元的比价就可改变汇率。但是对美元来说，只有其他国家同意将其货币在新的水平上钉住美元，贬值才可能实现。实际上，所有的国家都必须同时同意其货币对美元升值，因此，美元的贬值只能通过大量的多边谈判来实现。然而，有些国家并不热衷于这种使本币升值的行为，因为升值使其本国商品相对于美国商品价格上升，从而不利于其出口以及和进口竞争的行业。

理查德·M. 尼克松总统在1971年8月1日采取了强硬措施。首先，他宣布从此以后美国将不再自动地向外国中央银行出售黄金换回美元，从而结束了美国黄金不断外流的局面。这个措施实际上切断了美元与黄金之间仅存的一点联系。另外，他宣布对所有美国进口的商品征收10%的附加税，直到美国的贸易伙伴同意其货币对美元升值为止。

1971年12月美国与其贸易伙伴在位于华盛顿特区的史密森学会达成了一个关于汇率重新调整的国际协定。美元对外币平均贬值约8%，原征收的10 %进口商品附加税被取消。黄金的官方价格上升到每盎司38美元，但这一上调其实对经济并没有产生什么意义，因为美国拒绝继续向外国中央银行出售黄金。史密森协定使得金本位制的最后一块阵地也丢失了。

该协定虽然被尼克松总统誉为“世界历史上最有意义的货币协定”，却还不到15个月就破产了。1972年美国经常项目急剧恶化，并且在那年大选之前货币增长率大大提高，使得市场相信史密森协定确定的美元贬值福度还远远不够。整个1972年，更多的投机资本由美元转换为其他货币，尤其是德国马克与日元。德国政府不得不控制资本流入，以抑制储备流动带来国内货币供给的增加。

1973年2月初，发生了另一次大的美元市场的投机性冲击，使得外汇市场在美国与其主要贸易伙伴商议支持美元的措施期间关闭。2月12日，美元宣布进一步贬值10 %，不过就在政府宣布恢复外汇市场交易后不久，投机资本又开始了对美元的冲击。3月1日，在欧洲各国中央银行被迫购买了36亿美元以防止其货币升值之后，外汇市场再度关闭。

3月19日外汇市场又一次开盘交易，日本与大多数欧洲国家的货币价格相对于美元都开始浮动。工业化国家对美元汇率的浮动在当时被看作是对难以控制的投机性资本流动作出的暂时性反应。但是，1973年3月的这一系列暂时性调整最终变成了永久性的措施，标志着固定汇率制度的破产和国际货币体系一个动荡的新时代的开始。

【案例来源】保罗·克鲁格曼. 国际经济学［M］. 海闻，蔡荣，等译. 北京：中国人民大学出版社，2002.

第二节 当代国际货币体系

本节在对当代国际货币体系的形成及主要特点加以概括的基础上，进一步就经济全球化趋势下当代国际货币体系的矛盾及改革趋向做了专门的分析。

一、当代国际货币体系的形成及主要特点

以美元为中心的布雷顿森林货币体系崩溃后，IMF 最高权力机构——IMF 理事会即着手研究国际货币体系的改革问题。早在 1971 年 10 月就提出修改 IMF 组织协定的意见；1972 年 7 月，又决定建立“20 国委员会”，作为 IMF 的咨询机构，对这方面的改革进行具体研究。该委员会于 1974 年 6 月提出了一份“改革纲要”，对黄金、汇率、储备资产和国际收支调节等问题提出了一些原则性建议，为后来改革的实施奠定了初步基础。1974 年 7 月，IMF 成立的一个新的国际货币制度委员会，简称“临时委员会”，接替“20 国委员会”，并于 1976 年 1 月在牙买加首都金斯敦举行会议，讨论 IMF 协定的修改。经过激烈的讨价还价，终于就汇率制度、黄金处理、储备资产等问题达成一些协议；同年 4 月，IMF 理事会通过《国际货币基金组织第二次修正案》，并于 1978 年 4 月 1 日正式生效。这样，以“牙买加协定”为基础的新的国际货币体系得以形成。

牙买加协定基础上形成的新的国际货币体系，并非是对布雷顿森林体系的全盘否定。一方面，布雷顿森林体系建立的 IMF 组织仍在发挥着重要作用；另一方面，美元地位的大大下降，但尚未影响到它作为主要国际储备货币的地位。与此同时，作为一种新的国际货币体系，牙买加体系也有着与布雷顿森林体系全然不同的特点。

（1）汇率安排多样化，有管理的浮动汇率成为各国的主要选择。在服从 IMF 指导和监督的前提下，各成员国可以根据本国的实际选择各种不同的汇率制度，增强了各国宏观经济政策的自主性和灵活性。

（2）黄金非货币化。黄金与货币脱钩，即不再是各国货币的平价基础，也不能用于官方之间的国际清算。基金组织将其持有的黄金总额的 1/6（约 2 500 万盎斯）按市场价格出售，超过官价的部分成立信托基金，用于对发展中国家的援助；另外 1/6 则按官价归还各成员国。

（3）国际储备多元化，特别提款权（SDR）拟成为主要国际储备手段。布雷顿森林体系美元一枝独秀的局面被以美元为首的包括日元、西德马克、英镑等多种储备货币本位所取代。这在相当程度上解决了过去国际货币储备和国际清偿手段提供对美国国际收支变动的过份依赖。

（4）国际收支调节机制多样化。汇率机制、利率机制、基金组织的干预和贷款、国际金融市场的媒介作用以及有关国家外汇储备、债权债务调整等多种调节机制的相机抉择作用，一定程度上改变了布雷顿森林体系国际收支调节渠道有限、调节机制经

常失灵而导致的长期出现全球性国际收支失衡现象。

上述几个方面与扩大基金组织份额、增加对发展中国家资金融通数量和限额等，共同构成了牙买加协定的主要内容，并成为当代国际货币体系的基础。

二、当代国际货币体系面临的主要问题

以牙买加协定为基础的当代国际货币体系的实践，对维持国际经济的正常运转，推动世界经济的持续发展，其积极作用是应当肯定的。它基本上摆脱了国际本位货币国家与其他国家相互牵连的弊端，其汇率制度的多样化安排亦使得各个国家的汇率政策能较灵敏和实际地反映不断变化的客观经济情况，在一定程度上解决了布雷顿森林体系中面临的特里芬难题，以及国际收支配置机制失灵的困难。但同时，该体系作用的结果也存在着消极的一面。这主要表现在它使得国际货币格局错综复杂，缺乏统一稳定性。国际金融的动荡加剧，国际贸易和金融市场受到严重的冲击。

（1）汇率安排多样化与汇率波动加剧，国际金融危机频繁发生。以浮动汇率为主体的多样化汇率机制，其最大弊端是导致国际货币体系缺乏稳定性。尤其是作为当代全球汇率体系基础的美元、德国马克（及后来的欧元）、日元等主要货币之间汇率的过度频繁、大幅度波动，加大了国际贸易和国际投资的不确定性风险，有碍于世界经济的健康发展。浮动汇率所导致的对各国财政政策约束的放宽，难免导致一些国家无限制地实行膨胀性的财政货币政策，从而加剧世界性的通货膨胀压力。除此而外，浮动汇率还为外汇市场的投机提供了活动的空间，亦成为20世纪90年代以来国际金融危机频繁爆发的一个原因。

（2）国际储备多元化与各国国际储备资产管理难度的增加。当代以美元为中心的多元化国际储备体系，固然有利于减少各国对单一基础货币美元的过度单纯依赖，进而降低国际储备资产管理风险的一面，但同时这种建立在国际信用货币基础之上的国际储备，货币仍是来自这些储备货币发行国的国际收支逆差，是在国际支付的过程中被创造出来的，其稳定性要以相关国家相互协调宏观政策为条件。在这些被用作主要国际储备货币之间尚缺乏统一的稳定货币标准，相互间汇率波动频繁加剧的情况下，无疑加大了各国特别是发展中国家货币金融管理的难度。

（3）国际收支调节机制的多样化与国际收支问题严重化。牙买加体系下的国际收支调节机制，主要包括汇率机制、国际金融市场和利率机制、国际金融机构调节，以及国际储备资产运用等多个方面。其中浮动汇率条件下，汇率机制是国际收支调节的主要方式，但它要受到进出口商品的弹性等的限制；利率机制的使用，亦要受到各国宏观经济方面的制约；而国际收支逆差国和顺差国的对称性调节，则长期缺乏有权威和成效的引导监督。

（4）金融创新的纷纷涌现与国际金融风险的不断加大。随着金融全球化步伐的加快，金融市场的阻碍消除，银行之间、银行与非银行金融机构之间的界限日趋模糊，业务交叉普遍。为规避金融风险而纷纷涌现的各种新的金融衍生工具或金融手段，其本身就蕴藏着巨大的潜在风险，在金融监管机制尚不够完善的情况下，往往成了国际

金融外汇市场投机性交易的重要手段，因而使得国际金融市场风险进一步加大。

（5）金融全球化与国际货币金融监管协调机制不力。这首先表现在对国际金融市场的动荡乃至危机，缺乏行之有效的“预警”机制。当问题严重并引起普遍重视时往往已为时过晚，错过了遏止危机的最佳时机。例如，IMF 在 1997 年 5 月出版的《世界经济展望》中，对东南亚金融危机竟毫无觉察，甚至还对“泰国出色的经济运作情况和当局坚持正确的宏观经济政策”大加赞扬。亦表现在金融危机爆发时，传统的处理危机的“一揽子”救助措施常常不能对症下药，并且通常附带有利于西方发达国家的经济、社会和政治改革条件。此外，更表现在对金融全球化和自由化背景下每天活跃在世界市场上数以亿万计的庞大游资，缺乏有效的监督和约束机制，使之成为国际金融市场动荡的一个重要因素。

三、当代国际货币金融体系的改革趋向

面对当代国际货币金融关系的矛盾冲突，尤其是 20 世纪 80 年代以来旷日持久的国际债务问题，以及二十世纪最后几年相继发生的国际金融的危机和动荡，如何改革现行的国际货币金融制度，使之能在尽可能大的程度上适应经济全球化趋势下世界经济的健康发展，客观上已成为包括发达国家在内的世界各国共同关注的问题。为此，国际金融界亦采取了许多措施，主要是从增加特别提款权的总份额、改进特别提款权的定值来扩大特别提款权作为国际货币的作用，从 国际外汇储备多元化、扩展货币集团化，以及发达国家政府联合干预外汇市场等不同方面，对现行国际货币金融制度加以改善和调节。然而，这些改良性的微调措施并没有达到预期的效果，致使现行国际货币制度业已存在的许多问题未能得到较好解决，而经济全球化发展所带来的许多新的矛盾还在不断增加，并成为严重影响世界经济发展的桎梏。

有鉴于此，对现行国际货币金融制度进行较彻底的改革乃至重建新的适应于经济全球化趋势下世界经济发展的国际货币金融制度，已经成为国际金融界大多数国家所普遍认同或接受的主张。彻底改革或重建国际货币金融体系的建议与方案很多，概括起来主要有以下几种：

1. 恢复国际金本位制。

持这种观点者，主要以法国的吕埃夫和瑞士的海尔普林等为代表。而更多人则主张的是实行加以改进的金汇兑本位制，只是侧重点有所不同，其代表人物包括：美国的伯恩斯坦（主张建立新储备单位来增加世界清偿能力）；英国的哈罗德等（主张提高金价来增强世界清偿能力）；瑞士的拉兹等（主张建立多种通货储备体制）。恢复和扬弃国际金本位制的观念在供给学派及美国共和党内也有相当市场，在 1984 年 8 月于达拉斯召开的美国共和党大会上通过的里根总统竞选纲领中，便提出了用金本位制抑制通货膨胀的主张。总的来说，这种将黄金作为基准货币的固定汇率体系的金本位，并非本世纪初流行的那种金本位简单复兴，而是所谓的“新金本位”（New Gold Standard）。这种新的全球金本位并不依赖实际存在的黄金储备，而是以中央银行发行保证本国货币按固定比率购回黄金的远期合约（Financial Futures Contracts）的意愿为

基础。这样一来，根据对未来的预期，金融市场力量便可被用来扩张或收缩一国的货币供应量，同时，投机者的行为便具有了一种稳定效应，因为他们买卖债券的活动将会导致货币与黄金的相对价格走向其均衡固定比率。

新金本位制度相对于布雷顿森林体系而言有它的优势。因为黄金作为货币已有很长的历史，它容易被接受，而且各国中央银行仍能采取主动的货币政策。但是要看到的是，在现实经济条件下，国际货币市场的自动调节机制及重归金本位制，必然要受到各种因素制约。且不说黄金储备分布的不合理，仅拥有世界黄金储备 20%的发展中国家自然首当其冲就缺乏货币稳定的基础；即使世界黄金产量，也跟不上国际经济增长对货币黄金的需求。此外，金本位制同各国国内的经济政策目标也有其矛盾的一面。比如，在国际收支出现逆差的条件下，要维持金本位制，就得用黄金去进行清偿。这不仅会出现黄金严重外流，引起国内货币量收缩，抑制着经济增长，而且根本就没有那么多黄金用于这种清偿。如果希望保持经济增长，那就必须冻结黄金外流，但这不仅会加剧出现更严重的国际收支逆差，而且还从根本上动摇着金本位制的基础。

2. 恢复布雷顿森林体系制

从本质上讲，布雷顿森林体系与金本位类似，即所有国家的货币均与一核心币挂钩，并在此基础上确定各国之间的汇率且固定之一。布雷顿森林体系和金本位的区别仅在于核心货币：前者为美元，后者为黄金；同时全球的货币政策也就主要由美国联邦储备委员会来决定。1947—1971 年间的国际货币体系便是如此。尽管它问题很多，但终究为全球贸易提供了一个稳定的货币基础。在今天提出恢复布雷顿森林体系的主张，其理论依据是：

（1）从 1944—1971 年这段时间的国际货币制度来看，总的情况是稳定的，对世界经济与国际贸易的发展是有益的。因此，从理论上来讲，就应恢复布雷顿森林体制。关于矛盾问题，那只应想办法解决，而不应否定这个体制本身。

（2）恢复了布雷顿森林体制，也就是恢复了美元等同黄金的地位，这样，从理论上来讲，国际货币就有了稳定的基础。这对人们今天普遍过于重视黄金的保值作用来讲，是有客观意义的。

（3）现在，美国虽不是世界产金和储金最多的国家，但却仍是比较多的地方，这也是有利条件。当然，从当今世界经济发展的规模来讲，那是远远不相适应的。不过，这正是要各国来共同想办法加以解决的。

（4）和二战刚结束时类似，美国在冷战后世界舞台上一直扮演着举足轻重的角色，东亚金融危机的爆发和 20 世纪 90 年代初期以来美国经济近 90 个月的持续增长，乃至在可预见到的将来相当一个时期美国在世界经济中的重要地位，均对该方案的提出起到推动作用。

这种方案尽管有其许多合理之处，但在具体的实行中困难也很多。首先，在 20 世纪 70 年代，美国的黄金尚且难以维持与美元的挂钩；而在世界经济迅猛发展的今天，则更不用说了。其次，经济全球化趋势下世界经济的多极化发展已成事实，美国的近十年来的持续增长，并不能改变欧盟、日本及发展中的新兴工业化国家经济的崛起，国际基准货币及国际储备的多元化趋势亦难以逆转。最后，让美国独家主导全球的货币政策，通过控制世界基础货币发行，再次享有向全球征收铸币税和转嫁其国内通胀压力的权力和机会，也难以为包括南北方在内的大多数国家所接受。

3. 创建单一世界货币和世界中央银行的国际管理通货本位制

建立世界中央银行并让其发行统一货币的思想，最初源于哈耶克 1937 年出版的一本题为《货币的民族主义与国际稳定》的著作。哈耶克指出，货币改革者的理性选择只有两种：建立国际货币政策的“世界中央银行”（A World Central Bank）和与通常理解的货币政策毫不相关的“完全自由的银行”（Full-fledged Free Banking）。哈耶克的第一种方案认为，与其由民族国家执行货币政策，不如由一个单一的世界中央银行负起责任。哈耶克的这一思想，在后来美国的另一个经济学家特思芬那里得到进一步发展。他主张创建起国际中央银行作用的世界中央银行，其任务是建立世界储备，控制国际货币发行，实行统一的国际通货管理。这种世界中央银行有协调各国央行业务的职能，在此基础上世界主要经济活动中心应采取措施实行固定汇率制度。

该方案较为理想，但其实施的困难在于，它与各主权国家利益密切相关，要想建立高度统一的世界银行机构，统一行使权力，必然面临着来自不同国家的众多压力。实行固定汇率，固然有助于发展中国家金融稳定，但推行固定汇率的弊端亦早已被许多发展中国家所领教过。此外，这种要在全球范围内创造一种统一管理通货的设想的实行中，也存在着许多具体的困难。

4. 建立区域性货币联盟

根据地理和经济的联系及特点，将世界分成若干货币区，货币区内各国实行固定汇率或准固定汇率制；各货币区之间的汇率则可据市场供求而自行变动。事实上，早在 20 世纪 20 年代国际金汇兑本位制瓦解之后，国际货币体系走向分散化，各种区域性货币组织，如西非货币联盟、加勒比货币区、中美洲货币同盟、欧洲货币体系等相继出现。其中，以 20 世纪 70 年代末开创的欧洲货币体系发展得最为完善，区域性单一货币——欧元的正式启动，以及区域性欧洲中央银行的建立，均已成为当代国际经济中举世关注的事实。面对 20 世纪 90 年代国际金融的动荡，建立类似欧洲货币联盟式的区域性货币联盟的构想，业已成为东亚国家近来常加讨论的议题。其中，较为具体而现实的是马来西亚总理马哈蒂提出的那个旨在降低对美元依赖的货币联盟方案，即在东盟的四个关键国家（马来西亚、泰国、菲律宾和印度尼西亚）间进行贸易时，用新加坡元来取代美元，并使之成为东盟各国货币的标准。他的这一建议已经受到了泰国的欢迎，并将在其他东盟国家得到认真的讨论。有些分析家指出，此方案实施后将会减少 30%，甚至更多的对美元的需求，并且能缓和这一地区的货币波动。

尽管这一建议的实施面临着不少的问题，但其建立区域性货币联盟的动向已引起了国际金融界的广泛关注。

5. 在现行国际货币体系的基础上，进行较大幅度的改革

之所以继续维持现行国际货币制度的基础是因为：其一，到现在为止，各种建立

新的国际货币制度的主张都缺乏现实的可行性，无法很快就加以实现，这样就只好在现行国际货币制度本身来想办法。现实的出路，就是尽可能的加以改革，使之为各方面所接受。其二，美国的经济现在仍是最发达的，其国民生产总值仍居世界首位，这是重要的物质基础；美元现在仍然是国际上的关键货币和主要的世界货币。其三，其他国家的货币，如日元、欧元、瑞士法郎等，可以相配合同时起到世界货币的作用。虽然其间矛盾在深化，但经济全球化和多极化已成定势，欧元的启动已经开始逐渐改变美元在国际货币金融体系中的传统独霸地位。因此，改革应是在现行国际货币金融体系的基础之上进行，它包含诸多不同的方面和层次。

其中的一种意见，就是改革现有的国际货币基金组织和世界银行以稳定国际市场。以索罗斯为代表的一批金融家认为，金融市场生来就是不稳定的，而国际金融市场尤其如此。与此同时，鉴于市场本身往往要作出过度反应，并且垄断市场是所有竞争者的目标，故市场无法纠正其自身的错误。这样一来，就需要一定程度的国家干预，而在经济日益全球化的今天，更加密切的国际合作是必要的。在面对东亚金融危机时，索罗斯建议成立一个新的“国际信贷保险公司”（International Credit Insurance Corporation）。按照他的设想，它将和国际货币基金组织一道，根据该机构官员认为安全的标准对国际贷款予以担保。有人还进一步指出，与其建立新机构还不如改革旧体制方便。为此他们甚至建议，干脆就把世界银行改成国际信贷保险公司，让其从一个贷款者转化成为一个国际信贷的保险者，从而稳定国际金融市场。

立足现行国际货币金融体系基础进行改革的另一种意见是，在现行的国际货币基金组织体系下继续推行金融自由化。其具体涵义是，要求各国进一步开放金融服务业以及其他市场，减少政府管制，增加其透明度，并且力求凭借国际货币基金组织等国际金融机构来完成上述目标。对此方案的支持，来自于1998年2月17日22个主要国家的官员在美国首都华盛顿就以下三个关键问题达成的共识：第一，解决目前的并且防止未来的金融危机的基础是自由市场；第二，各国政府在提供金融信息时要增加透明度；第三，国际货币基金组织应该继续发挥其不可或缺的作用。显而易见，这是一个实现可能性最大的方案，因为它一方面顾及了金融家和国际金融机构等既得利益者的利益；另一方面又迎合了市场化和全球化的时代潮流。其所包含的逻辑是，金融自由化无疑对世界贸易和分工有着巨大的促进意义，但它本身却不是无条件的；存在一个像国际货币基金组织这样的国际金融机构，这是保证全球市场化的必要条件。

综上而论，各种方案或主张均有其一定理论的、客观的依据，但其具体付诸实施中亦都难免会有各种不同的困难或障碍。相对而言，第五种方案至少在今后的一段时期较为现实。不断发现和探索解决当代国际货币金融体系中的矛盾和问题，努力寻求南北货币金融关系的相对平衡和谐点，经济全球化趋势下南北关系的进一步改善前景应是光明的。

结合经济全球化的趋势及当代国际金融的实际，可以认为，立足现行国际货币金融体系基础之上的根本性改革是必要而可行的。这种改革之所以要立足于现行国际货币体系基础之上进行，是因为1976年1月通过的“牙买加协定”为基础的《国际货币基金协定第二次修正案》所确定的当代国际货币体系的一些主要内容，如：汇率制度多样化、国际储备多元化、国际收支调节机制多样化，以及扩大对发展中国家的资金融通等，仍将得到保留或发展。在此基础上，改革可考虑从以下方面着手加以推进。

1. 根据经济与金融全球化趋势的要求，选择合理的汇率制度

自20世纪70年代中期布雷顿森林体系解体后，传统的固定汇率一统天下被打破，汇率制度安排的多样化，使单独的自由浮动、联合浮动、盯住某一货币或篮子货币等的浮动汇率，以及仍保持固定汇率等多种形式的汇率制度，成为各主权国家的自行选择或安排。就20世纪90年代以来的实践来看，实行固定汇率或盯住固定汇率机制的国家和地区逐年减少，实行管理浮动汇率制的国家和地区明显增多。到1998年年初，盯住美元的国家和地区约为23个，较之20世纪90年代初减少了10个；实行有限灵活盯住汇率制，即盯住一种货币或一组货币并在一定幅度内浮动的国家和地区，数量相对稳定无明显变化；实行有管理的浮动汇率的国家则由23个上升到44个，同期实行单独浮动汇率的国家和地区也由20个增加到53个。

上述实行固定汇率或钉住某一货币浮动的准固定汇率制的国家和地区，主要是发展中国家或地区。其中的相当一部分恰恰是受到20世纪90年代频繁发生的国际金融动荡或危机冲击的国家。这些国家汇率制度的这种安排，其出发点在于稳定汇率，促进贸易增长。但现实当中，随着国际资本流动规模的增大，资本账户亦在汇率决定过程中的作用上升；特别是短期资本的急剧增大和频繁流动，对汇率的稳定造成巨大冲击，使得盯住某个单一货币的固定汇率难以维系，浮动汇率制开始成为世界更多国家的选择。然而，浮动汇率制的实践表明，在资本账户充分开放的条件下，汇率的变化很难真实和有效地反映经济基本变量的变化，而通常在很大程度上受短期市场心理预期及投机等因素的作用，并形成汇率的过度波动，进而无法有效地保证贸易和实际经济的有效运行。相比之下，在有管理的浮动汇率制度下，汇率在货币当局确定的区间内波动，有助于消除短期因素的上述不利影响。只有当短期因素的作用导致汇率波动超出了确定区间时，才由货币当局对外汇市场进行必要的干预。同样，对实行盯住汇率制的发展中国家，宜实行盯住一篮子货币的有管理的浮动，即选用与本国经济联系较为密切，且在国际金融外汇市场有重要地位的若干种货币，各占一定的比重或权数，组成本国货币所盯住的"篮子货币"进行浮动。这样做有利于抵消或降低国际外汇市场主要国际货币波动对本国货币的冲击。

2. 推动区域性国际货币合作，作为迈向世界单一货币和执行全球统一的货币管理体系的过渡

适宜世界经济全球化、多极化的现状，欧盟、北美自由贸易区以及亚太经合组织这三大区域性一体化经济圈，责无旁贷地将成为21世纪范围最为广泛、经济实力及影响最为强大的国际经济一体化的代表，并以既相互联系合作，又鼎足对峙的态势，把当代错综复杂的国际经济关系带入一个新的阶段。作为一体化性质的经济集团内部，随着商品、劳务、资本与技术的跨国流动自由度的加大，为稳定成员国之间货币

汇率，减弱区域外其他国际货币波动的冲击，建立一体化区域内货币的特定汇率机制显得很有必要。欧盟经济一体化进程中欧洲货币汇率机制（ERM）的成功经验表明，这种特定汇率机制，是以区域内各国货币汇率实行可略有调整的准固定汇率，对外则实行区域货币“篮子”的联合浮动为主要特征。尽管这种区域性货币联盟的实施，对该区域内成员国经济发展水平差异及宏观经济政策的相互协调，有着较高的要求，但作为一个方向，区域性货币政策的推动，不失为介于由传统国际货币体系走向未来的实现单一世界货币和世界中央银行管理体系的一种可行的过渡形式。当然，适于不同区域经济一体化水平的差异，区域性货币合作方式可以采取不同的选择，如联系相对松散的货币区，或支付同盟等多种形式；在区域内经济一体化达到较高程度时，再走向货币联盟，即实现区域内的单一货币，并建立区域性中央银行执行统一的货币政策。

3. 改革现有的国际金融组织，特别是国际货币基金组织，扩大基金组织在监督协调成员国货币、汇率政策及全球性国际收支调节中的作用

应给予发展中国家在基金组织中以平等地位参加重大事项讨论与决定的权力。参照战后建立的关贸总协定（GATT）及现在的世界贸易组织（WTO）所确定的多边国际贸易体制，积极探索并寻求逐步建立相应的适应于经济与金融全球化发展要求的现代国际货币金融体系。现行多元化国际储备的结构调整，要逐步加大特别提款权（SDR）的权数比重，使之能尽快地担负起主要国际储备的职能，并作为未来全球性货币合作中统一的世界货币的前身。

4. 在微观上循序渐进的继续推进金融的自由化、国际化的同时，从宏观上加强国与国之间全球性的国际金融监管

在这方面，重点要放在建立全球性的透明度高、公平公正的金融风险监控机制及管理体系，实现由传统的对微观金融企业或行为的直控管制，向以间接调控为主要方式的宏观金融活动监管的转换。各国政府和金融管理当局、国际金融组织应联手抑制或打击国际金融领域的过度投机活动，并采取有效措施来限制金融衍生资产的过度膨胀，缓解金融经济与实际经济的过度脱离。

第三节　欧洲货币体系及欧元

欧洲经济一体化及欧元的问世，可以堪称为20世纪下半期人类社会国际经济合作的最为成功的典范。这一节将回顾欧元的前身或产生的基础—— 欧洲货币体系（EMS）及起其主要内容，对欧元的产生及国际经济影响作出分析。

一、欧洲货币体系（EMS）的建立及主要内容

1979年正式建立的欧洲货币体系（European Monetary System，简称EMS），既是西欧国家经济一体化实践的内在要求，是该地区已建成关税同盟及其共同农业政策得以稳固和健康发展的重要保证，又是为了摆脱美元波动对该地区国家经济冲击而采取

的共同措施。

EMS 由三个有着有机联系的部分构成：

1. 欧洲货币单位（European Currency Unit，简称 ECU）

ECU 作为该货币体系运转的基础，是由 EMS 各成员国货币按一定比重构成的一篮子复合货币。

ECU 主要有三种作用：①确定成员国货币汇率的依据，各参与国货币与之保持固定比价，然后再据此套算出同其他成员国货币的比价；②欧共体的储备手段及进行汇率干预的手段；③用于官方之间的清算和信贷手段。

2. 欧洲货币合作基金（European Monetary Cooperation Fund，简称 EMCF）

由各成员国缴纳各自黄金外汇储备的 20%作为共同基金的资金来源，并以此作为发行欧洲货币单位的准备。共同基金主要用于干预汇率和向成员国提供相应的贷款，以稳定外汇市场，度过暂时性的国际收支困难，保证欧洲货币体系的运转。

3. 欧洲货币汇率运行机制（Exchange Rate Mechanism，简称 ERM）

作为 EMS 的中心，以实行稳定的汇率体系。各参与国的货币之间保持一种可调整的固定汇率，允许相互间货币上下保持 2.25%的波动幅度（意大利、葡萄牙等少数经济承受力较弱国家货币的波幅可放宽为上、下各 6%）；对 ERM 以外国家的货币则实行联合浮动。这当中，ERM 成员国货币间的固定（或准固定）汇率，是通过 ECU 所确定的中心汇率及规定的波动幅度，以及必要的外汇市场干预措施实现的。当干预措施不能奏效时，则调整中心汇率来达到新的稳定。

综上所述，EMS 是一个以 ECU 为核心，以 ERM 为主体，以信贷体系为辅助手段的区域性可调整的固定汇率制度，它与国际金本位制下严格典型的固定汇率制的最大区别，一方面在于它是以特定经济条件为客观基础，人为制定并共同执行的、为保持汇率稳定而形成的；另一方面在于它的这种固定汇率制度的可调整性，有别于国际金本位制的严格固定而有序变动特征。

二、欧洲货币体系的发展及欧元的产生

EMS 的建立和运转，对欧洲经济一体化建设起到了显然的积极作用。这尤为突出表现在：该货币体系当中加入 ERM 的各成员国货币汇率波动的幅度大大缩小，通货膨胀率明显降低，多数成员国际收支状况总体趋于改善等不同方面；除此而外，该货币体系起到对国际金融市场的稳定作用，不仅使成员国受益匪浅，且对整个国际金融市场的动荡起到了一定的平抑作用。

正是基于这一现实，为巩固和进一步推进经济一体化的成果，1991 年 12 月，在荷兰的小镇马斯特里赫特（Maastricht）召开的欧盟首脑会议上，就欧共体政治、经济和货币同盟的深化所达成的《马斯特里赫特条约》（Maastricht Treaty，简称《马约》），进一步将建立欧洲经济和货币联盟（EMU）提到议事日程。按此条约关于货币联盟的最终要求，至迟在 1999 年要在欧共体建立一个负责制定和执行欧共体共同货币政策的欧洲中央银行（ECB），并实行单一货币。

《马约》要求分三个阶段来实施上述目标。

第一阶段，从1990年7月1日到1993年年底，主要任务是实现所有成员国加入欧洲货币体系的汇率机制；实现资本的自由流动，协调各成员国的经济政策；建立相应的监督机制。第二阶段从1994年1月1日到1997年，进一步实现各国宏观经济政策的协调；建立独立的欧洲货币管理体系，称为“欧洲中央银行体系”（European System of Central Banks，ESCB），作为欧洲中央银行的前身；各国货币汇率的波动要在原有的基础上（上、下2.25%，意大利、西班牙和英国的幅度为上下6%）进一步缩小并趋于固定。第三阶段从1997年到1999年1月1日之间开始，其目标是在这段时间内最终建立统一的欧洲货币和独立的欧洲中央银行。在1996年年底的时候，由欧共体理事会对各国的经济状况按加入第三阶段的条件进行一次评估。如果至少有七个（不包括英国）国家达标，并且当时欧共体的情况允许，则这些达标的国家将首先进入阶段三，其余国家则等到以后条件成熟时再加入。如果到1997年12月31日，达标的国家仍少于七个，或者欧共体理事会认为于1997年实施阶段三不合宜，则改为于1999年1月1日起将已达标的国家先进入阶段三，其余国家待以后条件成熟时再加入。

为了保证上述目标顺利实施，《马约》还明确规定了进入第三阶段的欧元区国家的经济趋同标准，以此作为欧元成员国货币一体化的共同基础。这些标准包括：①通货膨胀率不能高于欧共体三个最低国家平均水平的1.5%；②政府长期债券的利率不能高于欧共体三个通货膨胀最低国家平均水平的2%；③财政赤字占国内生产总值的比重必须小于3%；④公共债务的累计额必须低于国内生产总值的60%；⑤货币汇率必须维持在欧洲货币体系规定的幅度内，并且至少有两年未发生过贬值；⑥其中，央银行的法则、法规必须同《马约》规定的欧洲中央银行的法则法规相兼容。

从实际情况看，经济趋同的实施主要是从1993年以后开始的。绝大多数欧盟成员国为了赶上欧元头班车，作了积极的努力，使上了种种绝招，在较短的几年时间内，克服了重重困难，到1998年，除希腊外，都基本达到了《马约》规定的趋同标准。1998年5月2日，在布鲁塞尔召开的欧盟特别首脑会议，正式批准除了不愿首批加入欧元区的英国、丹麦和瑞典以及离达到趋同标准甚远的希腊外的欧盟其他11个国家，比利时、德国、西班牙、法国、爱尔兰、意大利、卢森堡、荷兰、奥地利、葡萄牙和芬兰首批参加欧洲货币联盟，成为欧元的创始国。该次首脑会议经艰难的磋商，就欧洲中央银行行长等主要人事安排达成了一致。欧元于1999年1月1日正式启动，从这一天起，欧元和各参加欧元区国家货币间的兑换率不可更改地固定下来，并将以1:1的比价替代欧洲货币单位（ECU），成为各国企事业单位、政府部门以及个人标价核算交易的工具。从欧元启动到2002年1月1日之间的货币转换时期，个人可以使用本国货币进行日常交易。此后，欧元的纸币和硬币开始正式面市，并与欧元各国原有货币同时流通。经半年的过渡期，至迟到2002年7月1日，各成员国货币彻底退出市场，欧元成为欧元区国家市场交易唯一的价值尺度、流通手段和支付中介手段。欧元的产生和运行，不论是对欧盟经济一体化的深化，还是对当代国际货币金融体系，乃至整个世界经济，都产生了重要的影响。

第四节　经济全球化趋势下的国际货币汇率机制

本节将比较分析固定汇率与浮动汇率两种汇率制度的特点，并就这两类汇率制度各自的利弊，以及当代国际经济现实中不同汇率制度的安排，进行归纳论述。

一、固定汇率与浮动汇率两种汇率制度的特点

由前面的有关分析可见，汇率的变动对一国国际收支的调节，以及整个国际经济的运行，都有着十分重要的意义。各国政府在汇率能否变动、如何变动等方面采取的基本规定和政策措施，既构成了该国或各国的汇率制度，又成为国际货币体系的一个重要组成部分。由国际经济发展的历史过程和制度安排的基本特征区分，汇率制度大致上可划分为两种基本类型，即固定汇率制度和浮动汇率制度。

1. 固定汇率制度安排的特点

所谓固定汇率制，是指一国政府将本国货币与外国货币的兑换比例，以法定形式固定下来，并将汇率的波动限制在较少的范围内。政府在对外宣布本国货币的法定平价的同时，还要承担在外汇和货币市场上维持法定平价的责任。政府主要通过宏观财政政策和利率、外汇储备缓冲、外汇管制等货币政策手段来达到汇率稳定的目的。金本位条件下的固定汇率制和纸币流通条件下的固定汇率的共同点表现在：两者均有平价和波动范围的限制。但两者亦有明显区别，主要表现在：金本位条件下，固定汇率所要求的平价和波动范围是自发形成的；而纸币流通条件下，固定汇率所要求的平价和波动范围则是通过各国共同协商而人为建立起来的。金本位条件下，汇率受黄金输转送点的制约而波动幅度很小，十分稳定；而纸币流通条件下，汇率受诸多因素影响而经常出现较剧烈的波动。

在资本充分自由流动的条件下，实行固定汇率制度，政府的财政政策和货币政策作用的力度有着很大的差别。这在标准的IS-LM模型的图示中可以得到说明，见图6-1（a）。

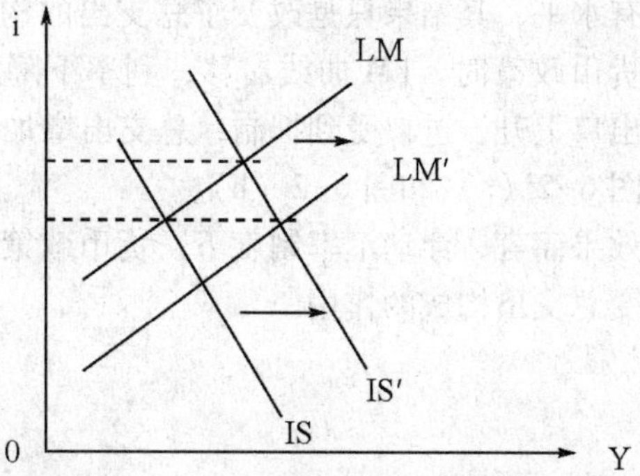

图6-1（a）　固定汇率制度下的财政扩张作用

图中，IS 曲线向右移，利率上升导致资本内流，本国货币有升值的压力，为维持固定汇率制度，政府当局将流入外资完全货币化，LM 曲线相应右移，国内利率回落，产出增加。

固定汇率制度下，实施扩张性的货币政策，LM 曲线右移，利率下降，资本外流，本国货币面临贬值压力；为维持汇率稳定，当局动用外汇储备缓冲外汇市场，基础货币投放相应减少，LM 曲线重新左移，利率回升，扩张作用消失，产出恢复到原有水平，其结果只是改变了基础货币的构成；国外信用收缩，国内信用扩张，见图 6-1（b）。

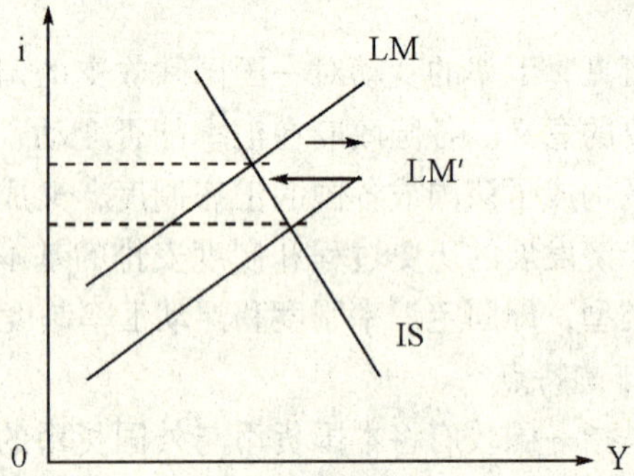

图 6-1（b） 固定汇率制度下的货币扩张作用

由此可见，就对产出的影响效果看，固定汇率制度下的政府财政政策是相对有效的；而货币政策则相对无效，但可起到改变基础货币构成的作用。

2. 浮动汇率制度安排的特点

所谓浮动汇率制度，是指汇率不受平价制约，主要以市场供求为基础，由市场机制自行调节的汇率，政府既不规定本国货币与外国货币的兑换比例，也不限定汇率波动幅度。

在资本充分自由流动的条件下实行浮动汇率制度，政府财政和货币政策对产出的影响作用也有所不同。当着实施扩张性财政政策时，利率上升导致本币升值，降低了本国商品国际竞争力，抑制了出口，刺激了进口增加，总支出下降，IS 曲线向左回移，产出水平恢复到原有水平，其结果只是改变了总支出的构成：财政支出增加，净出口减少。而扩张性的货币政策时，LM 曲线右移，利率下降，本币贬值导致本国商品国际竞争力的增强，出口上升，进口受到抑制，总支出增加，IS 曲线右移，货币扩张的作用得以加强，见图 6-2（a）和图 6-2（b）。

可见，就对产出的效果而言，浮动汇率制度下，货币政策相对有效，而财政政策相对无效，但可起到改变总支出构成的作用。

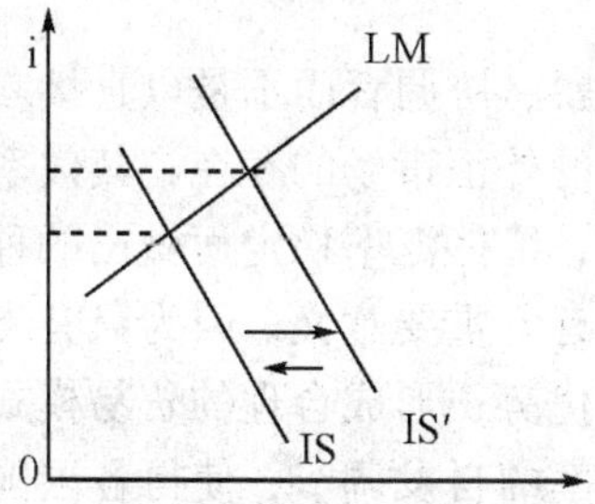

图 6-2（a） 浮动汇率制度下的财政扩张

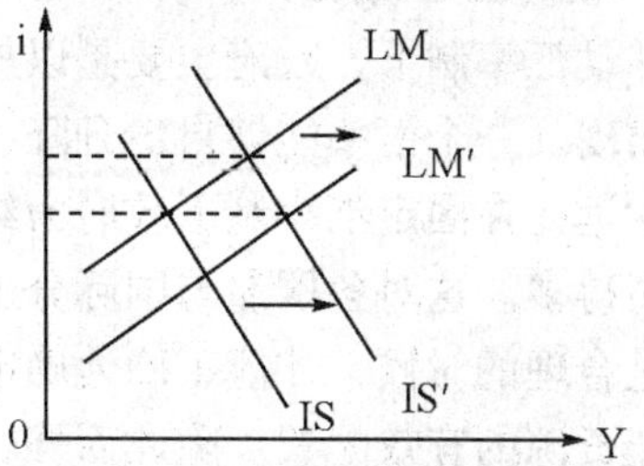

图 6-2（b） 浮动汇率制度下的货币扩张

二、固定汇率与浮动汇率两类汇率制度优劣的争论

浮动汇率和固定汇率这两类汇率制度，各自有着不同的优点和弊端。究竟哪类更适合国际经济运转的要求，是国际经济学界一个长期争议的问题。

主张浮动汇率制的观点认为，浮动汇率制有着许多固定汇率制所没有的优点。

1. 自动的调节机制

浮动汇率制度下，汇率由外汇市场供求关系决定，能真实地反映国际经济交往的实际。当外汇供过于求时，外汇汇率下降，本国货币汇率上升，相应地本国进口增加，出口减少，外汇需求上升，国际收支得以恢复平衡；反之，当外汇供不应求时，外汇汇率上升；本国货币汇率下降，进口减少，出口增加，外汇供给增加。浮动汇率可以自行地调节国际收支，使外汇汇率达到大致上的均衡。

2. 明显的政策优势

浮动汇率制下由于外部经济的均衡可以通过汇率的变动，自行加以调节，因此，政府一般不再依赖贸易管制和外汇管制来解决国际收支问题，而能够充分运用其他可以使用的各种政策措施，集中力量实现经济增长、充分就业和公平分配等国内的经济目标。

持这种观点的人认为，浮动汇率能增强货币政策的功能。例如浮动汇率制下政府所采取的反通货膨胀措施往往会导致本国货币升值，进而起到鼓励进口、抑制出口的作用，从而加大降低国内通货膨胀的力度。

浮动汇率制下的政策优势还表现在它能防止汇率被人为地扭曲而造成利益的再分配，避免政府为某一部门或某些利益集团利益，而作出不公平的政策决策。比如，在固定汇率制下，当一国政府为了提高发展速度而鼓励资本品进口时，可能有意让本国货币汇率高估，进而对本国出口部门产生不利影响；与此同时必将出现国内外汇的过量需求，又会导致政府外汇管制等途径的政策干预，结果使各种寻租行为应运而生，腐败现象难以消除，而这些情况在浮动汇率制下却难以呈现。浮动汇率制通过市场机制的作用，将外部均衡调节的负担较为均等地分摊到逆差国和顺差国，因而亦有着其合理性。

3. 较高的市场效率

浮动汇率制下，政府主要是以外汇市场活动的观察、协调者而不是以直接参与者身份出现。一个汇率能够自由升降、具有充分竞争性的外汇市场的存在，其效率或非扭曲性远比在固定汇率制下政府为纠正国际收支失衡，维持汇率稳定而做出的种种努力要高得多。这对各国参与国际分工、扩大对外贸易有着重要意义，因为只有当汇率本身是合理的时候，才能正确地确定一国商品的比较优势，形成合理的贸易模式，实现生产资源的有效配置。除此而外，浮动汇率制下汇率的自发调节，使得各国国际收支的差额及持续时间相对减少，因此，理论上可以降低平衡国际收支和干预外汇市场对各国中央银行所需持有的国际储备数量的要求以及进行外汇市场干预的操作成本。这有助于缓和国际清偿力不足的矛盾，客观上使得资源的配置和使用更加合理化。

4. 对外汇市场和国际金融市场动荡的制约

浮动汇率制对外汇市场汇率的调节进程带有连续性、渐进性的特点，汇率上下浮动所代表的是由市场供求力量变化带来的价格的边际移动，这在一定程度上避免了固定汇率制下偶尔发生的平价变更对经济造成的强烈冲击，同时，还能减轻外汇市场上因贬值预期而导致的大规模短期投机资本的冲击。浮动汇率还能起到阻碍通货膨胀和经济周期国际传递的作用。汇率的变动可以在一定程度上抵消固定汇率制各国货币和商品市场因固定汇率而相互联结的副作用，通货膨胀和经济周期具有的国际传递机制。

主张固定汇率制的观点，其主要根据在于：

1. 较低程度的不确定性

针对浮动汇率制下汇率的频繁变化，固定汇率的拥护者认为这实质上是不断改变着国际相对价格体系，从而搅乱了对国际贸易和国际投资决策来说至关重要的价格信号。因为汇率波动的不确定性，加大了经营性风险，不利于人们对国际经营活动成本和利润的准确估价，严重妨碍了生产的国际分工和专业化发展。虽然在外汇市场上可以通过套期保值、汇率互换、掉期交易等金融创新工具来减少外汇市场风险，但这些交易的费用支出，无疑成为经营者的额外负担。相比之下，固定汇率则可在相当程度上避免汇率的频繁波动所带来的不确定性，以及由此带来的国际经济活动的风险。

2. 较少的不稳定投机

外汇市场存在着不稳定性，这为投机提供了条件。如果投机能促使外汇市场走向稳定，则称之为稳定投机；否则则称之为不稳定投机或破坏性投机。在固定汇率制下汇率的波动有上下界限的限制，当汇率波动接近上下界限时，投机者多会预测汇率将反向变动，因此，投机通常是稳定性的。在浮动汇率条件下，投机往往是破坏性的。这是因为此时的投机会使汇率波动幅度大于原有的可能幅度。由于没有汇率波动的限制，出于对汇率变动的可能性产生更大的预期，投机者往往是在汇率上升时加速买进，因为他们的预期汇率还会上升；而在汇率下跌时大量抛出，因为他们预期汇率还将下跌。这种破坏性投机可用图 6-3 加以表示。

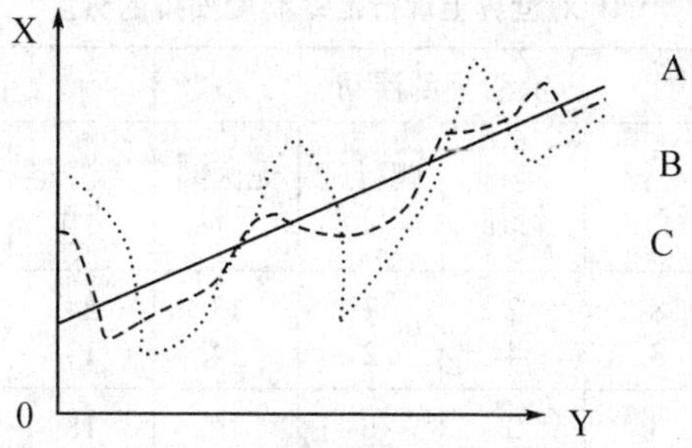

图 6-3　投机引起的汇率波动

图中纵轴 R 代表汇率，横轴 J 代表时间，曲线 A 代表伴随商业循环而来的汇率波动，并不存在投机现象；曲线 B 表示存在稳定投机情况下汇率较小的变动；曲线 C 表示有不稳定投机时汇率发生的较大变动，这种伴随不稳定投机而产生的大幅度汇率变动增加了国际贸易的风险和不确定性。这种情况在固定汇率制下则较少发生。

3. 规范政府宏观经济政策

固定汇率制下，如果一国的通货膨胀率高于其他国家，就会面临持续的国际收支逆差和本国货币贬值压力，进而导致外汇储备的流失。因此，政府必须重视对通胀的控制，这就是说，固定汇率实际上起着规范一国政府物价纪律的作用，过度扩张的财政政策和货币政策的运用受到了制约。相比之下，浮动汇率制下各国政府则没有相应的约束机制。当一国内部发生较高通胀而引起国际收支赤字时，汇率会自动发生变动以消除这种失衡的后果。因此，可能为追求国内就业持续实行扩张性的财政和货币政策，由此出现的通胀还会传递到其他国家。不仅如此，浮动汇率还容易使各国滥用汇率政策，通过干预汇率，形成货币竞争性贬值，或听任货币汇率朝有利于本国的方向变动，形成以邻为壑的汇率政策和国与国之间的汇率战，从而影响国际经济的运行。

三、当代汇率制度的安排

理论上的争论并没有也很难对浮动汇率和固定汇率孰优孰劣作出完全肯定或完全否定的结论。在现实国际经济领域，像金本位制时期那样严格的固定汇率制，或者完全自由的浮动汇率制，几乎都只是一种理论上的假定。传统上，汇率制度一般被分为自由浮动、有管理的浮动和固定汇率三大类。其中，自由浮动和固定汇率是两种极端情况。前者，官方基本不干预；后者，官方承诺维持特定的汇率水平。因此，它们被视为汇率制度的“两极解”。有管理的浮动汇率制度则介于两者之间，被称作汇率制度的“中间道路”。事实上，自从布雷顿森林体系，世界上这种与黄金挂钩的以美元为唯一基础货币的可调整的固定汇率制瓦解以后，在汇率安排多样化的基本趋势下，如何在将固定汇率制和浮动汇率制的优点加以提炼结合，同时，又尽量避免两者的缺陷或不足，便成为世界各国竞相考虑和尝试的倾向。由此产生了多种不同的汇率制度安排，其中不少兼有两种基本汇率制的特性。根据 IMF 在亚洲金融危机发生以后对成员国汇率安排的研究、分类，将汇率制度细分为八种类型，见表 6-1。

表 6-1　　　　　　　　**IMF 对世界上现行汇率制度安排的分类**

		自由浮动	有管理的浮动				固定汇率			合计
			平行钉住	爬行钉住	爬行区间浮动	无区间浮动	无法定货币	货币发行局	传统的钉住汇率安排	
远期交易	有 无	32 16	8 3	2 4	7 2	13 14	24 13	4 4	25 14	115 70
结汇要求	有 无	24 24	3 8	3 3	6 3	16 11	18 19	2 6	29 10	101 84
第八条款	有 无	37 11	10 1	5 1	8 1	16 11	37 0	7 1	30 9	150 35
汇回要求	有 无	26 22	3 8	4 2	7 2	21 6	18 19	2 6	29 10	110 75
合计	48	11	6	9	27	37	8	39	185	

资料来源：IMF<各国汇率安排与汇兑管制年报>，1999 年版

其中实行自由浮动的国家最多，共有 48 个；实行传统的钉住汇率制度的其次，共 39 个国家；实行无本国法定货币的固定汇率制度的再次，共 37 个国家。这三类国家合计占到成员国总数的 67%。此分类方法突出了汇率的形成机制和以及政策目标的差异。例如，欧元区国家被列入无独立法定货币的汇率制度，原来实行管理浮动制的中国、埃及、伊朗以及单独浮动的瑞士等因为汇率基本钉住美元，波动幅度很小而被列入固定钉住制。

IMF 所界定的上述 8 种汇率制度，有着各自的不同特点。其中较为普遍或有代表性的包括：

1. 可调整的钉住汇率制

可调整的钉住汇率制度，是指政府预先确定，公开承诺，并用干预市场的方法而得到的本国货币与某种（或某些）主要外币的法定平价和允许汇率上下波动的幅度，但是可以定期地调整法定的平价，以利用货币的贬值或升值来校正国际收支的不平衡，这是根据布雷顿森林体系建立的一种国际汇率制度。政府对外公布法定的平价和允许汇率波动的幅度，意味着要为此而承担在必要时进行市场干预的责任。不过，当本国的国际收支出现根本性失衡时，政府就会对法定的汇率平价进行调整，而不会死死地守住固定的汇率平价。至于什么是根本性失衡，大体上是指持续几年中都存在较大规模的逆差或顺差。

很明显，可调整的钉住汇率属于固定汇率制度的变形，目的在于利用固定汇率制度的优点来促进国际分工的发展，避免过多的外汇投机行为。同时，又保留通过货币贬值来实现对外均衡的选择。因此，汇率的走势可用图 6-4 来示意。在开始的一段时间里，平均的汇率 R 保持固定不变，市场的实际汇率在政府限定的狭窄的范围内（图中以虚线表示）波动。到时间 T_1 点，该国政府发现自己面临着根本性国际收支失衡，

于是就改变法定的平价。如果是顺差，就让本国货币升值，规定汇率为 R_1；反之，就让本国货币贬值，规定汇率为 R_2。当然，在新的汇率公布之后，政府又继续承担进行市场干预的责任。

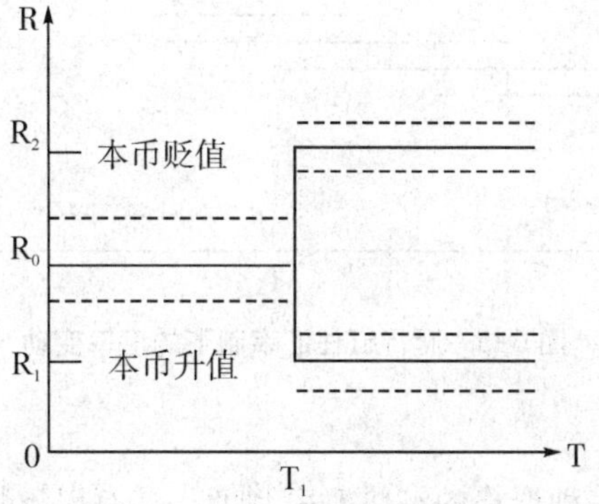

图 6-4 可调整的钉住汇率制下的汇率变动

在建立起可调整的钉住汇率制度之后，相当长的时期内各国都较少改变法定的平价，使其运行起来很像是真正的固定汇率制度。也许货币当局担忧的是改变法定平价会损害国家的威信，引起破坏性的外汇投机。当然，这种汇率制度在实施中一直有某些难点未能解决。例如，政府究竟在什么条件下应当对汇率进行调整？没有明确的规则在操作上就有很大的随意性，而公布这类规则又会引起严重的投机。

2. 爬行钉住汇率制

一次性地大幅度调整汇率平价的缺点是很明显的。除了破坏性投机，对实际经济部门的冲击也不少，于是，人们设计出一种幅度较少的“滑动平价”方式，即爬行钉住汇率制度。在这种汇率制度下，法定平价每一次变动的幅度较少，但变动的次数较多，以逐渐地达到通过改变法定平价来校正国际收支失衡的目的。一种常见的方法是，货币当局宣布对法定平价进行定期的连续性的小幅度调整，直至将法定汇率调整到位。例如，货币当局预期需要将法定平价下调 8%，但不是一次就宣布贬值 8%，而是在 4 个月内每月贬值 2%。

小幅度贬值的好处是降低市场的震动，操作得好甚至能对市场的实际汇率不形成明显的影响。例如，如果某次贬值的幅度刚好等于汇率波动的上限，在贬值后又允许汇率在规定的范围内波动。第二次再将货币贬值到汇率波动的上限，以此类推。这样，汇率就缓慢地爬行变动，如图 6-5 所示，外汇市场的供求关系受人为因素影响的痕迹就比较少。

在爬行钉住汇率的条件下，货币当局可能运用调整利率等手段来对付投机，防止外汇市场出现混乱。例如，在宣布本国货币贬值 2%时，同时将短期利率提高 2%，减少套汇者能够获得的利润。显然，爬行钉住汇率比可调整的钉住汇率有更大的灵活性，巴西、智利、哥伦比亚等国家在 20 世纪 80 年代运用这一制度，取得了比较好的效果。

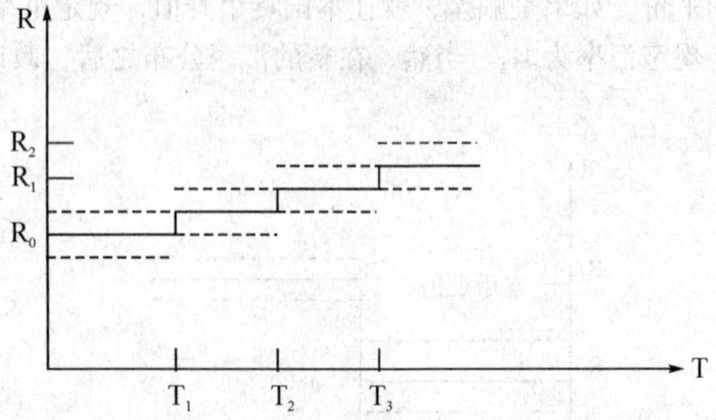

图 6-5 爬行钉住汇率制下的汇率变动

3. 货币局汇率制

又称货币局制，是一种严格的钉住汇率制度，具有以下特征：①选定一种外币作为锚货币（Anchor Currency），本币对锚货币的汇率锁定。这要求锚货币币值稳定，信誉良好，具有完全的可兑换性并被国际社会广泛接受。目前，拉丁美洲国家大多选择美元。过去，东欧和俄罗斯一般以德国马克为锚货币。本币与锚货币之间的汇率由法律规定，例如港币与美元之间的法定汇率为 7.8∶1；阿根廷比索兑美元固定比价是 1∶1；②本币完全可兑换，无论经常项目下的货币流动还是资本项目下的货币交易均不受限制；③在既定汇率下，本币的发行量必须有足够的外汇、资产储备予以支持，本币准备率一般达 100%；④货币局对本国货币的发行量、名义利率和名义汇率没有决定权，对货币局来说，其任务就是在法定汇率下随时进行本币与锚币的公开市场操作，保证法定汇率的稳定；⑤货币当局不能向政府融资，不得持有商业银行的债券，作为银行系统最后贷款人的作用受到限制。

目前，有 14 个国家（地区）实行货币局制度。从现实情况看，货币局制度对于抑制通货膨胀、实现金融稳定具有一定的效率。但是其成本也是显著的，如放弃中央银行职能、货币政策的独立性丧失等。固定的汇率无法对一些周期性因素做出调整；当着汇率不等于均衡水平汇率时，国家改变现有真实汇率水平的唯一方法是改变国内价格水平，而国内价格水平的变化可能会引起失业等问题。

案例 中国香港的联系汇率制

联系汇率制指一国或地区流通的法定货币不是由中央银行发行，而是由独立的通货发行局发行。这种货币的发行有完全的资金保证，即必须有一种可以作为国际储备的货币，按照一个事先预定的比价进行无条件的兑换。因此，联系汇率制的物质基础是外汇储备。它是货币局制度的派生形式。

联系汇率制几乎是除政治一体化之外的单向货币联盟，也是除货币联盟之外的最严格的固定汇率形式。在一个运行良好的联系汇率制中，即期汇率和远期汇率均是固定的，而利率则与直接挂钩货币的利率相一致。在纯粹的联系汇率制条件下，中央银行的货币发行完全是以外汇储备为支撑，也就使这种汇率安排因投资有息的外汇资产（如美国国库券）而丧失了铸币税。

目前，采用联系汇率制的国家和地区主要有与美元挂钩的香港地区、拉脱维亚、阿根廷以及与德国马克挂钩的爱沙尼亚等。

香港地区是实行联系汇率制比较成功的地区。香港地区的联系汇率制实质上是美元汇兑本位制。1987 年 7 月，其通过了关于金融管理体制与运行机制的“新会计安排”。确定的港元与美元挂钩的联系汇率制的主要内容是：发钞银行新发行的港元要向外汇基金缴纳等值的美元作为保证，以获取外汇基金无息的负债证明书。而持牌银行要获得港元也同样要有等值的美元存入发钞银行。当港元回笼时，发钞银行可以同样的汇率获得美元，同时交回外汇基金的负债证明书。发钞银行向持牌银行回笼港币时的做法与外汇基金与发钞银行之间回笼港币的做法相同。同时，外汇基金与发钞银行有义务通过外汇公开市场操作和调整利率来维护 1 美元兑换 7.8 港元的预定官价，使公开市场的汇率在官方汇率的 2%幅度上下浮动。

港元在香港地区外汇市场上则是公开浮动，港币的汇率是由市场供求来决定的。联系汇率与市场汇率、固定汇率与浮动汇率并存，是香港地区联系汇率制的最重要特点。一方面，外汇基金通过对发钞银行的汇率控制，维持着整个港币体系对美元的稳定联系；另一方面，通过银行与公众的市场行为与套利活动，使市场汇率在一定程度上反映现实资金供求状况。

香港地区的联系汇率制有两个内在的自我调节机制：①美元流动均衡机制。就是当港元被抛售或资本流出导致美元减少时，由于美元减少，发钞银行不仅不能增发货币，还须向外汇基金交回负债证明书赎回美元，导致基础货币减少。由于货币的乘数效应，货币供应量将倍数减少。而货币供应量减少导致利率上升，物价趋于下降，最终港元趋于稳定。②套利机制。香港的发钞银行由三家商业银行组成，商业银行必然具有追逐利润的动机。假设美元汇率上升到 1∶7.9 港元，所有发钞银行都会向外汇基金交回负债证明书，而以 1∶7.8 港元的汇率赎回美元，再以 1∶7.9 港元的比价在市场上抛出，结果使美元供应增加和港元供应减少，最终导致市场汇率与官方汇率趋同。

港元联系汇率制使港元汇率保持了相对稳定。当然，联系汇率制使香港地区货币政策的制定必须以美国的货币政策为依据，使货币政策的制定失去了必要的独立性。此外，汇率的长期固定不变会带来货币价值的高估或低估，从而有可能引发货币危机。

4. 无区间浮动汇率制度

又被称为有管理的浮动汇率（肮脏浮动）。前面的几种汇率制度都属于固定汇率或固定汇率的派生形式。与此不同，有管理的浮动汇率可以说主要是浮动汇率制度的变形。在有管理的浮动汇率制度下，各国的货币当局并不规定法定的平价，而只是对外汇市场进行必要的干预，使汇率的短期波动保持在一定的范围内，汇率的长期走势不受政府管理的影响。也就是说，这里汇率水平的决定是由市场供求关系所决定的，但汇率的短期波动受到货币当局干预的影响。

有管理的浮动汇率的特点，首先在于它保留了浮动汇率制度下由市场供求决定汇率高低这一基本的机制，也就是要继续发挥汇率变动在校正国际收支失衡中的主导作用。前面的分析已经指出，当一国的国际收支出现根本性失衡时，最终总是要求助于对汇率的调整来加以调节。平常要判断一国是暂时性失衡还是根本性失衡存在许多困难，所以，固定汇率制度下对汇率进行的调整往往滞后，即国际收支失衡问题往往相当严重，而浮动汇率有利于防止类似问题的累积。当货币当局能对短期的汇率波动幅度加以有效的控制时，市场的不稳定也就大大降低了，这样对贸易和投资就比较有利。可见，有管理的浮动汇率制在力图综合两种汇率制度的优点时，侧重点与前面的两种汇率制度明显不同。

从实际生活中来看，把汇率固定下来本身也是不合理的。因为实际的经济因素不断变化，它不仅取决于本国的条件和意愿，亦受制于其他国家的情况，把不同国家之间的货币兑换比例严格限死显然是不合实际的。可调整的钉住汇率有了弹性，但前提是政府能对汇率的长期变动趋势作出准确的和及时的判断，不幸的是，政府往往缺乏这方面的必要知识和手段。职业投机者、投资商和贸易商对外汇长期变动趋势的估计，常常要比货币当局更准。所以，对长期汇率的趋势不加干预，也许是明智的选择。政府如能真正把短期汇率的波动限制在较小的范围内，就能为贸易和投资提供相当有利的市场环境。

在有管理的浮动汇率制度下，需要政府进行必要而适时的市场干预。当市场存在对外汇的过度需求时，政府必须运用外汇储备来支持市场；而当外汇出现短期的供给过剩时，政府就应当将多余的外汇储备起来。除了要有相当规模的国际储备，货币当局还需要相应的组织机构、必要的知识和领导决策的能力。有管理的浮动汇率制度能否正常的运转，政府的职能是很关键的。

许多国家在 1973 年后逐步实行了有管理的浮动汇率制度，应当承认这不是出于各国货币当局的审慎选择，而是在外汇市场混乱、破坏性外汇投机达到不可忍受的程度，布雷顿森林体系崩溃后的无奈何的结局。初期，人们曾试图为有管理的浮动汇率制度设计国际性的规则，但并没有取得有效的成果。总的来说，有管理的浮动制度运行得还可以。据统计，到 1999 年，国际货币基金组织的成员国中约有 1/3 的国家选择了有管理的浮动汇率或类似的制度。这些国家包括了所有的发达国家和一些最大的发展中国家，全球 4/5 的国际贸易是在这些国家之间进行的。

当然，有管理的浮动汇率制度也面临一些重大的挑战。例如，在有管理的浮动汇率制度下，一国汇率可能持续几年地出现较大幅度的波动，以至于市场长期处于非均衡的状态中，也很难判断汇率的长期趋势。一个国家的政府也可能有意地长期让本国的货币贬值，以刺激出口，增加本国的就业，而当其他国家也面临同样的问题时，上述政策实际上就是以邻为壑，可能引起国家之间的经济冲突。缺乏明确的界限和可普遍遵循的行为规则，是有管理的浮动汇率制度存在的一个内在的缺陷，这在一定的场合中可能导致严重的危机。

5. 无法定货币汇率制

无法定货币汇率制度又可称为货币联盟。在货币联盟中，一国国内流通的货币与它的一个或多个邻国所流通的货币是基本相同的。在货币联盟内的国家放弃了自己的货币，并创造了新的货币联盟内统用的货币，这样在联盟内，再无汇率的问题，但对外仍有汇率，同时，他们还限制了利率的差异。货币联盟的地区包括巴拿马和一些加勒比海国家使用美元，以前的欧洲货币联盟（EMU）使用欧元。

这种制度的优点在于减少了交易成本，促进了联盟内的资本流动。缺点是在有冲击或周期变化时，限制了国家采取有益的利率和汇率的调整。因此，只有当放弃独立的利率和汇率的代价不高时，货币联盟才是有利的。

最近，几个拉美国家正在探讨美元化的可能性。美元化制度一般都是因为公民对中央银行完全失去信心，也不期望中央银行将来会变好的情况下才实行的，其动机是通过采取坚强的汇率保障来提高反通货膨胀政策的资信度。货币联盟保证采取单一的固定汇率。但是，如果需要的话，它也有可能解体。例如，捷克和斯洛伐克克郎的解体十分平稳，而苏联的解体就显得相当的动荡不安。

6. 爬行区间浮动汇率制度

其类似于汇率目标区制度。在这种汇率制度中，既可以钉住单一货币，也可以钉住一篮子货币。

汇率目标区的涵义有多种界定。通常可定义为：有关当局设计一套可调整的汇率以便同国际收支的长期形态相适应，并且围绕着这一整套可调整的汇率设立较宽的波动幅度。在这一制度下，政策当局承诺，当汇率达到中间平价的上下限时，它将进行干预。

最早提出“汇率目标区”这一汇制改革举措的是荷兰财政大臣杜森贝里（Duilsenbery）。他在1976年曾提出过建立欧洲共同体六国货币汇价变动的目标区计划。1985年，美国著名学者约翰·威廉姆森（John Williamson）和伯格斯坦（Bergsen）共同又提出了详细的汇率目标区设想及行动计划。1987年2月，七国集团中的六国财长在巴黎会议上将汇率目标区思想写入会后发表的《卢浮宫协议》。

汇率目标区的基本指导思想，是用在世界贸易中占最大比重的工业国家的货币来建立一个汇率目标区，在这个“区”内有一个中心汇率（基本汇率），并在中心汇率附近确定一个汇率波动的范围，实际汇率对中心汇率的偏离幅度要确定下来，有关国家正力求使汇率的变动不超过这个区域。

其主要内容包括：首先，在美、英、日、德、法等主要工业发达国家的货币之间，建立一种相对均衡的汇率及其浮动幅度，作为“汇率目标区”的汇率和浮动幅度。其次，其他国家的货币汇率则钉住“目标区”的汇率和浮动幅度。最后，政策当局承诺，当汇率达到中间平价的上下限时，它将进行干预。

汇率目标区与现行管理浮动汇率制的区别在于，汇率目标区为一定时期内汇率波动幅度设立了一个目标范围，并且根据汇率变动的情况调整货币政策，防止汇率波动超过此目标区。汇率目标区与严格的固定汇率制也不同：实行汇率目标区的国家没有通过市场干预以维持汇率稳定的义务，也不需要作出任何形式的市场干预的承诺，并且目标区本身也可以随着经济形势变化而随时作出调整。

汇率目标区方案包括了两种汇率制度的优点，即浮动汇率的灵活性和固定汇率的稳定性。虽然这个方案不能彻底解决汇率不稳定的问题，但如果主要西方国家能在此基础上协调宏观政策，那么这个方案还是有助于促进汇率的稳定，推动汇率制度的改革。

基本概念：

国际货币体系　国际金本位制　金汇兑本位制　布雷顿森林体系　特里芬两难　特别提款权　牙买加货币体系　欧洲货币体系　欧洲货币汇率机制　固定汇率　浮动汇率　可调整的钉住汇率制度　有管理的浮动汇率　联系汇率　美元化　汇率目标区制

思考题：

1. 国际货币体系的主要内容及其作用是什么？
2. 国际金本位制及其作用评价。
3. 布雷顿森林体系的基本内容及其崩溃的主要原因是什么？
4. 当代国际货币体系（牙买加体系）的特点和面临的主要问题有哪些？
5. 欧洲货币体系及其主要内容。
6. 《马约》所制定的加入欧元区国家经济的趋同标准是什么？
7. 试析欧元产生的原因及对国际经济的影响。
8. 试比较分析固定汇率与浮动汇率的利弊。
9. 试就当代国际货币体系的发展趋势谈个人见解。

网络资源：

Data and analyses of the operation of the present international monetary and trading systems are regularly conducted by the International Monetary Fund (IMF), the Organization for Economic Cooperation and Development (OECD), the Bank for International Settlements (BIS), the World Trade Organization (WTO), and the World Bank (WB). Many of these are posted on their web sites at:

http://www.imf.org

http://www.oecd.org

http://www.bis.org

http://www.wto.org

http://www.worldbank.org

For historical exchange rate, interest rate, and price of gold data during the gold standard, see:

http: //www. nber. org/databases/macrohistory/contents/index. html

For the operation of the international monetary system and International Monetary Fund, as well as proposals for reforms of the international monetary system, see:

http: //www. imf. org/external/pubs/ft/weo/2011/01/index. htm

To compare price discipline under fixed and flexible exchange rate systems, examine historical CPI data for various countries at:

http: //www. economagic. com/blsint. htm

For the Special Drawing Rights (SDR) "valuation basket: percentage weights," see:

http: //www. imf. org/external/np/exr/facts/sdr. htm

GDP and trade data are found at:

http: //www. worldbank. org

http: //www. wto. org

Financial data on emerging markets and their crises are found at:

http: //www. worldbank. org

http: //www. emgmkts. com

http: //www. roubini. com

The International Monetary Fund (IMF), the Organization for Economic Cooperation and Development (OECD), and the Bank for International Settlements (BIS) regularly review the monetary, fiscal, and exchange rate policies of various nations and other economic units and post many of their results on their web sites, which are:

http: //www. imf. org

http: //www. oecd. org

http: //www. bis. org

The central banks of the leading nations (the Board of Governors of the Federal Reserve Bank and the Federal Reserve Bank of New York for the United States and the European Central Bank for the European Monetary Union) include on their web sites a great deal of information on national economic and financial policies. The web sites for the United States, the European Union, the Bank of England, the Bank of Japan, and the Bank of Canada are:

http: //www. federalreserve. gov/policy. htm

http: //www. newyorkfed. org/index. html

http: //www. ecb. int

http: //www. bankofengland. co. uk

http: //www. boj. or. jp/en/index. htm

http: //www. bankofcanada. ca/en/index. html

The link to most of the worlds' central banks is found on the web site of the Bank for International Settlements (BIS) at:

http://www.bis.org/cbanks.htm

Analyses of monetary and other economic policies of the leading nations are also provided in The Economic Report of the President, The Federal Reserve Bank of St. Louis, the European Commission (EC), National Bureau of Economic Research (NBER), and Institute for International Economics (IIE). The web sites for these organizations are:

http://www.gpoaccess.gov/eop

http://www.stls.frb.org

http://europa.eu

http://nber.org

http://www.iie.com

第三篇 国际经济关系

国际经济关系并非始于这一篇，实际上，前面两篇都在讲述国际经济关系。第一篇讲述了国际商品关系，各国在比较利益的驱动下参与商品的国际交换活动，表现为商品的国际流动；第二篇说的是国际货币关系，在抽象的层次上反映商品的国际交换活动，或者说是在货币出现以后商品标识价格的结果。但是，与上述两篇有所不同，这一篇将要阐述的国际经济关系带有综合的性质，也就是从整体的角度来研究国际商品货币关系的发展及其产生的影响。

第二次世界大战前商品资本的国际化与货币资本的国际化，加上第二次世界大战后跨国公司所推动的生产资本的国际化，促进了整个资本的国际化即资本国际总循环运动的形成和发展，这是战后国际经济关系中所出现的最为重大的变化。显然，生产过程不同于流通过程，生产资本国际化对于推动整个资本的国际化来说，具有关键性的作用。当不仅仅是商品而且是各种生产要素都在跨国界流动的时候，国际经济关系发生了重大的变化。各国经济相互联系、相互依赖，这极大地推动了战后世界经济的发展。但是，国际经济一体化和经济全球化给各国经济发展所带来的不只是机遇，还有严重的挑战。国际非均衡的传导畅行无阻，世界经济的发展显得愈加不平衡，发展中国家与发达国家之间的差距在继续扩大，南北关系的改善困难重重。

在这一篇中，我们将要讨论三个方面的问题，一是生产要素的国际流动问题，二是非均衡的国际传导问题，三是国际经济一体化和国际经济秩序问题。显然，我们已从国际流通领域转到了国际生产领域。第二次世界大战后，随着第三次科学技术革命的进行，生产力得到极大的发展，国际分工愈益超越国界在国际上深入普遍地展开，跨国公司的触角伸展到了世界的各个角落，生产资本的国内循环运动也日益具有了国际性，正向着国际循环运动的方向演变。生产资本的国际化即生产的国际化不仅是建立在科学技术革命和生产力发展的基础上，而且也是以商品资本国际化和货币资本国际化为其前提的。当然，这与科学技术革命和生产力发展这样一个基础不同。也就是说，即使没有商品资本国际化和货币资本国际化，只要有科学技术革命和生产力发展这样一个基础，生产的社会化程度也会不断提高，也会超越国界，从而实现生产的国际化。即是说，在科学技术革命和生产力发展强有力的影响下，生产资本的国际化也会是不可避免的。我们只是想强调这样一个事实，以历史的观点来看，商品资本的国际化和货币资本的国际化是在生产资本的国际化之前发生的，而这并不改变商品资本和货币资本国际循环运动的地位。它们与科学技术的发展和生产力的发展之间没有那么紧密的联系，只与生产的发展之间有着直接的、紧密的联系。科学技术的进步与生产力的发展当然也会引起流通过程的变革，但流通过程更主要地是通过生产过程而较为间接地同科学技术的进步和生产力的发展相联系。因此，只能是生产资本的循环运动是商品资本循环运动和货币资本循环运动的基础，而不是相反，即使是在国际上也是如此。

随着商品资本、货币资本和生产资本的国际化，资本的总循环运动在国际范围内形成了，也就是资本实现了国际化，即资本主义生产关系实现了国际化。

在上述背景条件下，生产要素的国际流动变得十分频繁。但是，我们知道，李嘉图的比较利益学说和俄林的资源禀赋学说，都是假定生产要素是不流动的。有人认为这些假定不符合事实，如果这些假定真的不符合事实，如果生产要素在国际间是可以自由流动的，那么，比较优势和国际分工就会是毫无意义的；因为，正如伊曼纽尔所说，在李嘉图的经典模型中，那将不是由英国生产毛呢、葡萄牙生产酒，而是让英国的生产要素统统流动到葡萄牙，在葡萄牙既生产毛呢也生产酒，以比较利益为基础的国际分工将会统统消失。事实上，在战前，包括劳动、资本、技术等生产要素基本上是不能自由流动的，这一方面与生产力的发展水平有关，另一方面又与国家民族的存在有关。第二次世界大战后，生产力发展水平有了极大的提高，国家民族之间的关系也有了根本的改变：政治上已独立、经济上求发展的国家大批涌现，尤其是各国都逐步认识到经济的发展、福利的增进在越来越大的程度上取决于相互合作和相互依赖这样一种关系。

本篇另一章的内容是国际传导机制。在生产国际化和资本国际化的条件下，国际经济趋于一体化，到20世纪80年代中期又出现了经济全球化问题。国际经济一体化强调各国民经济发展相互之间的依赖关系，而经济全球化则强调资源的世界性优化配置。经济全球化是在经济一体化的基础上发展起来的，但我们又很难把两者截然分开。资源的世界性优化配置反过来必然会加深各国之间相互依赖的关系，而国际经济一体化的深入发展又必然会有利于资源在世界范围内的优化配置。在国际经济一体化和经济全球化不断加深的过程中，各国民经济愈益开放，各国经济发展之间是相互影响的，这种影响既可以是积极的，也可以是消极的；一国经济的景气或不景气、均衡或非均衡都会通过一定的渠道传递到另一个国家，从而使得后者国民经济同样呈现出景气或不景气、均衡或非均衡的景象。但通常的情况是，人们比较注意非正常情况及其消极影响，因而只谈非均衡传导问题。由于各国民经济之间的联系广泛而紧密，经济问题的传递往往是迅速的、而且是难以避免的，其后果也是严重的。在国际经济日益一体化的条件下，一国经济一旦进入非正常状态，其经济问题的顺利解决就有待于其他国家真诚的配合和良好的合作，否则，不仅本国的经济难于恢复正常状态，而且其他国家的经济也会很快受到负面影响。这就是开放经济所面临的“一荣具荣，一损具损”局面。

本篇的最后一章涉及到制度问题，或国际生产关系方面的问题。我们将进一步分析国际经济一体化问题，进而分析国际经济秩序问题。区域经济一体化是国际经济一体化的一种特殊形式，是与国际经济一体化并行不悖的。第二次世界大战以来特别是20世纪60年代以来，区域经济一体化得到广泛发展，区域经济一体化组织如雨后春笋般建立起来，其中，关税同盟是区域经济一体化的一种最基本、最典型的组织形式。如果说区域经济一体化只是涉及世界上的一部分国家，那么，国际经济一体化则涵盖了所有国家。国际经济一体化虽然还只是一种趋势，但任何一个国家，无论其开放程度如何，都或多或少地同其他国家、同世界市场联系在一起，都被卷入了国际经济一体化的旋涡。

国际经济一体化反映了第二次世界大战以来世界科学技术的进步和世界生产力的发展。正如所有国家被卷进了国际经济一体化的旋涡一样，世界上所有的国家也都受到了科学技术进步和生产力发展的影响，都受惠于科学技术的进步和生产力的发展。但是，正如普雷维什所说，科学技术进步和生产力发展带来的好处并不是在世界各国之间平均分配的，同样，在国际经济一体化的大趋势中，它们也并不赋予各国以同等的地位与权利。适应世界生产力的发展，也由于众多发展中国家的强烈呼声，国际生产关系即国际经济秩序也在不断地进行调整，各种各样的国际组织或国际经济组织应运而生。毫无疑问，在促进世界经济的发展过程中，在调节各国之间的利益冲突中，在调整国际经济关系方面，这些组织都在不同的程度上发挥了作用。尽管如此，我们仍然应该看到，在南北关系方面，发达国家是处于主导地位的，发展中国家仅有有限的发言权。要真正打破国际经济旧秩序，还需要各国长期的共同努力。

第七章　生产要素的国际流动

生产要素的国际流动是指资本、劳动力、技术等生产要素在不同国家之间的转移，简称要素的国际流动或要素流动。在国际贸易部分，我们研究的是商品的国际流动。在那里，李嘉图的比较利益学说和俄林的资源禀赋学说都假定，生产要素在一国内部是可以自由流动的，但在国际间却是不能自由流动的。这虽然只是假定，但在李嘉图和俄林那个时代，生产要素在各国之间缺乏流动性大体上还是符合事实的。国界的存在，国家和民族利益的存在，以及生产力发展的实际水平，都使国民经济具有相对的孤立性。正是这种孤立性，才使比较利益理论具有了现实意义，才使得参与国际分工和实行国际生产专业化成为可能。

我们说，生产要素在各国之间缺乏流动性，但这又不是绝对的，即便是在战前，我们也不能如此绝对地来看待。生产要素在国际间缺乏流动性是相对于它们在国内具有充分的流动性而言的。事实上，除土地资源以外，资本、劳动、技术等生产要素总是在某种程度上以某种方式进行着跨越国界的流动，如国际间的借贷、移民、技术传播等，在历史上始终是存在的。因此，有时在国际经济交往中，采用国际商品交换的方式，或者采用国际要素流动的方式，都可以达到相同的经济目的；这就是说，在一定的程度上和一定的条件下，商品的国际交换和要素的国际流动是可以相互替代的。例如，美国是一个资本要素相对丰裕和劳动要素相对稀缺的国家，那么，美国既可以输出资本密集型产品也可以直接输出资本，既可以进口劳动密集型产品也可以雇佣外国移民以便自己直接生产劳动密集型产品。反过来，如果一个国家缺乏资本这种要素而拥有丰富的劳动力资源，那么，这个国家要获得资本密集型产品也存在着不同的途径：通过国际贸易这个途径用本国的劳动密集型产品去交换它国的资本密集型产品，这是第一种途径；第二种途径，通过国际要素流动这个途径引进外资自己生产资本密集型产品，这后一种途径就是用资本要素的的国际流动取代了资本密集型产品的国际交换；当然，我们也可以通过移民或劳务输出在它国生产劳动密集型产品，这样我们又用劳动要素的国际流动取代了劳动密集型产品的国际交换。其他要素的国际流动同样可以取代该种要素密集型产品的国际交换。生产要素从相对丰裕、报酬较低的国家流向相对稀缺、报酬较高的国家，不仅有助于增进各国的福利，而且也有助于各国之间要素报酬的均等化。

由此看来，就经济结果来说，国际要素流动与国际商品流动非常相似。不仅如此，在基本原理方面，国际要素流动和国际商品流动也没有本质上的差别。国际商品交换之所以发生，那是因为存在着比较利益；国际要素流动之所以出现，那是因为存在着资源禀赋差异。不过，我们仍然不能忽略它们之间的区别。至少，比起要素的国际流动来，商品的国际流动要容易得多，而国际要素流动更容易引发政治问题，从而招致更多的约束。跨国公司的直接投资要经过层层审批，国际移民更是困难重重，技术转移也和经济安全甚至国家安全联系在一起。凡此种种，构成了国际要素流动的巨大障碍，从而使得国际要素流动显得不如国际商品交换那样重要。另外，我们也应该看到，战后特别是20世纪60年代以来，由于科学技术的进步和生产力的发展，作为资本、劳动、技术等生产要素国际流动载体的跨国公司的经营投资活动表现得十分活跃，因而，国际要素流动也在绕过层层障碍，以越来越大的规模展现在我们的面前，其发展前景尤其是它对各国经济的影响是值得我们重视的。能够在国家之间流动的三类生产要素中，资本的流动性最强，劳动力的流动性较为明显，技术的国际间流动具有特别重要的意义。

本章分为四节。第一、二、三节将分别分析资本的国际流动、劳动力的国际流动和技术的国际转移的基本原因和基本模型。第四节将在前述分析的基础上进一步探讨国际要素流动与引进外资问题。

第一节 资本的国际流动

资本有着不同的形态，商品资本、货币资本和生产资本就是资本的三种基本形态。广义地讲，资本的国际流动是指三种形态资本的跨越国界的流动，而不是单单一种资本的国际流动。不过，早在战前，商品资本的国际流动就已实现，货币资本的国际流动也在一定程度上得到了实现，因此，我们这里将主要涉及生产资本也包括货币资本的国际流动。

这一节将主要就资本国际流动的形式与内容、资本国际流动的原因以及对外直接投资理论展开分析。

一、资本国际流动概述

资本的国际流动，即资本在国际间的转移，是指作为生产要素的资本跨越国界，从一个国家或地区转移到其他国家或地区。从生产要素国际流动这个角度来看，资本的国际流动只不过是生产要素国际流动的一种情况而已。资金在各国之间的转移是十分频繁的，但并不是所有的资金国际转移都是国际资本流动。只有那些以获取利润为目的的资金国际转移，才能称为资本的国际流动；它既包括投资资本和借贷资本的输出输入，也包括黄金、外汇等方面的资本流动。国际收支平衡表经常项目中的资金往来，显然不是我们这里讨论的对象。这里所说的资本国际流动，主要是指国际收支平衡表资本项下的直接投资、证券投资、信贷和短期资本流动；其中，直接投资包括本国对外国的直接投资和外国对本国的直接投资；证券投资也一样，包括本国对外国的证券投资和外国对本国的证券投资；而信贷则包括本国对外国的贷款和外国对本国的贷款；短期资本流动也有两类，即本国对外国的短期资本流动和外国对本国的短期资本流动。总的来说，资本的国际流动包括资本的流出、流入两个方面。资本的流出是指本国的资本输出，包括本国在外国的资产增加，或对外负债减少；外国在本国的资产减少，或在本国的负债增加。资本流出表示本国资本的减少，因此，在国际收支平衡表中要用“-”号表示，也就是要记入本国国际收支平衡表的借方。资本流入是指本国的资本输入，与资本输出刚好相反，它包括本国在外国的资产减少，对外负债增加；或外国在本国的资产增加，或在本国的负债减少。资本流入表示本国的资本增加，国际收支平衡表中要用“+”号表示，也就是要记入本国国际收支平衡表的贷方。资本项目不仅反映着国际间以货币表示的债权债务关系的变动，而且起着平衡国际收支的重要作用。

1. 资本国际流动回顾

即使用今天的标准来衡量，作为生产要素的资本的国际流动，在历史上也早已存在。19 世纪中后期和 20 世纪初期，不仅是资本主义在世界上蓬勃发展的时期，而且也是资本国际流动十分活跃的时期。至 1914 年，各主要工业国对外长期投资总额已达 400 亿美元以上，如果以其在各自国民收入所占的比例作比较，其规模甚至不亚于今天的对外直接投资。但与今天的情况不同。当时，国际投资的主要形式是间接投资，国际资本流动的主要原因是利润率的差异，而且英国是最大的对外投资国，它在国际对外投资总额中所占的份额高达 50%以上。

此后，直至第二次世界大战结束，国际投资没有明显的发展，经济大萧条、政局动荡以及由此引起的日益增多的风险，是国际投资停滞的基本原因。如 1938 年，到期债务不予履行的就占当时未清偿证券总额的 40%。

第二次世界大战后，各国之间和各地区之间的经济联系日益密切，国际经济一体化的趋势不断加强。首先是美国，然后是欧洲和日本，其跨国公司的对外直接投资迅速发展起来，资本的国际流动便呈现出急剧增长的趋势。以对外直接投资为例，国际直接投资累计额，1960 年还只是 1 053 亿美元，1990 年就急剧增加到 16 676 亿美元；发达国家对外直接投资的增长更为迅速，同期由 580 亿美元增加到 12 834 亿美元。每年的国际投资额也能表明资本的国际流动加速了。发达国家的私人对外直接投资，19 世纪 60 年代初期每年约为 30 亿美元，20 世纪 70 年代中期约为 100 亿美元，而 1999 年的全球国际直接投资额就超过了 2 300 亿美元，2014 年的跨境投资虽然不及 2007 年巅峰时期的 3 820 亿美元，但依然高达 2 620 亿美元①。假如我们再把短期资本的国际流动考虑在内，每年资本国际流动的数额更是成了天文数字。

2. 资本国际流动的类型

资本国际流动的类型，从不同的角度出发，有不同的划分方法。如果依据时间长度来划分，一年以内的资本流动属于短期资本流动；与此相对应的是，一年以上的资本流动属于长期资本流动。如果依据资本的性质来划分，我们可以将资本流动分为借贷资本流动和生产资本流动。我们也可以将资本流动分为国家资本流动和私人资本流

① http：//house. hexun. com/2015-03-13/174014064. html

动，这是从资本所有者的角度来说的。我们采用通常的做法，即依据时间长度来划分，将资本流动分为长期资本流动和短期资本流动，这也附合国际收支平衡表中有关资本项目的表述。

长期资本流动包括对外直接投资、对外间接投资和国际信贷三种。

对外直接投资的载体通常是跨国公司。跨国公司凭借其自身优势，以获取利润为目的，将资金投入海外，设立分支机构，从事生产经营性活动。这种行为，被称为对外直接投资。跨国公司在海外创办的企业可以是独资的，也可以是合资的，但对于这些企业，无论其创办方式如何，也不管其生产经营的具体内涵如何，跨国公司的追求却始终如一，那就是对企业的实际控制权，这是它们获取利润的基本保障。

对外间接投资是指证券投资，或是在国际债券市场上买卖中长期债券，或是在国际股票市场上买卖外国企业股票。证券投资者可以是各国政府、金融机构、公司企业或个人，他们通过在国际债券市场和国际股票市场上购买债券或股票进行投资，以获取利息、股息、红利等相应收益。与对外直接投资不同，对外间接投资但并不参与有关企业的经营管理，一般也不谋求有关企业的控制权；此外，这也是一种比对外直接投资更为灵活的投资方式，通过证券转让，投资者可以随时收回投资。

国际贷款是指各国政府、国际金融机构、国际银行在国际金融市场上的信贷活动。国际贷款特别是政府和国际金融机构的贷款一般具有期限长（中期信贷 1~5 年，长期信贷 10 年左右，最长可达二三十年，甚至四五十年）、数额大、利率优惠等特点，但贷款条件较为严格。战后，适应于国际经济一体化发展的需要，国际信贷发展很快，其规模急剧扩大；其中，中长期信贷对于各国经济的发展以至整个世界经济的发展发挥着越来越大的作用。

短期资本流动是指一年期以下的货币资金、财务资金和信贷资金，通常借助于各种信用工具——票据而进行的流动。政府短期债券、可转让银行定期存单、银行票据、商业票据、银行活期存款凭证等，是常见的信用工具。

短期资本流动通常含有三种形式的资本流动，即贸易资金流动、银行资金流动和投机性流动。

贸易资金流动是短期资本流动的重要形式，它是指国际贸易过程中的资金结算以及国际贸易正常往来必需的资金融通所引起的国际间的货币资金流动。国际间的商品交换活动是经常性的，贸易参与国之间的债权债务关系随时都会发生。国际贸易资金结算的目的是结束、清偿原有的债权债务关系，而国际贸易往来中的资金融通则会形成新的债权债务关系。

银行资金流动是指各国经营外汇业务的银行因正常外汇业务或牟取利润的需要而引起的频繁的资金调拨。引起银行资金流动的原因包括：套汇，套利，掉期交易，多、空外汇头寸的抛补调拨，短期外汇资金的拆进拆出，国际间银行同业往来的收付结算，等等。

投机性流动是指投机者利用国际市场行市实际出现的或有可能出现的涨落差异进行投机活动以牟取预期利润而引起的短期资本流动。引起投机性流动的国际市场行市涨落差异，主要表现为汇率、利率、证券价格和商品价格的变动。投机性的资本流动对国际市场行市波动可能产生积极的抑制、稳定作用，也可能产生推波助澜的消极影响，使行市波动进一步加剧。

另外，政局动荡、经济状况恶化等因素，会给资本带来安全问题，由此导致的资本国际转移，也是短期资本流动的一种形式。

3. 资本国际流动的构成

如前所述，第二次世界大战以后，随着发达国家经济实力的增强，国际经济一体化和经济全球化的发展，资本的国际流动性显著增强，流动速度大大加快，不仅如此，其流动规模也前所未有，资本国际流动的构成也因此出现了一些变化。

对外间接投资仍为资本国际流动的主要方式，但对外直接投资增长迅速。

战后特别是20世纪60年代以来，对外直接投资的载体——跨国公司的发展异常迅速，发达国家的跨国公司尤其如此。西方发达国家的跨国公司，20世纪60年代末期还只有7 000家左右，到20世纪90年代初期，其数量已经达到37 000家，其子公司已遍布世界各地；其业务活动范围广阔，从生产到销售、从金融到劳务的各个领域，无不见其活动的踪影。这种国际性的生产经营体系，对于生产和资本的国际化，对于国际经济一体化和经济全球化，有着不可低估的、不可替代的巨大推动作用。然而，与战前一样，对外间接投资在战后仍然是资本国际流动的主要方式。如1982年，美国在国外的投资总额为8 342亿美元，其中，6 129亿为间接投资；同年，外国在美国的投资总额为6 653亿美元，其中5 635亿为间接投资；只是对外间接投资对世界经济发展的重要性已大不如前，而对外直接投资的地位则大为上升。

在资本国际流动中，私人资本已经取代国家资本成为资本输出的主导。

战后，相对于私人资本输出，国家资本输出的总趋势是日益萎缩，这不仅表现在其比例上，而且也表现在其数量上。造成这种状况的基本原因：是战后发达国家实行凯恩斯主义，加强了国家对国民经济运行的宏观调控，政府的注意力更多地放在了国内经济问题上，财政安排因此发生变化；二是战后发达国家的政治、军事、经济实力大为增强，加之发展中国家摆脱了西方国家的殖民统治，政治上取得了独立，对于发达国家来说，发展中国家的战略地位日趋下降，经济援助也随之减少。与此相反，私人资本却愈益活跃，成了资本国际流动的主流和国际经济一体化的主要力量。

资本国际流动的地区结构在战后也发生了显著变化。以第二次世界大战为界，此前，先进国家的资本主要是输往落后国家和地区，输往西方国家的殖民地和半殖民地；而此后，发达国家的资本流向发生了变化，资本的国际流动主要变成了发达国家相互之间的对外投资，这是资本追逐其安全性和收益的稳定性的结果。

在资本的国际流动中，发达国家，特别是美国，不仅是国际资本的最大吸收国，而且也是国际资本的最大来源国。但20世纪70年代以来，情况有了一些变化，发展中国家的对外投资发展很快，其速度甚至超过了发达国家，如中东石油生产国输出国的对外间接投资、亚洲四小龙的对外直接投资，其发展速度都是非常快的。

二、资本国际流动的原因与意义

战后，科学技术取得了巨大进步，国际经济和国际经济联系发生了显著变化。科学技术革命带来了大量的科学技术成果，包括生产技术、工艺流程和经营管理方法，生产力水平因此大为提高，国际分工日益深化，各国之间的经济联系越来越紧密，国际经济一体化的进程明显加快。这些构成了包括资本在内的生产要素国际流动的物质基础。

1. 资本国际流动的原因

资本国际流动的原因是多方面的，不同类型的国际资本流动，其原因也不尽相同。但从根本上说，无论是对外直接投资，还是对外间接投资；是长期资本流动，还是短期资本流动，其基本原因都是，在国外可以获得更高的报酬，能够满足收益的最大化的要求。一般来说，资本总是从收益率低的地方向收益率高的地方流动，如果某个国家债券的报酬率高于其他国家，那么，其他国家的居民就会购买这个国家的债券。因此，资本在不同国家之间收益率的差异是促使资本跨国流动的根本动因。

另外，风险的存在及其规避也是资本国际流动的重要原因。投资不仅和收益相连，而且也和风险相连。收益与风险一般呈正相关关系，即高收益与高风险、低收益与低风险是相伴而生的。这些风险可能是经济方面的，如市场风险、汇率风险、企业经营不良甚至倒闭，等等，也可能是政治方面的，如政策风险、政局不稳等。风险的存在及其变动影响着资本的收益率。我们前面所说的“资本总是从收益率低的地方向收益率高的地方流动”事实上暗含着一个前提，那就是风险既定。在风险一定的情况下，资本将流向收益率高的地方；在收益不变的情况下，资本则流向风险较小地方。欧、美之间的双向交叉投资，一方面是追求高收益，另一方面也是利用资产组合的办法，以规避和分散风险。

汇率变动和国际收支差额是造成资本国际流动的原因之一。当国际收支为逆差时，货币对外贬值的可能性较大；当国际收支为顺差时，货币对外贬值的可能性较小；汇率是本币与外币之间的相对价格，汇率的变动将直接影响资本的相对价值，从而引起资本的国际流动。汇率下降将减弱对资本的吸引力，引起资本流出；汇率上升则会增强对资本的吸引力，造成资本流入。

除上述原因外，对外直接投资还有一些比较特殊的原因，如跨国公司占有全新的工艺技术、先进的经营管理经验、庞大的销售网络，这是跨国公司对外直接投资的现实基础；绕过关税和非关税壁垒，直接到东道国投资设厂，这显然是一种扩大市场份额的行为；东道国改善基础设施条件，给予税收优惠或其他变项的直接投资补贴，这会增强对国际资本的吸引力；对外直接投资也有可能是跨国公司深化国际分工，提高资源配置效率的必要手段。

最后，投机活动也是引起资本国际流动的重要原因。投机活动能在较短时期内造成频繁的资本国际流动，严重的甚至能够引发经济危机。

2. 资本国际流动的一般模型

资本国际流动的一般模型又称麦克杜格尔模型，用于描述在完全竞争条件下资本国际流动的机制。在完全竞争条件下，资本国际流动的主要原因就是资本收益率的国际差异，如前所述，资本总是从收益率低的地方流向收益率高的地方。

如图 7-1 所示，我们假定世界上只有 A、B 两个国家，且 A 国是个资本这种要素较为丰裕的国家，资本报酬较低，而 B 国则是资本较为稀缺的国家，资本报酬较高。在框形图中，我们以横轴表示世界资本的总量，其中 OA 为 A 国拥有的资本量，O′A 为 B 国拥有的资本量；两纵轴分别代表 A 国和 B 国资本的边际产值或边际生产力，在竞争条件下，资本的边际产值代表资本的报酬或收益。曲线 FA′为 A 国的边际产量曲线或边际生产力曲线，曲线 JB′为 B 国的边际产量曲线或边际生产力曲线。

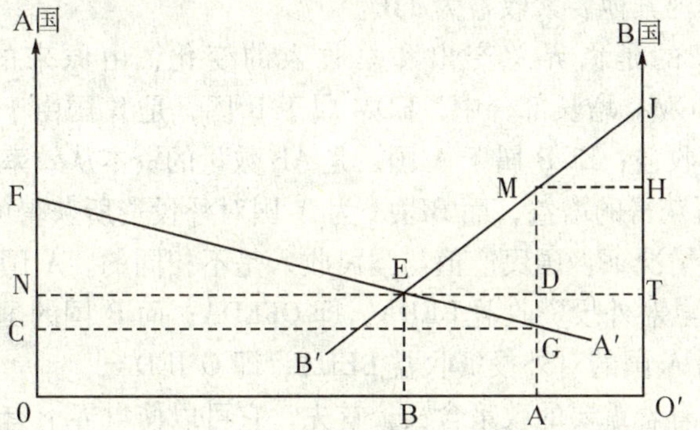

图 7-1 资本国际流动的一般模型

当两国的国民经济处于封闭状态时，两国各自拥有的资本将全部用于各自的国内投资。当资本边际收益为 OC 时，A 国资本 OA 的总收益为OCGA，其他生产要素如劳动、土地等的收益为 CFG，A 国的总产出或总收入为全部生产要素收益之和，即 OFGA；当资本边际收益为 O′H 时，B 国资本 O′A 的总收益为 O′HMA，其他生产要素如劳动、土地等的收益为 HJM，B 国的总产出或总收入为 O′JMA。

上述情况表明，B 国资本的边际收益高于 A 国资本的边际收益。

在开放条件下，资本将会从比较丰裕的 A 国流向比较稀缺的 B 国，也就是从资本收益较低的 A 国流向资本收益较高的 B 国。随着资本的流动，A 国的资本存量逐步减少，而资本的边际收益会沿边际产量曲线 FA′逐渐提高；B 国的情况则相反，随着资本的流入，B 国的资本存量将逐步增加，其资本的边际收益会沿边际产量曲线 JB′逐渐下降。只要两国的资本边际收益还有差异，资本就会继续在两国之间流动；只有当 A 国资本的减少使其边际产量上升至 E 点，而 B 国资本的增加使其边际产量下降至 E 点时，也就是只有当从 A 国流向 B 国的资本数量达到 AB 时，两国的资本收益才会相等，资本的国际流动才会停止。

上述分析告诉我们，资本的国际流动，也就是直接投资和间接投资，改变了资本的存量，即资本输出国的存量减少，而资本输入国的存量上升；在其他条件不变的情况下，资本的国际自由流动，将会导致资本边际生产力的均等化，即资本要素价格的均等化。

3. 资本国际流动的利益及其分配

资本收益的差异导致资本的国际流动，而资本的国际流动又会使资本的这种差异归于消失。AB 数量的资本从 A 国流入 B 国，使 A、B 两国的边际产量在 E 点实现均衡，也就是使两国的资本报酬相等于 EB；A 国的资本边际收益从 OC 增加至 ON，B 国的资本边际收益从 O′H 下降至 O′T。

资本国际流动的结果不仅使两国资本的边际收益发生了变化，同时，也使得两国各自的产出发生了变化。A 国的产出减少到 OFEB，其中国内投入资本的收益为 ONEB，国内其他要素收益为 NFE；B 国的产出增加到 O′JEB，其中国内外投入资本的收益为 O′TEB，国内其他要素收益为 TJE。

真正具有意义的是世界总产出和总收入的变化，由原来的 OFGMJO′ 增加到 OFEJO′，增长了 EGM。增长部分中，EDM 属于 B 国，是 B 国由于外资的到来而增加配套的其他要素的收益；EGD 属于 A 国，是 AB 数量的资本从效率低的 A 国重新配置到效率高的 B 国所获得的增益，而 BEDA 为 A 国对外投资所获得的全部收益。因此，在资本国际流动的情况下，国民产值与国民收入是不相同的。A 国的国民收入等于其国民产值 OFEB 加上对外投资收益 BEDA，即 OFEDA；而 B 国的国民收入则等于其国民产值 O′JEB 减去 A 国的对外投资收益 BEDA，即 O′JEDA。

资本国际流动有着重要的政策含义。首先，它可以使世界上有限的资源得到更为有效的利用，使世界的总体福利水平得到提高；战后，急剧增长的对外直接投资和间接投资对世界经济的高速发展产生着极积的影响。其次，资本国际流动会影响有关国家的利益分配格局。在资本输出国资本收益增加的同时，非资本要素的收益可能减少；在资本输入国资本收益下降的同时，非资本要素的收益可能增加。之所以说是“可能”，是因为这并非现实中的必然，假如输出的资本属于过剩资本，假如资本输出国的其他生产要素在一定的程度上分享了资本的收益，假如在东道国获得的利润超过甚至远远超过了均衡利润，假如东道国的收入分配极端不公而特别有利于资本所有者，那情况就可能完全相反了。最后，资本的国际流动也会对国际贸易、贸易条件、国际收支平衡产生一定的影响，人们谈虎色变以及频频出现的泡沫经济、金融危机，就是很好的例证。

三、资本国际流动的一般理论

前述资本国际流动的一般模型就是完全竞争条件下资本国际流动的一般理论模型。

但是，资本国际流动的理论，多指对外直接投资理论，或跨国公司理论。由于战后美国跨国公司发展最早且在对外直接投资中占据主导地位，所以，国外阐述跨国公司理论的学者，又多以美国的情况作为立论依据。

1. 垄断优势理论

垄断优势理论，亦称国际寡占论，为20世纪60年代美国经济学家海默（Hymer）所首创，后为金德伯格等人所完善，是研究对外直接投资最早和最有影响的理论。垄断优势理论试图运用西方微观经济学中关于厂商垄断竞争的原理来阐释跨国公司对外直接投资的行为。在不完全竞争为基本的假设前提下，垄断优势理论认为，商品市场、要素市场、规模经济、经济制度以及经济政策所造成的不完全竞争，导致了市场结构和认知的不完全性；而国内外市场的这些不完全性，造成了企业对外直接投资的社会经济基础。愿意而且能够从事跨国经营的企业，需要具备东道国厂商缺乏的独占优势，以抵销跨国竞争和国外经营所带来的额外成本费用。跨国公司主要是以美国为基地的寡头垄断，由于它们具有种种垄断性优势，如掌握着先进技术、巨额资金、广告策划、市场网络、规模优势以及先进的经营管理经验等，因而它们能够到海外设立子公司，可以从事国外生产，获得较高国内市场并超过东道国当地竞争对手的收入。

事实上，在海默看来，对外直接投资只不过是跨国公司在利用市场缺陷。这个市场缺陷就是非完全竞争，就是寡头垄断，只有那些具备种种垄断性优势的公司企业，才可能进行对外直接投资。因此，垄断优势理论强调的是对外直接投资的实力基础和前提条件。垄断优势理论的缺陷也因此而十分明显：比如，拥有独占技术优势的企业可以通过有偿转让技术来获取其潜在的收益而不一定要到国外投资设厂。反过来，那些不具备种种垄断性优势的公司企业特别是发展中国家的公司企业不是也有大量的对外直接投资吗？

2. 生产周期论

生产周期论是由哈佛大学跨国公司研究中心负责人维农（Vernon）教授提出的。按照维农的观点，产品的生命周期一般可分为三个阶段：新产品创始阶段、产品成熟阶段、产品标准化阶段。

在新产品创始阶段，国内市场大、研究发展资金多的国家，在发展新产品、新工艺方面居于优势。垄断技术诀窍的厂商，由于国内市场大，将产品安排在国内生产特别有利，并通过出口满足国外市场的需要；厂商在新产品创始阶段的行为目的是获取高额垄断利润。在产品成熟阶段，产品的技术趋于成熟，样型已经稳定，国外市场日益扩大，技术诀窍扩散的可能性也日益增大。垄断优势丧失的危险迫使跨国公司到收入水平、技术水平、消费模式接近母国的国家去建立子公司，以防止或阻止东道国的竞争者进入市场，维护自己的垄断利益。在产品标准化阶段，生产技术已成为常规技术，竞争主要表现在成本和价格上。这时，跨国公司必然将标准化的产品转移到技术水平低、工资低和劳动力多的发展中国家进行生产。我们看到，生产周期理论所演绎的是技术寡占、市场垄断、价格竞争三部曲，其中，市场垄断和价格竞争都会迫使跨国公司到海外投资设厂。

像多数对外直接投资理论一样，解释跨国公司行为的产品生命周期理论也是以美国为蓝本的。美国是当然的产品创新国，其他发达国家则是美国跨国公司对外直接投资的第一站，而发展中国家则只有接受成熟技术即常规技术的资格和能力，因而只能充当美国跨国公司对外直接投资的第二站。

3. 市场内部化理论

市场内部化理论由巴克莱（Buckley）和卡松（Casson）首先提出。市场内部化理论试图从另一角度解释跨国公司对外直接投资的动机。

传统理论认为，市场机制可以通过价格信号、交易手段最有效地配置资源。但按照科斯的观点，市场配置资源方式并不是在任何时间、任何领域都是配置资源的最佳方式，这也正是企业产生和存在的原因。市场交易必然导致交易费用的产生，以企业代替市场进行资源配置就可以节约这些交易费用。巴克莱等人仍以市场的不完全性特别是中间产品市场的不完全竞争作为前提，将科斯的市场交易内部化理论引入对外直接投资理论。如果一个行业产品的生产过程是个多阶段的生产过程，而中间产品即原材料又只能通过外部市场来供给，那么，这很容易导致供需矛盾的出现和高昂交易费用的产生，从而使企业难于获得稳定的高额利润。外部市场难以做到在适当的时间、适当的地点以适当的价格提供产品生产过程所必需的原材料；外部市场内部化使产品的所有生产过程都放在企业内部来进行，使中间产品的外部交易变为内部交易，这就可以较好地协调供需关系，节约交易费用。市场内部化过程取决于下列四组因素之间的相互关系：行业特定因素——行业产品的特性、产品外部市场的竞争结构、规模经济等，地区特定因素——地理距离、社会文化差异等，国家特定因素——政治环境、金融制度等，企业特定因素——内部交易能力、管理成本等；其中，行业特定因素和企业特定因素的影响具有决定性的作用。企业外部的竞争结构决定中间产品的交易费用，而企业内部的组织管理也必须付出成本，只有在外部市场内部化的成本低于外部市场交易费用的情况下，外部市场内部化才是一种可行的选择。

外部市场内部化必然导致或具体表现为跨国公司的对外直接投资活动，在国外设立与产品相关的子公司。跨国公司利用外部市场内部化不仅可以较好地协调原材料的供需关系，节约交易成本，而且还可以获得许多附加的好处：利用内部划拨价格或转移价格可以人为降低子公司的产出和收入，从而减少在东道国的税收支出；通过内部转移价格，降低子公司成本，可增加子公司利润，以取悦东道国并利于子公司在当地筹资；通过内部转移价格转移资金，可以避免子公司所在东道国的通货膨胀和外汇管制风险，等等。

4. 区位优势理论

区位理论本来是研究一国内部资源区域配置的理论，艾萨德等人将区位理论的应用范围加以扩展，用来解释跨国公司的对外投资活动。企业的经营业绩在一定的程度上取决于企业的外部环境，因而，投资地点的确定就不可能是随意的。区位优势理论认为，企业的对外直接投资，如同国内投资一样，所选择的投资地点必须具备一定的区位优势，以尽量降低生产成本，提高利润水平。

依据区位优势理论，东道国阻碍进口的因素以及使对外直接投资比出口更为有利的各种因素，是对外直接投资的充分条件。因此，促使跨国公司对外直接投资的区位因素主要包括下述几个方面：

（1）贸易壁垒。不同的国家，其关税税率的高低不同，非关税壁垒的多少不同，因而其市场进入的难度也不相同。商品要出口到关税税率高、非关税壁垒多的国家是十分困难的。因此，绕过这些贸易壁垒的最佳办法，就是通过对外直接投资，在这个国家设立子公司，就地生产，就地销售产品。

（2）要素价格。原材料的获得和使用是生产得以进行的前提条件，而获取原材料即要素的成本决定着产品的生产成本和产品的国际竞争力。跨国公司选择特定的东道国投资设厂，不仅可以获得在本国较为稀缺的资源并节约其运输费用，而且能够以低廉的价格获得土地、劳动力等生产要素的使用权。

（3）市场距离。运输成本是商品市场销售价格的组成部分。商品生产地远离商品销售地，必然产生过多的运输费用，增加商品成本，促使价格上升，商品竞争力减弱，或者是商品销售价格不变，利润减少，资本收益下降。跨国公司选择东道国特别是市场较大的东道国投资设厂，就可以达到节约运输成本、有效占领市场的目的。

（4）社会经济环境。社会经济环境也是跨国公司选择东道国的重要因素。如政治是否安定、社会秩序是否良好、基础设施状况、税收政策优惠程度，等等，都会影响跨国公司对外直接投资的区位决策。

实际上，区位优势理论所要说明的是跨国公司选择东道国的基本标准，不同的因素由于其影响不同而占有不同的权重，通过综合分析判断，跨国公司就可以找到他们所认为的合适的东道国。

5. 国际生产折衷理论

前面介绍的各种对外直接投资理论都是从特定的角度来分析跨国公司的投资行为，而跨国公司的对外投资决策往往是多种因素作用的结果，很难用特定角度的理论加以说明。为此，邓宁对前人提出的对外直接投资理论进行了综合，形成了有关对外直接投资的国际生产折衷理论。

国际生产折衷理论把垄断优势理论、内部化理论和区位优势理论紧密结合起来，将对外直接投资的决定因素概括为三类优势，即所有权优势、内部化优势和区位优势。只有拥有这三类优势的企业才可能到海外投资。

（1）所有权优势。所有权优势主要是指企业在一定的时期在专利、技术等资产方面所拥有的排他性权利，它包括技术优势、规模优势、组织管理优势和金融货币优势。但是，所有权优势仅仅是企业对外直接投资的现实基础，并不一定导致对外直接投资，因为在缺乏其他两种优势的情况下，出口和技术转让也是实现所有权优势的一种可行选择。

（2）内部化优势。所谓内部化优势是指企业将其所拥有的各种所有权优势加以内部化使用而带来的优势。内部化可以避免外部市场不完全所导致的弊端，减少交易费用，提高利润率，并有利于继续保持所有权优势的独占地位和继续独享其带来的好处。不过，即便拥有所有权优势和内部化优势，企业也不一定会作出对外直接投资的决策，因为在国内扩大规模和增加出口同样可以获得垄断性利润和收益。

（3）区位优势。区位优势是指跨国公司在投资区位选择方面所具有的优势。区位优势包括直接区位优势和间接区位优势，前者如东道国广阔的市场前景、低廉的要素成本、优惠的外资政策等，后者如高昂的运输成本、难以逾越的贸易壁垒等。区位优势的有无、大小直接影响着跨国公司的海外投资决策以及对东道国的选择，因此，区位优势也就构成了跨国公司实施对外投资的充分条件。

国际生产折衷理论强调资金、技术和经济发展水平的相对优势，认为一个国家的企业是否到海外投资不是由其绝对优势而是由其相对优势决定的。因此，尽管这一理论在很大程度上是前人理论的综合与折衷，并没有很重要的理论突破，但它在较大程度上反映了国际经济发展的新格局，能够解释像发展中国家对外直接投资这类新的国际经济现象，因而仍然具有重要的政策意义。

第二节　劳动力的国际流动

劳动力也被视作重要的生产要素。劳动力的国际流动在历史上早就存在，但其内涵、规模与影响远不如国际经济一体化和经济全球化条件下的今天。同资本的国际流动一样，劳动力国际流动的基本原因也是报酬问题，即收入差距问题；但不同的是，报酬的差异总能引起资本的跨国流动，而工资收入的差异却不一定能够造成人口的跨国迁移，这是因为人口的跨国转移还需要具备其他一些特殊的条件。这一节将主要阐述劳动力国际流动的基本情况、基本原因及其国际经济效应。

一、劳动力国际流动概述

劳动力的国际流动是生产要素国际流动的一种类型，是劳动力这种生产要素跨越国界而被优化配置到世界的其他地方。与资本这一生产要素相比，劳动力的国际流动性要小得多。但从国际经济一体化和经济全球化的角度来看，作为各国之间联系的一种纽带和资源世界性优化配置的方式，劳动力国际流动和资本国际流动似乎又没有什么区别。

1. 劳动力国际流动的历史回顾

劳动力的国际流动是以人口国际迁移的方式进行的，但劳动力国际流动与人口国际迁移是两个不同的概念。人口国际迁移一般与政治、宗教、经济方面的因素有关，带有强制性；而劳动力国际流动通常是非强制的，而且仅与经济利益有关联。显然，虽然两者的产生都与经济利益有关，但人口国际迁移的原因要复杂得多，因而，人口国际迁移这个概念涵盖的范围也要广泛得多，它包含了劳动力的国际流动，即劳动力国际流动是人口国际迁移的组成部分。

人口的国际迁移由来已久。美国、加拿大、澳大利亚这些国家在其形成过程中都伴随着大规模的人口跨国迁移，它们是主要由移民或移民的后裔所组成的国家。历史上最早的大规模的人口国际迁移就发生在臭名昭著的“三角贸易”时期，估计有1 000万~1 500 万黑人从非洲贩卖到美州，这还不包括更多的死于贩运途中的黑人，加上这部分，从非洲贩运出的人口近一亿。发生大规模人口国际迁移的第二个时期是19世纪中叶至20世纪初，迁移人口达4 000多万，迁移方向基本上是从欧洲到美州。战后是人口国际迁移的第三个时期，其规模仍然是巨大的，单是1950—1974年的25年间，就有近1 600万人迁入北美和大洋州。而一直到今天，人口的国际迁移并无止息的迹象。不过，现在的情况有所不同，由于各种各样的原因，各国对移民的限制越来越严格，人口国际迁移的难度越来越大，人口的跨国迁移已经成为一个敏感的话题。

尽管劳动力的国际流动同人口的国际迁移不是同一个概念，但两者出现的最基本、最主要的原因却是相同的，这就是经济利益的驱使。国际迁移人口中最基本的部分是劳动力，因此，在一定的程度上，人口的国际迁移同时也是劳动力的国际流动。经济活动是人的活动，人口迁移总是同经济活动联系在一起的。实际上，前述三个时期的人口大规模迁移都是以人口迁入地区经济活动的大规模扩张为前提的。

2. 劳动力国际流动的形式

劳动力国际流动的形式大致可以分作两类，永久移民式的劳动力国际流动和中短期的劳动力国际流动。

永久移民式的劳动力国际流动一般是同人口的国际迁移结合在一起的，也就是迁居国外，一般不再返回。历史上三次大规模的人口迁移大多属于这种情况，即使在今天，劳动力跨国流动中的永久性移民仍然占有很大比例。

中短期的劳动力国际流动是指一国根据国际间签署的有关合同派遣有关人员到劳动力输入国履行合同，一完成合同规定的任务后即刻返回。中短期劳动力国际流动，顾名思义，劳动力在国外的滞留时间不像移民那样长久，更不像移民那样一去不复还，而是在或长或短的时期之后又会返回国内。这种形式的劳动力国际流动涉及的范围较广，它包括与工程、服务等有关的国际劳务出口、留学人员的派遣、根据国际经济技术合作协定进行的人员派遣，它甚至还包括虽未跨出国门但在外国机构或外资机构工作的人员流动，等等；总之，但凡外国雇佣本国劳动力，都可纳入中短期劳动力国际流动的范围。

中短期的劳动力国际流动在第二次世界大战以后特别是20世纪80年代以来发展很快，它对世界经济的发展具有特殊的意义。随着国际经济一体化和经济全球化的进一步发展，它的规模将会不断扩大，并将受到人们越来越多的关注。

3. 劳动力国际流动的方向

劳动力国际流动的方向与劳动力国际流动的原因密切相关，即主要与经济因素相联系。即使是“三角贸易”中的奴隶贩运，经济方面的考虑也是其重要原因之一。

从总体上看，在特定的时期，劳动力国际流动的方向具有单一性的特点，特别是从历史上看，缺乏双向交叉流动的特征。“三角贸易”中黑人奴隶是从非洲贩运到拉美地区；19世纪中叶至20世纪初，大量的欧洲移民流向美州和大洋州，主要是从西欧、北欧流向美国；二战以后尤其是20世纪60年代以来，劳动力国际流动的方向主要是从发展中国家到发达国家。因此，历史地看，劳动力国际流动的方向尊循着一定的规律，即从经济发展停滞的地区流向经济发展欣欣向荣的地区，从非工业化地区流向工业化地区，从经济低速增长的地区流向经济高速增长的地区，从低工资地区流向高工资地区。一句话，从劳动力过剩的地区流向劳动力需求旺盛的地区。显而易见，劳动边际产出的地区差异，即劳动报酬的地区差异，构成了劳动力国际流动的根本原因。

但是，我们也应该看到，战后以来尤其是20世纪80年代以来，随着资本国际化的发展和国际经济技术合作的开展，中短期劳动力国际流动的方向也有所改变。劳动力特别是其中的熟练劳动力和科学技术人员也从发达国家流向发展中国家，包括发展中国家外出人才的回流，而且这种流动规模正在不断扩大，这是当代劳动力国际流动的新趋势。

二、劳动力国际流动的原因

前面已经涉及劳动力国际流动的一些原因，这里我们就劳动力供求状况、收入差异和国际经济合作方面作些具体分析。

1. 劳动力供求失衡

与劳动力的国际流动有直接关系的不是人口密度，而是劳动力的供求状况。劳动力的供求状况是决定劳动力国际流动的根本原因。非洲劳动力被贩运到拉美地区，不是因为非洲黑人太多，也不是因为拉美地区的印第安人太少，而是因为在西班牙和葡萄牙殖民主义者的殖民奴役和掠夺下，为满足西班牙、葡萄牙特别是英国国内对烟草、大米以及兰靛等的需要而大力发展种植园经济的结果。也就是说，除了政治方面的原因之外，从经济方面分析，种植园的大量建立引起了对劳动力的大量需求，这种需求必然引起黑奴的贩运。19世纪中叶至20世纪初从欧洲到美国的移民潮更能说明经济发展对劳动力的需求制约着劳动力国际流动的方向。第一次产业革命发生在英国，资本主义制度首先在英国确立起来，这时的美国经济远远落在了英国的后面。通过长期的追赶加上贸易保护，到19世纪末，美国经济终于后来居上，超过英国这个老牌工业帝国，成为世界上第一工业大国。经济的高速发展需要大量的劳动力来支撑，急剧增长的劳动力需求引来了大批的欧洲移民。战后的情况也是如此。第二次世界大战不仅给受侵略国家的经济造成了严重的破坏而且也摧毁了发动侵略的国家的经济，但战后经济的重建以及后来资本主义经济增长的所谓黄金时代却面临着劳动力的严重短缺，正是这种情况决定了劳动力国际流动的方向，即从发展中国家流向欧美发达国家。

20世纪80年代以来劳动力国际交叉流动的新趋势实际上也受到了劳动力需求的制约，只是这里涉及劳动力的技术结构问题。在当代，熟练劳动力或技术人才的国际流动性是最强的。发达国家的熟练劳动力或技术专家来到发展中国家，固然与跨国公司的活动和国际经济一体化有关，但也是因为发展中国家缺乏这方面的人才，虽然他们并不缺乏普通劳动力。

2. 收入差异

各国经济的发展从来就是不平衡的，加之历史上殖民主义的统治和掠夺以及由此形成并发展至今的国际经济旧秩序的统治，世界经济的发展就更加不平衡了，各国之间的收入差距仍然在继续扩大。这种收入差异的存在推动了劳动力的国际流动，收入差异是劳动力国际流动的基本动力。

19 世纪中叶至 20 世纪初美国经济的快速发展，为美国较高的工资水平奠定了坚实的物质基础。在这一时期，英国的工资水平在欧洲各国中算是最高的，而美国的工资水平还在英国的两倍之上，工资水平的这种差异决定着欧美之间劳动力的流动方向，即大量的欧洲劳动力流向美国。第二次世界大战以后的情况更是如此，因为发达国家的经济发展水平要比发展中国家高得多，与 19 世纪中叶至 20 世纪初美国同英国之间的工资差异比起来，他们之间劳动报酬的差异还要大得多，因而对劳动力国际流动的影响也就更大。发达国家的高收入对于发展中国家的劳动力始终保持着巨大的吸引力。

3. 经济周期的影响

经济周期的存在引起经济发展的周期性波动。一国经济的繁荣、高涨时期通常也是国家和企业投资迅速增长的时期；在这一时期，不仅劳动力需求急剧增加，而且工资水平也较高，由此形成对本国劳动力外流的阻力以及对外国劳动力的巨大吸引力，外国劳动力大量流入。相反，当一国经济处于危机、衰退时期，企业压缩规模、缩减生产甚至停产倒闭，投资急剧下降，对劳动力的需求萎缩，工资水平也会下降，这种情况不仅使外国劳动力回流，也会使本国劳动力流向其他国家。

另外，农业生产的季节性也会造成对劳动力需求的周期性变动。农业生产的特点是忙闲不均，而任何一家农场都不会终年雇佣大量工人；种植和收获的大忙季节对劳动力的需求十分旺盛，在其他季节对劳动力几乎没有什么需求。农业生产对劳动力需求的这种特点是造成相邻国家劳动力国际流动的重要原因。

4. 国际经济合作

国际经济合作是当代国际经济关系中的一种十分普遍的现象，它是劳动力国际流动特别是交叉流动的重要原因。国际贸易必然伴随着各国之间的频繁持续的人员往来，对外直接投资则不仅仅是资本的流动，而且也伴随着经营管理人员、技术专家和熟练工人的国际流动。随着国际贸易和跨国公司对外投资的加速发展，发达国家相互之间、发展中国家相互之间和发达国家与发展中国家之间存在着越来越多的劳动力跨国流动。另外，各国之间包括发展中国家相互之间日益增多的工程承包和劳务合同，也会促使越来越多的劳动力加入到国际流动的队伍中来。

应该指出，劳动力国际流动的原因多种多样，如政治的、宗教的原因，或动乱、战争引起的；但这些原因造成的劳动力国际流动往往具有暂时的性质。我们这里涉及的仅仅是经济方面的一些主要原因，而这些原因是劳动力国际流动的长期性原因，在国际经济一体化和经济全球化的今天尤其如此；这就是说，劳动力国际流动是经济利益所致，经济方面的原因是劳动力国际流动的根本原因。

三、劳动力国际流动的经济效应

劳动力的国际流动具有广泛的影响。从经济方面来说，劳动力的国际流动能够引起国民生产总值、国民总收入、工资水平以至世界生产总值的变动。

1. 劳动力国际流动的图形表述

这里可以用一个两国模型来说明劳动力国际流动之前和之后的基本情况。首先，我们假定，劳动力的国际流动不存在任何限制和障碍，他们的跨国流动是充分自由的，也是合乎理性的。在此情况下，劳动力会从工资低的国家流向工资高的国家，也就是说，如果在两个国家，劳动的报酬是相等的，那么，劳动力的跨国流动就没有可能。

劳动力的国际流动可以用一个箱形图加以说明，见图 7-2。我们假定世界上只有两个国家，在图中分别为 A 国和 B 国；另外，我们假定，每个国家只有两种生产要素，即劳动和资本。图中的横轴代表世界劳动总量，纵轴为劳动的边际产出。在封闭经济条件下，A 国占有世界劳动总量的 0A，余下部分为 B 国所占有，即 B 国的劳动量为 O′A。就劳动的边际产出而言，A 国为 OC，B 国为 O′H；因此，A 国的劳动收入为 OAGC，B 国为 O′AMH。其他要素收入即资本收入，A 国为 CGF，B 国为 HMJ。世界的总产出也是世界的总收入，为 0FGMJO′。

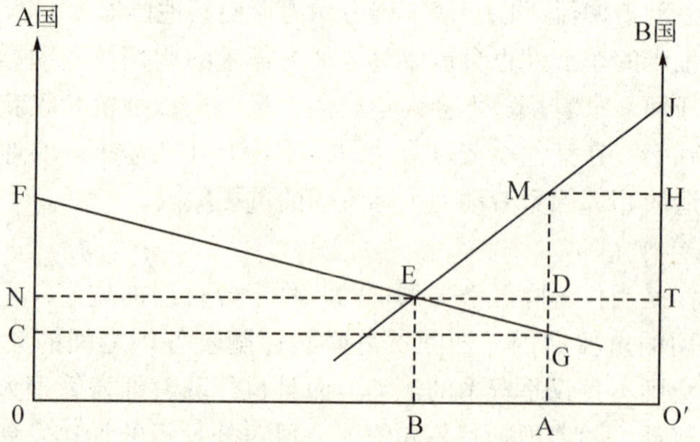

图 7-2　劳动力国际流动的一般模型

劳动的边际产出就是劳动的收入。在开放经济条件下，如果劳动力的国际流动是完全自由的，由于 B 国的工资比 A 国高，那么劳动力将从 A 国流向 B 国，即由工资较低的 A 国流向工资较高的 B 国。其结果是，A 国的劳动力供给减少，实际工资水平将提高，即随着 A 国劳动力的逐步减少，A 国的实际工资水平将沿着其边际产出曲线或边际收益曲线 GEF 逐渐上升；与 A 国的情况相反，B 国的劳动力供给增加，实际工资水平将下降，即随着 B 国劳动力供给的逐步增加，B 国的实际工资水平将沿着其边际产出曲线或边际收益曲线 JME 逐渐下降。两国工资水平的一升一降，必然导致两国的劳动收益逐步接近，一直到两国之间的工资水平相同时，也就是一直到两国之间的劳动边际收益相等时，劳动力的跨国流动将停顿下来。在图中，这种情况表现为：随着劳动力国际流动的进行，A 国的工资水平 AG（=OC）上升，B 国的工资水平 AM（=O′H）下降，A 国的边际产出或收益曲线 GEF 和 B 国的边际产出或收益曲线 JME 将相交于 E 点，E 点就是两国劳动边际产出或收益的均衡点。在这个均衡点，两国劳动边际产出或收益同为 BE（=ON=O′T），劳动力将停止在两国间流动。

2. 劳动力国际流动的利益分配

在劳动力国际流动的图形表述中，我们已经看到，劳动力国际流动会带来利益分配的变动，比如，A 国的实际工资水平提高，而 B 国的实际工资水平下降。在这里，我们将对劳动力国际流动所带来的利益分配变动作一全面分析。

至均衡点 E，劳动的国际流动总量为 AB；在世界劳动总量的分配上，A 国的劳动量减少，从 OA 减少到 OB；由此带来了一系列的变化。

首先是劳动边际收益即实际工资水平的变动。B 国的劳动量增加，从 O′A 增加到 O′B。在均衡点 E 上，劳动的边际收益发生了变化，劳动力国际流动之前两国之间存在的劳动边际收益差异在劳动力国际流动过程中逐渐消失，最终都等于 BE（=ON=O′T）。

其次是劳动与资本收益分配的变动。资本收益在两个国家都发生了变动，但变动方向相反。在 A 国，资本收益减少，从 CGF 减少到 NEF，而劳动收益增加；在 B 国，资本收益增加，从 HMJ 增加到 TEJ，而劳动收益减少。

再次是世界总产出的增加。由于劳动这一资源得到了更好的配置，即从效率较低的 A 国重新配置到了效率较高的 B 国，使得世界的总产出增加，从劳动重新配置之前的 0FGMJO′增加到重新配置之后的 OFEJO′，增加了 EGM。新增 EGM 部分中的 EGD 部分归于跨国流动的劳动者，EDM 部分归于 B 国的新增资本。

最后，A、B 两国各自的总产出和国民收入产生变动。现在，A 国的产出为 OBEF，同原来的 OAGF 相比是减少了，其国民收入则在 OADEF 和 OBEF 之间变动，其国民收入的大小在一定程度上取决于出国劳动者汇回收入的多少；B 国的产出则是增加了，现在为 O′BEG，与原来相比，增加了 ABEM，其国民收入可能小于 O′BEG，这取决于外国劳动者汇出收入的多少。

3. 劳动力国际流动的政策含义

上述分析已经完全表明，劳动力的国际流动，从总体上能够增进世界的福利水平。因此，从理论上来说，无论是发达国家还是发展中国家，都应当予以鼓励。

在发达国家中，有的人口增长速度缓慢，有的是零增长，还有的甚至是负增长，但他们的经济发展水平高，经济发展速度快，加之劳动成本较高，因此，他们都在不同的程度上存在着对普通劳动力的需求。事实上，第二次世界大战以后，各发达国家都先后制定了相关政策，利用发展中国家的移民来解决他们劳动力短缺问题，至今没有停止过，这对于发达国家各产业部门之间的协调和国民经济的发展，有着重大的积极影响。20 世纪五六十年代，西欧一些主要国家的经济增长，在一定程度上应归功于廉价的外籍工人所作出的贡献。

发展中国家尽管情况比较复杂，但有一个共同点，就是相对来说，经济发展过慢，而人口增长过快，劳动力市场供大于求，失业问题比较突出。不过，发展中国家劳动力市场供大于求的状况掩盖着熟练工人、专门人才特别是科技人员严重不足的情况。我们知道，在一定条件下，劳动力的素质要比劳动力的数量重要得多。在科学技术高度发展的今天，一国经济的发展在更大的程度上取决于科学技术的含量，这不仅是指生产资料中的科技含量，更是指劳动力本身的科学技术素养。因此，发展中国家要改变自己落后的面貌，加速经济的发展，很重要的一条途径就是增加熟练工人和专门人才的数量，而其中的措施之一是通过国际经济合作引进专门技术人才，学习、借鉴发达国家先进的工艺、技术和经营管理经验。

我们已经提到，今天，科学技术对于一国经济的发展具有决定性的作用，因而，各国对劳动力国际流动的关注，不如说是对人才国际流动的关注。劳动力国际流动对于流入国是吸收人才，对于流出国是智力外流。正因为如此，劳动力的国际流动至今都是一个极为敏感的问题，它不仅涉及国家民族的形象问题，更涉及经济利益在各国之间的分配问题。在这一问题上，发达国家和发展中国家的态度有一些基本的区别。表面看来，发达国家鼓励劳动力的国际流动，而发展中国家则限制劳动力的国际流动；其实，发达国家只是鼓励高素质劳动力的国际流动，而且是鼓励高素质的劳动力从发展中国家流向发达国家，而发展中国家所限制的也只是限制自己高素质的劳动力流向发达国家；而对于一般劳动力，即使发展中国家愿意大量输出，发达国家也绝不会乐意大量吸收。

第三节　技术的国际转移

战后的科技革命即第三次科学技术革命极大地推动了世界经济的发展，科学技术的作用因此受到普遍关注。20 世纪 80 年代新技术革命以来的情况更是如此。创新力被视为一国最根本的国力，一国真正的国际竞争力，是第一生产力，科学技术因此得到各国政府异乎寻常的重视。投入巨资发展新技术、引进新技术已成为世界各国政府的通行做法，国际专利技术转让发展迅速。这里，我们首先简要地阐述国际技术转移的情况，接着说明国际技术转移的原因，最后对国际技术转移做一些经济分析。

一、技术国际转移概述

技术的国际转移主要发生在第二次世界大战以后。它的发展与战后科学技术的进步、专利制度的日益普及特别是跨国公司愈益频繁的对外投资活动密切联系在一起。技术的国际转移与资本的国际流动和劳动力的国际流动一起，共同构成生产要素国际流动的主要内容。

1. 国际技术转移的含义

国际技术转移，如第一、二节中所讲的资本的国际流动和劳动力的国际流动一样，也可以称为技术的国际流动，或如平常我们所说的国际技术转让，它是指技术通过某种方式从一个国家或地区向其他国家或地区转移的过程。

技术是科学理论的物质表现，但它不是有形的物质产品，从这个意义上讲，它是无形的、非物质的知识。技术具体指可以传受并产生一定经济效果的生产和销售产品的工艺、流程、方法等系统知识。因此，确切地讲，技术的国际转移并不包括含有技术内容的物质产品的国际转移。根据联合国贸易会议的定义，"国际技术转让是指制造产品、应用生产方法或提供服务所需的系统知识的转让，并不延伸到货物的单纯买卖或租赁"。

与资本国际流动和劳动力国际流动的数量相比，特别是与国际贸易额相比，国际技术转移的数量也许是微不足道的，但国际技术转移绝不因此而失去其重要性。在一定的意义上，相对于其他生产要素的国际流动和国际贸易来说，国际技术转移对于经济增长具有更为重要的作用。在发达国家，经济增长主要是依靠技术进步和技术成果的有效利用来实现的，其技术进步对于经济增长的贡献率一般都在70%上下；即使在发展中国家，经济增长也越来越依赖技术的进步和技术成果的有效利用。正因为如此，各国之间的竞争已演变为主要是科学技术实力的竞争和科学技术成果应用的竞争，谁能占有科学技术成果，谁能积极有效地利用这些科学技术成果，谁就能在国际竞争中处于优势地位，谁就能在国际竞争中取胜。

战后特别是20世纪60年代以来，随着国际投资活动日益广泛的开展，国际经济一体化和经济全球化的深入发展以及各国政府对科学技术作用认识的加深和对科学技术成果应用的愈益重视，技术跨国转移的速度大大加快了。技术的国际转移已经成为世界经济增长的有力杠杆。

2. 国际技术转移的历史回顾

科学技术在各国之间的转移并不是战后独有的现象，而是在历史上早就存在了。远的如中国的四大发明和丝绸技术在世界上的传播，近的如16世纪眼镜制造技术从意大利传入日本，以及18世纪蒸汽机技术、炼铁技术、机械制造技术等从英国引入美国，等等，这种情况在历史上是举不枚举的。

然而，尽管有第一次科学技术革命和第二次科学技术革命，战前科学技术的发展速度在总体上却是相对缓慢的，由此带来的必然结果是，战前国际技术转移的数量和种类，尤其是转移的方式，难以同战后相提并论，战后国际技术转移规模空前。根据联合国统计，国际技术贸易额1965年为30亿美元，1975年为110亿美元，1985年为600亿美元，其增长速度令人惊异。

利用国际技术转移，发展本国经济，日本非常典型。第二次世界大战，日本是发动战争的国家之一，日本摧毁了许多国家的经济，但日本自身的经济也遭受到战争的严重破坏。战后，与其他先进的西方国家相比，日本的科学技术水平落后了20~30年。从1952年开始的二十多年里，日本大量引进国外先进技术，先后引进技术38 000多项，支付引进费用上百亿美元。先进技术的引进，对于日本经济的腾飞和日本经济奇迹的出现，起到了至关重要的作用。现在，日本成了仅次于美国的世界第二经济大国，在很多科学技术领域也处于世界领先地位。

但是，我们不能因此认为只有落后国家才会引进技术。事实上，科学技术的重大经济价值吸引着所有的国家，无论是落后的，还是先进的。日本已经成为经济大国，但现在每年仍花费约十亿美元引进国外先进技术；就连美国这样的经济和技术的超级大国，现在仍然在不断引进技术，每年在这方面的对外支付也达数亿美元。

发展中国家也十分重视国际技术转移，通过引进国外的先进技术以加速发展自己的民族经济和提高本国的科学技术水平。据估计，引进先进科学技术特别突出的国家如巴西、墨西哥、阿根廷、巴基斯坦，每年支付的技术引进费用均超过一亿美元。印度、新加坡、韩国也高度重视国外先进技术的引进，这是他们经济发展较快的重要原因。就整个发展中国家来看，技术引进费用在逐年增加，而且速度也越来越快。据估计，发展中国家技术引进费用在1975年仅为11亿美元，1985年就跃升到60亿美元，年均增长达18%。

引进先进技术、利用先进技术，是一个开放经济的基本内涵。随着经济发展过程中科学技术作用的不断加强，国际技术转移必将进入一个大发展的新时代。

3. 国际技术转移的方向与形式

国际技术转移就其方向而言，取决于技术转移国和技术受让国的具体情况。因此，从理论上来说，世界各国之间都有可能进行技术的国际转移。但鉴于科学技术成果主要掌握在西方发达国家特别是美国手中，故国际技术转移主要是在西方发达国家相互之间以及西方发达国家与发展中国家之间展开。在西方发达国家相互之间的国际技术转移称为同等水平或相似水平的技术流动；而发达国家与发展中国家之间的国际技术转移称为级差型的技术流动。

国际转移的技术依据不同的标准可以划分为不同的类别。按技术的公开程度划分，可以分为公开的技术、半公开的技术和秘密技术；按是否属于工业产权来划分，可以分为具有工业产权的技术和不具有工业产权的技术；按技术的发展阶段来划分，可以分为未来技术、尖端技术、应用技术、改良提高技术、生产管理和销售管理技术；按技术的表现形态来划分，可以分为软件技术和硬件技术。

国际技术转移属于软件技术的国际流动，包括专利的使用、技术秘密的使用、制造技术的传播、专有技术的转让，等等。国际技术转移是在不同国家的企业、经济组织或个人之间进行的，包括技术使用权的授予、出售或购买，也就是技术的输出和输入。一般来说，国际技术转让的形式可分为两种：商业性技术转让和非商业性技术转让。非商业性技术转让是无偿的或转让条件极为优惠的，如友好国家的政府援助、技术情报交换、学术交流、技术考察等；而商业性技术转让，顾名思义，是按一般的商业条件，在不同国家经济主体之间进行的有偿的技术转让，这种有偿的技术转让，也称为国际技术贸易。

技术贸易并非国际技术转移的唯一渠道。国际技术转移最初也是最基本的渠道是国际商品交换。隐含在日用品和资本品中的技术，会通过国际贸易在世界各国或早或迟地传播、扩散开来。因此，战后迅速发展的国际贸易构成了国际技术转移的重要推动力量。国际直接投资是国际技术转移的另一条重要渠道。通过合资、合作，东道国企业能够接触和学习跨国公司的先进技术。即使是独资企业，东道国方的员工也会受到跨国公司先进技术的熏陶和训练。

二、国际技术转移的原因

战后，国际技术转让以越来越大的规模进行，这是由多种因素促成的。其中，最重要的两个因素是国家竞争力问题和科学技术发展不平衡问题。

1. 国家竞争力问题

第二次世界大战后尤其是20世纪80年代以来，科技革命以空前未有的速度向前发展，所取得的成果超过了人类有史以来的所有科技成果。这些成果的广泛应用，新的劳动工具、新的材料、新的运输载体的大量涌现，人才培养、训练的手段和方式愈益完善，劳动者的素质大大提了，这就使得劳动生产率能够成倍、成十倍甚至成百倍地提高。不仅如此，科学技术的发展及其成果的广泛应用还有利于提高利润率，加快资本的积累；有利于新兴产业部门的建立，促进经济结构的转换升级；有利于劳动分工的深化，促进生产的组织形式和管理体制的变革。科学技术以及用科学技术武装起来的劳动力已经成为世界经济增长的新源泉。科学技术如此重大的经济影响及其在经济发展中所起的关键作用，使得各国政府意识到，一个国家的竞争力，说到底，是表现在科学技术创新能力和科学技术成果应用能力方面。各国之间的竞争，主要表现为科学技术的竞争，能够创新的人才的竞争，能够有效利用科学技术成果的竞争；以经济特别是科学技术为基础的综合国力的竞争已经成为世界范围国际竞争的主要领域，经济特别是科学技术的发展水平决定着各国在世界力量对比和世界格局中的位置。在全球竞争的大环境下，无论发达国家还是发展中国家，在积极争取自己科学技术的进步和大力培养人才的同时，都在千方百计争取技术国际转移的好处。对于发达国家来说，引进技术可以节约时间，节约资金，弥补特定方面科技人才资源的短缺并加速科学技术的进步。对于发展中国家来说，一方面可以利用发达国家的科技进步成果，把有限的资金用于技术引进，并直接用于生产，利用“后发效应”，加快本国经济的发展；另一方面，可以利用技术国际转移的机会，积极培养、训练自己的技术人才，着力消化、吸收已经引进的技术，并在此基础上进行复制、创新，推动本国科学技术的发展。

2. 科学技术发展的不平衡

国家竞争力问题的考虑，表明技术的国际转移存在着旺盛的需求。科学技术发展不平衡的现实，则可以进一步从供给和需求两个方面，说明科学技术成果国际转移的可能性。

科学技术发展的不平衡性源自两方面的原因。一方面，科学技术的发展具有连续性和继承性。在生产过程和经济活动中，人们不断总结经验，改进技术，知识会变得越来越丰富，对自然界及其发展规律的认识日益深入，到一定的程度就会出现科学技术的创新甚至科学技术革命。但是，任何科学技术进步都是建立在继承前人研究成果基础上的，历史上积累的科学技术成果构成了新的科学技术产生的理论基础和物质条件。如果没有人类历史上的三次科学技术革命，尤其是如果没有战后20世纪五六十年代计算机科学、微电子学、光电子学、生物分子学、现代数学等学科的巨大发展及其重大影响，就不会有20世纪80年代以来的新技术革命。因此，原来科学技术基础较好的国家，如发达国家，在科学技术的发展过程中占有较强的优势，其他国家要赶上去是相当困难的。

另一方面，科学技术除了它自身的原因可以造成其发展不平衡之外，还有别的原因也可以导致相同的结果，这就是经济发展水平和经济实力。当代的科学研究，除了需要一支实力雄厚的研究队伍外，还需要巨额的经费预算和具备极强的抗风险能力。显然，较高的经济发展水平和较强的经济实力就成了当代科学技术发展的基本条件。在这一点上，与发展中国家相比，发达国家仍然处于优势地位，发达国家的政府和企业都更有发展科学技术研究的经济实力和承担巨大研究风险的能力，这已为战后以来情况所证明。

不过，不能据此认为，技术跨国流动是纯粹单向的流动。其实，双向流动始终是存在的，这在发达国家之间尤其如此。

三、国际技术转移的经济分析

国际技术转移与经济利益密切相关。我们在这里介绍西方经济学家的三种理论，从经济利益的角度，分别说明技术进步的作用、技术的选择原则和技术跨国转移的原因。

1. 中性技术进步说

关于中性技术进步，有两个不同的定义。根据希克斯的定义，如果随着两个生产要素的无偏投入，劳动和资本的边际产品以相同的比例增长，那技术进步就是中性的；而哈罗德认为，如果资本的利息率和利润率不变，资本-产出比率也保持不变，那技术进步就应该是中性的。两者的主要区别在于它们的适用范围，希克斯的定义更适合于评价某一部门技术创新的作用，而哈罗德的定义更适合于对整个经济技术进步的评价。

依据资本-产出比率的变化来判断技术进步的作用，资本-产出比率既可以反映资本本身的变化，也可以间接地反映出劳动供给的变化。这里会出现三种情况。我们先假定，在图7-3中，横轴表示劳动（L），纵轴表示资本（K），经过原点的射线表示资本-劳动比率（K/L），F为等产量线，P为资本的相对价格。

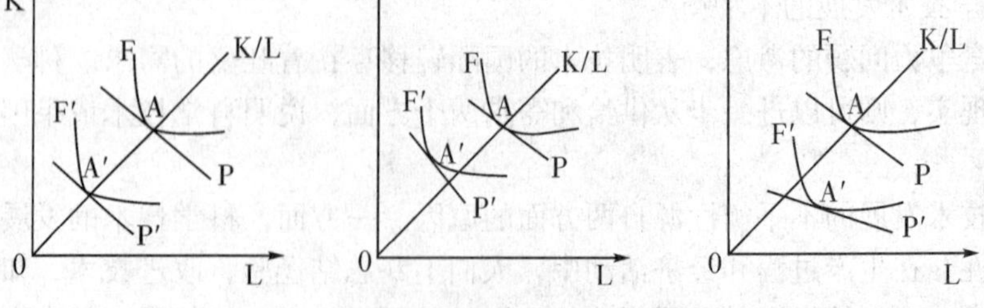

图7-3 技术进行的影响

左图表明，与新技术使用前相比，如果要素相对价格不发生变化，即，所需的资本投入和劳动投入都比以前减少，并且要素比例没有发生变化（即 A 和 A′都位于从原点出发的同一条射线上，故 A 点的 K/L = A′点的 K/L），或者说资本边际生产力与劳动生产力的比率保持不变，那么，这种技术进步就属于中性技术进步。在中性技术进步情况下，技术进步的作用反映在代表性生产的等产量曲线的移动（从 F 移动到 F′）上，即产出保持不变而投入减少。此为第一种情况。

第二种情况如中图所示。与中性技术进步相比，这里发生了一些变化。技术进步产生的经济影响仍然是明显的，即产出不变而投入减少；但要素投入比例发生了变化，A′点发生偏移，移动到了射线的左上方，这是因为资本边际生产率的增长率高于劳动边际生产率的增长率，资本相对价格下降，致使 K/L 比值上升，即人们愿意更多地使用资本而更少地使用劳动。这种技术进步称为劳动节约型技术进步。

右图显示的是第三种情况。与第二种情况不同的是，A′点往射线的右下方偏移，要素投入比例发生变化，K/L 比值下降。其原因是资本边际生产率的增长率低于劳动边际生产率的增长率，资本相对价格上升，较多地使用劳动而较少地使用资本在经济上显得更加合算。这种技术进步称为资本节约型技术进步。

2. 新古典价格刺激模型

国际转移中的技术是各种各样的，比如说有的是资本密集型技术，有的是劳动密集型技术，有的是土地密集型技术，等等；此外，世界各国的资源禀赋也存在着差异，有的国家资本这种要素相对更多一些，有的国家劳动这一要素可能更多一些，还有的国家土地资源相对较多，等等。这就提出了一个问题，每个国家应该尽可能地根据本国的具体国情，选择适合自己的技术。

假定世界上供转让的技术只有两种，一种是资本密集型技术，另一种是劳动密集型技术，且两者相互间具有可转换性；假设横轴代表劳动（L），纵轴代表资本（K），资本和劳动均无价格扭曲，F 为等产量线，P_1 和 P_2 为要素的相对价格（K/L），见图 7-4：

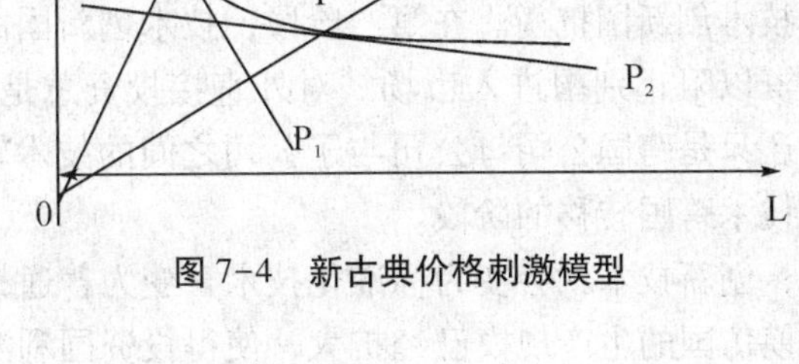

图 7-4　新古典价格刺激模型

在价格无扭曲的情况下，T 点的资本更廉价，而 T′点的劳动更廉价，这是因为 P_1 意谓着这个国家的生产要素中资本更为丰裕，因而资本较便宜，而 P_2 意谓着这个国家的生产要素中劳动更为丰裕，因而劳动较便宜。因此，在 T 点，这个国家应该选择资本密集型技术；在 T′点，则应选择劳动密集型技术。这两种选择都可以达到投入减少而产出不减的目的，因为 T 点和 T′点都处在等产量线 F 上。

我们特别强调价格无扭曲这种情况。如果价格发生扭曲，即由于人为的原因，利率太高或太低，工资过分抬高或过分压低，要素的相对价格就会变得不真实，资本和劳动这些生产要素丰裕或短缺的真实情况就会被掩盖起来，从而导致错误的技术选择。这种错误的技术选择只对微观有利，但宏观上会造成资源的浪费。

3. 技术转移的周期理论

新技术从出现到发生国际转移需要一个过程，这个过程大致可以分为三个阶段。如图 7-5 所示，横轴代表时间（T），纵轴代表收益（R）。

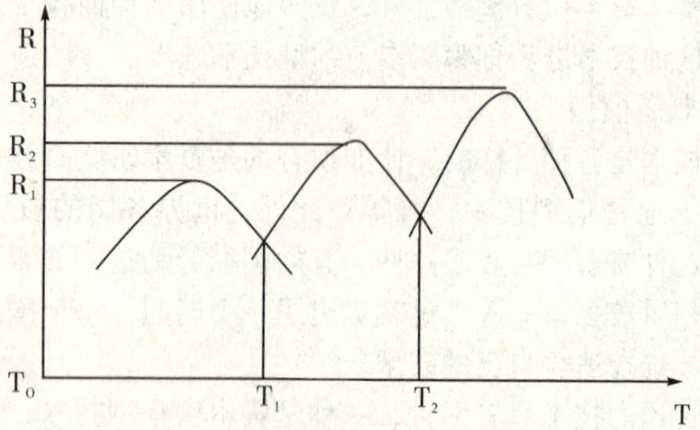

图 7-5 国际技术转移周期

技术创新能力和经济实力强的国家，在技术创新的初期，通常不会将新技术转让给其他国家。最好的对外经济战略是，利用新技术的独占优势，制造新产品，并主要在国内市场销售；对于国外市场的需求，通过出口部分产品加以满足，这样做的目的是为了降低成本和运输费用，尤其是便于防止新技术泄密。这是对外经济战略的第一个阶段。在第一个阶段，技术创新国显然是利用垄断新技术的优势独占市场。

但是随着出口的增加，外国终将模仿、掌握新技术并制造新产品。这时，为了继续利用新技术牟取利润，最为有利的做法是到出口对象国进行直接投资，利用东道国的资源，加上自己的创新技术，就地生产，就地销售。由于东道国是该产品市场的新进入者，因而无法与技术创新国抗衡。在第二阶段，技术创新国的对外经济战略目标是，通过对外直接投资以阻止别国进入市场。对外直接投资总是伴随着技术的输出，虽然这时的技术输出还只是跨国公司母公司与子公司之间的技术转移；从这个意义上来说，第二阶段已是技术跨国转移的阶段。

随着时日的推移，创新技术就会变为标准化技术，变为普通技术，技术创新国的垄断优势消失，技术摸仿国的生产规模已经扩大，使得投资国利润下降。这是因为这时世界市场的竞争已经不是有无创新技术的竞争，而是价格的竞争；但价格水平主要取决于成本水平，特别是取决于劳动成本水平，在这方面，投资国原有的优势丧失殆尽。因此，在第三阶段，技术创新国的企业不得不依靠技术输出来维持其收益。由于不同国家的需求与资源的关系不同，就是在同一个国家，不同发展阶段的需求与资源的关系也不同，这在发展中国家表现得特别明显，因此，技术的国际流动也就成了必然。

世界经济能够发展到今天这样的水平，科学技术的进步是关健。在未来，科学技术还将在经济发展过程中发挥越来越重要的作用，各国政府也会愈益重视科学技术。但是，科学技术的发展并不需要也不可能完全依靠自己的努力，国际技术转移是发展科学技术和利用科学技术成果的重要途径。技术转移可以获得利益，技术引进可以加速经济发展，技术贸易在国际贸易中的比重迅速扩大就是一个有力的证明。国际技术转移对于发展中国家具有特别重要的意义。发展中国家不仅资本不足，而且还缺乏必要的科学技术知识，这后一点比起资本不足来更是经济发展的障碍。因此，发展中国家应重视国际经济技术合作，积极利用国际技术转移，引进与消化、吸收并重，并在此基础上加快自己的科学技术研究，以尽早赶上世界先进水平。

第四节　国际要素流动与引进外资

在前几节中，我们已经分别就资本、劳动力和技术的国际流动作了分析。从这些分析可以看出，生产要素的国际流动具有重要的政策含义，对发展中国家来说尤其如此。在发展中国家，资本稀缺，科学技术落后，劳动力素质也较差，因此，以生产要素的国际流动为契机，引进外资，利用后发优势，加速经济的发展，缩小与发达国家之间的差距，这对发展中国家来说，具有特别重要的意义。

一、两缺口模型

两缺口模型是发展经济学中一个颇为著名的模型，又称两缺口理论或外汇瓶颈论，是由美国经济学家钱纳里和斯特劳特在20世纪60年代《对外援助与经济发展》一文中首先提出的。这个模型试图阐释国际要素流动特别是资本国际流动的原因和发展中国家引进外资以弥补国内资金短缺的必要性。

1. 缺口的含义

在宏观经济学中，S = I（即储蓄等于投资）是经济增长的基本条件。如果一个国家每年的国民收入都被全部消费掉，没有剩余，没有储蓄，那也就不会有积累，也就不会有投资，也不会有经济增长。不过，这种国家在世界上并不存在，即便有也是例外。一般来说，即使是经济发展水平比较落后的国家，消费总是小于国民收入的。

但是，有无储蓄、有无投资与储蓄额、投资规模的大小并不是一回事。在一种比较极端的情况下，比如在一个封闭经济中，由于受到一些因素如资源、市场、科学技术发展水平、生产力发展水平从而国民收入水平等的限制，储蓄率不会很高，积累有限，投资就会被控制在一个较小的规模上，或者说投资就只能在一个较小的规模上进行。这时，虽然做到了 S = I，经济也会增长，但由于扩大再生产的规模有限，经济的增长幅度就会受到限制。假如要追求一个理想的增长速度，就会出现各种资源缺口，如储蓄缺口、政府收入缺口、技术缺口，等等。也就是说，封闭经济中的资源难以支持这一理想的增长速度。显然，这里所谓的缺口是指不能满足经济增长需求的资源相对短缺。

假如这个经济对外开放，缺口就比较容易得到弥补，尽管开放又可能带来新的缺口，如外汇缺口。因为一个开放的经济既可以利用国内资源来发展自己的经济，又可以利用国外资源来发展自己的经济，当国内资源不能满足经济增长的需要时，可以引进、使用国外的资源来填补国内的资源缺口，以顺利实现经济的增长。

2. 两缺口模型

根据凯恩斯的国民收入均衡分析和哈罗德-多马经济增长模型，发展中国家要实现经济增长，首先得有足够的资本形成，即为实现既定的经济增长目标所需要的足够数量的追加资本。钱纳里等人认为，根据发展中国家的经验来看，发展中国家的经济发展主要受到三种形式的约束：一是储蓄约束或投资约束，指国内储蓄难以满足投资需求；二是外汇约束或贸易约束，指外汇收入难以满足资本品进口需求；三是吸收能力约束或技术约束，指对资源的吸收控制力差，难以有效利用资源。在经济发展过程中，发展中国家一般都会依次出现吸收能力约束的发展阶段、储蓄约束的发展阶段和外汇约束的发展阶段。钱纳里和斯特劳特研究的重点是后两个阶段的约束。

利用凯恩斯宏观均衡理论，即总需求必须等于总供给的理论，我们可以得出一个储蓄约束和外汇约束的模型。假定 C 表示总消费，S 表示总储蓄，I 表示总投资，X 表示出口总值，M 表示进口总值，并假定政府税收等于政府支出，则：

总需求 = C+I+X

总供给 = C+S+M

总需求等于总供给则可表示为：

C+I+X = C+S+M

将上式适当整理，可得：

I-S = M-X

等式左边（I-S）是投资与储蓄之间的差额，为储蓄缺口；等式右边（M-X）是进口与出口之间的差额，为外汇缺口。如上式成立，则表明国内储蓄缺口等于外汇缺口。这就是著名的两缺口模型。

两缺口模型主要考虑了储蓄缺口和外汇缺口，强调储蓄和外汇是经济增长的两个约束条件。投资大于储蓄会限制资本形成，外汇短缺会限制资本品的进口能力，这将阻碍经济的增长。由于投资、储蓄、进口、出口是四个独立的变量，因此，储蓄缺口应与外汇缺口相等只是一种事后的平衡，要使储蓄缺口和外汇缺口随时随地都相等是不可能的。正因为如此，加强政府宏观经济调控就是十分必要的。

调整缺口的方法有两种。如果国内储蓄缺口大于外汇缺口，那么，政府就只能实施减少投资、增加储蓄的政策；反过来，如果外汇缺口大于储蓄缺口，那么，政府就必须实施减少进口、扩大出口的政策。上述调整没有利用外资，减少投资或减少进口显然会减慢经济增长速度，而增加储蓄或扩大出口又不是一时可以办到的，因此，这是一种消极的调整方法。此其一。其二，是一种利用外资的积极调整方法。在两个缺口不具互补性的情况下，采用压缩投资和削减进口的办法是不恰当的，而应该积极调动国外资源，既要促进经济的增长，又能使两个缺口实现平衡。因为引进外资既可以减轻国内储蓄不足的压力，又可以减轻国内外汇不足的压力，既可以填补储蓄缺口，又可以填补外汇缺口，做到在经济的较快增长中实现缺口的平衡。

两缺口理论对促进发展中国家利用外资产生了积极影响。在此之后，西方一些经济学家又进一步发展和完善了两缺口理论，提出了三缺口理论和四缺口理论，即增加了两个缺口：技术缺口和税收缺口。这些发展经济学家认为，资本稀缺固然是个重要问题，但还不是一个关键的制约因素，对发展中国家来说，经济增长最关键的约束条件是发展中国家缺乏技术。因为发展中国家单纯依靠自身的努力难以解决技术缺口，而在没有解决技术缺口的情况下，他们又难以有效地利用国外资源。税收缺口的重要性在于，发展中国家的经济发展需要国家干预，而实施国家干预需要足够的财政手段。因此，发展中国家在积极引进外资的同时，还需要引进技术和人才，需要主动参与外资企业在当地的生产经营活动，通过征税、入股经营、财政参与等形式，增加政府收入和干预投入。

3. 两缺口模型的政策含义

两缺口模型采用结构主义的分析方法，分析发展中国家经济发展过程中的资源不足、经济结构不平衡等问题，为发展中国家实施对外开放、积极利用外部资源的政策提供理论依据。

首先，模型强调了利用外部资源的必要性。封闭经济的发展速度有限，实施对外开放，利用国外资源，冲破资源约束，资源的使用变得更有效率，劳动生产率得到提高，这不仅可以促进整个世界福利水平的提高，而且可以使本国经济获得较快的增长。同时，由于发展中国家一般劳动力资源丰富但资本和技术缺乏，利用外部资源就可以使本国资源得到更充分的利用和有效配置，这有利于增加国民收入，提高储蓄率，增加资本形成。此外，劳动生产率的提高有利于降低生产成本，提高产品的国际竞争力，增加出口，这不仅可以增加外汇收入，而且还可以带动经济的增长。

其次，模型说明实施经济计划和政府调节是有效利用外部资源的前提。利用外部资源固然是重要的，但外部资源的利用应该具有计划性，使引进外部资源的数量恰到好处，以避免引进不足而缺口难以得到弥补以及引进过度而造成资源浪费。这种计划性，正是国家干预或政府调节的表现形式之一。除经济计划之外，国家干预还表现在对外部资源的分配管理、汇率调整、法规制订等方面。

最后，模型揭示了发展中国家调整经济结构，实行经济改革的重要意义。为了适应引进外部资源的要求，发展中国家有必要根据自己的具体情况，对自己的经济结构进行适当调整。这对于发展中的大国来说尤为重要。一个国家通过引进外部资源，填补缺口，是为了推进经济的高速增长，形成高收入高储蓄的良性循环，但不能因此造成对外部资源的依赖。这并不意谓着经济发展了就可以闭关自守了，而是说，经济的持续发展应该主要依靠经济内部的力量，外部力量只能起到一种辅助性的作用。为此，经济体制也应该进行改革，以利于经济结构的调整，以便于更多地借助于市场的力量来解决缺口的平衡问题。

两缺口模型的理论价值和政策含义是显而已见的，但它的缺陷也是不容忽视的。比如，对于所引进资源的结构及其数量、偿债能力、挖掘本国资源的潜力等方面，两缺口模型都未给予适当的关注。另外，储蓄缺口是否就决定着国际资本流动的方向，储蓄率高的国家是否就不需要引进外部资源，这些都还需要作出细致深入的分析。

二、引进外资的经济分析

外资只是外部资源的一种，但它最具代表性，是外部资源中最重要的一种，其他外部资源往往会伴随着外资的引进而被一同引进。这里，我们仅就有关引进外资中的一些问题作出分析。

1. 国际因素的恶性循环

在历史上，大部分现在的发展中国家都是西方国家的殖民地或半殖民地，经济上长期遭受掠夺，这是发展中国家经济普遍落后的历史根源；而现在，在现行的国际经济制度下，发展中国家贸易条件不断恶化，加之国际上其他不平等因素，发展中国家的经济发展困难重重，其经济发展水平与发达国家之间的差距难以缩小甚至扩大。正如缪尔达尔在其《富国与穷国》一书中所说，“市场力量趋向于累积地加剧国际的不平等，在一方为工业国而另一方为不发达国的两类国家间自由贸易的十分正常的结果，就是后一类国家走向贫困和停滞的累积过程的开始”。发展中国家不仅经济不发达，教育与科学技术也比较落后，劳动生产率低下，经济增长速度缓慢，人均收入低，相应地，储蓄率也较低，资本形成严重不足。反过来，资本形成不足又导致劳动生产率和人均收入的低下，周而复始，这就构成了供给方面的恶性循环；从需求方面看，低收入意谓着较低的购买力和有效需求不足，投资失去动力，由此引致新一轮的投资不足和收入水平低下，这又形成了需求方面的恶性循环。这两个恶性循环形成了一个解不开的连环套，致使发展中国家长期处于经济停滞和贫穷落后的困境之中。

要打破这种反复的约束和恶性循环，引进外部资源特别是引进外资是一条十分重要的途径。引进外资可以对缺口的平衡产生积极而持续的影响，因为引进外资可以解决储蓄率低和资本形成不足的问题，进而使劳动生产率得以提高，人均收入增加，需求增加，储蓄增加，投资增加，劳动生产率再次提高，最终使经济的发展出现良性循环。

2. 最佳外资引进

引进外资既可以填补储蓄缺口，也可以填补外汇缺口，还可以增加就业机会，提高劳动生产率，增加国民收入，提高整体福利水平。然而，引进外资却有一个数量问题，即有一个引进外资的最佳规模问题。对此，我们利用一个图形来加以说明如图 7-6，假定横轴代表引进外资的数量（Q），纵轴代表边际成本与收益（P），其中，边际收益为 MR，边际成本为 MC，并假定它为一条直线。

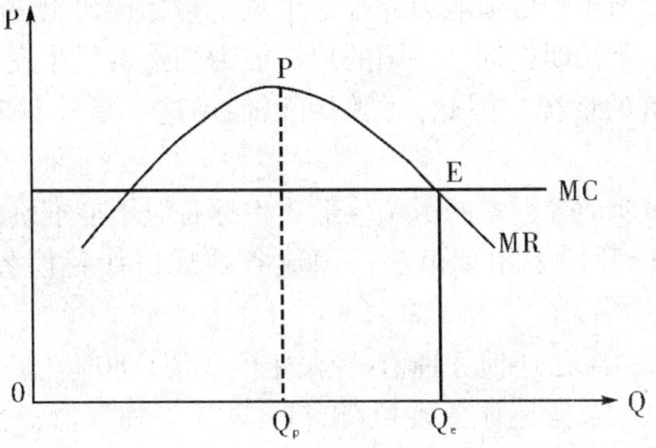

图 7-6　外资引进的最佳规模

外资的进入使发展中国家原来因投资不足而没有得到利用的劳动力和其他资源得到利用，资本这一生产要素也得到了优化配置，资本边际收益上升，至 P 点达到最高水平。P 点相对应的引进外资数量为 OQ_p。如果继续引进，使引进的外资数量超过 OQ_p，边际收益将下降。边际收益尽管下降了，但它仍然还高于边际成本，另外，尚有劳动力和其他富裕的资源未加利用，那是一种浪费，因此，这时还可以继续引进外资，直至引进的外资数量达到 OQ_e。当引进的外资数量达到 OQ_e 时，边际成本曲线与边际收益曲线相交于 E 点，即边际成本等于边际收益，总收益达到最大。超过 E 点，边际成本将超过边际收益，也就是说，当引进外资的数量超过 OQ_e 时，那将出现得不偿失的情况，总收益反而会减少。OQ_e 即为引进外资的最佳规模。

3. 引进外资与债务控制

引进外资能够促进发展中国家的经济发展，但在同时也会产生债务问题，债务的过度累积又会使债务问题演变为债务危机。从 20 世纪 80 年代初期墨西哥的债务危机开始，人们日益关注发展中国家的债务问题。如何把握引进外资的“度”？如何把债务问题控制在安全的范围内？我们可以用一些指标来加以说明。

其中，静态债务指标有三个，分别为：

（1）经济债务率：未偿还外债余额/国民生产总值，即债务总额与国民总产值之间的比率，应小于 30%~40%。这一指标显示一国的债务负担状况。除了属于赠予的无需偿还的国际援助外，所有借入的外国资本都必须到期还本付息，也就是每年必须拿出一部分国民生产总值来偿还到期本息，这就在客观上为借债规模设置了一个界限。借债规模是否合理，有无借债能力和偿债能力，用这一指标可以加以衡量。

（2）偿债率：当年还本付息/出口收入，即到期债务与出口的比率，应小于 12%~20%。外债一般需要用外汇来偿付，而外汇的真实来源是出口收入，因此，一个国家偿还债务的能力取决于该国的出口能力和外汇收入状况。偿债率过高，则偿债能力低下，外汇短缺，由此影响国际收支平衡，最后不得不借新债还旧债。

（3）出口债务率：未偿还外债余额/出口收入，即债务总额与出口总值之间的比值，应小于100%。这是一个与偿债率密切相连的指标，但其含义又与偿债率有所不同。偿债率用以衡量当年的偿债能力，是一个短期指标；而出口债务率则用来衡量未来的偿债能力，是一个长期指标。一国的出口能力固然会发生变化，时高时低，但一般不会出现大起大落的情况。因此，我们可以使用这一指标对未来的借债规模加以控制。

由于币值、汇率变动等因素的影响，上述指标有时不能准确地反映真实情况。从1995年起，世界银行开始采用现值法，用债务的现值代替债务名义值来衡量债务水平：

经济现值债务率：未偿还债务现值/国民生产总值，80%为临界值。

出口现值债务率：未偿还债务现值/出口，20%为临界值；实际指标超过临界值60%的国家，为中等债务国家，以下则为轻度债务国家。

除了上述指标外，还要注意债务结构指标，即债务的币种结构、债务的期限结构、债务的来源结构、债务的利息结构，等等。

一般来说，外债的偿还率应低于投资增长率，否则就会出现入不敷出的情况，即还债数量大于新的借债数量，造成资本的“净外流”，成为“资本输出国”；这将造成经济增长率的下降，对经济的发展十分不利。因此，发展中国家减轻债务偿还负担的办法，不是削减投资，而是设法降低外债利息，或利用本国商品或货币来偿还外债。

三、拉美债务危机

发展中国家大量借用外债，如果使用不当，就会带来极其严重的后果。一些发展中国家无力偿还到期债务的情况不断增多。1956—1974 年，有 11 个发展中国家先后 30 次进行债务重新安排，涉及债务 70 亿美元；1975—1980 年，有 9 个发展中国家先后 16 次债务重议，涉及债务 90 亿美元。然而，到了 20 世纪 80 年代初，发展中国家的债务问题严重恶化。仅仅是 1981—1982 年，债务重议就有 27 起，涉及 16 个国家 150 亿美元；而 1983 年一年，债务重议竟然超过 30 起，涉及 29 个国家 688 亿美元。拉美国家债务负担是发展中国家中最沉重的，并最终演化为债务危机，其中又以巴西、墨西哥最为典型。

1. 拉美债务危机概述

拉美国家经济的发展与引进外资密切相关，但负债发展经济的副产品则使拉美国家背上了沉重的债务包袱。拉美国家的负债额，1970 年为 556 亿美元，1975 年为 685 亿美元，1980 年猛增至 2 427 亿美元，1982 年更高达 3 335 亿美元。其中，1982 年，阿根廷所欠外债近 400 亿美元，墨西哥和巴西的外债均在 800 亿美元左右。在 20 世纪 80 年代，巴西和墨西哥是世界上最大的两个债务国，到 1989 年，各自的债务都超过 1 000亿美元。

拉美债务危机发端于债务大国墨西哥。墨西哥是一个石油资源丰富的国家，历来是一个石油输出国。在20世纪70年代两次石油危机之后，国际市场上原油价格猛涨，墨西哥趁机大力发展石油工业，石油工业的股票炙手可热，墨西哥股市随之飙升，从1978—1981年，墨西哥股价持续上涨30个月，累积涨幅达785%。受股市繁荣景象的刺激，墨西哥除迅速扩大消费水平外，还大兴土木，房地产市场异常活跃；政府行政费用和社会福利费用等公共开支大幅增长，国营企业亏损严重，财政赤字越积越高。债务危机悄然而至。

从1981年起，墨西哥的股市行情连续狂泻18个月，泡沫经济崩溃了，企业宣告破产，银行呆账、坏账涌现，货币比索贬值40%，近300亿美元的资金外逃，国民经济衰退，失业率上升，人均收入下降。1982年8月，墨西哥外债已经高达876亿美元，占当年国内生产总值的53%。经济泡沫的破裂尤如黑洞的出现，财富瞬间化为乌有。1982年8月12日，墨西哥不得不公开宣布无力偿还外债，金融危机终于爆发。

紧接墨西哥之后，巴西、委内瑞拉、阿根廷、秘鲁、智利等债务大国先后宣布暂时无力偿还外债，债务危机迅速蔓延，除哥伦比亚之外，拉美国家无一幸免。这场一直延续到20世纪80年代末的债务危机，进一步加剧了拉美国家的债务负担，每年还本付息加本国资金外逃在200亿美元以上。1980—1989年国内生产总值年均增长1.1%，工业产值年均增长0.5%左右，人均收入下降10%。通货膨胀率从1983年的平均130.5%、1985年的274.1%，上升到1989年的1 161%。拉美国家的经济、社会发展遭到债务危机的严重破坏。

2. 拉美债务危机产生的经济原因

拉美债务危机产生的原因比较复杂，既有历史的，也有现实的，既有政治的，也有经济的。我们这里主要从经济方面作一些简要的分析。经济方面的原因，归纳起来，大致可以分作外部原因和内部原因。

从外部环境来看，主要出现了两个不利于发展中国家经济发展的因素。其一是发展中国家的贸易条件恶化。20世纪70年代经历滞胀危机之后，以区域经济集团化和非关税壁垒泛滥为主要特征的新贸易保护主义渐渐兴起，发达国家在要求发展中国家开放市场、实行贸易自由化的同时，却通过各种新贸易保护措施，限制进口发展中国家的商品，使许多发展中国家的出口一直处于萎缩状态，从而导致国际收支经常项目的赤字。拉美地区主要债务国国际收支中所出现的盈余，主要是资本项下外资流入特别是短期资本流入的结果。另外，由科学技术所引起的经济调整和产业结构变动，发达国家减少了对发展中国家初级产品的需求，而发展中国家却增加了对发达国家工业制成品的需求，这就使得制成品与初级产品之间的价格剪刀差进一步扩大，发展中国家的贸易条件更行恶化。在20世纪80年代，初级产品平均价格在10年间下降了40%多，与此同时，国际市场上工业品平均价格却上涨近40%，发展中国家出口产品的相对价格大为下降，使以初级产品出口为主的发展中国家蒙受了巨大损失。其二是，发展中国家的借款成本过高。20世纪70年代的滞胀危机以后，为了压低通货膨胀率，西方国家普遍实行以紧缩信贷为主要内容的货币政策，使国际金融市场上的利率大幅度提高。发达国家的高利率政策加重了发展中国家举借私人贷款的还本付息负担，使到期债务的偿还成为困难，而私人资本外逃则加剧了这种状况。

内部经济发展战略和政策的某些失误和偏差也是拉美债务危机的重要原因，甚至是主要的或根本性的原因。例如，在墨西哥、巴西等国，违背经济规律，忽视社会经济稳定和协调发展，片面追求工业发展的高速度，错误估计国内外经济形势，盲目制订经济发展战略，造成政策上的偏差和失误，最终将国民经济的发展引入了泥潭。拉美主要债务国，尤其是巴西、墨西哥这些最大的债务国，为了加速工业的发展，追求经济的快速增长，不顾本国可能的还款能力，向国外大量举债，加之国民经济各部门发展不平衡，比例失调，使得过量的投资不能被国民经济正常吸收，造成资源浪费；为谋求经济的高速增长、缩小与发达国家的差距，滥用财政政策和货币政策，膨胀性的财政政策使财政入不敷出，赤字累累，再加上狂热的消费，最终导致国际收支失衡，而为了平衡国际收支，又不得不提高利率，吸引外资流入，其结果主要是短期资本大量涌入，可惜政府对这些流动性极强的短期资本又缺乏管理。此外，经济发展战略失当还造成了资源配置的不合理、股市的狂热和房地产的畸形发展，大量的资金被引入股市和房地产，致使经济充满了泡沫，掩盖了实际经济发展中存在的严重问题。其他如分配不公、两极分化等问题也使社会经济的发展失去了稳定的基础。所有这些因素的积聚和发展，不仅使得拉美国家丧失了还款能力，而且也使公众对未来丧失了信心，债务危机最终必然爆发。

3. 拉美债务危机解决方案

墨西哥金融危机产生连锁反应，最终酿成拉美债务危机。由于墨西哥和其他拉美国家的债主主要是发达国家的银行，因此，拉美债务危机的爆发引起西方各大银行的一片恐慌。如果发达国家任何一家银行因收不回贷款而倒闭，那么，多米诺骨牌效应就会难以避免，这将对发达国家造成灾难性影响。为此，西方国家各大银行和政府提出了最初的解决方案，即共同筹款，重新组合债务，允许拉美国家延期支付到期本息。

但是，这一方案对于拉美国家走出危机几乎没有什么帮助。该方案实质性的内容就是延期支付债务，但债务终究还是债务。不仅如此，由于没有减债压息，即使不再借新债，高达20%的高利率也会使拉美国家的旧债只需要几年就会翻一番。正因为如此，在债务危机爆发之后的几年里，拉美经济仍无好转的迹象，还债变得遥遥无期。于是，美国财政部长贝克在1986年提出“贝克计划”，主张在1986年到1988年的三年里由西方各大商业银行提供200亿美元的资金，帮助债务国恢复生产，发展经济。但贝克的建议没有得到西方各大银行的支持。1987年贝克又提出补充方案，其核心内容是债务资本化。所谓债务资本化，就是将债务在国际二级市场上以债券方式折价出售，债券持有人可直接投资于债务国，折扣率取决于债务国经济形势、股票行情和具体的投资项目。后来，到了1989年，美国新任财政部长布雷迪还提出了“布雷迪计划”，建议削减债务国本金和减轻利息负担。

其实，无论是债务国还是债权国，是国际货币基金组织还是世界银行，都在积极探索解决债务问题的新途径。比如，早在1982年，巴西就以债转股的方式将18亿美元的对外债务转换为对国内的投资；其后，智利、委内瑞拉、阿根廷、墨西哥等国也利用了这种方式，如智利资本化的债务近100亿美元，占其外债总额的50%。应该承认，减债压息、债务资本化是解决发展中国家债务问题的有效途径之一，它对债务国和债权国以及投资者都能带来利益。进入20世纪90年代后，拉美国家的投资恢复增长，经济重现生机，1990—1996年，拉美地区经济年均增长3.5%，宏观经济形势稳定，通货膨胀得到遏止。

基本概念：

生产要素国际流动　资本国际流动　跨国公司　对外直接投资　对外间接投资　国际贷款　短期资本流动　市场内部化　国际技术转移　国际技术贸易　中性技术进步　两缺口模型　经济债务率　偿债率　出口债务率

思考题：

1. 国际经济分析从国际流通领域进入国际生产领域有何重要意义？
2. 何为生产要素的国际流动？
3. 为什么比较成本说和资源禀赋说都假定在国际上生产要素不能自由流动？
4. 国际商品交换和国际要素流动的基本原理是什么？
5. 国际商品交换和国际要素流动之间是否具有可替代性？为什么？请举例说明。
6. 简述资本国际流动的定义与内含。
7. 简述战后以来，资本国际流动构成的特点。
8. 试析战后资本国际流动的原因。
9. 请配合图形，对资本国际流动进行经济分析。
10. 试用产品生命周期理论说明资本国际流动的原因。
11. 市场内部化理论的基本含义是什么？
12. 试析劳动力国际流动的原因。
13. 请用图形说明劳动力国际流动的利益分配。
14. 简述国际技术转移的途径。
15. 简述国际技术转移的基本原因。
16. 何谓两缺口模型？其政策含义是什么？
17. 国际因素的恶性循环的含义是什么？打破这一循环的关键是什么？
18. 拉美债务危机产生的原因是什么？

网络资源：

The data on foreign direct investments are published by the United Nations in the World Investment Report (yearly), the OECD in the International Investment Statistics Yearbook, and by the Bureau of Economic Analysis in Survey of Current Business in the July and August issue of each year. The websites for these organizations are listed here. The United Nations makes available on the Internet only parts of the World Investment Report, as does the OECD for its International Investment Statistics Yearbook. The Bureau of Economic Analysis provides data on international direct investments on the web site indicated:

http: //www. unctad. org and click on World Investment Report.

http: //www. oecd. org and click on International Investment Statistics Yearbook.

http: //bea. doc. gov and click on Survey of Current Business, July issue.

For articles on transfer pricing:

http: //www. oecd. org and click transfer pricing

http: //www. econ. iastate. edu/classes/econ355/choi/mnc. htm

Information on immigration to theUnited States is foundon the website of the U. S. Citizenship and Immigration Service (INS) at:

http: //uscis. gov

第八章 宏观经济的内外均衡

在一个封闭经济中，生产要素的流动和其他商品的流动被局限在其边界之内；国外生产要素的流动和其他商品的流动也会被拒于国门之外。由于封闭经济切断了国内外的一切经济联系，国外经济发生的任何变化，都不会对其国民经济的正常运行造成冲击；同样，国内的经济问题也不可能对国外经济的发展产生影响。

不过，绝对意义上的封闭经济是不存在的。实际上，任何一个国家都直接或间接地广泛参与了国际经济活动，参与了国际分工和国际交换，只是他们在规模和程度上不同而已。从这个意义上来说，所有国家的经济都是开放经济；特别是在国际经济一体化和经济全球化日益深入发展的今天，各国的经济发展之间的关系是一种互相联系、相互依存的关系，封闭经济已经成为一个历史概念。在这种情况下，一国经济的发展状况就会对其他国家的经济发展产生影响，其他国家经济的发展状况也会对本国经济的发展产生影响。当然，尽管影响是必然的，但在不同的国家，影响的程度是不同的，而且，这些影响可能是积极的，也可能是消极的。比如，经济增长的影响就是积极的，经济危机的影响就是消极的。我们在这里主要研究宏观领域中可能产生消极作用的经济问题的影响。所谓经济问题，是指经济发展过程中的不平衡问题，如衰退、失业、通胀、顺差、逆差等失衡问题。因此，国际传导实指非均衡的国际传导，即国际非均衡传导，也就是宏观经济领域中的总量失衡通过国际经济联系渠道从一个国家传导到另一个国家这样一种经济现象。

一个国家从事生产，可能需要从其他国家进口生产资料；产品生产出来后，可能需要销售到其他国家去；生产活动和商品的进出口活动又与货币发生联系，生产可能需要国际投资，对外贸易活动也可能需要信用支持。各个国家都在不同的程度上以不同的形式参与了国际分工和国际交换，而国际分工和国际交换则通过国际市场这个环节将各国的经济活动紧密地联系在一起。

国际市场可以分为产品市场和金融市场；产品市场包括消费品市场和资本品市场，而金融市场则包括货币市场、资本市场和外汇市场。一个国家同外部世界的经济联系，主要是国内消费、生产、投资和借贷四个方面，借助于国际外汇市场，分别与国际消费品市场、资本品市场、货币市场和资本市场之间的联系。之所以要借助于国际外汇市场，是因为每个国家都有自己单独的货币，而一国的货币通常不能在他国流通，在经济活动中产生国际收、付时，都必须使用外汇；同样，只有通过即期外汇、远期外汇等各种外汇买卖，国际间的相互结算、信贷融通和资本流动才有可能得到实现，上述四个方面的联系才成为可能。当然，外汇市场绝非只是扮演“侍者”的角色。汇率表面上是各国货币之间的比率，而实际上代表着各国商品交换的比率，因而外汇市场上汇率的变动，意谓着世界财富在各国之间的重新分配。

国内消费与国际消费品市场之间的联系，实际上就是一种消费品进出口贸易的关系。一国消费品进出口贸易的规模既取决于国内供求的变动，也取决于国际市场上价格的变动。国内的供求与国外的供求是相互对应的，即是说，国内对国际市场的供给是为了满足其他国家的需求，而国内商品的短缺则需要其他国家的供给来填补，国际市场价格一方面反映着双方的供求，另一方面也影响着双方的供求。同时，一国消费品进出口贸易的规模也与该国的国际收支状况有关，因为进口需要支付外汇，出口则会收取外汇，从而对该国的国际收支产生影响。

国内生产与国际资本品市场之间的联系，与消费品进出口贸易关系十分相似，是一国与其他国家之间的资本货物进出口贸易关系。资本品并非最终消费品，它是指机器、设备、原材料等生产最终消费品所需的中间消费品，因此，资本货物的国际贸易在本质上是生产要素的国际流动和稀缺资源的国际配置，这对一国经济的发展和整体福利水平的提高具有极为重要的意义。

国内投资、借贷和国际资本市场和货币市场之间的联系属于长、短期资本国际流动的范围。资本也是一种生产要素，但由于其他生产要素如劳动力、机器设备、原材料、专利技术等的国际流动往往是同资本的国际流动结合在一起的，因而，资本国际流动在世界性的资源配置中具有举足轻重的作用。不言而喻，对于优化资源配置，提高一国的福利水平以至整个世界的福利水平来说，资本国际流动是一个关键的因素。

一个开放经济同外部世界的上述经济联系形成一种渠道，使得国内外经济运行中出现的非均衡问题在各国之间的传导成为可能。

这一章将分为四节，分别探讨国际传导机制、贸易乘数理论和宏观经济的对内、对外均衡问题，以及国际经济非均衡传导机制的案例分析。

第一节　国际传导机制

国民经济从封闭走向开放，不是一蹴而就的，它是一个或长或短的过程。随着开放程度的不断提高，国民经济同外部世界的联系将日益增多，也将越来越密切。一个国家同世界上其余国家之间经济上互相联系、相互依存的关系状况，主要取决于这种经济联系的数量和质量，取决于这种联系的广度和深度。由于开放经济能够获得封闭经济条件下不能获得的稀缺资源或不能廉价获得的稀缺资源，也就是相对于封闭经济来说，开放经济有利于资源在更大范围内的优化配置，因而，国民经济在开放条件下将会发展得更快、更好。不过，开放经济也将为此付出一定的代价，因为国外发生的经济问题也将以上述各种经济联系为渠道传播到国内，并在不等的程度上影响和制约国民经济的发展和国民经济的均衡。

这一节分为两个部分。我们首先借助国民收入模型来分析在开放条件下各国之间的经济联系，然后分析经济问题即非均衡为什么会从一个国家传导到另一个国家。

一、国民收入模型的扩大

如上所述，一个经济从封闭到开放，是一个逐步演进的过程。在这一演进过程中，该国的对外经济联系将会越来越多，从而影响该国经济发展进程和宏观经济均衡的因素也会日益增多。宏观经济学，也称为国民收入理论，就是研究经济中的总量方面，如国民收入、总消费、总投资以及国家货币供应的情况等；从政策角度来理解，宏观经济学涉及保持物价的全面稳定，实现充分就业，促进经济增长等问题。因此，宏观经济均衡，是指总量的均衡，也就是总供给与总需求之间的均衡。外部因素可能有助于国内经济达到均衡，但也有可能破坏一国经济的宏观均衡。国民收入模型的扩大主要反映一国经济从封闭走向开放的过程，反映制约一国宏观经济均衡的因素日益增多的过程。

1. 封闭经济国民收入模型

在一个简单经济即封闭经济中，由于不存在国际经济联系，国民经济的运行不受外部世界的干扰。因此，在完全封闭经济条件下，国民收入模型也最为简化：

从供给方面来看：$Y = C + S + T$

从需求方面来看：$Y = C + I + G$

其中，Y 代表国民收入，C 代表消费，S 代表储蓄，T 代表税收，I 代表投资，G 代表政府支出，这表明，在总供给和总需求两个方面，都不存在外部因素，这正好是封闭经济的特点。我们假定 G 和 T 两者相等，即政府的支出和政府的税收相等，那么，在封闭经济条件下，宏观经济均衡的条件就是 I 必须与 S 相等，即投资必须等于储蓄，投资不等于储蓄必然会造成宏观经济的失衡。

正如我们一再说明的，完全封闭的经济在世界上并不存在，在国际经济一体化和经济全球化的今天更不可能存在。尽管如此，封闭经济条件下的国民收入模型仍然是我们理解开放经济条件下国民收入模型的基础。

2. 简单开放国民收入模型

任何一个经济都是开放程度不等的经济，那么，宏观经济的均衡就会受到更多因素的影响。历史地看，各国之间最初的经济联系，是国际商品交换；即是说，这时，一国与其他国家之间的经济联系表现为商品的进口和出口。商品的进口增加了国民经济的供给数量，从而使总供给增加；商品的出口则增加了国民经济的需求数量，从而使总需求增加。总供给和总需求的增加使国民收入模型发生变化。假定 M 为进口，X 为出口，简单的开放国民收入模型为：

从供给方面来看：　$Y = C + S + T + M$

从需求方面来看：　$Y = C + I + G + X$

我们已经看到，与封闭经济条件下的国民收入模型相比，在简单开放国民收入模型中，已经出现了国际经济联系的因素，即进口（M）和出口（X）两个因素。在这种情况下，即使实现了内部均衡，那也不能保证整个宏观经济实现了全面均衡，因为全面均衡不仅要求内部均衡，而且也同时要求外部均衡。由于进口被视为需求的“漏出”，从而不可避免地对总需求产生影响；而出口则被认为是需求的“注入”，从而也必然要对总需求产生影响，因此，在总供给不变的情况下，宏观经济的均衡取决于总需求的变动是否均衡，即总需求的“漏出”与“注入”是否均衡，亦即出口是否等于进口。

简单开放国民收入模型主要反映了第二次世界大战前的经济史实。战后，国际贸易发展很快，而且，商品的进出口仍然是国际经济联系最基本的方面，但是，随着跨国公司和对外直接投资的发展以及国际经济一体化的不断深入进行，在国际之间流动的就不再仅仅是商品，生产要素也加入了国际流动，影响宏观经济均衡的因素就更多了。由于简单开放国民收入模型仅仅涉及进出口这些在对外经济联系方面的初步因素，不可能反映国际经济联系中的这些新情况和新变化，从而显示出了它的局限性。

3. 扩大的国民收入模型

扩大的国民收入模型既要考虑商品的国际流动，也要考虑生产要素的国际流动。一个国家既可能到海外投资，也可能接受来自海外的投资；其劳动力既可能流往国外，但也会出现相反的情况，即这个国家也可能接受来自其他国家的人力资源。因此，扩大的国民收入模型是在简单开放国民收入模型基础上加入了资本和劳动力流动的国民收人模型：

从供给方面来看：$Y=C+S+T+M+I_f+R_f'+W_f'$

从需求方面来看：$Y=C+I+G+X+I_f'+R_f+W_f$

在供给方面，I_f为本国在外国投资，R_f为外国在本国的投资收入，W_f'为外国人在本国得到的工资收入。

在需求方面：I_f'为外国在本国的投资，R_f为本国在外国的投资收入，W_f为本国人得自外国的工资收入。

扩大的国民收入模型比较真实地反映了在国际经济一体化和经济全球化条件下一个开放经济的对外经济联系的全貌。实际上，在国际经济一体化和经济全球化条件下，资源是否优化配置不再以一国为范围来衡量，而是以世界为范围来衡量，国际交换中商品的内容、各国在国际分工格局中的地位，在很大程度上是由世界性的资源优化配置来决定的。以世界为范围的资源优化配置，一方面加强了各国之间的经济联系，有利于缓解一国资源的稀缺程度和促进经济的发展；另一方面，对一个开放经济来说，国际经济联系日益紧密也意味着经济问题的传导渠道增多，非均衡的国际传导变得更加容易，从而增加了一个开放经济实现宏观均衡的难度。

二、国际经济的非均衡传导

各国之间的经济联系构成一种渠道，非均衡就是通过这些渠道从一个国家传播到另一个国家。这里，我们将具体分析非均衡是如何通过商品的国际流动、资本的国际流动、劳动力的国际流动和信息的国际流动进行传播的。

1. 国际商品流动的非均衡传导

一般情况下，国际经济非均衡传导，首先影响一国的开放部门，然后借助于产业链传播开去，逐步波及到非开放部门。

假定一个开放经济本来处于全面均衡的良好状态，比如说实现了充分就业，物价稳定，国际收支平衡，总需求等于总供给。这时，恰好其主要伙伴国发生了经济危机，其主要症状是生产急剧下滑所引起的大规模失业和国民收入的减少，最终导致伙伴国进口需求下降。既然外部进口需求下降，那么，必然的结果就是，本国出口受阻，生产出口产品的部门不得不缩减生产；进而，向生产出口产品部门提供生产设备和原材料的非出口产业部门也将随之缩减生产，整个国家的生产下滑，失业大量增加，国民收入减少；如果情况很严重，本国最终也会爆发经济危机。这样，国外出现的非均衡通过国际贸易的渠道就被传导到了国内。如果本国的经济结构单一，其出口部门在国民经济中又具有举足轻重的地位，那么，非均衡传导不仅迅速，而且具有极大的破坏力。

非均衡传导影响力的大小还跟其他一些因素有关，比如所出口商品的重要性，像石油价格上涨，就能直接推动石油进口国国内价格的上涨；另外，非均衡传导的影响力也与一国的开放程度有关，开放程度较低的国家受非均衡传导的影响就要小一些。

2. 国际资本流动的非均衡传导

金融方面的国际联系也是非均衡国际传导的重要渠道。其传导机制在不同方面表现各异。在利率方面，当一国的宏观经济发生失衡时，总需求和总供给的不相一致也会表现为货币供求量的不相适应，这种情况将促使利率出现大幅度的升降变化，从而刺激资本的国际流动和国际货币市场以及国际资本市场利率的相应变动，而资本的国际流动和国际利率的变动会造成其他国家资金供求状况和利率的变化，由此可能导致这些国家宏观经济的失衡。当然，是否出现如此严重的后果还跟其他一些因素有关，但无论如何，各国利差的存在导致资金的跨国流动却是不可避免的。比如，在20世纪80年代初，由于通货膨胀严重，美国不得不提高利率，美国的高利率使得来自欧洲等地区各国的大量资本蜂拥而入，而为了阻止资本的流出，这些国家也只好提高利率。在汇率方面，通过调整汇率以改善国际收支是通行的做法。如果一国发生严重的失业和国际收支逆差并采用调整汇率的通行做法，也就是将本币贬值，刺激出口，抑制进口，在贸易伙伴国不实施报复的情况下，本国出口产业部门将得到发展，并由此带动非出口产业部门的发展，这样不仅可以解决失业问题，而且也可以解决国际收支逆差问题，将失业和逆差“输出”到贸易伙伴国，使贸易伙伴国的经济蒙受影响。此外，国际游资的大量存在、极强的流动性以及由此产生的巨大冲击力，不仅能够扰乱国际金融秩序，而且还能严重影响各国的金触稳定，使金融危机和经济衰退从一个国家迅速传播到另一个国家。

3. 国际劳动力流动的非均衡传导

国际劳动力流动的基本方向是，从低收入国家或地区流向高收入国家或地区，从发展中国家流向发达国家。结合这一基本特点，劳动力的国际流动，特别是较低素质劳动力的国际流动，能够相对减轻流出国劳动力之间的竞争而加剧流入国劳动力之间的竞争，从而对相关国家或地区的收入分配会产生一定程度的影响，即高收入国家或地区的收入水平或收入的增长速度将受到消极影响，而低收入国家或地区的收入水平或收入的增长速度将受到积极影响；可以认为，这是低收入国家或地区的低收入问题通过国际劳动力流动的渠道向高收入国家或地区的传导。不过，这是国际劳动力流动非均衡传导的非常次要的一面，我们不能过高地估计它，更何况，劳动力被视作人力资本，之前需要资金投入和培训，之后具有创造财富的巨大能力，因此，我们更要重视劳动力国际流动另一方面的经济影响。据估计，1953—1973 年，联邦德国因引进外籍工人而节省培养费用 330 亿美元，也就是说，劳动力流出国因此损失 330 亿美元；1952—1975 年，美国引进外国专家 22 万人，单是节约教育投资和有关开支就达 200 亿美元。劳动力国际流动的经济影响绝非只是净流出国为净流入国支付了千百亿美元的人才教育培养费用，劳动力净流出国损失更大的是这些人才巨大的创造能力及其创造的巨额财富。因此，对劳动力净流出国来说，劳动力的国际流动意味着资本的流失。劳动力国际流动的经济影响，即国际劳动力的非均衡传导，除各国之间的工资差异外，还受制于一国的国民教育水平、劳动力在国外的就业结构、国家的劳动力政策、对于劳动力流动的态度与政策等。

案例　大规模移民时期的工资趋同

尽管在现代国家之间也存在大规模的人口移动，但劳动力流动真正宏大的时代是 19 世纪末 20 世纪初。那时，一些国家的入境移民是人口增长的主要源泉，而对外移民则使其他一些国家的人口出现下降。铁路、轮船和电报、电缆正在开始把世界经济联为一体，而对移民严加限制的法律尚未出现。因此，成千万居民为了谋求更好的生活长途迁移。许多中国人迁居到东南亚地区和加利福尼亚，印度人移居非洲和加勒比海地区，不少日本人移民去了巴西。尤其值得一提的是，大批来自欧洲外围地区（如斯堪的纳维亚、爱尔兰、意大利和东欧）的居民移居到土地充足、工资较高的美国、加拿大、阿根廷和澳大利亚。

那么，这个过程是否如我们的模型预计的那样使各地的真实工资趋同呢？确实如此。附表显示了四个主要“目的地国”和四个主要“来源国”在 1870 年的真实工资以及此日到第一次世界大战前的变化情况。如表所示，在初期，目的地国的真实工资远远高于来源国。在接下来的 40 年里，所有国家的真实工资都上升了，但是来源国的工资上升得比目的地国更快（加拿大工资出人意料的大幅上升除外）。这意味看移民的确使世界朝着工资均等化的方向发生了移动，尽管距这一目标还相去甚远。

	真实工资， 1870 年（美国=100）	1870—1913 年真实工资 上升的百分比（%）
目的地国		
阿根廷	53	51
澳大利亚	110	1
加拿大	86	121
美国	100	47
来源国		
爱尔兰	43	84
意大利	23	112
挪威	24	193
瑞典	24	250

资料来源：Jeffrey G. Wtllimson. The Evolution of Global Labor Markcts Since 1830：Background Evidence and Hypotheses［J］. Explorations in Economic History，1995（32）.

对美国经济的个案分析显示，第一次世界大战后施行的限制性法律宣告了大规模移民时代的结束。此外，世界贸易的显著下降和两次世界大战的直接影响也促成了工资均等化趋势的停滞，一度甚至出现了逆转的情形。直到第二次世界大战结束后，这一趋势才得以恢复。

【案例来源】保罗·克鲁格曼. 国际经济学［M］. 海闻，蔡荣，等译. 北京：中国人民大学出版社，2002.

第二节　贸易乘数理论

在附合凯恩斯主义模型且存在失业的一国经济中，无论该国是封闭经济还是开放经济，任何额外的支出都会引起一个国民收入增加的乘数过程。但是，由于国际贸易包括出口贸易和进口贸易，而进口、出口贸易不仅对国际收支的影响是不同的，而且对国民收入的影响也是不同的，因此，封闭经济条件下额外支出的乘数数值与开放经济条件下额外支出的乘数数值之间存在着差异。在这一节中，我们将首先阐述封闭经济条件下的乘数问题，然后再阐述开放经济条件下的乘数及其意义。

一、乘数理论

在一定条件下，额外支出会引起一连串的额外支出，最终将引起数倍于额外支出的总收入增长或总产出增长，描述这一经济现象的理论即为乘数理论。

1. 乘数理论概述

我们还是首先看看一个封闭经济的情况。假定该国政府购买商品和劳务的支出增加 10，这个 10，就是我们前面所说的额外支出。由于这是一个封闭经济，这额外的支出将全部用于购买国内的商品和劳务，那么，相对于政府不增加支出，不增加购买而言，向政府出售这些商品和劳务的厂商或个人将获得额外的收入 10；这额外的收入又会用于消费，无论谁去满足这第二轮的消费，又都会获得额外的收入。第二轮增加收入的多少，取决于那些向政府出售商品和劳务的厂商或个人如何分配他们的额外收入 10。也就是说，取决于他们将多大比例的额外收入用于消费（即边际消费倾向），将多大比例的额外收入用于储蓄（即边际储蓄倾向），税收可包含在储蓄中，因为税收可视为政府的“储蓄”。我们再假定其边际消费倾向是 0.8，边际储蓄倾向为 0.2，这就意味着厂商或个人将 8 用于消费，2 用于储蓄，那么，8 用于消费引起的第二轮增加的收入即第二轮的额外收入为 8。假定边际消费倾向和边际储蓄倾向不变，第三轮增加的收入为 6.4，等等。

额外的支出之所以能够导致国民收入的增长，是因为额外的支出所转化来的额外收入，除去用于储蓄的部分外，又会作为新的支出回到国民经济中去，成为另一种需求刺激，促使就业机会的增加和额外收入的产生。

上面所阐述的乘数过程可以用一个公式来表达。假定 $\triangle A$ 为额外支出，$\triangle Y$ 为收入增量或额外收入，c 为边际消费倾向（$c = \triangle C/\triangle Y$），s 为边际储蓄倾向（在封闭经济中，边际消费倾向和边际储蓄倾向之和为 1，即 $s = 1-c$），则：

$$\triangle Y = \triangle A \times 1/(1-c)$$

由于 $s = 1-c$，故：

$$\triangle Y = \triangle A \times 1/s$$

这个公式表明，额外支出的乘数是边际储蓄倾向的倒数，即额外支出引起的收入增量是额外支出的 1/s 倍。在上述例子中，收入增量为额外支出的 5 倍，即收入增量（亦是产出增量）为 50。

2. 投资乘数

无论是简单再生产还是扩大再生产，都必须进行投资，投资可以创造就业机会，可以带来经济的增长。投资乘数分析的是投资与国民收入、就业之间的相互影响与相互制约关系，其实质是描述经济内部投资促进经济增长传导的动态过程。

投资乘数可简单推导如下：

国民收入均衡意味着总需求等于总供给，即：

$$C+I+G=C+S+T$$

假定政府的支出与其税收相等，即：

$$G=T$$

则上述等式可化简为：$I=S$

$I=S$ 就是国民收入均衡的条件。要想保持国民收入的均衡，投资和储蓄的增量也必须保持均衡：

$dI=dS$

将等式右端乘以 dY/dY 并作适当调整，可得：

$dI=(dS/dY)\ dY$

则：

$dY=[1/(dS/dY)]\ dI$

其中：1/（dS/dY）就是所谓的投资乘数，它是边际储蓄倾向的倒数。假如边际储蓄倾向为 0.2，那么，产出增量或收入增量就是新增投资数量的 5 倍。由于投资乘数是边际储蓄倾向的倒数，因此，边际储蓄倾向越小，即储蓄增量越少，则投资乘数越大，新增的国民收入就越多；反过来，如果边际储蓄倾向越大，即储蓄增量越多，则投资乘数越小，新增的国民收入就越少。

3. 投资乘数的政策含义

各个企业之间，国民经济的各个部门之间，存在着纵横交错的复杂联系，一个企业、一个部门的投资会带动更多企业、更多部门的投资，投资所引致的国民收入由此可以成倍地增长，因此，投资在国民经济中的作用远比投资本身要大得多。投资不仅可以扩张需求，而且能够提供和增强下一期的生产能力，是再生产和扩大再生产必不可少的物质准备，是再生产和扩大再生产的必要条件，因而，投资在需求管理中处于十分重要的地位。

投资乘数在经济不景气的时候具有特别重要的意义。在市场萧条、产品积压、库存增加、企业开工不足、失业严重的情况下，投资通过需求的扩张将为商品市场、劳动力市场和公司企业注入新的活力，为国民经济走出萧条提供动力。当然，一般来说，需求的扩张既有可能促使产出增加，也有可能刺激价格上涨，这两种可能性都是存在的。不过，在经济萧条境况下，产出增加将是需求扩张影响的主要方面，而价格上涨或大幅上涨的可能性很小。

此外，我们还应注意，储蓄作为一种资金积累，有其特殊的意义。但投资乘数与边际储蓄倾向呈反方向变化这一点告诉我们，储蓄并不是越多越好，它尤其是对当前的需求扩张和经济的增长是没有好处的。因此，在特定的经济形势下，我们需要应用适当的货币政策和其他相关措施加以调节。

二、贸易乘数

与封闭经济相比，在开放经济条件下，国民收入均衡受到更多因素的约束，其中的约束因素之一就是对外贸易。由于对外贸易包括进口和出口两个方面，因此，它对国民收入均衡的影响是一种综合性的影响，可简单地称为国际收支差额的影响。

1. 贸易乘数理论的提出

如前所述，绝对封闭的经济是不存在的，任何一个国家，都在不等的程度上保持着同国外的经济联系。那么，在对外经济联系中是否也存在着乘数现象？也就是说，对外贸易，是否与封闭经济中的情况一样，也会引起一个增加国民收入的乘数过程？它对经济的增长、国民收入水平的提高以及就业状况有什么影响？这些，就构成了贸易乘数理论所要研究的问题。

在开放经济中，国民收入均衡模型将受到对外贸易的影响，即在总需求方面，增加了出口这一新的因素，这时的总需求等于国内需求加上国外需求；在总供给方面，增加了进口因素，因而总供给也不再仅仅是国内的供给，它还包括国外的供给。但是，出口和进口对国民收入的影响是不同的，至少，从短期看是这样。进口，作为国内支出流量中的一个“漏出量”，并不直接创造新的就业机会或收入，相反，它是替外国——出口国直接创造新的就业机会或收入。出口则不然，出口是外国对本国产品的需求造成的。外国的需求不仅直接促进出口部门生产的增长，而且通过出口部门与非出口部门之间的产业联系，间接地推动非出口部门生产的增长，并最终促进整个经济的增长。这与封闭经济条件下投资的影响相似，出口推动需求的扩张也是一个连续的过程：出口的增长引起出口部门投资的增长和生产规模的扩大，出口部门投资的增长和生产规模的扩大将首先带动与该部门联系比较密切的非出口部门投资的增长和生产规模的扩大，后者又会对其他部门产生类似的影响。整个这一过程实际上就构成了贸易的乘数过程。

事实上，在开放经济条件下，对外贸易的额外增长可以使国民收入获得一个数倍于贸易增长额的增长额。对外贸易乘数研究的对象就是一国对外贸易与国民收入、就业之间的互相关系，研究开放经济体系内部出口促进经济增长的动态过程。

2. 贸易乘数公式

在开放经济条件下，影响国民收入均衡的因素有所变化，即增加了进、出口因素，这样，国民收入均衡的表述也发生相应变化，总需求等于总供给可表述为：

$$C+I+G+X=C+S+T+M$$

假定政府税收与其支出相等，即 $T=G$，上式可简化为：

$$I+X=S+M$$

再假定 dI 为投资增量，dX 为出口增量，dS 为储蓄增量，dM 为进口增量，上式可变为：

$$dI+dX=dS+dM$$

将等式右端乘以 dY/dY，可得：

$$dI+dX=(dS/dY+dM/dY)\ dY$$

即：$dY=[1/(dS/dY+dM/dY)]\ (dI+dX)$

式中的 $1/(dS/dY+dM/dY)$ 就是贸易乘数。贸易乘数等于边际储蓄倾向与边际进口倾向之和的倒数，它揭示了自发的出口变动（dX）与其引致的国民收入变动（dY）之间的关系。将这一公式简化，可以更清楚地表明这种关系。

令 $dS=dI$，可得：

$$dY=[1/(dM/dY)]\ dX$$

在这个简化的公式中，$1/(dM/dY)$ 就是贸易乘数，它是边际进口倾向的倒数。由于新增的国民收入（dY）不可能全部用于进口（dM），因此，贸易乘数总是大于1，从而新增的国民收入也总是数倍于新增出口（dX）。

3. 贸易乘数的图形表述

贸易乘数公式表明了国民收入与进、出口之间的关系，不仅出口能够对国民收入产生影响，而且进口的多少也能对国民收入的增量产生影响，甚至可以说，边际进口倾向对国民收入的影响更大。它们之间的这种关系可以用图形加以表述。

图 8-1 中，横轴为国民收入，纵轴为进出口。当出口从 X 增加到 X′时，就会产生一个出口增量△X。m 和 m′为边际进口倾向，且 m′大于 m；M 和 M′为进口量；M_0 为截距，即收入为 0 时所需的基础进口。

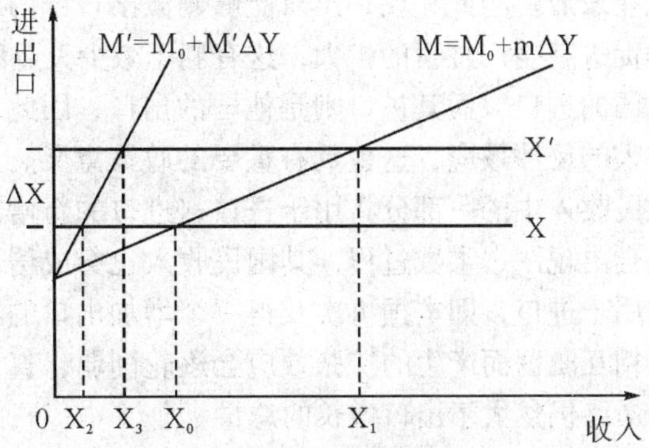

图 8-1　贸易乘数

如前所述，当出口从 X 增加到 X′时，不同的进口，尤其是不同的边际进口倾向，对国民收入的影响是不同的。当边际进口倾向为 m 时，出口增量△X 引至的国民收入增长量为 X_0X_1；如果边际进口倾向变得较为强烈，达到 m′，这时，相同的出口增量△X 引至的国民收入增长量则仅为 X_2X_3。出口、进口与国民收入之间的这种关系是很自然的，这是因为，边际进口倾向较强本身就意味着国民收入增量中的较大部分花费在进口商品上了，从图上看，就是 M′（$=M_0+m'\triangle Y$）的增长要远远快于 M（$=M_0+m\triangle Y$）的增长。

三、贸易乘数的意义

开放经济有利于调动国内外资源，包括市场资源，以促进一国经济的发展。贸易乘数理论的提出，从定量分析的角度，进一步阐明了开放经济相对于封闭经济的优越性。但这还不是贸易乘数理论的主要意义。

1. 贸易乘数的政策含义

贸易乘数表明了对外贸易在一国经济增长过程中的积极作用。它在就业计划和进出口安排方面具有重要的政策意义。

由于对外贸易乘数是边际进口倾向的倒数，因此，贸易乘数最直接的政策含义是，一国的出口收入不应过多地用于进口外国的产品而应更多地购买本国产品，这有利于乘数的增大和国民收入水平的提高。如果不是这样，而是将出口收人中较大的部分用于进口，则乘数变小，国民收入的增量也会变小。因此，在可能的情况下，出口收人的增量部分应尽量少用于进口，以扩大出口对经济发展的促进作用。

贸易乘数的政策含义并不完全在于增加出口、减少进口以促进经济的发展和国民收入水平的提高，它所隐含的目标有时甚至更为重要。多少年来纠缠世界各国的贸易纠纷在很大程度上都源于贸易对就业问题的影响。生产萎缩意味着就业机会的减少，而生产规模的扩张则意味着就业机会的增多。进口和出口对就业产生的影响是不同的。进口将使生产同类产品的部门受到竞争，抑制这些部门以及与其关联的其他产业部门的发展，甚至摧毁这些生产部门，从而减缓进口国就业机会的增加或减少就业机会，加剧进口国的就业矛盾。与此相反，出口能够刺激出口部门以及与其相关联的其他产业部门的生产，促进其生产规模的扩大，这有利于减少失业和增加就业机会。

本国的出口是他国的进口，而其进口则是他国的出口，因此，我们还应重视回应的贸易乘数或国外收入的反冲效应，这也具有重要的政策意义。当贸易乘数引起国民收入增加时，新增国民收入中的一部分将用于进口；进口的新增额也就是他国出口的增额，于是，他国也会出现一个乘数过程，其国民收入也会成倍增加，而增加的国民收入中的一部分也会用于进口，即本国再次获得一个增加出口的机会，从而导致第二轮乘数过程。这种因相互激荡而产生的扩张效应会逐轮削弱，直至完全消失，但两国国民经济增长的总量最终仍然大于出口增长的总量。

2. 贸易乘数理论评价

贸易乘数首先向我们揭示了闭关锁国对于一国经济发展的危害以及对外贸易对于一国经济增长的重要性。对外贸易被视作经济增长的发动机不是没有道理的，在存在需求约束的情况下尤其如此。此外，贸易乘数特别是回应的贸易乘数还表明，国际经济的传导不仅是经济问题的传导，而且也是经济增长的传导，各国经济的发展之间是相互联系、相互依赖、相互促进的，不应把出口完全理解为“输出”失业。

但是，我们也不能因此将贸易乘数的意义简单化、绝对化。进、出口对于大国和小国，对于发达国家和发展中国家，其意义是不完全相同的。比如，小国的出口或进口对大国来说就谈不上什么影响，虽然他的出口也可以在国内产生一个乘数过程；大国则不同，大国的进口不仅能够有效改善伙伴国的国民收入状况，而且还能促使伙伴国更多地购买本国的商品，进而刺激本国的经济发展。再如，发展中国家生产力落后，进口技术先进的机器设备，对于改善生产条件，提高生产力水平，促进国民经济下一期的增长与发展，就具有特殊的意义，由此导致的国际收支逆差完全可以用其后的出口增额来弥补。

第三节　宏观经济的对内对外均衡

在开放经济条件下，一国同其他国家之间在商品流通领域、金融领域、劳务领域和信息领域存在着广泛而密切的联系。这些经济联系，既有值得赞许的积极的一面，但也有应该加以防备的消极的一面。其他国家经济发展过程中出现的问题，通过这些联系渠道，将迅速传播开来，严重影响、冲击甚至破坏一国经济的均衡与稳定。二战战后以来，经济失衡已经在世界上无数次地发生，这说明在国际经济联系普遍存在的情况下，非均衡在各国之间的传导是难以避免的，各国应对非均衡传导、保持经济稳定增长的任务因此变得十分繁重。这一节，我们将先后考察宏观经济的目标、内部外部均衡的基本条件和实现宏观经济均衡的主要政策工具。

一、经济的宏观目标

影响一个开放经济运行状态的既有内部经济变量，也有外部经济变量，加之内、外变量两方面的的交互影响，使得开放经济的宏观经济目标有别于封闭经济，即是说，开放经济与封闭经济在全面均衡的条件上存在着差异。一个开放经济的稳定运行远比一个封闭经济要困难。

1. 宏观经济的四大目标

处于开放经济条件下，在不同的国家，在不同的时期，各国所追求的宏观经济目标可能存在着差异。尽管如此，但在开放经济中，特别是在市场经济国家中，为大多数经济学家所承认的宏观经济目标一共有四个，这就是充分就业、物价稳定、经济稳定增长和国际收支平衡。充分就业并不意味着凡是能够工作的人都有工作，与此相反，经济实现充分就业时仍然存在一定比例的失业。失业分为志愿性失业和非志愿性失业，有就业机会但因不接受现行工资率或由于别的什么原因而行成的失业被称为志愿性失业，因为没有就业机会而形成的失业才是真正的失业，即非志愿性失业。因此，一般认为，失业率在5%以下就算是充分就业了，因为这个比例中有相当一部分属于志愿性失业，而不是真正的失业。物价稳定意味着没有通货膨胀，这也是一个相对概念，一般认为，物价指数上升未超过3%就可以说是物价稳定了，更何况有人认为适度的通货膨胀有利于经济的增长。经济稳定增长也不是直线式的增长，增长允许有曲折，但起伏波动不大。国际收支平衡是指包括经常项目和资本项目在内的国际收支相抵为零，其中经常项目的国际收支平衡尤为重要；但国际收支并不意味着国际收支随时随地都应该平衡，而只是要求在一定时期的期末（通常为一年）做到平衡。四大宏观经济目标表明了政府在经济领域的主要任务是实现充分就业，控制通货膨胀，维持经济稳定增长和保持国际收支的平衡。四大宏观经济目标的提出，有利于政府将精力集中在问题的主要方面，有效地管理国民经济的运行。

2. 经济的对内对外均衡

上述四个宏观经济目标，其中前三个涉及一个开放经济的内部均衡，最后一个目标涉及对外均衡。实际上，一个开放经济是由国内部分和对外部分共同组成的，两个部分之间相互联系、相互依赖、相互影响。因此，一个开放经济的均衡运行既具有内部均衡的特征，也具有对外均衡的特征。内外均衡互相制约，缺一不可。

开放经济的内部均衡是指一国经济的总供给等于总需求，其基本特征是实现了四大宏观目标中的前三个目标，即国内实现了充分就业和经济的稳定增长，价格走势平稳，无通货膨胀。而对外均衡，不是一种简单的为平衡而平衡的国际收支平衡，而是指实现了与国内经济发展相适应的国际收支平衡。一个开放经济的最佳运行状态是全面均衡，即实现了开放经济均衡运行所具备的两个特征，同时实现了内部均衡和对外均衡。

二、宏观经济内外均衡分析

世界上各国的情况千差万别，经济发展水平不同，开放的程度和实施的政策有异，各国都有各自的利益，而这些利益并不总是相同的，因此，一国宏观经济的一般均衡要受到国内、国外许多因素的制约。为方便起见，我们在这里将较为抽象地阐述在实现宏观经济一般均衡的过程中各种因素相互之间的作用机制。

1. 斯旺图示

一国宏观经济的一般均衡涉及到多重目标，后者又受到多种变量的不同影响。现实生活中所存在的经济问题，其严重程度并不相同，在其治理过程中，不仅有轻重缓急的顾忌，也有政策实施力度的考虑，这是一个方面；另一方面，实现不同的目标需要不同的政策工具，而这些政策工具对于实现多重目标可能具有一致性，即它们都有助于各种经济问题的解决和各个宏观经济目标的实现，但也可能具有冲突性，即一项政策有利于解决某一经济问题，但却无助于解决其他经济问题甚至恶化其他经济问题，有助于实现一个经济目标却无助于实现其他经济目标，甚至阻碍其他经济目标的实现；这就是说，一个开放经济的内部均衡和外部均衡之间可能会有冲突。我们由此可以看出均衡的复杂性以及为实现宏观经济目标而进行政策选择的两难性。

斯旺所建立的一个模型清楚地反映了这种复杂性和两难性。在图 8-2 的斯旺图示中，纵轴代表汇率（e），横轴代表支出（即需求 D=C+I+G），IB 曲线代表内部平衡，EB 曲线代表外部平衡。斯旺图示说明在可调整钉住汇率制度下政府可能的各项政策选择。

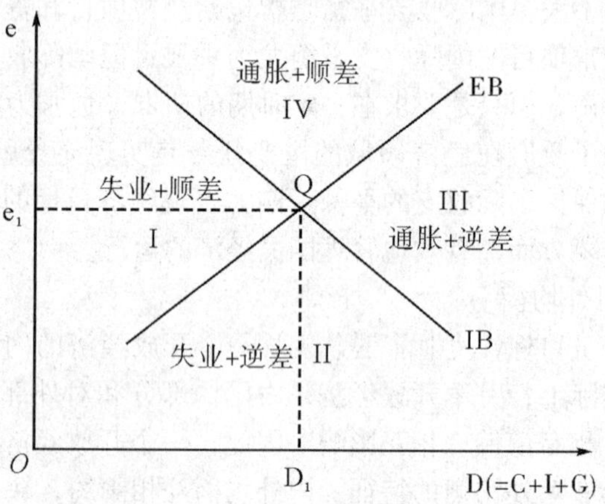

图 8-2　斯旺图示

内部平衡曲线 IB 表示在充分就业和价格稳定目标水平上的本国需求 D（亦即支

出）与汇率 e 的所有结合，也就是该曲线上的任何一点都实现了内部均衡。

内部平衡曲线 IB 是一条向右下倾斜的曲线，这是因为，当支出在 D_1点时，汇率必须在 e_1点才可能实现均衡；如果支出减少，那必然导致就业机会减少，失业增加（内部经济状况移向 IB 曲线左侧），这时可以通过本币的贬值（并假定符合马歇尔—勒纳条件）即汇率 e 的上升刺激出口、减少进口，使经济状况垂直回归 IB 曲线，或者说，e 的上升要求有政策诱导的支出减少与之相适应。因此，在 IB 曲线左下方，任何汇率（e）支出（C+I+G）组合都将导致失业；而在 IB 曲线右上方，任何汇率（e）支出（C+I+G）组合都将导致通货膨胀。

外部平衡曲线 EB 是一条向右上倾斜的曲线。它代表保持经常账户平衡的汇率（e）和支出（=D=C+I+G）的所有组合，即 EB 曲线上的任何一点均实现了外部均衡。支出的增加将导致进口的增加和国际收支的恶化，出现逆差（这种状况位于 EB 曲线右下方），为了消除逆差，维持国际收支平衡，应将本币贬值，也就是让汇率（e）上升，以刺激出口并达到外部平衡（即垂直上升以回归 EB 曲线）；反过来，支出的减少造成进口下降，国际收支出现盈余，为了消除这一盈余，必须调低汇率（e），也就是将本币升值，以减少进口，从而实现外部平衡。EB 曲线右下方的所有汇率支出组合均意味着经常项目出现逆差，其左上方的所有汇率支出组合均意味着经常项目出现顺差。

在斯旺模型中，唯有 Q 这个组合点能够同时实现内部平衡和外部平衡，也就是只有支出为 D_1、汇率为 e_1的组合（Q）能够实现四大宏观经济目标，达到全面均衡。其余各种组合点，或者可以实现内部均衡，或者可以实现外部均衡，或者任何均衡都不能实现；其中，斯旺图示中的第 I 区域的组合点都将导致失业和顺差，第 II 区域中的组合点意味着失业和逆差，第 III 区域的组合将导致通胀和逆差，而第 IV 区域的组合则使通胀和顺差同时并存。一国国内经济状况（用失业和通货膨胀表示）和国际收支状况（用顺差和逆差表示）的典型变动就表现在这四种组合中。如果经济状况处于四个区域中的任何一个区域，那就必须进行政策调整，比如在第 I 区域，失业与顺差并存，这就需要同时调低汇率和实施扩张性的经济政策，使经济状况向 Q 点移动，以实现全面均衡。

2. IS/LM/BP 模型

我们已经看到，为了实现全面均衡，即既要实现内部均衡又要实现外部均衡，单独采取一项政策是不可能的，多目标需要多项政策工具。这些政策工具之间既可能有相互协调的一面，但也可能有相互冲突的一面，因此，我们需要作出进一步的分析。

在一般宏观经济分析中，财政政策所针对的是产品市场，而货币政策则针对货币市场。如前述所指出的那样，财政、货币政策在开放经济中也是有效的，他们同样有助于实现全面均衡。因此，我们有必要将产品市场的均衡、货币市场的均衡和国际收支的均衡放在一起来考虑，这就是开放经济的一般均衡分析模型。

在图 8-3 中，横轴代表收入 Y，纵轴代表利率 i；产品市场均衡曲线 IS、货币市场均衡曲线 LM 和国际收支均衡曲线 BP 相交于 E 点。IS 曲线和 LM 曲线相交于 E 点时，表明一国经济实现了内部均衡；当 BP 曲线也通过 E 点时，这就意味着一国经济在实现内部均衡的同时也实现了外部均衡，即该国经济实现全面均衡。对应于三个市场均衡的收入水平为 Y_E, 利率水平为 i_E。

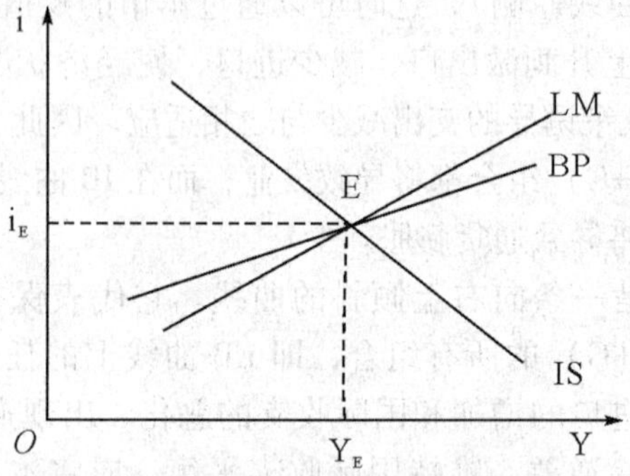

图 8-3　开放经济的一般均衡分析模型

这里要特别说明的是，我们在前面所说的国际收支均衡只涉及经常项目，而这里的国际收支均衡不仅包括了经常项目，而且也包括了资本项目。利率的变动会引起资本的流动，资本因利率的升高而流入，因利率的降低而流出。

LM 曲线和 IS 曲线都是宏观经济学的内容，我们不再重复，这里仅就 BP 曲线作出说明。曲线 BP 显示的是，能够使国际收支均衡的所有利率水平（i）与国民收入水平（Y）的组合，其必然的推论是，假如利率水平和国民收入水平的任一组合点在 BP 曲线之上或之下，只要它不在 BP 曲线上，国际收支就不会处于均衡状态。BP 曲线是一条向右上倾斜的曲线，这是由于当收入增加时，进口也会增加，于是会出现赤字，这就需要国际资本的流入以弥补赤字，使国际收支达至平衡，而唯有较高的利率水平才能使资本流入；相反的情况是，收入减少，进口减少，经常项目顺差出现，这时就需要在资本项目上寻找出路，恰好较低的利率水平可以促使资本流出，从而实现国际收支的均衡。在 BP 曲线上，利率水平与国民收入水平是正相关的，较高的利率水平对应着较高的收入水平。至于 BP 曲线的斜率，它取决于资本的可流动性。如果资本完全不能流动，BP 曲线将是一条垂直向上的曲线；如果资本能够完全自由流动，BP 曲线将是一条平行于横轴的曲线；因此，资本越具有可流动性，BP 曲线就越显得平缓。

开放经济的一般均衡模型将国际收支均衡曲线同利率和国民收入这两个因素联系起来，就为利用财政政策和货币政策来实现对内对外均衡提供了理论依据。在图 8-3 开放经济的一般均衡模型中，E 点虽然是全面均衡点，但并不一定是国民经济的最佳均衡位置。在这种情况下，就需要进行一定的调整；比如，假定在 BP 曲线给定时，我们完全可以通过财政政策和货币政策的调整，使 LM 曲线和 IS 曲线发生移动，从而能够在更高的国民收入水平上实现开放经济的全面均衡。

三、宏观经济内外均衡的政策工具

开放经济存在着开放程度的差异。就目前汇率制度的情况来看，世界上只有少数发达国家实行浮动汇率制，而大多数发展中国家则实行固定汇率制或钉住汇率制。在不同的汇率制度下，经济政策的作用是不相同的。我们将首先阐述固定汇率制度下的情况，然后阐述可变汇率制度下的情况。

1. 固定汇率制度下的财政政策和货币政策

根椐蒙代尔提出的一个早期的模型，无论是财政政策还是货币政策，它们对内部均衡和外部均衡都会产生影响，但是，它们的影响是很不相同的。

就外部均衡而言，如果一国实行扩张性的货币政策，即货币供给增加，利率必然下降，进而引起资本流出，造成国际收支赤字；如果该国实行扩张性的财政政策，比如增加政府支出，无论进口倾向如何，都会引起进口的增加，从而导致国际收支赤字。可见，相同方向的财政政策和货币政策，它们对国际收支平衡的影响是相似的；因此，在固定汇率制度下，由于货币贬值不能作为调整国际收支均衡的手段，要想保持国际收支均衡，就得使用方向相反的财政政策和货币政策，即扩张性的财政政策必须与紧缩性的货币政策相配套，或反过来，紧缩性的财政政策必须与扩张性的货币政策相配套。

在实现内部均衡方面情况也是如此。因货币供给增加而降低的利率，将促使实际投资增加；在需求和价格不变的情况下，投资的增加将为政府支出的减少所抵消，或者说为税收增加而导致的消费支出减少所抵销，这是为实现内部均衡而必然出现的扩张性的货币政策与紧缩性的财政政策相配套的情况。反过来也一样，如果实施扩张性的财政政策，增加政府支出或者通过减税增加消费支出，在这种情况下，若想避免通货膨胀，就得采取紧缩性的货币政策，抑制投资需求。

不过，一个开放经济面临的宏观均衡并不是要么实现外部均衡，要么实现内部均衡，而是必须同时实现外部均衡和内部均衡，即实现全面均衡。因此，蒙代尔认为，货币政策在平衡国际收支方面有着“比较利益”，而财政政策在增加就业方面具有较小的“比较劣势”。财政政策和货币政策对内部均衡和外部均衡的不同影响源于它们作用机制的差异。在平衡国际收支方面，扩张性的财政政策和扩张性的货币政策，都会引起总需求的增加、进口的增加和出口的减少，从而都能逆转国际收支，但这只是在进出口方面。它们对国收支中资本项目的影响却有很大区别。扩张性的财政政策会造成财政赤字，政府为弥补赤字而大量借款，会促使国内利率上升，从而吸引国外短期资本流入。与此相反，扩张性的货币政策会导致国内利率下降，导致资本流出。显然，在消除顺差方面，扩张性的货币政策在经常项目和资本项目上的作用是一致的，而扩张性的财政政策在经常项目和资本项目上的作用却是互相抵的。在消除国际收支逆差方面，紧缩性的财政政策和紧缩性的货币政策也会导致类似情况的发生，即货币政策在平衡国际收支方面在两个项目上作用的一致性和财政政策的矛盾性。蒙代尔由此提出了把实现对内均衡目标的任务指派给财政政策，而把实现国际收支均衡目标的任务指派给货币政策的分配法则，即“蒙代尔法则”，这是开放经济宏观决策的重要理论依据。

蒙代尔的上述政策分析可以用图 8-4 表示出来。图中，横轴代表政府净支出，纵轴代表利率。在其他条件不变的情况下，由于财政政策和货币政策反向配合才能实现内部平衡和外部平衡，因此，IB 曲线和 EB 曲线都自左下向右上倾斜；考虑到利率对资本国际流动的影响以及进口倾向较小的情况，EB 曲线应该比 IB 曲线更为平缓。两条曲线相交于 E 点，表明一国经济实现了全面均衡，此时的利率为 i_E，支出为 $(G-T)_E$。

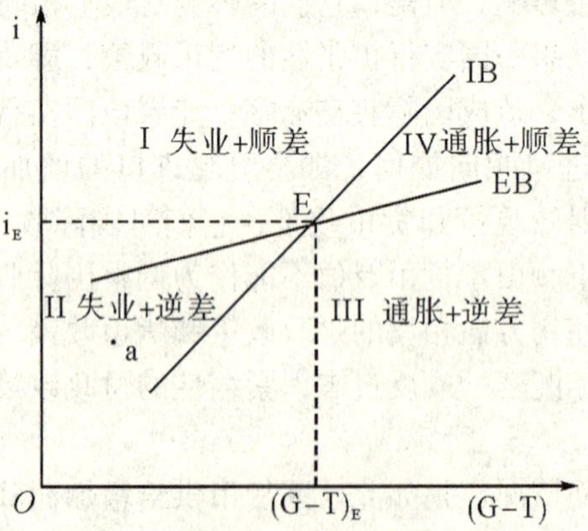

图 8-4 政策工具的分类与配合

现在，我们假定一国经济处于 a 点，即处于失业和逆差的内外失衡状态。为了解决失业问题，应该采取扩张性的财政政策，而要解决逆差问题，则应该采取紧缩性的货币政策，通过这两项政策的配合，逐步引导经济从 a 点向 E 点移动，以同时实现经济的内部均衡和外部均衡，即实现该国经济的全面均衡。这是第二区域的情况。在其他区域，我们可以根椐具体情况，并采用类似的方法，使财政政策和货币政策进行适当搭配，以改善经济的非均衡状况。比如，在第一区域，应是扩张性的财政政策和扩张性的货币政策相配合，用以解决失业和顺差问题；在第三区域，应是紧缩性的财政政策和紧缩性的货币政策相配合，用以解决通胀和逆差问题；在第四区域，则应是紧缩性的财政政策和扩张性的货币政策相配合，以便解决通胀和顺差问题。

我们可以用 IS/LM/BP 模型分别对上述财政政策和货币政策的作用作出进一步的分析。

如图 8-5 所示，假定经济最初处于（Y_0，i_0）点，处于全面均衡状态，但这表面上显示出来的全面均衡不一定是最佳状态，比如，经济未实现充分就业或者这还是一种低水平的全面均衡。为了充分使用资源，我们实施扩张性的财政政策，IS 曲线将因此移至 IS′；并与 LM 相交于（Y_1，i_1）。

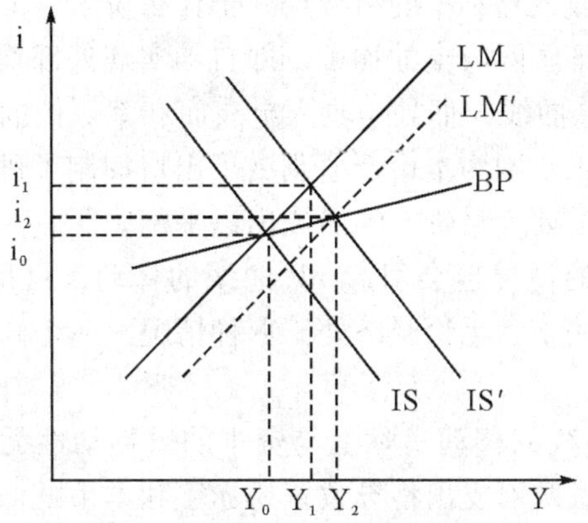

图 8-5　固定汇率制度下的财政政策

财政的扩张势必引起利率水平的提高，但由于（BP 曲线较为平缓就意味着）资本具有较强的流动性，即国际短期资本对利率的变化较为敏感，因而利率的升高将引起大量资本流入，货币供给增加，LM 曲线往右下移动至 LM′，与 IS′ 相交于 BP 线上的（Y_2，i_2）。在（Y_2，i_2）点上，不仅实现了内部均衡，而且也实现了外部均衡，即实现了全面均衡。我们由此可以看到，在固定汇率制度下，如何利用财政政策和货币政策及其相互配合，以实现一个开放经济的全面均衡。

但这只是一个全面均衡的简要说明。事实上，一个开放经济在固定汇率制度下的全面均衡与资本的流动性密切相关。比如，在上述例子中，如果资本的流动性较差（BP 曲线显得更陡峭），扩张性财政政策所导致的较高利率将使 LM 曲线向左上移动而不是往右下移动，即是说，在这种情况下，扩张性的财政政策将会产生更大的投资挤出效应，从而使收入的增长变得十分有限。此外还应注意，在固定汇率制度下，无论资本的移动性如何，货币政策对于收入水平的高低都不会产生任何影响，这是因为，扩张性的货币政策会同时导致国际收支逆差，为稳定汇率又必需抛售外币，本币因而减少，这等于是实行紧缩性的货币政策；扩张与紧缩相互抵消，货币供求状况又回到了初始状态。

2. 浮动汇率制度下的财政政策与货币政策

20 世纪 70 年代初，以固定汇率制度为标志的布雷顿森林体系崩溃，一些国家特别是那些主要贸易大国开始采用浮动汇率制。与固定汇率制相比，浮动汇率制度改变了财政政策和货币政策的运行环境和运行效果；同时，它也构成了宏观经济调控的又一工具。

我们这里仍然假定外汇市场上马歇尔-勒纳条件成立。浮动汇率制度最直接的影响，从理论上来说，是外部失衡问题的消失，至少从长期来看是这样。在固定汇率制度条件下，BP 曲线是不能移动的，而在浮动汇率制度下，BP 曲线却会发生移动，因为任何对 BP 曲线上收入与利率组合的偏离都会导致外汇市场的失衡与调整，以达到外汇市场新的均衡。

这就意味着，不论收入与利率的组合点处于什么位置，汇率都可以通过市场机制加以适当调整，从而保证国际收支的均衡，即自动实现外部均衡；比如，现在经济失去外部均衡（即偏离 BP 曲线）而处于收入更高而利率更低的一个点上，这个点的出现完全是本币贬值的结果，因为本币贬值刺激了出口抑制了进口，收入得以提高，但这个较高的收入水平却需要大量资本的净流出以平衡国际收支，较低的利率水平正好适应了这种情况；相反的情况也会引起 BP 曲线的移动，只是移动的方向相反而已。总之，在市场机制的作用下，无论经济处于哪种情况，一个开放经济的外部均衡或迟或早都会得以实现。

但需要说明，BP 曲线的移动实际上与资本的可移动性无关。比如，在资本完全不能移动的情况下，扩大政府支出将导致贸易赤字和本币贬值，而本币贬值本身就能引起 BP 曲线的移动。资本可移动性的大小只能影响 BP 曲线的性状，资本的可移动性越强，BP 曲线的走势越是平缓；反过来，资本的可移动性越弱，BP 曲线的走势则越是陡峭。

在浮动汇率制度下，财政政策的作用是比较复杂的，我们先给出两幅曲线图，即图 8-6（1）和图 8-6（2），以便说明这种情况。

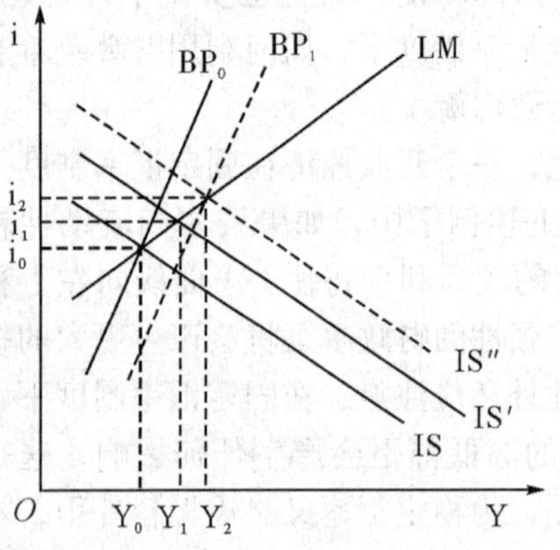

图 8-6（1） 可变汇率制度下的财政政策

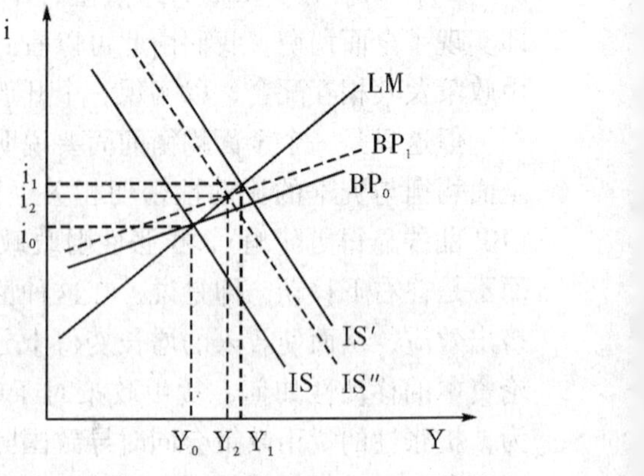

图 8-6（2） 可变汇率制度下的财政政策

在图 8-6（1）可变汇率制度下的财政政策中，BP 曲线较陡，这表明虽然资本具有可移动性，但可移动性较小，即国际短期资本对利率的敏感程度较差，正因为如此，LM 曲线也就显得更平缓一些。经济最初处于（Y_0，i_0）这一均衡位置上，当实行扩张的财政政策时，IS 曲线将向 IS′移动，收入和进口都会增加，从而产生国际收支赤字，由此引起本币贬值；本币的贬值使得 BP_0 向 BP_1 移动，出口扩大，进口减少，收入增加，IS 曲线又会进一步向 IS″移动，于是，经济在一个更高的水平上即（Y_2，i_2）达到均衡。

图 8-6（2）可变汇率制度下的财政政策有所不同，在这里，资本具有较大的可移动性，表明国际短期资本对利率的敏感程度高于国内金融市场；在这种情况下，财政政策的扩张（IS′）将导致国际收支盈余和本币升值，而进口的增加和出口的减少

又会使 BP_0 向上移至 BP_1，并使 IS′往回移动到 IS″，从而实现新的均衡。上述情况说明，在可变汇率制度下，财政政策收入扩张效应的大小取决于资本可移动性的强弱，它们相互呈反向变化，即资本可移动性越弱，财政政策收入扩张效应越大；资本可移动性越强，财政政策收入扩张效应越小。如果资本具有完全的可移动性，那么，财政政策对于收入的扩张将是毫无意义的。

3. 国际经济政策协调

在绝大多数国家都实行开放政策的条件下，各国之间的经济联系十分密切。正是这些密切的经济联系构成一种传递渠道，一方面，使得各国经济的发展相互依赖，另一方面，也使得各国的经济问题相互传导。因此，一国内外均衡即一般均衡，并非总是单纯依靠国内经济政策的实施就能够实现，它的实现还有赖于各国之间的政策协调。

我们假定世界上只有两个国家，A 国和 B 国，两国的内部和外部都处于非均衡状态，A 国表现为失业和顺差，B 国则表现为通胀和逆差。为实现均衡，A 国实施膨胀性的政策，以刺激经济增长和增加就业机会，但同时也会导致进口的增加，从而有利于 B 国增加出口、减少逆差；B 国实施的则是一种相反的政策，即紧缩性的政策，而紧缩性的政策不仅有利于 B 国消除通胀、控制需求、减少进口和逆差，而且也有助于 A 国减少顺差。这是一种比较理想的情况，A、B 国各自所处的情况正好相反，就国内来说，实现内部均衡并不影响外部均衡的实现；在对国外的影响方面，A 国全面均衡的实现不但不影响反而有利于 B 国全面均衡目标的实现，因此他们为实现均衡所采取的经济政策具有互补性、协调性，即既解决了本国的非均衡问题，又不妨害他国实现其宏观目标。

但事情并非总是这样，尤其是在短期。假定非均衡在 A 国表现为失业和逆差，在 B 国表现为通胀和顺差，那么，即使是在国内，A、B 两国都处于一种政策困境状况，实现内部均衡的政策对实现外部均衡是有害的，而就外部影响而言，一国实现均衡的政策必然会对他国实现均衡产生负面影响；如果两国不实行政策协调，他们为实现各自均衡所采取的经济政策就会发生冲突。比如 A 国实施扩张性的政策，这虽然有利于增加就业机会，却会加剧本国业已存在的逆差问题，并且还会阻碍 B 国走出通胀和顺差的困境。反过来，B 国以紧缩性政策对付其通胀问题，这不仅会使本已不平衡的国际收支更为不平衡，而且还会使 A 国在失业和逆差的泥潭中陷得更深。显然，A、B 两国需要进行政策协调，当然，这不是一种自然的协调，而是人为的协调，比如，A 国实施货币贬值，刺激出口并吸引 B 国资本流入，而 B 国保证不采取报复措施，否则，两国的内外均衡都难以实现。

事实上，国际经济一体化和经济全球化使得各国之间的经济联系变得日益密切，世界贸易组织的建立大大强化了这种经济联系；另外，20 世纪 70 年代中期的滞胀危机以及其后的历次金融危机也给各国政府带来了深刻的教训。“七国首脑会议”“五国财长会议”的定期举行以及我国在东南亚金融危机中稳定人民币汇率稳定的做法，都充分说明，经济政策国际协调的必要性已经为各国政府所认识。

第四节 国际经济非均衡传导案例分析

在一个开放的世界上，各个国别经济通过世界市场（包括商品市场和金融市场）联系在一起，一国经济的失衡尤其是一个大国经济的失衡将对世界市场的供求状况产生影响，进而对其他国家的经济运行产生影响，使这些国家的经济进入非均衡状态。从这个意义上说，国际经济的非均衡传导并不是战后才有的新现象，而是在战前就早已存在了。但是，相对来说，战前各国之间的经济联系是有限的，远不及战后这样广泛和密切。正因为如此，战后经济危机对世界经济的冲击，其来势之快，影响之广，在战前是少有的；尤其是，战前主要是先进国家的危机对世界经济的发展造成影响，而现在，不仅是发达国家的经济危机对发展中国家的经济发展会造成影响，就是发展中国家的危机同样会对发达国家的经济发展造成影响。上述情况，进入 20 世纪 90 年代和 21 世纪后表现得更为明显，比如当前美国经济的衰退，其传导就十分迅速，致使国际贸易和世界经济的增长立刻放缓。在这一节中，我们仅以 20 世纪 90 年代世界经济中发生的数次金融危机之一的泰国金融危机为例，说明战后国际经济的非均衡传导问题。

一、泰国金融危机概述

20 世纪 90 年代的金融危机，既未放过发达国家，也未放过发展中国家，但尤以发展中国家为甚；其中，以泰国为中心的东南亚金融危机特别典型。泰国金融危机爆发突然，造成的影响也十分严重。

1. 泰国金融危机的爆发

1997 年 5~6 月，泰国货币泰铢贬值的倾向已日益明显，外汇市场上出现了大量抛售泰铢、购入美元的情况。其实，早在当年年初，国际投机者抛空泰铢就已引起泰国金融体系不稳，5 月，泰铢对美元的比价一度跌到 10 年来的最低水平。泰国是个实行钉住美元固定汇率制的国家，为了维护泰铢对美元的汇率，泰国货币当局抛出了 40 亿美元的外汇储备。但面对无限膨胀的美元需求，40 亿美元已无济于事。由于无力对抗强大的金融投机力量，迫于经济与市场的多重压力，1997 年 7 月 2 日，泰国中央银行决定放弃钉住美元固定汇率制，宣布泰铢对美元自由浮动。改行浮动汇率制使得泰铢随即大幅贬值，泰铢一夜之间就失去了 1/5 的国际购买力，金融危机正式爆发。

汇率制度的改变以及由此引起的泰铢大幅贬值，必然造成严重的社会经济震荡。实际上，早在 7 月 2 日泰国中央银行决定放弃钉住美元固定汇率制，实行浮动汇率之前，居民眼看手中存款急速变少，就已经失去了对泰铢的信心。由于担心通货膨胀突然来临，避免不必要的损失并达到保值的目的，他们纷纷从银行取出存款，疯狂抢购黄金，并导致了泰国黄金价格猛涨。在 6 月底的短短数日内，曼谷金条零售价由每条（15. 2 克）4 150 泰铢，飙升到 4 450 泰铢，涨幅高达 7. 2%。但这个已经很高的上涨幅度要比数字本身所显示的还要严重，因为在同一期间，国际市场上黄金价格是不断下降的。此后，泰铢持续大幅贬值，至1998年年初，泰铢已贬值50%以上。金融形势的恶化对企业来说也是一场灾难，因为泰铢的大幅贬值使企业对外债务骤然加重，相当于要偿付一笔额外的、本来就不存在的债务。据估计，由于货币贬值，泰国29家最大的企业不得不筹措约12亿美元支付利息和清偿债务。最后的结果必然是，整个经济受到金融危机的沉重打击，增长率大幅下降。

泰国的金融危机貌似是因国际资本的投机活动而骤然发生的，其实并非完全如此，除了国际资本的投机活动以外，还有许多别的原因。

2. 泰国金融危机产生的原因

引发泰国金融危机的原因比较复杂，概括地说，我们可以将其分为外部因素和内部因素，但能否说外部因素是主要的而内部因素是次要的？或者相反，内部因素是主要的而外部因素是次要的？抑或是两者扮演着同等重要的角色？我们觉得这要视具体情况而定。在国际经济一体化和经济全球化不断加深的条件下，问题的出现不一定总是内因为主、外因为辅，更何况，这时内因和外因之间的界限尤其是两者作用机制之间的区别，已经不像从前那样清楚了。

就外部因素来说，以美国著名的金融家乔治·索罗斯为代表的国际金融投机分子在泰国的金融投机，是引发金融危机的重要原因。索罗斯名气很大，在世界金融界颇具影响力，而其巨额的投机资金令人生畏。国际投机家们在泰国股票市场和外汇市场上的巨额赌注迫使泰铢一步步走向贬值，即使泰国中央银行抛出40亿美元也未能使泰铢避免其厄运。实际上，当全世界的投机家都跟着抛弃泰国股票，卖掉泰铢，抽身外逃的时候，40亿美元显然是难于满足国际投机家们的胃口的，但要拿出更多的美元，泰国政府又无能为力，因此不得不在7月2日放开泰铢的汇价，而其结果就只能是泰铢大幅贬值，使泰国金融业陷入混乱。

就内部因素而言，经济内外失衡是引发泰国金融危机的基本原因。首先，国内经济过热，主要表现为房地产市场供求失衡。泰国银行和金融公司分别将其20%和28%信贷资金投入房地产部门。但是，在已建成的数十万平方米的办公楼中，半数以上找不到买主；他们在房地产领域的投资难以收回，上百亿美元的贷款无力偿还；大部分金融机构无法偿还从国际市场上借来的资金。危机前夕，国内外投资者盈利的信心已经动摇。随着经济增长率的大幅度下降，国内外投资者收回投资的信心彻底消失了，并由此促成了金融危机的爆发。其次是经常账户收支恶化，外汇储备难以应付到期外债。泰国出口商品大多为劳动密集型产品，面临其他发展中国家同类商品的激烈竞争，加之泰铢随着美元升值，出口竞争力下降，经常项目连年赤字，且数额巨大，约占1995年和1996年国民生产总值的8%；另外，为发展经济而大量向外举债，外债负担沉重，约占国内生产总值的50%；外资结构又不合理，约53%的外资属于短期资本，而短期资本具有极强的投机性和流动性；外资投向也有问题，大多投到了利润高、风险也高的房地产业和证券业。这些都有助于泡沫经济的形成，泡沫一旦形成，预期收益下降，外资就会撤离，从而造成金融市场的动荡。加之，泰国所实行的钉住美元的汇率制度，虽然有利于稳定货币环境和吸引外资，但是汇率制度缺乏灵活性，限制了政府调节国际收支甚至调节宏观经济的能力，稳定汇率的义务还给有限的外汇储备造成巨大的压力。最后，开放资本项目和国内金融市场虽然方向正确，但开放得过早、过快却会带来弊端。泰国是从20世纪90年代初开放资本账户的，但由于开放的时机还不成熟，从而对国际投机资本的冲击开启了大门。

实行对外开放，不是一项发展经济的临时措施，而是加速经济发展的长期战略。但是，在开放条件下，一国的全面均衡既涉及内部均衡，也涉及外部均衡，加之影响内部均衡的因素同样会影响外部均衡，影响外部均衡的因素同时也影响着内部均衡，因此，无论是外因还是内因，对泰国金融危机的爆发，都有着同等重要的催化作用。

二、泰国金融危机的传导与治理

泰国金融危机爆发后，迅速传播到了东南亚的其他国家，东南亚金融危机宣告全面爆发。国际经济一体化和经济全球化加深了各国民经济之间的的相互依赖和相互联系，危机从一国传导到另一国是难以避免的；同样，治理危机也不是一国可以独立承担的，它需要各国之间的友好合作和积极协调。

1. 泰国金融危机的传导

泰国是东盟成员国，他在国际贸易领域和国际金融领域与东盟的其他成员国之间存在着紧密的联系。正是通过这些联系渠道，泰国不仅将自己良好的经济形势，而且也把自己有害的金融危机传递到其他成员国，也就是说，成员国相互间的紧密经济联系，为泰国金融危机在东盟各成员国之间的传播提供了有利条件，其中，泰国金融危机对菲律宾、印度尼西亚、缅甸、马来西亚等国货币市场的冲击特别明显。迫于对比索的投机压力，菲律宾央行于7月11日宣布允许比索汇率在更大的范围内波动，当天比索暴跌至29.45比索兑1美元，跌幅达11.5%，创4年来的最高跌幅。7月14日，印度尼西亚宣布放弃印尼盾与美元之间的固定比价，印尼盾大幅贬：从1997年5月份的2 240盾兑换1美元降至1998年初的10 550盾兑换1美元。7月11日，缅甸缅元也受到打击，从160缅元兑换1美元下降到240缅元兑换1美元。马来西亚中央银行也于11日决定将银行利率从前一天的9%上调至50%，以抑制猖獗的市场投机，试图维护2.550林吉特兑换1美元的心理关口，阻止林吉特的进一步贬值；但是，林吉特还是贬值了22%，对美元的汇率跌至1973年以来的最低点，约3.23林吉特兑换1美元。即使是经济发展比较好的新加坡，到1997年11月初，其货币也贬值5%左右，到12月底，货币贬值20%。与1996年12月的汇率相比，到1998年1月初，泰铢贬值52.02%，马来西亚林吉特贬值45.98%，印尼盾贬值74.48%，菲律宾比索贬值41.32%。在东南亚货币贬值的同时，这些国家的证券市场也出现了动荡，泰国、菲律宾、印度尼西亚和马来西亚的股市价格均告下跌。

泰国金融危机在东盟成员国中的传播，是在短时期内迅速完成的，其传导机制是什么呢？

东盟全称东南亚国家联盟，成立于1967年，创始成员国有印度尼西亚、马来西亚、菲律宾、新加坡和泰国，后来，文莱、越南、老挝和缅甸也先后加入了该组织。首先，泰国的金融危机是通过他与东盟成员国之间的贸易金融联系传播的。以老挝为例，泰国是老挝最大的贸易伙伴和最大的投资者，投资项目近300项，投资总额近20亿美元，泰国商品在老挝市场的占有量超过70%。正因为如此，泰国金融危机很快波及老挝经济。老挝货币大幅度贬值，建设工程项目，如南通河梯级电站、50万吨水泥厂、市政改造工程、工路扩建工程、部分农林工程项目等大量下马或延期，市场萧条，商店倒闭。此外，由于老挝的主要出口对象就是东盟其他成员国以及日本、韩国、台湾等这些已经发生金融危机或已经受到金融危机冲击的国家和地区，老挝的出口商品市场急剧萎缩，整个经济遭受沉重打击。

其次，东盟各成员国所实行的经济政策具有许多共同点，比如，都实行将本国货币与美元紧密挂钩的汇率制度，使本国难以依据宏观经济形势灵活地应用调节政策；普遍利用高利率吸引外资，大量举债，泰国在金融危机前的外债达到近900亿美元，印度尼西亚更多，达1 361亿美元，马来西亚也达到了290亿美元；外债在GDP中的比重，泰国为50%，菲律宾为53%，印度尼西亚为48%，马来西亚为36%，过量借用外债，使风险陡增，加重了企业负担，产品由此失去竞争力；在金融监管体系并不健全的情况下过早、过快开放国内金融市场，1996年，泰国和印尼股市的外来投资已经分别占到34%和59%，而且，多数成员国在20世纪80年代中期就放松了对外资流动的限制，菲律宾甚至在20世纪60年代初就取消了外汇管制。宏观调控能力削弱，使得国家无法控制外汇的输出输入，这就为短期资本的冲击提供了有利条件。东盟成员国经济政策上的共同点，为国际投机资本的连续而广泛的攻击提供了良机。

最后，东盟成员国对美国以及欧盟各国市场的普遍依赖也是造成泰国金融危机产生多米诺骨牌效应的重要原因。东盟各国的外贸商品，一方面主要出口到美国和欧盟各国，而这些国家因种种原因而市场容量有限；另一方面，其出口商品结构又与其他许多发展中国家的出口商品结构相重叠，因而在国际市场上遇到激烈的竞争，尤其是在其失去工资成本优势的情况下，东盟各国的产品竞争力相对下降。上述两方面的因素，使得东盟各国出口额难以像往常那样增长，其结果不仅仅是外汇储备减少，而且严重影响了自身经济的发展，抵御外来影响的能力大大削弱。正是在这种特定的情况下，泰国金融危机才得以迅速波及开来，使东盟各成员国的经济遭受沉重打击。

总的来说，在国际经济一体化和经济全球化条件下，政府的干预作用大为减弱，自由化趋势得到加强，商品以及资本、劳动等生产要素的国际流动性日益增强，特别是其中的短期资本在利益的驱使下在世界各地四处游荡；这一方面可以使资源配置更为合理，使要素生产率和整个世界的福利水平得以提高，但另一方面，也使得各国民经济更加相互依赖因而也更为脆弱，任何一个国家的经济问题都可以借助这些联系渠道传播到另一个国家去。

2. 东南亚金融危机的治理与国际协调

泰国金融危机的影响所及决非仅仅是东盟各成员国。东南亚及亚洲的其他国家和地区、拉美地区、西欧发达国家，甚至整个世界经济，都感受到了泰国金融危机的冲击及其传导力量，国际贸易和各国经济的发展受到严重阻碍。因此，协助和配合东南亚国家化解其金融危机，帮助这些国家摆脱其困境，是世界上其他所有国家和国际货币基金组织的的共同愿望，特别是，发达国家和国际货币基金组织也负有特殊的责任。

从发生金融危机各国的情况来看，危机使外汇储备大量流失。据统计，危机开始时，为维护本国货币稳定，东南亚各国动用了数百亿美元的外汇储备。其后，也就是在稳定汇率失败之后，货币贬值又使各国的外债规模凭空大幅增加；同时，泡沫经济的破灭和股市的暴跌使得股票市值的损失更是难以估量，大型基础设施项目多数停建或缓建，社会固定资本投资大幅下降；不少公司纷纷倒闭，尤其是银行业和房地产业的发展陷入了空前的困境。居民收入下降，社会购买力降低，出口受阻，内需不足，经济发展减缓、停滞甚至负增长。经济形势的恶化以及对经济发展前景的悲观预期，使投资者的信心受到沉重打击，外商投资减少甚至大幅撤资。根据国际金融协会报告，由于金融危机的影响，与 1996 年相比，印度尼西亚、菲律宾、马来西亚等国 1997 年的私人资本流入减少了 1 000 亿美元；1997 年泰国资本外流净额达到 164 亿美元。外资的减少甚至撤出无疑将会加剧东南亚国家的资金短缺程度，并将严重阻碍生产力和经济的恢复与发展。因此，危机发生国也期望得到国际社会的帮助以重新启动经济。

正是上述情况，使得相互合作和国际协调变得既是十分必要，也是完全可能。为了尽快摆脱金融危机所带来的困境，东南亚各国在调整本国政策的同时，一方面努力加强地区间的合作与协调，另一方面，也积极寻求国际支持。在泰国金融危机发生之后，危机的迅速蔓延和巨大影响引起了国际社会的高度重视，各国和国际金融机构立即采取了相互合作和协调的行动：泰国、新加坡等亚洲 10 国和地区金融当局签订了货币回购协议，以便共同防范金融风险，联合对抗投机风潮；泰国和日本达成协议，日本同意将采取一揽子援助泰国货币的措施；东盟外长会议与亚太地区央行行长会议取得了一致意见，要求加强协调，支持东南亚国家的货币稳定；由国际货币基金组织和日本政府共同主持召开了有亚太 10 个国家和地区的国际会议，会议决定向泰国提供 160 亿美元的紧急经济援助计划；为了帮助菲律宾央行维持比索的稳定，国际货币基金组织向菲律宾提供了 10 亿美元的货款；中国政府也采取了真诚的合作态度，一方面向危机受害国提供贷款，另一方面，也是更重要的，是稳定人民币汇率，以帮助泰国等东盟国家尽早走出危机。

通过对泰国以及东南亚金融危机的分析，我们可以清楚地看到，在开放经济条件下，不仅内部因素而且外部因素，它们都能够使一国的经济失衡；同样，一国经济的失衡，也能够迅速传导到其他国家，从而不仅使本国的经济利益遭受损失，而且也能使其他国家的经济甚至整个世界经济的发展受到阻碍；在这种情况下，如果各国以及国际经济组织不采取合作的态度并进行政策协调，失衡问题就有可能在各国之间反复振荡、放大，从而造成更严重的危害。在国际经济一体化的条件下，在一个相互依赖的世界上，国际经济非均衡传导是难以避免的，对其化解来说，国际合作和政策协调是必不可少的。

文献扩展　国际经济政策协调理论沿革与新进展

Fisher（1987）认为国际宏观经济政策协调的宗旨在于国家间通过对各自政策制定及其效果的协调而达成双赢，其协调途径主要通过外交谈判、双边或多边峰会以及国际组织等。伴随着欧盟和欧元区的成立、美国与美元危机的不断深化以及新兴发展中国家的快速崛起，作为全球经济协调机制，国际经济政策协调理论也在实践应用中不断遇到新问题并形成新的研究热点。因此，在阐述国际经济政策协调机制最新进展之前，有必要先对其理论沿革进行分析。

理论沿革

（一）关于国际经济政策协调必要性的争论

关于国际经济政策协调的必要性，学术界曾有过激烈的争论。Vauble（1983）认为国际经济政策协调在当前的国际环境中似乎是不被需要的，因为它限制了国家间的自由竞争，并且由于政府间的政策共谋反而会增加通胀的风险，货币发行当局发布通胀的可信度也大为降低。Feldat Ein（1988）也曾指出："我相信国际经济政策协调的诸多益处都是错误的和具有风险的，而且过多关注国家间的政策协调会削弱对本国政策进行调整的关注度。"

对于上述质疑，Kenen（1990）在随后几年的研究中进行了强有力的反驳。他认为："在浮动汇率制下，各国自行制定经济政策只有在各国的经济体总量都相对较小的时候才是最优的，一旦小国变成经济大国，国家间经济结构的相互依存就会上升为政策的相互依赖，到那时，一国的经济政策将必然影响到其他国家政策的制定与实施。"

除此以外，通过对文献进行梳理，笔者发现更多的学者是从政策制定具有"溢出效应"这一视角出发去驳斥国家间无需进行政策协调这一观点的。由于外部性和公共产品特征的存在，一国的政策行为会对另一国产生溢出效应，这种溢出效应可能来自财政、货币、税收、贸易、产业政策的变动，因此宏观经济政策的国际协调是必须的（喻国平，2009）。在前述学者所作研究的基础上，Etro（2001）对溢出效应政策及其影响作出了更为精确的解读。他认为溢出效应经济政策包括负溢出效应政策（Beggar-thy-neighbor Policy）和正溢出效应政策（Prosper-thy-neighbor Policy）两种形式。若一国制定的经济政策给他国带来了积极的影响，则称之为正溢出效应经济政策；反之则为负溢出效应经济政策。并且他还指出，只要任何一种形式的溢出效应存在，那么在不考虑他国经济政策影响的前提下，一国单独制定的经济政策都将是低效的。

（二）博弈论成为促进国际经济政策协调理论发展的重要工具

随着国际经济政策协调的深化，传统一般理论分析的局限性日益显现，因此博弈论被引入了经济政策协调的分析中。王悦（2007）对博弈论在西方国际经济政策协调理论中的应用作了较为详细的阐述："西方经济学家中最先把博弈论引入国际经济政策协调分析中的是Tibor Scitovsky和Harry Gordon Johnson，他们于1942和1953年从博弈论的角度对国际贸易冲突进行了探索性分析。在理查德·库珀与日本经济学家滨田宏一（Koichi Hamada）分别于1968年和20世纪70年代末从博弈论的角度对国际经济协调进行了策略性的分析之后，Canzoneri和Gray（1985）等人也对此进行过研究。上述学者的研究结果都表明，合作的结果优于非合作的结果，政策协调对双方经济都是有益的。"

但正如对国际经济政策协调是否必要这一问题存在争论一样，基于博弈论方法是否能够得出参与博弈一定比单独行动更容易降低各自福利损失同样存在质疑。Rogoff（1985）根据所建立的福利损失函数模型得出结论："两国间货币政策的协调博弈可能会造成央行与私人部门之间的互不信任，从而并不能自动增加两国中任何一个国家的福利。"随着20世纪80年代中期以后"跨期"研究在经济学界的日益兴起，基于博弈理论的国际宏观经济政策协调研究已经从静态博弈转向了动态博弈。由于预期的存在，政府会单方面调整其政策，从而使得政府在第t期时经过协调而达成的政策在t+1期可能已非最优政策，国际政策协调效力大减（McKibbin，1997）。

（三）欧洲货币与经济一体化丰富国际经济政策协调理论的内涵与实践

作为区域经济一体化最为成熟的地区，欧洲货币与经济一体化的加速，特别是欧元区的建立极大地丰富了国际经济政策协调理论的实践及内涵。欧元的推出以及欧元区的建立使得欧洲国家间经济政策的协调突破了单一财政政策协调框架的束缚，转而思考如何说服成员国在货币、税收以及结构性政策工具等更广泛的领域达成政策共识。Jacquet和Pisani-Ferry（2000）就此提出了政策"协调文化（Culture of Coordination）"这一概念，试图从意识形态角度出发去最大限度地削减成员国之间在经济政策上进行协调的障碍。不过，实践表明，虽然欧盟成员国在经济政策协调领域已作出了巨大努力，达成了若干共识，但始终没有成功打造出一套真正的政策"协调文化"，结果导致成员国没有足够的动力基于共同利益去交换信息，进行谈判并制定其国内经济政策。对此，他们提出了几项具体措施：发展超出一般程序与标准的经济政策协调哲学；各国政府以及欧洲中央银行的政策制定应更加透明，更具可预见性；实施统一经济政策。

国际经济政策协调的进展

（一）从G7到G20——国际经济政策协调体系格局发生变化

在应对这场自20世纪30年代大萧条以来最严重的金融危机的过程中，由发达国家组成的七国集团（G7）所构成的国际协调框架显得越来越力不从心，而包括了主要发达国家和主要新兴国家的二十国集团（G20），则开始在协调全球应对金融危机方面发挥越来越重要的作用。Payne（2008）指出，G20集团的作用毫无疑问是重要的，不仅因为它的人口占世界的65%以及GDP总量占世界的87%，更是因为它是对传统国际事务决策体系的一种扩展。在2008年11月中旬的金融市场与世界经济峰会上，G20国家领导人一致认为，为了更好地应对全球金融危机，国家间更紧密的政策协调是十分必要的。此次峰会的最重要成果《金融市场与世界经济峰会宣言》（*Decla-*

ration Summit On Financial Markets And The World Economy）不仅分析了金融危机的根源并提出了应对措施，而且还提出了未来改革全球金融系统的诸多可行方案。虽然此次峰会所达成的宣言只是框架性的，但是此次峰会意义重大。发达国家和发展中国家首次以首脑会议的方式共同应对全球金融危机并商讨国际金融体系改革方案，这象征着发展中国家在政策协调中的地位得到显著提升，国际经济政策协调格局正酝酿着根本性的改变。

（二）中美政策协调对危机后国际事务走向仍起“风向标”作用

在承认多边协调机制效力的同时，不能否认大国间的双边政策协调仍将对当前国际经济事务的决策施加最为直接的影响。其中，随着中国经济大国化趋势的迅猛发展，中美之间的经济政策协调在后危机时代将对国际事务的走向仍起到“风向标”的作用。G2概念的提出似乎印证了这种观点，尽管过早扮演这样一个角色对于目前的中国来讲是不公平的，但两国紧密的经济联系的确决定了两国经济政策协调不可避免地成为全球的焦点。

后危机时代，国际贸易保护主义势力抬头，美国开动印钞机大肆向其国内以及国际资本市场中注入流动性，贸易失衡问题仍未得到有效解决以及对我国汇率问题的持续关注等若干问题使得中美经贸关系更加紧密，从而加强中美宏观经济政策协调显得更为迫切。Dumbaugh（2009）指出，中美目前的双边经贸关系比过去任何时期都更加紧密。中国是美国第二大贸易伙伴和第二大债券持有国；同时，中国的经济增长也高度依赖美国的投资和进口。国内学者唐小松将中美经济关系上升为“战略共生”关系，这种关系决定了两国的战略布局及实施需要互相配合，相互借重。

（三）现有国际宏观经济政策协调机构亟待改革

战后建立的国际货币基金组织（IMF）、世界银行（WB）、关税与贸易总协定（GATT）以及后来的世界贸易组织（WTO）、联合国（UN）的有关职能部门，一直以来都是全球宏观经济政策协调和监督的主要机构。其中，IMF在国际宏观经济政策协调中曾扮演着不可替代的角色（黄梅波，陈燕鸿，2009）。作为布雷顿森林体系重要组成部分的IMF在建立之初就将其追求的最终目标定义为“通过稳定的汇率与保护自由贸易促成全球的共同繁荣”。其主要职责在于通过收集和分析相关统计资料制定经济报告为各国提供政策制定的建议和提供借款。然而，20世纪70年代中期以来，随着世界主要发达国家向IMF借款的动机日益衰落，在这些国家眼中IMF所提供给他们的那些政策建议更像是一种“喋喋不休”，不再具有威慑力。“华盛顿共识”似乎已经被其他国家全盘采纳了。从此，IMF的主要工作对象就从发达国家转向了发展中国家，其主要职责也变成了通过向这些国家提供借款以缓和他们的债务危机，进而抚平世界金融体系的脆弱性。不过，西方主要发达国家的自满和由西方发达国家构建起来的全球金融系统已经被证明是盲目的和不完善的。近些年来，随着全球金融一体化进程的加快，各国股票和债券市场联系日益紧密，一旦一国产生金融危机，其他各国将无法独善其身。此次发源于美国的次贷危机在短时间内迅速蔓延全球从而发展成为世界金融危机就是一个铁证。可见IMF的监管不能过分强调对发展中国家和新兴市场经济国家的监管，从而忽视对现有西方金融体系和主要储备货币发行国的监管。

IMF 管理改革委员会于2009年3月发布的《IMF 改革最终报告》中指出，全球经济已经进入了一个史无前例的混乱状态，主要表现为全球经济有持续低迷预期、金融脆弱性和社会不稳定性不断增强以及世界主要经济体之间宏观经济政策协调效率低下。因此，世界需要一个更加强劲有力的多边协调机构去紧密联系各个国际组织和标准制定机构去监控风险、管理危机、协调政策、制定金融体系运行规则与标准。

最终报告进一步指出，IMF 正是这样一个协调机构，但其改革也势在必行。最终报告建议的具体改革措施主要包括：设立部长委员会论坛去协调各国政策从而促进金融体系稳定；将监管范围从汇率监管扩大到各国宏观经济政策的制定以及金融溢出效应；彻底改革现有治理结构，而非仅仅给现有管理部门重新“贴上标签”；将重要决策的投票权由原来的85%投票权通过降低为70%~75%的投票权通过，旨在推进决策民主化进程等等。

（四）欧债危机推动国际经济政策协调向纵深发展

欧债危机使正在从全球金融危机阴霾中寻求崛起的世界经济更加步履维艰。希腊主权债务危机爆发以来，经过一年多的努力，欧盟不但没能顺利解决希腊债务问题，反而使危机传染至更多国家。究其原因，欧元区内不同经济发展程度国家间缺乏经济与货币政策的统一协调是不可否认的重要因素。欧元及欧元区诞生之初，人们对其经济一体化的前途更多是持乐观态度而非担忧。正如笔者在上述分析中阐述的那样，欧洲经济一体化的进程确实给国际经济政策协调理论的不断丰富创造了现实基础，但其区域内还没有形成一种真正的“协调文化”。

协调文化发挥作用需要制度的保障。欧元区自诞生以来，从未设定应对债务危机的情景假设，因而既没有建立一个统一的欧元区经济政府，也没有设立发行欧元区债券为政府融资的机制，显然对未来可能产生的危机情况考虑不足。欧央行面对经济发展程度差异较大的各成员国，很难制定统一协调的政策以满足各成员国经济发展需要。文学和郝君富（2012）认为，成员国经济政策的不协调还严重影响了欧洲中央银行的独立性。按照欧盟条约的规定，欧洲中央银行应该是具有高度独立性的金融机构，它对欧元起到保证币值稳定，抑制过高通货膨胀的作用，是关系到欧元能否稳定运行的关键和基础。但是从实际情况来看，利益的差异性使欧洲中央银行运作的独立性大打折扣。由于各国对货币政策的要求不同，因此都尽可能影响欧洲中央银行采取对本国有利的货币政策，从而影响了欧洲中央银行的独立性。有些国家在失去货币调控的手段后，只能利用其他手段来适应本国经济发展的要求，这些手段也经常与欧洲中央银行的货币政策相抵触，从而大大降低了货币政策的效果。

伴随欧债危机的不断升级与全球性蔓延，国际社会包括二十国集团成员要在欧洲自己加大努力，增强应对欧洲主权债务危机防火墙力度的基础上，加强国际政策的协调，加强国际货币基金组织的融资能力，构筑一道世界的防火墙。各国应保持主要储备货币汇率稳定，减少国际资本套利流动，防范全球性通胀风险，为遏制危机蔓延，推动全球经济强劲、可持续、平衡增长做出积极贡献。

结论

本文梳理了国际经济政策协调发展的主要历史背景、理论沿革与最新发展。政策协调的有效性曾受到一些经济学家和政策制定者的质疑，但正如对要自由市场还是要政府管制的讨论一样，历史经验和现实世界经济发展的各个层面都呼唤国际间政策协调的进一步发展。理论层面，博弈论的成功引入无疑起到了助推国际经济政策协调理论不断向前发展的作用。

全球金融危机爆发以后，国际经济政策协调发生了崭新的变化，其协调格局与层次都得到了进一步的拓展和深化：经济政策协调的格局从传统的G7迈向了更具包容性和前瞻性的G20协调格局；中美两国间的"大国协调"具有引领和导向作用；IMF等国际协调机构的现有运行机制与政策已经不能满足当今世界经济发展的需要而亟待改革；欧债危机不仅促进欧元区，更使得整个国际间经济政策协调向纵深发展。

资料来源：http：//www. lwlm. com/guojijingji/201205/650172. htm.

基本概念：

国际非均衡传导　宏观经济学　贸易乘数　蒙代尔法则

思考题：

1. 何为国际经济非均衡传导？传导的基本原因是什么？传导的渠道是什么？
2. 请写出简单的开放国民收入模型。
3. 请写出扩大的国民收入模型并说明其含义。
4. 请从国际商品流动这个角度，说明非均衡国际传导的机制。
5. 贸易乘数的基本含义是什么？请写出其数学表达式并说明其含义。
6. 贸易乘数评述。
7. 国际经济传导的含义是什么？
8. 简述宏观经济目标。
9. 请用斯旺图示说明宏观经济政策选择的两难性。
10. 请阐述蒙代尔法则。
11. 简述国际经济政策协调的原因。
12. 泰国金融危机产生的原因是什么？
13. 泰国金融危机在东南亚迅速传播的主要原因是什么？

网络资源：

Data on the current account, budget balance, and growth of the GDP of the United States that can be used to examine the relationship among them are found on the Bureau of Economic Analysis, the Penn World Table, and the Federal Reserve Bank of St. Louis web sites, respectively, at:

http: //www. bea. doc. gov

http: //research. stlouisfed. org/fred2

Information and data on the conduct and effectiveness of fiscal and monetary policy in industrial nations can be found on the web sites of the Bank for International Settlements (BIS), the Organization for Economic Cooperation and Development (OECD), and the National Bureau of Economic Research (NBER), respectively, at:

http: //www. bis. org

http: //www. oecd. org

http: //www. nber. org

Data on exchange rates (daily, monthly, and tradeweighted average from 1971 or 1973) for the United States and the world's most important currencies, as well as data on current account balances, that can be used to find the effect of exchange rate changes on the trade and current account balances of the United States and other nations are found on the Federal Reserve Bank of St. Louis web site at:

http: //research. stlouisfed. org/fred2

Some recent studies on the effect of international trade and finance on the U. S. economy are found on the web sites of the Peterson Institute for International Economics and the Council of Foreign Relations at:

http: //www. iie. com

http: //www. cfr. org

Data to examine the effect of changes in the trade and current account balances on the economy of theUnited States are found on the Bureau of Economic Analysis and the Federal Reserve Bank of St. Louis web sites, respectively, at:

http: //www. bea. doc. gov

http: //www. stls. frb. org

Trade data to examine the economic impact of a change in the trade and current account balances on the economies of the European Monetary Union and Japan are found on the web sites of their central bank, respectively, at:

http: //www. ecb. int

http: //www. boj. or. jp/en/index. htm

Data for measuring the effect of the financial crisis in Mexico, Latin America, and other emerging markets are found on the web sites of the Inter-American Development Bank and the Asian Development Bank at:

http: //www. iadb. org

http: //www. adb. org

Data on the current account, budget balance, and growth of the GDP of the United States that can be used to examine the relationship among them are found on the Bureau of Economic Analysis and the Federal Reserve Bank of St. Louis web sites, respectively, at:

http://www.bea.doc.gov

http://www.research.stlouisfed.org/fred

Information and data on the conduct and effectiveness of fiscal and monetary policy in industrial nations can be found on the web sites of the Bank for International Settlements (BIS), the Organization for Economic Cooperation and Development (OECD), and the National Bureau of Economic Research (NBER), respectively, at:

http://www.bis.org

http://www.oecd.org

http://www.nber.org

Information on the specific monetary policies conducted by the world's most important central banks is found at:

http://www.federalreserve.gov/policy.htm

http://www.ecb.int

http://www.boj.or.jp/en/index.htm

On inflation targeting, see:

http://www0.gsb.columbia.edu/faculty/fmishkin/PDFpapers/01ENCYC.pdf

http://www.imf.org/external/np/seminars/eng/2011/res/pdf/go2.pdf

http://www.federalreserve.gov/boarddocs/speeches/20030325/default.htm

第九章　国际经济一体化与国际经济秩序

第二次世界大战以后，随着跨国公司和国际投资的发展以及要素国际流动性的不断增强，各国经济联系日益密切，国际经济一体化随即兴起并迅速发展起来。国际经济一体化的形式不仅有区域性的经济一体化组织，如20世纪50年代的欧洲自由贸易区和欧洲经济共同体、20世纪80年代的北美自由贸易区和20世纪90年代的亚太经合组织等；而且还有包括世界各类国家参加的国际经济组织，如国际贸易组织、国际货币基金组织和世界银行等。国际经济一体化的发展，对国际经济产生了巨大的影响。

与此同时，由于国际经济不平衡的发展和各国经济力量对比的变化，国际经济关系随之演变，整个国际经济秩序也发生着实质性的转换。一方是发达国家为寻求新的利益增长点，要求营造新的经济联盟，打破原有的格局；而另一方是广大的发展中国家，其经济发展水平与发达国家的差距逐渐拉大，他们也要求打破原有格局，建立新的国际经济秩序。

因此，在国际经济一体化条件下，如何使国际经济向着开放、自主、相互依赖、相互制约的方向发展，同时又兼顾多方利益开展互惠互利的公平贸易，创造“大国不逞强，小国不言弱”的良好局面，已成为国际经济研究的重要课题，值得我们广泛地探索和深入地研究。

第一节　国际经济一体化

各国经济日益开放，商品贸易和要素国际流动日益自由化，国际经济一体化已经成为一种非常普遍的经济现象，并代表着国际经济发展的一个重要方向。本节将详细介绍国际经济一体化发展的基本情况；着重分析区域经济一体化条件下关税同盟的经济效应以及给成员国和同盟外国家带来的经济影响；介绍、分析欧洲经济联盟的发展进程及重要的经济措施和手段。

一、国际经济一体化概述（Economic Integration）

第二次世界大战后，随着各国经济的恢复和发展，国际市场竞争更加激烈，国际投资活动中作为国际直接投资载体的跨国公司非常活跃，已成为资本国际流动和生产国际化的主要推动力量。不过，从根本上来说，经济一体化的发展是与战后第三次科学技术革命的开展和生产力水平的提高联系在一起的。

1. 国际经济一体化辨析

如果一些国家结成了经济一体化，即意味着这些国家部分地实现了贸易自由化。但究竟什么是经济一体化呢？这一概念至今都还未有统一的见解。由于经济一体化正处在发展过程中，这一概念既是一种状态，又可以是一个过程。作为一种状态是指各相关国家在共同利益的基础上，建立由各国政府授权的统一机构，根据平等、自由和互利原则，制定统一的经济行为准则来规范和引导各国经济的发展。而作为一种过程则指在一体化内部，各国之间的经济关系逐步从低层次、小范围、自由化程度低的经济联系向高层次、大范围、自由化程度高的经济联系推进的过程。

从广义上说，经济一体化是指经济在国际范围的一体化。世界各国互相开放商品、投资、金融、服务等领域，形成一个相互依赖、相互联系的有机体，共同确定和维系各国间的经济秩序，如世界贸易组织（WTO）、国际货币基金组织等全球性的经济组织。这种经济一体化的形式，在多数情况下我们把它称作国际经济一体化。而狭义上的经济一体化即区域经济一体化，主要是由毗邻的一些国家组成，有比较行之有效的管理机构，规定有比较具体的共同目标和实施步骤。在这种形式下，一体化的成员国一般都要让渡一部分国家主权，如关税政策的制订权，以便为实现某些共同目标而制定一些共同的经济政策或采取一些共同的经济措施，如目前的欧洲经济联盟、北美自由贸易区等区域经济一体化组织。

这种广义和狭义的经济一体化，与西方经济学界制度派和功能派的观点非常的相似。制度派认为，经济一体化是包含着坚定的制度性目标的国际间的统一体，这个统一体是指仅在成员国之间实行减少或消除贸易壁垒的贸易政策，即认为它是地区性的自由贸易而非全球范围的自由贸易；而功能派则认为经济一体化是全球范围的自由贸易和自由竞争。由此认为国际经济一体化就是各国在自主自愿的基础上形成经济联盟的事态或过程。

实际上，经济一体化存在着国际经济一体化和区域经济一体化两种情况，而非制度派和功能派所认为的国际经济一体化或区域经济一体化的单一情况。国际经济一体化和区域经济一体化在战后几十年并行不悖，互相促进。两者都积极倡导开放经济、自由贸易，只是国际经济一体化是力求在全世界范围内实行经济一体化、贸易自由化，而区域经济一体化的经济一体化和贸易自由化仅限于某一地区范围内。但是区域经济一体化的运行并不违背国际经济一体化的精神和理念，凡是国际经济组织所制定和签署的条款与协议，区域经济组织都执行不误，比如关贸总协定主持下的关税减让一经确立，欧盟各成员国都必须按照关贸总协定的规定对非成员国实行关税减让。同时，区域经济一体化与国际经济一体化相比较，前者的一体化程度要高得多，它具有较严谨的机构体制和较明显的强制性，而后者则主要是通过协议来约束成员国的经济行为，其组织形式较为松散，一体化的程度相对较低。另外，这里所说的国际经济一体化组织与区域经济一体化组织不具等同性。对于区域经济一体化来说，其组织形式具有唯一性；国际经济一体化则不然，其组织形式具有多样性，或者根本无需什么组织，因为随着科学技术的进步和生产力水平的提高，各国之间的经济联系必然越来越密切，相互联系、相互依赖的关系不断加强，国际经济一体化的程度必然会不断提高，然而，这并不一定有或必须得有相应的机构来加以表现或加以组织、引导和管理。

我们看到，国际经济一体化和区域经济一体化有着密切的联系，但是，国际经济一体化并不等于区域经济一体化，它们有着相似之处，但又是两种不同的国际经济现象。国际经济一体化涉及全世界所有国家，它是指各国经济发展之间互相联系、相互依赖这样一种关系不断加深的现象或过程；而区域经济一体化仅仅涉及世界上的某一地区，是指地理位置邻近的两个或两个以上的国家或地区，为适应经济生活国际化的需要，在自愿签订协议的基础上结成的经济联盟。区域经济一体化组织虽然执行内外有别的歧视性政策，存在着排他性，但国际经经济一体化与区域经济一体化之间的关系，是一般与个别的关系，区域经济一体化并不排斥国际经济一体化，它们之间存在着加深各国之间经济联系的共同性与一致性，区域经济一体化的发展仍然有利于国际经济一体化。这就是说，较之于世界各国之间的经济联系，区域经济一体化组织成员国相互之间的经济联系更为密切，区域经济一体化的一体化水平高于国际经济一体化，否则，区域经济一体化就没有出现和发展的必要。因此，区域经济一体化的普遍发展，势必在总体上提高国际经济一体化的水平和促进国际经济一体化的发展。鉴于区域经济一体化组织成员国相互之间的经济联系要密切得多，国际经济一体化的发展和一体化水平的提高，反过来也会促使区域经济一体化的发展和一体化水平的提高。

另外，我们还注意到，区域经济一体化是地理上相邻各国为经济利益而结成的一种经济联合体，但它又不仅仅是一个单纯的经济组织，很多时候区域经济一体化都会表现出强烈的政治倾向和强大的政治势力。以欧共体为例，它成立的一个重要原因是由于政治上的需要，而目前强大的欧盟在全球范围内的实力和地位可谓不言而喻，它们经常利用其政治势力为其经济利益开道。

2. 经济一体化的发展及其组织形式

经济一体化在产生和发展的过程中形成了一些各具特色、影响广泛的一体化组织，特别是20世纪80年代后，区域经济一体化的影响不断扩大和加深，引起了人们的密切关注。在这些组织中，区域一体化特征较为明显和突出的有欧洲的欧盟、北美的北美自由贸易区、亚太地区的亚太经合组织。同时，国际经济一体化的经济组织形式也有了新变化，这一内容我们将在本章的第二节中详细介绍。下面我们将要介绍的是区域经济一体化的形成发展及其特征。

这里首先涉及的是区域经济一体化的形成与发展，我们重点对欧洲经济联盟、北美自由贸易区和亚太经合组织做具体的介绍和分析。

（1）欧洲经济联盟

第二次世界大战初期，西欧的一些国家因努力恢复经济而扩大支出，造成了国际收入的不平衡，为解决一系列经济问题，这些国家着手建立了一种自由化的体系，试图解决贸易壁垒和数量限制等问题。1951年，法国、原西德、意大利、比利时、荷兰和卢森堡六国决定建立煤钢共同市场，签订为期50年的《欧洲煤钢联营条例》。整个

20世纪50年代，西欧国家在GATT的旗帜下，成功地进行了关税减让，极大地消除了贸易壁垒。

为了进一步放宽贸易限制，1957年签订了《罗马条约》，欧共同体正式成立。其最初的成员国有：法国、原西德、意大利、比利时、卢森堡、荷兰。欧共体成立之后，对内实行自由贸易，对外实施统一关税。在20世纪五六十年代，这些国家的经济发展水平及经济实力有了很大提高。与此同时，欧洲的其他国家为抗衡欧共体，以英国为首，又组建了“欧洲自由贸易联盟”。

到1973年，英国、爱尔兰、丹麦也加入欧共同体，而希腊则在1981年成为欧共体的第十个成员国，到了1987年共同体又吸收了西班牙和葡萄牙。最后在1995年时，欧共体又同意奥地利、芬兰、瑞士成为其成员国，形成了由15个国家组成的欧洲经济联盟。

在20世纪80年代前，欧共体致力于两个方面的建设。一是努力促成工业产品的自由贸易，二是实行共同农业政策，保护农产品市场，促进农业发展。1987年，欧共体制定出《欧共体单一文件》，希望建立统一的内部大市场，在内部建立商品、人员、劳务和资本的自由流动机制。

1993年11月1日，欧共体正式成为欧洲联盟，标志着共同体经济由单纯的商品共同市场转变为涵盖各国经济与政治关系的联盟。

1999年，欧盟实现了它的最高目标，即在成员国内部发行统一货币——欧元（Euro）。欧元的出现是欧盟一体化程度加深的标志。

（2）美加自由贸易区与北美自由贸易区

20世纪80年代，在欧共体进程蓬勃发展之时，美国和加拿大也开始努力寻求相互间的合作。1988年2月，美、加两国政府签署了“美加自由贸易协定”，旨在消除两国间商品贸易、服务贸易和投资、商业、旅游等方面的障碍。在双方政府的统一行为准则下，规范私人企业的经济行为，协调政府的总体经济政策。核心内容是：从1989—1998年的10年内，逐步削减并取消双边贸易的全部关税，而对外仍然适用各自现行的关税，同时规定了原产地规则以防止第三国利用这一自由政策逃避关税。

其后，两国政府积极与墨西哥政府磋商，谋求建成更大范围的联合，组建北美自由贸易区，并于1992年在“美加自由贸易协定”的基础上实施了“北美自由贸易协定”。“北美协定”的共同目的十分清楚：将贸易转移到区域内进行，利用工业的互补性改进生产能力，增强竞争性，提高出口产品向其他国家或地区渗透的能力。为实现这些目标，三国经过谈判，达到了在15年内逐步消除贸易壁垒的协议，包括：①完全取消进口关税；②免除绝大多数的非关税壁垒；③实施明确、有约束性的措施保护知识产权；④建立公平的、反应敏捷的贸易争端解决机制。同时，要求墨西哥开放墨西哥的电讯、金融和保险业，允许美加两国公司进行投资和竞争。

北美自由贸易区是发达国家和发展中国家首次建立的制度化区域经济的联合组织，是南北合作的一种新尝试。在贸易区内，三国进行了部门内部、部门之间的国际分工。墨西哥向美加两国开放了本国的服务市场，以换取其劳动密集型产品在整个北美市场上的自由进入，并且还获得了美加资本和技术从亚洲和东欧向墨西哥转移的好处，在全球最大的、最富裕的市场上获取利益。与此同时，美加两国的资本、技术获得低成本的扩张机会，猎取生产规模扩大的经济利益，而且在新的贸易规则下，用北美零部件生产出来的最终产品使日本、欧洲跨国公司的最终产品在北美市场上无利可图，削弱了竞争对手的势力，使美国和加拿大获取了双重效益。

（3）亚太经合组织

在欧洲和北美区域经济一体化迅速发展的同时，亚洲经济大国日本也加强亚洲各国磋合，建立了一个“亚洲经济共同圈”。其结构设想为：日本领头、亚洲四小龙和其他国家紧跟其后的“雁行”发展模式，但由于亚洲各国经济发展水平的差距较大、文化各异，以及历史原因等背景，这一构想仅停留在“纸上谈兵”阶段。

尽管如此，1989 年，亚洲及太平洋各国共同成立了松散的亚太经济合作组织部长级会议（APEC），以定期举行部长级会议商讨经济合作议题来加强各国之间的经济联系。特别是 1994 年 11 月在印尼茂物举行的亚太经济合作组织非正式首脑会议发表了《茂物宣言》，明确了亚太地区经济合作的发展方向和道路。1995 年 11 月，各国又通过了《大阪宣言》及《行动议程》。其核心内容是：发达国家在 2010 年前，发展中国家在 2020 年前，实现贸易和投资的自由化。1996 年的马尼拉会议，各国通过了 APEC 在经济技术合作方面的《框架宣言》，制定了经济技术合作的目标及原则。各国一致同意在人力资源开发、基础设施建设、环境保护、中小企业发展等领域加强合作。1997 年 11 月 APEC 的温哥华会议吸收了俄罗斯、秘鲁、越南成为新成员，使 APEC 在全球经济中所占的地位更加重要。1998 年，APEC 吉隆坡会议真正启动了 APEC 的经济技术合作，各国之间的经济技术合作从磋商走向了行动。

在一年接一年紧锣密鼓的经济合作磋商中，APEC 正逐渐由松散的“会议”形式向有议程、有纲领的一体化组织演变。我们相信，随着亚太各国加强合作意愿的增长，APEC 在促成经济联合和贸易自由化方向会取得越来越显著的成就。

（4）中国-东盟自由贸易区

中国-东盟自由贸易区，缩写为“CAFTA”，是中国与东盟十国组建的自由贸易区。东盟和中国的贸易占到世界贸易的 13%，成为一个涵盖 11 个国家、19 亿人口、总 GDP（国内生产总值）达 6 万亿美元的巨大经济体，是目前世界人口最多的自贸区，也是发展中国家间最大的自贸区。2010 年 1 月，中国-东盟自贸区如期全面建成。自贸区建立后，双方对超过 90%的产品实行零关税。中国对东盟平均关税从 9.8%降到 0.1%，东盟六个老成员国对中国的平均关税从 12.8%降到 0.6%。关税水平大幅降低有力推动了双边贸易快速增长。中国-东盟自贸区建成后，中国与东盟各国贸易投资增长、经济融合加深，企业和人民都广泛受益，实现了互利共赢、共同发展的目标。中国和东盟双边贸易总量快速增长。目前，中国已成为东盟第一大贸易伙伴，东盟成为中国第三大贸易伙伴。

建立中国-东盟自由贸易区是中国与东盟关系密切发展的需要，因为中国与东盟国家有着建自贸区的良好基础：山水相连，息息相关，相互间有着悠久的传统友谊和相似的历史遭遇；资源禀赋各具优势，产业结构各有特点，互补性强，合作潜力大；在国际社会事务方面有着广泛的共同语言和共同利益，对经济发展有着对稳定和增长的共同愿望；中国自改革开放以来，积极改善和发展与东盟及其成员国的友好关系，相互间政治关系、经济关系不断有新的发展，尤其是自1991年中国与东盟建立对话伙伴关系以来，相互间合作关系进入了一个新的发展阶段。

为此，面对世界经济全球化、区域一体化的快速发展，中国与东盟国家及时做出了正确的战略决策：积极发展和密切相互间的经贸合作，建立自贸区。

建立中国-东盟自由贸易区，对中国与东盟都有着积极的意义。中国-东盟自由贸易区的建立，一方面有利于巩固和加强中国与东盟之间的友好合作关系，有利于中国与发展中国家、周边国家的团结合作，也有利于东盟在国际事务上提高地位、发挥作用。另一方面，有利于进一步促进了中国和东盟各自的经济发展，扩大双方贸易和投资规模，促进区域内各国之间的物流、资金流和信息流，促进区域市场的发展，创造更多的财富，提高本地区的整体竞争能力，为区域内各国人民谋求福利。与此同时，中国-东盟自贸区的建立，有利于推动东盟经济一体化，对世界经济增长也有积极作用。

最后，我们将简要介绍一体化程度不同的区域经济一体化组织形式。

20世纪60年代以来特别是20世纪80年代以来，区域经济一体化发展迅速，在世界的各个地区，无论是发达国家还是发展中国家，都在积极推进区域经济一体化进程，建立了许多区域经济一体化组织。这些区域经济一体化组织，其一体化程度有高有低。一体化程度的高低，既与现实有关，也与历史有关；既与经济有关，也与政治有关；既与成员国的经济联系程度有关，也与成员国最初设定的共同目标有关。根据一体化程度的不同，区域经济一体化的组织形式可分为优惠贸易安排、自由贸易区、关税同盟、共同市场、经济联盟。

（1）优惠贸易安排（Preferential Trade Arrangement）

其是指在成员国之间通过协定或其他形式，对全部或部分商品规定特别的关税优惠。优惠贸易安排是一体化程度最低和结构最为松散的一种区域经济一体化组织形式。

（2）自由贸易区（Free Trade Area）

其是一种最普遍的一体化结构。贸易区的所有成员国削减或取消相互之间的关税，并同时保留各成员国对贸易区外的独立关税和其他贸易壁垒，如“欧洲自由贸易联盟”。在这种区域经济一体化组织中，成员国自行制定对外关税。自由贸易区没有原产地规则的限制，非成员国可以借机躲避高关税。比如，要将商品出口到一个高关税成员国，他们可以首先将产品出口到某一低关税水平的成员国，再经过这个国家转口到高关税水平的成员国，这样就能躲避贸易壁垒的限制。

（3）关税同盟（Customs Union）

在这一组织形式下，成员国之间全部取消关税壁垒，实行统一的对外关税，防止非成员国国家利用转口贸易饶过贸易壁垒的限制，排除非成员国的竞争，因而关税同盟的实质是对内部实行自由贸易，对外实行更有效的贸易保护。但是关税同盟比自由贸易区在自由化方向更进一步，更接近于经济一体化的目标。如 1947 年，卢森堡、荷兰、比利时组成的关税贸易区和 1958 年建立的欧共体都属于这一层次上的区域经济一体化组织形式。

（4）共同市场（Common Market）

在共同市场中，取消了成员国之间的所有关税和非关税措施，实行统一的对外关税，并采取统一的对非成员国的外部经济政策，而且同盟代表各国与非成员国进行贸易谈判。在这种一体化形式下，各成员国要让渡一部分国家主权，使经济一体化具有超国家的性质。欧洲经济共同体可堪称这一形式的典范。

（5）经济联盟（Economic Union）

其是目前一体化程度最高的区域经济一体化组织。它不仅具有上述共同市场的所有特征，而且在成员国之间要实行统一的经济政策，维护成员国之间的货币稳定，协调和制定共同的经济政策和社会政策，逐步废除各国在政策方面的差异。尽管此时各成员国仍然具有独立的政策体制，但经济联盟已建立了健全的超国家机构，决定成员国的对内、对外经济政策和对外关系。这一形式意味着国家主权的进一步削弱。1999 年，欧盟建立了欧洲货币联盟，意味着经济联盟的实现。但经济联盟要进一步发展，还存在着许多不确定因素，因为按照经济联盟的要求，要各成员国放弃国家经济主权是极为困难的，甚至是不可能的。

我们已经看到，上述不同的区域经济一体化组织，其一体化程度是不相同的，有的一体化程度较高，有的一体化程度较低。但正如我们在前面已经说过的那样，一个区域经济一体化组织一体化程度的高低取决于一系列的因素。因此，建立区域经济一体化组织时，并不要求以一体化程度最低的一体化组织为起点；同样，区域经济一体化组织建立之后，也不存在由一体化程度较低的区域经济一体化组织向一体化程度较高的区域经济一体化组织过渡的必然性。

3. 经济一体化的原因

经济一体化是随着生产力迅速提高，国际竞争日益激烈，各国经济联系日益密切而出现的新的国际经济现象。其产生和迅速发展有着多方面的原因。

（1）政治方面

第二次世界大战后，世界政治领域形成了东西方严重对峙的冷战局面。在欧洲以德国为界，美国和原苏联展开了激烈的争夺，分别扩充势力，囤积重兵。在东方有苏联领导的经互会和华沙组织，在西方，美国大力推行遏制政策，实施马歇尔计划，建立北大西洋公约组织，并同时在西欧实行经济扩张，加强对西欧政治经济的渗透。而西欧国家多是受第二次世界大战侵害的小国，单独一国实力十分薄弱，为了抗衡苏美两国的遏制，维护国家主权，西欧各国从经济联合入手，加强和扩大国家实力。这是欧共体和欧洲自由贸易区产生的重要原因之一。

20 世纪 80 年代，世界政治和经济格局发生了重大变革和震荡。冷战的结束使美国政治“领袖”的地位逐日削弱。同时日本和西欧在经济上的崛起使它们在国际舞台的地位越来越显要。同时，欧共体积极推动共同市场进程，日本加强在亚洲谋求“经济圈”的建立。因此，美国努力地采取措施，与周边国家联合，以稳定和扩大自己的政治地位和势力。

此外，发展中国家在政治上纷纷取得独立，开始加快经济的发展。由于历史的原因，这些国家仍然保持着与原宗主国的依存关系，但为保持国家主权的独立，这些国家纷纷寻求其他途径发展经济。因而加强彼此之间的经济合作，走经济一体化的道路成为它们的必然选择。

（2）经济方面

第二次世界大战后，社会生产力发生了深刻显著的变化。科学技术蓬勃发展，生产能力大大提高，国际分工不断细分，市场竞争加剧，各国经济关系相互依赖，生产社会化跨越国界，但各国相对封闭，壁垒重重的市场保护却限制了这一趋势的发展。因而生产力水平的提高和生产社会化的发展要求废除各国市场的壁垒限制，在更大的范围内进行资源的重新优化配置。由此经济的国际化趋势为区域经济一体化提供了客观基础。

同时，世界经济的不平衡发展也成为推行区域经济一体化的重要因素。20 世纪 70 年代开始，特别是进入 20 世纪 80 年代，国际经济中各国经济力量对比发生了深刻变化。美国经济力量严重削弱，丧失了其“世界经济火车头”的地位，而日本和西欧成为崛起的经济强国。特别是西欧各国所依重的欧洲经济共同体在许多经济指标上超过了美国。这样一来，在世界经济领域就形成了“三足鼎立”的局面。为此，原先具有绝对优势的美国为防止地位的下降努力寻求经济合作，扩张和保持自己的实力。而新兴崛起的日本和欧共体也不甘落后，纷纷想借助经济一体化，打破原有格局，提高本国的经济地位，和其他竞争对手抗衡。

另外，激烈的竞争也促使一些国家，特别是一些经济小国和弱国，想通过区域经济一体化的集团势力来保护自己，免遭经济强国的侵害。像东南亚、非洲和南美洲国家的经济联合往往都是出于这一目的。当然，大国也希望借助小国的力量来强化自己的地位。

组成经济一体化可能带来的经济效益也是各国积极建立经济联合的动机之一。

一体化的经济原则是对内实行自由贸易，对外实行贸易保护。它既加强了竞争，又加强了垄断。这就使其一体化成员国，既可在内部获得更大的市场占有率，又可利用一体化贸易壁垒有效地保护本国的产业和市场。市场占有率的提高，使规模生产得以实现，获得规模经济的效益，引致生产成本的降低。规模经济的实行，是当今各经济主体提高竞争能力，推进企业发展的主要竞争手段。

二、关税同盟与国际贸易

关税同盟的经济政策，主要是成员国之间取消关税，并逐步减少和削弱非关税壁垒，实行统一的对外关税。由此可见，关税同盟主要是针对商品流动所采取的一体化形式，也是区域经济一体化组织的一种主要形式，对其进行分析将具有典型意义。关税同盟与国际贸易有着不可分割的联系。它究竟对国际贸易会产生什么影响呢？我们将结合图形对关税同盟产生的静态效应和动态效应进行详细分析。

1. 关税同盟的静态效应

关税同盟意味着相对于非成员国，成员国享有不同的待遇。因此，关税同盟会导致成员国和非成员国之间贸易模式的变动。当关税同盟在成员国之间推行自由贸易的同时，它会促使国家间的贸易从低成本的非成员国向高成本的成员国转移。因为前者面临着关税同盟的对外关税，而后者则不会遇到任何关税壁垒，国家间的贸易流向因此改变。这就是我们所说的关税的静态效应。关税的静态效应分为两种情况：一是贸易创造效应（Trade Creation），二是贸易转移效应（Trade Diversion）。

贸易创造效应是指通过自由贸易所增加的社会福利，即由于关税同盟的实施，一成员国生产成本较高的生产商提供的产品被生产成本更低的成员国提供的产品所替代。这一替代表明资源因自由贸易而重新配置，生产效率得以改进，福利水平得到提高。

贸易转移效应是指因对外实行贸易保护所引起的成员国社会福利水平的下降，即当实行关税同盟后，原先由低成本的非成员国生产商提供的产品被替代为由生产成本更高的成员国的生产商提供。这是背离资源优化配置原则的，是资源的非优化配置过程，它会降低资源使用效率和成员国的社会福利水平。

这种社会福利的增加或减少究竟是如何发生的呢？我们用图形来加以分析说明。

图 9-1 清楚地表明了贸易创造效应的发生过程。在图中，D 是 A 国的消费者对商品 X 的需求曲线，S 是 A 国生产者的供给曲线。假定 A 国在参加关税同盟以前，A 国从 B 国进口 X 产品，并征收进口关税 t，因而当 B 国 X 产品的价格为 P_b时，A 国国内 X 产品的价格为 P_t（$=P_b+t$）。这时，A 国 X 产品的进口量为 S_2D_2。当 A 国和 B 国结成关税同盟后，由于关税不复存在，而且因为 B 国成本低于 A 国，A 国就会大量进口 B 国的 X 产品，并以 P_b而不是 P_t这样的价格在其国内销售 X 产品。在此价格下，A 国总的进口需求将增加到 S_1D_1。由于需求的增加和价格的下降，消费者剩余将增加 a+b+c+d；其中 a 部分是由生产者剩余转移给消费者的，c 部分是政府的财政收入转移给消费者的，而 b+d 部分则是 A 国参加关税同盟得到的净福利，即 b 部分是因资源节约而获得的福利，d 部分则是消费者增加消费而产生的净剩余。

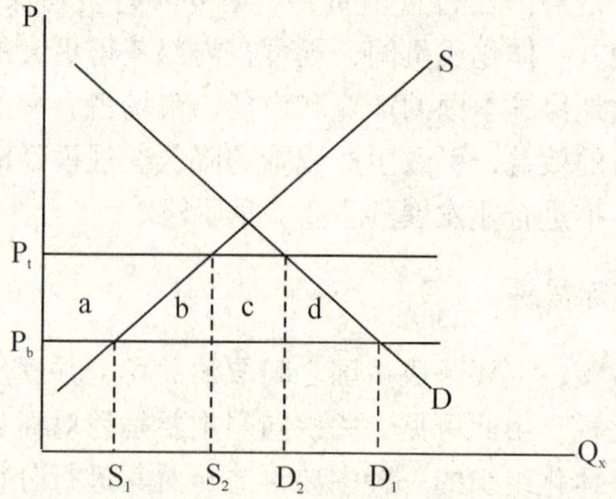

图 9-1　关税同盟的贸易创造效应

由此可见，一国参加关税同盟可以带来贸易规模的扩大和福利水平的提高。相反，贸易的转移效应则降低一国的福利水平。

同样，我们也可以用图形来分析贸易转移效应。如图 9-2，假设世界上有 A、B、C 三个国家，同时生产一种产品 X，价格分别为 P_a、P_b、P_c。建立关税同盟之前，A 国征收税率为 t 的关税。

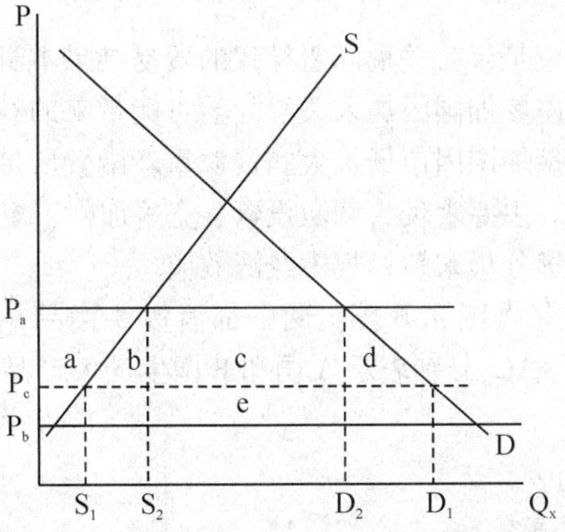

图 9-2　关税同盟的贸易转移效应

在自由贸易情况下，由于 A 国对外执行的是统一的关税税率 t，而 B 国 X 产品的价格水平低于 C 国，A 国就会从 B 国而不是 C 国进口 X 产品，并以 P_t（$P_t=P_b+t$，且 $P_t<P_c+t<P_a$）的价格在国内销售。

假如 A 国和 C 国结成关税同盟，C 国商品进入 A 国将免征关税，但对非成员国 B 仍将征收关税 t。在这种情况下，即使 P_t（$=P_b+t$）低于 P_c，由于共同体优惠，A 国也不得不将 X 产品的进口从 B 国转移到 C 国，尽管 B 国仍然是国际上成本更低的供应商。贸易转移带来的福利效应不易确定。如果 $P_b+t=P_a$，则贸易转移会给 A 国带来 b+d 的福利收益；如果 $P_b+t=P_c$，则贸易转移不会产生福利效应或者说贸易转移的福利效应为零；如果 $P_b+t<P_c$，则贸易转移将造成福利净损失。由于贸易转移是资源的非优化配置过程，是将进口从成本低的非成员国转移到成本较高的成员国，因此，贸易转移一般带来负的福利效应，即福利水平的下降。

不过，关税同盟究竟使 A 国的福利总水平上升还是下降，这不仅取决于贸易转移的福利效应大小，而且还取决于贸易创造的福利效应大小。如果贸易创造所带来的福利效应大于贸易转移造成的福利效应，则关税同盟将使 A 国的福利水平上升；反之，则使 A 国的福利水平下降。考虑到各种不同商品的进出口以及其他方面的利益，一般来说，关税同盟将使 A 国的福利总水平上升，否则，A 国就会对参与区域经济一体化失去兴趣。

参加关税同盟产生的贸易的转移效应，往往会带来两方面的损失，一是成员国贸易方向从低价格的非成员国进口转移到从高价格的伙伴国进口，在进口量相同的情况下，该成员国付出了较高的进口代价；二是政府失去了关税收入，其中的一部分转移给了本国消费者，但另一部分则支付给了伙伴国的出口商。可见贸易转移将给参加国带来福利的损失。但伙伴国的价格越是接近于世界最低价格，关税同盟越有可能产生有利的影响，并且关税越高、关税同盟创造的社会福利越大；本国对商品的供给和需求弹性越大，贸易的创造效应也就会越大。

2. 关税同盟的动态效应

关税同盟的静态效应是仅就关税同盟导致的贸易结果本身而言的。它不讨论资源重新配置过程，没有考虑参加国因加入关税同盟可能带来的经济结构和经济增长的变化。关税同盟建立后，参加国因市场扩大和资源重新配置所带来的增长率的变化，就是关税同盟的动态效应。主要表现为刺激投资、竞争加剧、规模经济等方面。

首先，我们将用图形分析来解释规模经济效应。

在图 9-3 中，假设有 A 国和 B 国，两国都消费 X 商品，而且需求曲线相同，即均为 D_{AB}；图中的 AC_A 和 AC_B 分别表示 A 国和 B 国生产 X 产品的平均生产成本，而 S_W 代表世界的供给曲线。

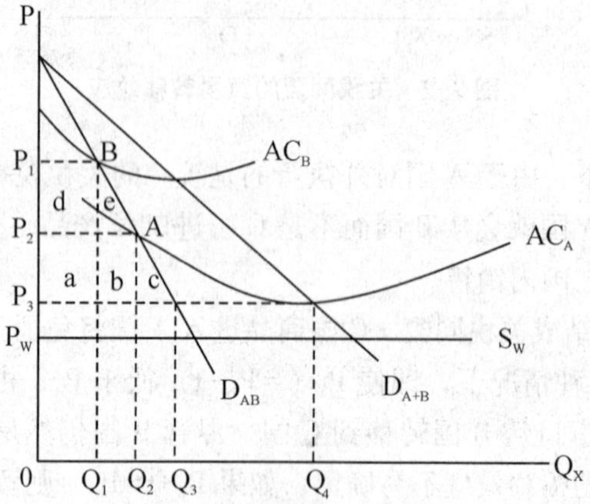

图 9-3　关税同盟的规模经济效应

在没有关税同盟时，A、B 两国都对 X 商品征收关税，分别为 P_1 和 P_2，A 国的供求均衡点为 A，生产量为 $0Q_2$、B 国的供求均衡点为 B，生产量为 $0Q_1$。

如果 A 国和 B 国组成关税同盟，X 商品的市场需求扩大到 D_{A+B}，A 国和 B 国相互没有关税。由于 A 国属于低成本国家，因而 A 国是共同市场上 X 产品的提供者，A 国生产因此扩大规模，即 A 国生产量扩大到 OQ_4。在这个生产规模下，X 产品价格为 P_3，A、B 两国在此价格上，需求分别增至 $0Q_3$，使 A 国福利增加 a+b+c，B 国福利增加 a+b+c+d+e。在这些增加的福利中，B 国的 a+d 部分和 A 国的 a+b 部分来自于生产规模扩大带来的成本下降收益，B 国的 e+b+c 和 A 国的 b+c 是因价格下降而引至需求扩大的效应。除此之外，A 国因生产规模扩大还存在生产者的收益，而 B 国则因被迫放弃生产而遭受剩余损失。因此，A 国在关税同盟中获得净收益，而 B 国既有消费者剩余的获得，又有生产者剩余的损失。由此可见，关税同盟的规模经济是否带动资源的优化配置取决于规模经济效应的大小。

其次关税同盟另一个重要的动态效应就是可能导致竞争的增加，也就是说，在没有关税同盟前，生产者因本国贸易壁垒的保护而缺乏促进技术进步和提高生产能力的积极性，而关税同盟建立之后，生产者失去了保护，就必须提高生产率来对付其他成员国的竞争。市场的重新整合，会使低效率的生产厂商退出市场。因此竞争的加剧会促进厂商的技术创新，最终提高同盟内成员国的福利水平。但是由于关税同盟是对内贸易自由，对外贸易保护，低成本的竞争强者有可能从原来的垄断一国市场扩大为垄断同盟市场。竞争促进发展，而垄断则阻碍发展，所以关税同盟需要协调竞争，防范垄断，才能更有效地扩大经济效益。

最后，关税同盟的建立还有助于刺激投资增长。

关税同盟的对外贸易壁垒阻碍了非成员国的产品流动，迫使这些国家以增加对同盟内的投资来替代产品的出口，如1960年，欧共体成立后，美国对西欧市场投资激增。1980年，欧洲统一大市场建立以后，日本纷纷投资欧盟以绕开贸易壁垒。同时，在同盟内部，扩大生产规模，应对竞争的加剧，都需要成员国扩大投资，而且，为了有效地应对激烈的竞争，成员国还必须更新产业结构，增加技术投入。这些无疑都极大地促进同盟内的投资增长。

关税同盟的静态效应和动态效应都是关税同盟成立的原因。静态效应主要分析关税同盟在消费和生产方面带来的增长，而没有考虑经济结构和成本的变化。但一国的比较优势也应该是一个动态的概念，会随着时间的推移而改变。比较优势所导致的动态效应比静态效应对经济的影响要大得多。

三、国际经济一体化案例

1. 欧盟的工业品共同市场

“罗马条约”的关税同盟是欧盟（当时的欧共体）建立的主要支柱，它的最初目的是在成员国内实现工业产品的自由流动。

根据1957年的《罗马条约》的规定，在成员国之间废除关税、配额及其他贸易限制；对来自非成员国的商品实行统一关税。

根据《罗马条约》的时间表，要在12年内，基本建立工业产品的自由贸易区，即1968年，成员国之间基本消除在制成品上的所有贸易壁垒，但非关税的保护措施依然存在。1970年，又开始实行对非成员国的统一关税。1973年前，即英国、丹麦、爱尔兰加入欧共体前，六国就已经实现没有关税和非关税壁垒的工业品共同市场，1977年，又实现了九国范围内工业品的完全自由流动。

整个20世纪60年代和20世纪70年代，欧共体在制成品贸易上获得了巨大的贸易创造效益，提高了整个区域内的社会福利。尽管如此，在制度建设和政策完善上，都没有取得什么进展。直到1985年，欧共体才宣布要制定详细计划，着手建设共同体的统一大市场。1987年的《欧洲一体化文件》提出了要实现没有内部边界的大市场，允许商品、人员、劳务和资本的自由流动。

根据这一文件的设想，1989 年，共同体开始了统一工业产品市场的建设。1993 年，欧洲统一大市场建成。这就意味着欧共体不仅实现了工业产品本身的市场统一，而且还促进了与工业品相关的生产要素的完全自由流动。

2. 欧盟的共同农业政策

欧盟在成立之时，根据“罗马条约”宗旨制定了共同农业政策，确立了农产品的市场统一性、共同体优先性和财政支持的发展原则，旨在促成共同体农业的一体化。

具体措施体现在：

一是取消各成员国对农产品的限制，用共同农业政策替代各成员国原有的农业政策，在成员国之间逐步实现农产品流动的自由化，即建立农产品共同市场。

二是实行农产品支持价格。即对内稳定农产品价格，对外限制农产品进口，抬高进口农产品价格。

三是成立共同农业基金，对农业进行财政支持。

其中非常重要的政策是对农产品价格的管理。这一政策就是确定“目标价格”和“保证价格”。当价格波动时，欧盟随时收购或投放农产品，以确保农产品价格的稳定，同时对区域外进口的农产品实行浮动征税的政策，即参照共同农产品价格，征收差价税，由此确定进口产品的“门槛价格”，而对于同盟内的农产品出口则实行出口补贴，使得成员国的农产品在区域内外市场上处于竞争优势地位。

共同农业政策的运作是非常有成效的。共同农业政策对农产品价格的支持，刺激了农民生产的积极性，农产品的生产迅速增长。20 世纪 60 年代末 70 年代初至 20 世纪 80 年代初，首先是奶制品，然后是其他主要农产品，由原来的供不应求迅速转变为全面过剩。由于国际农产品价格一般都低于欧洲经济共同体农业生产成本，欧盟向农民提供出口补贴，使其能将过剩农产品以低于世界市场的价格出口到国际市场上去。而农民获利越大，农产品过剩越多，欧共体要么以高价格收购，要么提供出口补贴。这种高成本的保护政策，使农产品贸易转移的负面效应突显。欧共体花费巨额财政支持农业，这已经成为欧共体经济的一大结症和负担。

欧盟的农业共同政策严重依赖财政的高支出，形成了工业“养”农业的局面。共同农业政策的费用占欧盟总预算的 70%左右，而农业本身提供的资金不足 10%，加之共同农业政策费用又绝大部分用于市场价格支持，用于结构政策的则微乎其微。这不仅不利于扭转欧共体内农业发展的不平衡，而且导致成员国负担的不合理，出现了一些国家的消费者出钱支持另一些国家的农业生产者的情况。这在欧盟内部产生了较大的矛盾和分歧，成为欧盟一体化进程的潜在危险。

共同农业政策使欧盟内部高效率的农业国（如法国）获得的补贴较小而低效率的国家（如德国）则获得高补贴，刺激了低效率生产，同时还限制了成员国从同盟外的高效率国家进口农产品，使整个欧盟的农产品贸易产生了较大的贸易转移效应，降低了欧盟的社会福利水平。

因此，一些获利较小的成员国强烈批评欧盟的这一政策，一些低补贴的国家也指责欧盟实行的过高的贸易保护主义政策。在包括多边贸易谈判达成的协议中，发达国家在六年内要削弱36%的出口补贴，并且补贴的产品数量要减少21%，取消农产品上的非关税壁垒，包括浮动关税。这些规定限制了欧盟共同农业政策一系列措施的实施，欧盟的农业在失去政策保护后，必然遭到区域外农产品的激烈竞争。

3. 欧盟的货币一体化

欧盟的货币同盟要追溯到20世纪70年代，美元危机频繁发生，使西欧深受其害。为增强同美元抗衡的力量，共同体决定建立欧洲货币体系。欧洲货币体系的主要内容包括：

一是欧洲货币单位。以“一揽子”九种货币来确定欧洲货币的价值，其主要作用在于：作为确定成员国货币中心汇率的标准；作为成员国中央银行在外汇市场上干预汇率、相互给予信贷及援助的计算单位；作为成员国相互记载债权债务的货币单位和结算支付手段。

二是汇率和干预制度。各成员国以欧洲货币单位为标准确定中心汇率，允许蛇形浮动范围为±2. 25%，超过2. 25%各国中央银行必须进行干预。

三是建立欧洲货币基金。欧洲货币基金的主要作用在于维持各国货币汇价的稳定，向成员国提供信贷、资助国际收支出现困难的成员国。

欧洲货币体系的建立促使成员国放弃外汇限制，允许资本自由流动，有助于成员国货币汇价的相对稳定和经济贸易政策的相互协调。但欧洲货币单位在成员国的经济活动中所起的作用依然有限，无法起到中心货币的效用，联合浮动制的稳定性不够。

1989年，德洛尔报告提出建设货币联盟的构想。根据报告，货币联盟分三阶段实现。第一阶段：在1990年7月开始建设欧洲统一内部大市场。第二阶段：1994年开始建设欧洲中央银行体系，实现各个成员国货币间的固定汇率，为过渡到统一货币做准备。第三阶段：1999年发行统一货币并逐步过渡到取消各成员国货币、实行单一货币的最终一体化。

经过10年努力，扫清了实现单一货币的技术障碍。1999年1月，统一货币——欧元（Euro）终于正式发行。欧元要完全取代各欧盟成员国的货币需要经过三个阶段：①从1999年1月1日至2001年12月31日是欧元的转换期，期间欧元和成员国货币将同时存在于流通领域；②从2002年1月1日起，欧元的纸币和硬币开始流通，并逐渐取代各成员国的流通货币；③2002年7月1日，将取消各成员国的纸币和硬币，在欧盟区域内只存在欧元，完成欧元取代成员国原有货币的过程。

欧洲货币联盟的建成标志着欧洲经济联盟的最高阶段的实现。欧元是欧盟经济一体化进程的必然产物，也是欧盟一体化程度加深的标志。欧洲货币联盟的实现巩固了联盟作为世界上一体化程度最高的区域经济一体化组织的地位。

第二节　国际经济组织

国际经济组织是各国自愿参与经济合作而组建的一种世界性组织，也是二战后出现的一种重要的国际经济现象。这些国际经济组织的出现是国际经济一体化的一种表现。

在二战结束后的经济背景下，由于经济的恢复和发展，加之促进自由贸易的需要，主要发达国家尤其是美国为自身经济的扩张，积极倡导建立自由开放的经济环境，提议组建国际货币基金组织、世界银行和世界贸易组织来管理各国在金融、投资和贸易方面的事务，以推动各国经济的自由化倾向。到目前为止，在世界各国的努力下，已建成了以国际货币基金组织、世界银行和世界贸易组织为中心的国际经济组织。

本节的内容就是介绍和分析这些国际经济组织的成立，评价它们在国际经济发展中的地位和作用。

一、世界贸易组织

世界贸易组织的出现经历了由《哈瓦那宪章》的流产到《经济联合国》诞生的漫长过程。二战战后初期，在世界贸易组织的筹建中，各国对世界贸易组织的章程《哈瓦那宪章》产生了分歧，使这一组织的建立搁浅而遗留下关税与贸易总协定（简称关贸总协定）这一临时协议。关贸总协定。但是，自滞涨危机之后，特别是 21 世纪 80 年代以来，国际经济形势发生了很大的变化，关贸总协定已不能引领世界经济大局，因此新的经济环境呼唤涵盖各经济领域和更具号召力的经济组织，世界贸易组织应运而生。

1. 关贸总协定（GATT）回顾

GATT 产生于 1948 年，当时正值战后不久，各国正努力恢复生产，重建经济，而 20 世纪二三十年代经济危机的影响依然困扰着各国的经济复苏，国际货币体制崩溃，国际金融秩序一片混乱，外汇投机盛行，资本市场游资泛滥，国家间的经济贸易关系矛盾重重，高关税壁垒丛生，各国竭力推行贸易保护主义政策以维护本国经济。

1944 年 6 月，44 个国家在美国召开会议，签署了《布雷顿森林体系协定》，决定成立国际货币基金组织、国际复兴开发银行（世界银行）、国际贸易组织三大组织，作为调节世界经济贸易关系的三大支柱。即：

①建立国际货币基金组织，管理国际货币体系，维持国家间的汇率稳定和国际收支平衡；希望借此将战后的货币制度稳定下来，从而实现国际汇兑自由化，以平衡各国之间的货币收支问题。

②建立国际复兴开发银行，鼓励对外投资，促进战后经济的复苏与发展；其目的是着眼于国际投资，想通过一个银行把现有的国家资金筹集起来，然后援助一些国家

的经济发展和建设。

③建立国际贸易组织，遏制日益盛行的高关税贸易保护主义和泛滥成灾的歧视性贸易政策，决定着手解决二战前遗留下来的高关税和数量限制问题，以推动国际贸易向自由贸易方向发展。因为1929—1933年的经济大危机使得主要国家的经济发展受到很大影响，国内市场大大萎缩，为了限制进口，很多国家对进口商品征收非常高的关税，同时在高关税失效的情况下采取数量限制的办法来限制商品进口。

1946年，世界贸易和就业会议成立了组建国际贸易组织的筹备委员会，讨论了美国提出的《国际贸易组织宪章》。1947年10月在哈瓦那审议并通过了《国际贸易组织宪章》（即《哈瓦那宪章》）。但由于一些国家议会抵制《宪章》的实施，最后，建立国际贸易组织的努力遂告失败。

在《哈瓦那宪章》起草和审批的同时，这些参与国已着手进行了一些多边谈判，以作为《哈瓦那宪章》的具体实施条令。1947年10月，23个国家进行了关税减让谈判，达成了《关税及贸易总协定临时适用议定书》，宣布关贸总协定自1948年1月1日起临时生效。《关贸总协定》原本是想作为世界贸易组织的一部分，但由于国际贸易组织中途夭折，这个临时生效的协定竟一直“临时”了将近五十年。不过，关贸总协定通过多轮关税减让谈判，在解决国家间贸易分歧与纠纷，特别是促进国际贸易自由化过程中仍然发挥了极为重要的作用。

2. 世界贸易组织的建立（World Trade Organization）

根据关贸总协定乌拉圭回合达成的《建立世界贸易组织的协议》，1995年1月1日起“世界贸易组织”正式成立并运转。1995年1月31日，世界贸易组织举行成立大会，取代了1947年就存在的关税与贸易总协定。

在关贸总协定运行的四十几年中，各缔约方经过多轮贸易谈判，战后初期阻碍国家间贸易顺利发展的高关税壁垒已得到根本扭转，关贸总协定成员国的平均关税已处于正常水平（发达国家的平均关税由原来40%下降到3.5%，发展中国家则由70%～80%降到了11%），但是20世纪七八十年代世界经济出现了衰退与停滞，消费增长有所下降，市场基本饱和，各国政府一方面鼓励企业加大出口的力度；另一方面，面对外国的竞争和保护国内市场的需要，各国改而采用非关税措施。同时，国际贸易的范围已远远超出了传统的货物贸易，更多地涉及服务贸易、知识产权保护和投资以及环境保护等领域。因此，为了适应日益变化的世界经济贸易环境，在GATT新一轮“乌拉圭回合”谈判的15项议题中，不仅包括了传统的货物贸易问题，而且还涉及与贸易有关的知识产权、投资措施、服务贸易及环境新议题；同时对农产品及纺织品和服装贸易也提出了贸易自由化的目标。这些广泛的领域，几乎与《哈瓦那宪章》关于国际贸易组织的最初设想一致，因此，建立国际贸易组织的问题引起了普遍关注，各缔约方普遍认为有必要在关贸总协定基础上建立一个正式的国际经贸组织，以便更有效地协调、监督和执行乌拉圭回合的政策主张。

1990年年初，欧共体以12个成员国的名义向乌拉圭回合体制职能谈判小组正式提出这一倡议，建议达成一个不带实质性条款、纯粹性的协定。同年4月，加拿大也非正式地提出过建立一个体制机构。瑞士、美国也曾于同年5月17日和10月18日向GATT谈判委员会正式提出提案。于是，1990年12月乌拉圭回合布鲁塞尔部长会议正式做出决定，责成GATT体制职能小组负责“多边贸易组织协定”的谈判。该小组经过一年的紧张谈判于1991年12月形成了“关于建立多边贸易协定”草案。经过两年的修改和各方讨价还价后，于1993年11月乌拉圭回合结束前原则上形成了“多边贸易组织协定”。在美国代表的提议下，决定将“多边贸易组织”易名为世界贸易组织。

所以，世界贸易组织的成立并不是1993年的协议一拍即合的结果，也不是一朝一夕的合并组合，更不是个意外变故，而是二战后对自由贸易长期不懈追求的一种结果。

由于世界贸易组织的宗旨以及世界贸易组织运作这几年来，管理的贸易往来涵盖了经济生活的各方面，因此也被人们称为“经济联合国”。

3. 世界贸易组织作用的不同评价

从WTO运行的情况来看，它为推动世界经济自由发展所作的一切，赢得了人们的赞誉；但它能起到的作用由于受各方面因素的制约而存在许多不足。

其积极评价有

（1）主持继续谈判，并取得一定成果。世界贸易组织结束了关贸总协定主持阶段性谈判的惯例，根据乌拉圭回合最后文件包括的今后继续进行谈判的日程，组织进行了乌拉圭回合未能完成的谈判，如，金融服务、自然人流动、基础电信、海运服务、政府采购、服务紧急保障条款的谈判等，达成了一些协议，取得了一定成果，并就世界贸易组织的一些协议的具体条款和规定进行了定期审议。

（2）争端解决机制和贸易政策审议机制发挥了作用。世界贸易组织在调解和处理国际贸易争端方面发挥了其权威性和重要的“仲裁员”作用。至1996年，世贸组织受理了60多件世界贸易争端诉讼案件，几乎是原关贸总协定处理的贸易争端的1/3，受理案件中有48起涉及美、欧、日等贸易大国。发展中成员方比以前更积极地利用世贸组织争端解决程序来维护自己的经贸权益。

世界贸易组织在贸易政策评审机制方面发挥了重要作用，评审范围扩大到乌拉圭回合协议所涉及的服务贸易、知识产权、投资等其他方面。

其不足方面有：

（1）乌拉圭回合协议的执行不够平衡。发达成员国努力推动执行与自己利益相关的协议，还通过了“信息技术产品贸易部长宣言”，但却拖延发展中国家与利益有关的纺织品和服装协议的贯彻实施。

（2）贸易大国继续掌握决策过程的主动权。在新加坡部长级会议上，贸易大国坚持把贸易与劳工标准挂钩。根据这个精神，在进口产品系由违反劳工标准的成员国生产制造时，它们便有权征收高关税或者禁止进口。尽管发展中国家极力反对，但是，相关内容最后还是写进了“部长宣言”。

（3）新一轮多边贸易谈判分歧较大。发达国家对世界贸易组织成立后采取什么样的谈判模式意见有分歧。欧盟主张继续采用一揽子的谈判模式，但是美国不同意，主张按部门有步骤地进行谈判，谈成一个，签署一个，实施一个。而发展中国家对采用什么谈判模式反应冷漠。他们普遍认为当前应有效地执行乌拉圭回合协议，特别是与发展中国家利益相关的协议。所以，发展中国家对于举行新一轮多边贸易谈判不感兴趣。

世界贸易组织在被称为“经济联合国”的同时，也被称为“富国俱乐部”，这不是没有道理的。

二、国际货币基金组织

国际货币基金组织是二战后在联合国主持下建立的一个重要的国际金融组织。1944 年，尽管战争还没有结束，但美国已极力想改变由于贸易壁垒和世界经济混乱给它的对外扩张和争夺世界市场带来的不利，因而凭借其军事、政治、经济的绝对优势，倡导组建了国际货币基金组织（IMF）。在几十年的运行中，国际货币基金组织对稳定国际金融秩序做出了卓著的贡献。但也不可否认国际货币基金组织被少数发达国家操纵，为发达国家服务，忽视发展中国家利益的事实。

1. 国际货币基金组织的建立（International Monetary Fund）

二战期间，由于国际货币制度的崩溃，国际金融秩序一直处于混乱之中，并由此带来经济的不稳定。美国和英国分别提出了确立新的国际金融秩序的“怀特计划”和“凯恩斯计划”。“怀特计划”的主要目的是想稳定成员国之间的货币兑换汇率，减轻各国的国际收支失衡，消除贸易壁垒和外汇管制，而凯恩斯则提出要建立一个广泛的国际货币联盟，创立一种统一的国际货币从而作为计账的货币单位，各成员国的汇率与该国际货币挂钩。

1944 年的布雷赖森林体系会议决定成立国际货币基金组织，提供调整国际收支平衡的短期贷款，维护国际金融秩序。1946 年 3 月国际货币基金组织正式成立。其主要目的在于：第一，以成员国提供常备货币的方式，促进国际货币合作；第二，促进国际贸易发展和建立多边的国际支付体系；第三，促进汇率稳定，努力消除阻碍国际贸易发展的外汇管制；第四，在临时性基础上向成员国提供短期资金，改善国际收支的不平衡状况。同时，又不必采取限制本国经济繁荣的措施。

国际货币基金贷款的资金主要来源于两个途径：份额和借款。成员国缴纳的份额成为国际货币基金组织资金来源的主要保障。

加入基金组织的成员国每年都要向国际货币基金缴纳一定比例的份额，份额每 5 年审定一次，对个别国家的份额进行调整。份额的货币计算单位以前主要是美元，现在是特别提款权，并规定各国认缴额的 25%以黄金缴纳，75%以本国货币缴纳。现在既可以用特别提款权，也可用本国货币或其他成员国货币缴纳。

在必要时，国际货币基金组织还可以向成员国的中央银行或私人机构等借入资金，以保证资金的充足。例如 1962 年，基金组织向“十国集团”借入 60 亿美元。20 世纪 70 年代中期，又向石油输出国国家和发达国家借入 69 亿特别提款权。

此外，基金组织出售其拥有的黄金建立起的信托基金、成员国捐款以及基金贷款利息等也构成基金组织资金来源的一部分。

2. 国际货币基金组织与特别提款权（SDR）

特别提款权是1970年国际货币基金组织创立的一种新的储备资产。其目的是建立除美元、黄金外，能在成员国之间流通的新的支付方式，以解决国际收支赤字问题。

特别提款权具有以下特征：

（1）“储备资产”特征

与黄金和其他储备资产不同，SDR与美元挂钩，一个SDR相当于1/35盎司的黄金，即与一美元等值。20世纪70年代，在管理浮动汇率货币体系实行后，SDR采用“篮子货币”定价；按五种主要货币即美元、马克、英镑、日元和法国法郎加权平均定值。每5年对篮子中的货币进行一次调整，维持SDR的稳定性和真实性。

（2）平衡收支的特征

SDR与其他储备资产一样可以用来平衡一国的国际收支。国际收支赤字国家可提取SDR换成外汇平衡收支，而盈余国家则可用其货币或外汇交换赤字国家的SDR。例如，法国需要马克来平衡收支，它就可以用其在基金组织中拥有的SDR去向其他国家（如日本）交换马克。

（3）支付利息的特征

SDR的另一个特征是支付利息。如果一个成员国拥有的SDR超过它在基金组织中应缴纳的份额，这个国家可获得基金组织的利息支付。那么，基金组织支付的利息来自于什么地方呢？它主要来自于SDR使用国向基金组织支付的利息，也就是说，SDR是一种记息资产，使用或拥有SDR都相应地要支付或获得利息。这个规则提醒成员国在使用SDR时要特别谨慎。

SDR是国际基金组织与成员国之间最直接的联系，它通过SDR来调节成员国的国际收支平衡，稳定成员国经济的发展。

3. 国际货币基金组织作用的评价

国际货币基金组织自建立后，一直处于国际货币体系的核心地位，其作用是其他任何机构都无法替代的。在国际经济的进程中，其扮演了一个“灭火员”的角色，这无疑对世界经济稳定发挥了重要作用。

在新的国际经济条件下，国际货币基金组织的地位不再那么牢固，特别是20世纪90年代爆发的国际性金融危机，使得IMF所能发挥的作用越来越受到人们的怀疑。从中，不难看出IMF的内在缺陷：

（1）由于IMF选用少数国家的信用货币充当储备货币，使国际货币体系具有内在的不稳定性。汇率的频繁波动，更加剧了国际收支失衡，这容易引发国际金融危机，使国际金融市场时刻存在着巨大风险。特别在金融市场出现危机时，IMF难以有效地进行调节。

（2）国际货币基金组织的运行由少数国家控制和操纵，不能体现发展中国家的经济利益。因此，IMF对发展中国家的经济支持不可避免附加了政治条件，损害了IMF

与发展中国家的关系。

随着 IMF 在国际金融体系中作用的减弱，国际社会强烈呼吁改革国际货币基金组织，以加强 IMF 在国际经济中的地位。

三、世界银行

世界银行也是 1944 年布雷顿森林体系会议协议下建立起来的三大国际经济组织之一，即战后初期的国际复兴与开发银行，其宗旨在于帮助各国恢复经济，提供资金援助，鼓励经济投资，尤其是对外投资。世界银行已成为当今世界上最大的国际性机构，对世界经济的发展无疑有着重要的作用，对发展中国家经济的支持也是显而易见。

1. 世界银行的建立及宗旨

世界银行于 1945 年 12 月正式成立，1947 年起正式成为联合国的专门金融机构，总部设在华盛顿，并在纽约、日内瓦、巴黎、东京等地设有办事处。33 个国家成为世界银行的创始国，此后只要是国际货币基金组织的成员国就可申请成为一般会员国，目前世界银行已有 183 个会员国。

世界银行赖以成立的协议《国际复兴开发银行协定》明确规定了世界银行的宗旨：

（1）协助会员国的复兴与开发经济，为其生产性投资提供长期贷款，并促进不发达国家资源的开发与利用。

（2）利用担保或参与私人贷款和私人投资的方式，促进私人对外投资。

（3）用鼓励国际投资以开发会员国生产资源的方法，促进国际贸易的长期平衡发展，维持国际收支平衡。

（4）帮助会员国提高生活水平和改善劳动条件。

随着世界经济的发展，世界银行的业务逐步扩大和加深，在此基础上又先后成立了国际金融公司、国际开发协会、多边投资担保机构等组织，共同组成世界银行集团。

世界银行的发展原则是只与会员国发生经济关系，不干预任何会员国的内政，也不受其他会员国的政治影响。

2. 世界银行与世界经济

世界银行是以股份公司形式建立起来的机构。各会员国都应认缴规定的份额，其依据是根据会员国在国际货币基金组织中的份额来分配各国应认缴的股份数。根据协定，每一会员国均享有 250 票基本投票权，每认缴一股股份，就增加一票，一股股份最开始规定为 10 万美元，后改为 10 万特别提款权。各会员国认缴股份的多少，决定其在世界银行的投票权。

世界银行提供贷款的资金主要来自四个方面：会员国实际缴纳的份额；国际金融市场的借款和发行的债券；出让债权和存留业务的净收益。会员国实际交纳的资金不到 5%，但世界银行拥有会员国巨额的待缴股金，使其很容易在各金融市场筹借资金。

近年来，世界银行每年贷款的3/4都是从金融市场筹借来的。

世界银行的主要作用是向会员国，尤其是低收入的发展中国家提供长期贷款，解决发展经济的资金需要，以促使会员国的经济发展和生活水平的提高。它作为国际经济发展的主要资金来源，对促进世界经济和协调发达国家与发展中国家的经济关系起到了非常重要的作用。这主要表现在：

（1）促进战后国际经济的恢复和发展。世界银行成立之初的主要目的是帮助遭受战争损失的国家尽快恢复经济，为此美国制定和出台了马歇尔计划，使得战后欧洲和日本的经济得到迅速恢复。

（2）对发展中国家的经济援助。为帮助发展中国家经济发展，世界银行直接为发展中国家提供优惠贷款和担保，支持发展中国家的农业、基础设施、教育卫生等部门的发展，并帮助发展中国家制订发展计划和实施宏观经济改革。

（3）积极参与世界经济的地区性和全球性协调，充分利用中间融资者的作用，促进多渠道的资金运用，稳定发展中国家的经济秩序。

3. 对世界银行作用的评价

世界银行运行50多年来，对经济的影响不仅涉及世界各国，而且延伸至经济的各个方面。世界银行在世界经济中的作用一直是毁誉参半。具体来说：

（1）对其多边援助的有效性存在争论。批评者认为，世界银行在多边援助发展中国家的50多年中，非但没有减轻贫困，反而扩大了发展中国家与发达国家之间的贫富差距。支持者认为，世界的贫困不能归罪于世界银行的援助不当，而是世界经济秩序等多方原因造成的。

（2）世界银行控制在少数发达国家手中，而非广大发展中国家手中。加权投票机制赋予了发达国家较大的权力，使其在向发展中国家贷款时不断提出附加条件，干扰了发展中国家的经济独立。

（3）关于环境问题。非政府组织指责世界银行忽视了发展中国家的环境保护问题，损害了世界经济的可持续发展，而发展中国家也对世界银行在环境问题上的指手画脚强烈不满。

总之，世界银行在当前世界经济发展中面临着许多问题和挑战，但世界银行对世界经济的协调和影响将会随着经济的发展而有所加强。

四、亚洲基础设施投资银行

亚洲基础设施投资银行（Asian Infrastructure Investment Bank，简称亚投行，AIIB）是一个政府间性质的亚洲区域多边开发机构，重点支持基础设施建设，总部设在北京。亚投行法定资本1 000亿美元。2013年10月2日，习近平主席提出筹建亚投行的倡议。2014年10月24日，包括中国、印度、新加坡等在内的21个首批意向创始成员国的财长和授权代表在北京签约，共同决定成立亚洲基础设施投资银行。2015年3月12日，英国正式申请加入亚投行，成为首个申请加入亚投行的主要西方国家。2015年4月15日，法国、德国、意大利、韩国、俄罗斯、澳大利亚、挪威、南非、波兰等国先后同意加入亚洲基础设施投资银行，已有57个国家正式成为亚投行意向创始成员国，涵盖了除美国之外的主要西方国家以及除日本之外的主要东方国家。2016年1月16日至18日，亚投行开业仪式暨理事会和董事会成立大会在北京举行。

作为由中国提出创建的区域性金融机构，亚洲基础设施投资银行主要业务是援助亚太地区国家的基础设施建设。在全面投入运营后，亚洲基础设施投资银行将运用一系列支持方式为亚洲各国的基础设施项目提供融资支持——包括贷款、股权投资以及提供担保等，以振兴包括交通、能源、电信、农业和城市发展在内的各个行业投资。

1. 亚洲基础设施投资银行运行机制

2015年6月29日，亚洲基础设施投资银行的57个意向创始成员国代表，在北京出席了《亚洲基础设施投资银行协定》签署仪式，标志着成立亚投行及其日后运营有了各方共同遵守的“基本法章”，迈出了筹建最关键的一步。

亚投行协定详细规定了亚投行的宗旨、成员资格、股本及投票权、业务运营、治理结构、决策机制等核心要素，为亚投行正式成立并及早投入运作奠定了坚实的法律基础。

亚投行法定股本为1 000亿美元，域内成员和域外成员的出资比例为75∶25，域内外成员认缴股本参照各国国内生产总值比重进行分配，并尊重各国的认缴意愿。

按照协定规定的原则计算，中国以297.804亿美元的认缴股本和26.06%的投票权，成为现阶段亚投行第一大股东和投票权占比最高的国家。印度、俄罗斯分列第二、三大股东。

2015年11月4日闭幕的第十二届全国人大常委会第十七次会议审议通过了《亚洲基础设施投资银行协定》，标志着这一关系亚投行能否顺利成行的法律协定已获我国立法机构批准，向最终生效迈出关键一步。

2. 亚洲基础设施投资银行创立意义

亚洲基础设施投资银行（AIIB）不仅将夯实经济增长动力引擎的基础设施建设，还将提高亚洲资本的利用效率及对区域发展的贡献水平。基础设施投资是经济增长的基础，在各类商业投资中潜力巨大，增长带动力强。“研究如何将亚洲的高储蓄变成高投资”将是筹建亚洲基础设施投资银行的任务之一。

中国提倡筹建AIIB，一方面能继续推动国际货币基金组织（IMF）和世界银行（WB）的进一步改革，另一方面也补充当前亚洲开发银行（ADB）在亚太地区的投融资与国际援助职能。

AIIB的建立，将弥补亚洲发展中国家在基础设施投资领域存在的巨大缺口，减少亚洲区内资金外流，投资于亚洲的“活力与增长”。

AIIB是继提出建立金砖国家开发银行（NDB）、上合组织开发银行之后，中国试图入主国际金融体系的又一举措。这也体现出中国尝试在外交战略中发挥资本在国际金融中的力量。更值得期待的是亚洲基础设施投资银行将可能成为人民币国际化的制度保障，方便人民币“出海”。

2014年4月10日，中华人民共和国财政部部长楼继伟参加博鳌论坛时透露，在亚投行的机制下，中华人民共和国也将推动建立一个投资基础设施的信托基金，充分接纳社会资本。楼继伟表示，投资基础设施在当前经济较低迷的情况下具有特别的现实意义。“美国现在的基础设施投资需要 2 兆美元，欧洲和亚洲也差不多。”他认为，推动亚洲的基础设施建设缺乏动员能力，因此，“我们正在筹备亚洲基础设施投资银行，目前已建立机制并且召开了两次会议”。

第三节　国际经济秩序

本节所论述的国际经济秩序主要是指发达国家主导和控制国际经济事务，发展中国家依附其中的国际经济关系。发达国家与发展中国家由于经济实力的不同，在国际经济事务中所处的地位也不同，由此形成了他们在处理国际经济关系与事务时各自的行为准则和价值标准，双方都努力想要建立一种有利于自己的国际经济秩序。

本节从分析发达国家与发展中国家的收入差距入手，论述国际经济旧秩序的经济背景，着重强调发展中国家因历史原因和现实原因所造成的不平等、不发达的贫困现象；分析发达国家与发展中国家的矛盾冲突以及发展中国家为改变其经济地位，要求建立国际经济新秩序所进行的努力。

一、世界经济中的收入与财富

世界经济的发展带来了社会财富的巨大积累和居民收入的空前增长。但这并非有助于贫困国家消除贫困和落后的努力，相反，在那里却出现了与这种社会财富和收入增长极不相容的现象，富裕国家与贫困国家的收入差距不是在过去几十年中得到消除，反而越拉越大。在近 20 年中，富裕国家与贫困国家在经济上有着更加广泛的交往，相互间经济的进步与发展都更加依赖对方的经济稳定。贫困国家的经济问题对整个世界经济的稳定和未来的发展产生着巨大影响，富裕国家与贫困国家的经济关系和经济稳定成为影响世界经济发展的重要因素。

1. 发达国家

发达国家是指科学技术先进、经济发达，在国际经济关系中居于主导地位的国家。这些国家的生产能力、消费能力占了世界总额中的绝大部分，贸易和投资也具有绝对优势。他们管理和控制着主要的国际经济组织和机构，并由此形成了一套有利于自己的国际经济关系。

尽管这些国家占世界国家的少数，但它们无论在国民生产上，还是社会财富上都占据着世界的绝大部分。发达国家又分为一般工业化国家和最发达的工业化国家。其中，最具影响力的又是以美国为代表的西方七大工业国，他们在世界经济中处于垄断和控制地位。

2. 发展中国家

发展中国家是指经济发展水平落后，在国际经济关系中处于依附、从属地位的国家。这类国家是世界的绝大多数。他们大多是二战后从原来的殖民体系中独立出来的国家，在国际经济中实力相当弱小。由于历史原因，他们长期以来在国际经济中受到不公正、不平等的待遇，经济不能获得正常的、迅速的发展，整个社会发展水平和生活水平都处在比较落后的状况中。

发展中国家是世界的多数群体，但其拥有的社会财富极少。这些国家往往又被划分为最不发达的国家、贫穷的发展中国家、一般发展中国家和新兴的发展中国家。这些发展中国家的经济发展及经济结构有着巨大的差异。

3. 世界收入与财富的分配

在过去50多年中，随着世界经济的持续增长，全球财富急剧增加，但贫富差距却在不断拉大 。据世界银行统计，1982年，最不发达国家的人均国民生产总值为280美元，1992年增至390美元，仅增加39%，而同期发达国家的人均国民生产总值从1.1万美元增加到2.2万美元，增加了100%。十年间，双方之间的贫富差距从9倍扩大到56倍。

在1950年到1997年之间，全球经济年度总产出从5万亿美元扩展到了29万亿美元，增长了近5倍。但是，占世界人口20%的富人所占有的财富在世界总产值中的比重由20世纪60年代的70%上升到目前的85%；最贫穷的20%的人口占世界收入的比重由2.3%下降到了1.4%。世界最富的20%的人口与最贫困的20%的人口之间的收入差距从1960年的30：1扩大到1997年的74：1。

联合国开发计划署的报告也显示，在1998年，占世界人口20%的富人消费了全球产品和服务的86%以及能源总量的58%。他们拥有的电话和汽车分别占全球总量的74%和87%。与此形成鲜明对比的是，世界最穷的20%的人口仅消费全球产品和服务的1.3%。在全球近60亿人口中，有26亿人缺少最基本的卫生设施，20亿人无法喝到符合标准的饮用水，世界20%的儿童受教育时间不足5年。

这些数据只说明了一个严酷的事实，发展中国家的贫困在加剧，南北之间的贫富差距在拉大。这个事实也警醒人们，消除贫困、缩小贫富差距是当今世人应当关注和亟待解决的重大问题。

二、国际经济秩序概述

由于发达国家和发展中国家的贫富差异，这两类国家的经济发展和经济实力存在极大的差距，力量对比悬殊，发达国家有着较为相同和一致的经济特点与经济利益；而发展中国家也有其自身的经济特点和经济发展道路，因而，这两类国家对经济环境和世界市场的要求明显不同，处理国际经济关系的观点和标准不同，希望和要求建立的国际经济体制也不相同，并时常发生矛盾冲突。这就形成了一种特定的国际经济秩序。

1. 国际经济秩序的含义

国际经济秩序是指各国在国际经济结构中的地位和相关关系所决定的国际经济体制以及与此相适应的国际经济生活准则。

国际经济秩序包括国际经济旧秩序和国际经济新秩序。国际经济旧秩序是建立在殖民时代国际经济秩序基础之上的一种国际经济关系，是以发达国家为中心，按发达国家的利益而形成的世界经济的生产和分配关系。它严重损害了发展中国家的经济利益，因此，这种旧秩序遭到了发展中国家的强烈反对，发展中国家为打破国际经济旧秩序，建立国际经济新秩序而进行着长期不懈的斗争。

2. 国际经济秩序的历史回顾

国际经济秩序的建立是以二战后三大国际经济组织及条约的形成为标志，到目前为止，它大致上经历了以下几个阶段：

（1）旧秩序时期（二战后—20 世纪 50 年代中期）

以不等价商品交换为特征，发达国家占据着世界经济的绝对主导地位，发展中国家开始推动民族经济的发展。

（2）新秩序提出和形成时期（20 世纪 50 年代中后期—20 世纪 70 年代）

20 世纪 50 年代中后期，发展中国家提出了改革旧的国际经济关系。20 世纪 60 年代，发展中国家第一次提出建立新的国际经济秩序。20 世纪 70 年代，发展中国家通过多方努力，明确形成了建立国际经济新秩序的基本目标和重要原则。

（3）新秩序建设停滞时期（20 世纪 80 年代）

20 世纪 80 年代区域经济一体化的发展趋势使南北关系发生了微妙变化，发达国家否定了与发展中国家达成的一些协议，南北对话陷于僵局。

（4）建立新秩序呼声高涨时期（20 世纪 90 年代）

进入 20 世纪 90 年代，南北关系重点由南北政治关系向南北经济关系转变，经济因素地位上升，谋求经济优先发展已成为不可逆转的世界潮流，因而发展中国家和发达国家也由矛盾斗争走向经济协作；同时发展中国家由于经济条件的变化，越来越强烈地呼吁建立新的国际经济秩序。

国际经济秩序的演变反映了发展中国家经济发展的过程，而建立国际经济新秩序则是一个长期的过程，公正、合理的国际经济新秩序很难在短期内实现。

3. 七国首脑会议与国际经济秩序

20 世纪 70 年代初，西方国家正面临“美元冲击”“石油冲击”“布雷顿森林体系”瓦解和 1973—1975 年的资本主义滞涨危机等一系列经济问题，经济形势严重恶化，各国政治动荡不安。为了共同商讨对策，协调立场，重振西方经济，1975 年，法国倡议举行了由法国、美国、西德、日本、英国和意大利六国首脑参加的会议。1976 年，加拿大的参加使会议由六国扩大到七国，一年一度的七国首脑会议就作为一种制度固定下来。1991 年，俄罗斯开始参与其框架外会谈，形成了“7+1”模式。1997 年，俄罗斯正式参与会议，延续了 23 年的西方七国首脑会议，也就从此称为“八国首脑会议”。

七国首脑会议的主要内容是磋商国际经济问题，协调各国的宏观经济政策。这些经济行为历次都是以西方国家的经济利益来制定和调整国际经济关系，它对待国际经济秩序的态度：一是积极维护和巩固原有的国际经济旧秩序；二是主张建立以西方国家的价值观和制度为中心的国际经济新秩序。

20世纪七八十年代，七国首脑会议制定出了一系列维护、加强西方国家利益的经济政策，利用他们把持的国际货币基金组织、世界银行和关贸总协定三大机构，推行强权政治和经济霸权，使南北差距不断扩大。他们对发展中国家实行扶持、限制、制裁的政治经济政策，要求发展中国家按照他们的价值观来处理政治经济关系。

根据决议，这些发达国家每年应拿出其国民生产总值的0.8%用于对穷国的发展援助，但却很少有发达国家达到这一标准，连美国提供的发展援助资金都只占到其国民生产总值的0.2%左右。而减免发展中国家的债务问题，20世纪70年代就已成为西方七国首脑会议的议事日程，只是这个富国俱乐部年年讨论，年年都“只听打雷，不见下雨”罢了，而且他们还炮制了一系列“标准”，与所谓的“人权状况”以及国家“民主化”程度挂钩。

进入20世纪90年代，七国首脑会议的中心议题是如何按照西方的政治模式和社会价值观来“改造”南方国家，使之“西化”。特别是其中的美国更是把对付南方的“不稳定”作为它的战略中心，西方七国明确提出它们的经济援助必须以接受北方式的“人权、民主、自由”为先决条件，其实质是将经济问题政治化，推行“新干涉主义”。

近年来，七国首脑会议的作用有日益加强的趋势，特别是美国在联合国等国际组织中的地位有所下降后，更是想通过七国首脑会议大力推行其霸权主义。

综合观之，七国首脑会议的作用就是维护旧的国际经济秩序，实现发达国家的政治经济利益。

三、国际经济新秩序

殖民体系下的南北划分在20世纪60年代开始越来越多地导致对抗和矛盾冲突。到了20世纪70年代，发展中国家对发达国家的“依赖”有了潜在的实质性变化。进入八九十年代，“相互依赖”成为形容和描述发达国家和发展中国家经济关系的主导词，发展中国家基本上摆脱了单方面依赖发达国家的格局，发达国家的经济发展已较广泛地依赖发展中国家持续稳定的经济环境。在新的经济背景下，发展中国家提出要打破发达国家主宰世界经济格局，牺牲、损害发展中国家经济利益的旧秩序，建立平等、公正、充分考虑和维护发展中国家经济利益的新型国际经济关系。

1. 南北问题

南北问题是指发展中国家与发达国家之间存在的矛盾冲突问题。南北问题的实质是剥削与被剥削、掠夺与被掠夺的矛盾冲突。

进入20世纪90年代，南北关系总的态势是由日益减少的对抗逐渐走向对话，斗争与合作相互交融。目前南北矛盾主要表现在：

（1）政治、意识形态领域：冷战结束后，政治制度意识形态的冲突逐渐弱化，国际竞争从“权力游戏”转向“财富游戏”，但世界霸权和强权政治依然存在。发达国家依然通过经济手段干涉发展中国家的内外政策，指责发展中国家的人权、民主、意识形态问题，企图将自己的价值观强加给发展中国家。

（2）经济贸易领域：南北经济矛盾从传统的不等价交换演变为初级产品与资本的矛盾、劳动力与技术的矛盾。首先国际资金分配出现了严重的分歧和冲突。在全部流动资金总额中，流向发展中国家的资金不足20%，发达国家相互投资额达80%，并且出现资金大量从南方国家流回北方国家的现象。其次，贸易摩擦与竞争日趋激烈。贸易壁垒增多，贸易保护主义抬头。最后，还有环境和发展问题，南北双方都意识到维护地球的生态环境、实现可持续发展是人类的共同利益，大家应共同承担环境与发展的责任。但在保护途径、环保标准上，双方的观点却大相径庭，因而成为日益突出的问题。

尽管矛盾依然存在，甚至尖锐，但各国都认识到经济关系的相互依赖日益加深，对抗只会导致经济衰退。为此，发达国家和发展中国家逐渐从日益减少的对抗走向日益扩大的合作。这种合作更多地表现在国际经济一体化和区域经济集团化中，典型的例子就是北美自由贸易区中的美国、加拿大与墨西哥，以及亚太经济组织中的美国、日本等与广大发展中国家之间的经济合作。

2. 不结盟国家首脑会议与国际经济新秩序

二战战后50年，发展中国家与发达国家在国际经济领域展开了打破旧的国际经济秩序和建立新的国际经济秩序的斗争。

1955年4月，亚非万隆会议召开，确立了国家不分大小一律平等的原则，各国应在互利和互相尊重国家主权的基础上实行经济合作，并第一次正式提出了改变旧的国际经济关系的要求。在万隆会议原则下，1961年，举行了第一届不结盟国家首脑会议，呼吁发展中国家针对“国际经济旧秩序”采取联合行动，废除国际贸易中的不等价交换原则，要求发展中国家加强经济合作。

1961年8月，不结盟国家首脑第二届首脑会议，首次提出要建立“国际经济新秩序”的口号。1973年，第四届会议上通过了《经济宣言》和《经济合作行动纲领》，拟订了发展中国家对国际经济贸易问题的一系列指导原则，要求加强经济合作，争取建立新型的国际经济和贸易关系。

不结盟国家首脑会议共同制定了一系列关于建立国际经济新秩序的纲领和宣言。在不结盟国家积极倡导下，“77国集团”、联大特别会议等也制定和签订了各种文件来推动国际经济新秩序的建立。这些纲领性文件确定了建立国际经济新秩序的基本目标和重要的基本原则，即在主权平等、和平共处的基础上，建立相互合作、平等互利的国际经济秩序。

3. 国际经济新秩序的含义

国际经济新秩序是指所有国家不分大小一律平等，在相互尊重国家主权、互相依赖、共同利益的基础上建立起来的国家之间的合作关系。

其具体内容有：各国有权选择符合本国国情的社会制度、经济模式和发展道路；各国有权参与处理国际经济事务，发达国家应尊重和照顾发展中国家的利益，提供援助时不应附加任何条件。

国际经济新秩序具有以下特征：

（1）主权平等。主权是一个国家拥有的独立自主处理其内外事物的最高权力。在国际经济关系中，一国不得干涉其他任何国家的内政，要保证各主权国家在国际经济关系中的平等地位。

（2）公平互利。国际经济新秩序是要致力于改变不平等、不合理的旧秩序，改善发展中国家的贸易条件，使国际贸易建立在公平互利的基础上。

（3）相互依存。国际经济发展的经验证明，南北双方只有共同繁荣、互相支持，才能真正实现经济增长。世界银行的分析指出，发展中国家经济每增加3%，就可以促使发达国家经济增长0.6%，而发达国家经济增长一个百分点，也可以带动发展中国家的经济增长0.7%。这种经济的连动效应使南北关系必须相互依存。

第四节　南北经济关系

南北经济关系是指代表发达国家的“北方”和代表发展中国家的“南方”在经济往来中形成的政治经济关系。南北经济关系正处于从旧的经济秩序向新的经济秩序演进的过程之中。21世纪90年代以来，南北关系出现了引人注目的新变化，双方处理国际经济事务的准则和标准有所融合，紧张关系有所缓和，逐渐由对抗走向对话，经济合作迅速发展。南北经济关系在国际经济关系中占据着重要、稳固的地位，南北经济关系的改善将推动和促进世界经济的向前发展。

本节将较为详细地分析国际经济旧秩序建立和形成的原因和旧的国际经济秩序的特点，介绍国际经济组织在处理南北经济关系中所起的作用，突出南北经济关系从对抗走向合作的演变进程，展望南北经济关系改善的前景。

一、国际经济旧秩序

国际经济空间在资本主义殖民时代被划分为一个等级分明的群体空间。被征服者被融合到世界经济圈中，使得国际经济关系一开始就蒙上不平等的特征，而在后来长期的经济角逐中，这种不平等的关系愈演愈烈。

1. 国际经济旧秩序的形成

国际经济旧秩序是以剥削和掠夺为特征的不平等的国际经济关系，是在资本主义发展过程中，殖民地宗主国以及帝国主义控制、掠夺和剥削殖民地以及附属国的产物，是国际垄断资本对发展中国家实行剥削、掠夺和控制的经济秩序。它是广大发展中国家在国际社会处于无权地位的情况下，按照少数发达国家的需要和意志建立起来的经济秩序。

现存的国际经济旧秩序根源于帝国主义殖民时代，是帝国主义殖民体系在经济上的表现。

早在17世纪，西方殖民主义者就开始了以暴力和欺诈贸易的形式对亚非广大地区实行疯狂的掠夺，并收到了一箭双雕的效果，为欧洲国家后来的产业革命及其资本主义的发展提供了雄厚的物质基础。18 世纪之后，西方国家更是凭借技术和军事实力，强迫殖民地国家沦为他们的原料供应地和商品销售市场。19 世纪末 20 世纪初，资本主义进入帝国主义阶段，资本输出成为帝国主义的重要特征，而殖民地又无可选择地成为西方的资本输出场所，致使殖民地在经济上完全依附于宗主国。伴随西方国家的政治控制，殖民地国家丧失了民族独立和国家主权，殖民地国家的经济则进入了难以自拔的恶性循环，成为宗主国经济利益服务的从属经济。

二战期间，美国和英国都已开始着手筹划战后国际经济秩序，分别提出了“怀特计划”和“凯恩斯计划”。“怀特计划”拟订出“国际稳定基础方案”和“国际复兴银行方案”，其主要目的是稳定汇率，解决国际收支不平衡，而“凯恩斯计划”意在设立一个世界性的中央银行，负责清算各国相互间的债权债务。由于美国的实力当时大大超过英国，英国被迫放弃了“国际清算联盟方案”。1944 年的布雷顿森林会议通过了以“怀特计划”为基础的《国际货币基金组织协定》和《国际复兴开发银行协定》，并拟成立一个国际贸易组织。虽其最后未能如愿，但也被关贸总协定（GATT）的临时协定所替代。

二战后，这三大国际经济机构的运行，以及由此而形成的各国经济关系，标志着国际经济秩序的形成。这一战后的国际经济秩序通常被人们称为国际经济旧秩序，以有别于主要由发展中国家呼吁，至今仍在努力争取建立的国际经济新秩序。

2. 国际经济旧秩序的特点

国际经济旧秩序使整个发展中国家蒙受种种不平等、不公平的待遇。在国际经济旧秩序下，发达国家凭借其经济优势和在国际经济活动中的有利地位，通过对外贸易、货币金融、技术转让等途径，掠夺和剥削发展中国家，进行国际剥削。国际经济旧秩序是导致发展中国家经济严重恶化，南北差距进一步拉大的根本原因。

由于国际经济旧秩序是以不平等分工为基础，以发达国家的意志和需要建立起来的，因而，国际经济旧秩序不可避免地带有殖民体系的特征。这些特征具体为：

（1）不合理的国际分工。国际分工是社会分工超越国家界限，通过世界市场而形成的一种国家与国家之间的分工。现存的国际分工是西方发达国家利用其政治、经济、军事上的强大势力建立起来的不平等的分工。它从旧的“工业宗主国——农业、原料殖民地”的分工格局演变为二战后的“发达国家工业中心——发展中国家原料产地”的分工格局。在不平等的国际分工体系制约下，发展中国家形成了以生产原材料为主的畸形的单一的产业结构。其生产和消费完全服从于发达国家的需要。尽管 20 世纪 80 年代以来，发展中国家的经济有了惊人的增长和变化，但依然不能改变自身对发达国家的依赖。

（2）不平等交换。发达国家依仗其生产优势，在国际贸易中，操纵国际市场价格，把发展中国家出口的初级产品和农产品价格降至最低水平，同时又以垄断高价向发展中国家销售工业品和高技术产品。两者之间的不等价交换严重损害了发展中国家利益，并且随着争夺市场份额的竞争日趋激烈，发达国家为保护本国市场的措施越来越严厉，使发展中国家的贸易条件日益恶化，贸易地位更加下降，经济增长更加举步维艰。

（3）垄断。垄断是帝国主义的本质，也是国际经济旧秩序的本质特征。在旧的国际经济秩序下，形成了发达国家垄断国际经济领导权的局面。在国际生产、国际贸易、国际金融等领域，发达国家都居于垄断地位，而发展中国家由于长期的不合理的经济结构和落后的生产力水平，导致了经济贫困而无力改变受剥削、受控制的软弱地位。以联合国为中心的国际经济组织，几乎都操纵和控制在发达国家手中，他们拥有对一切重大问题的决策权。例如国际货币基金组织中，100 多个发展中国家仅占投票权的 30%，而少数的几个发达国家却占 50%以上，而在世界贸易组织中，发达国家也依靠他们所拥有的巨大国际贸易额来操纵国际经济贸易谈判。

3. 国际经济旧秩序与发展中国家的经济发展

不公平、不合理的国际经济旧秩序是套在发展中国家脖子上的枷锁，使发展中国家的经济发展受到严重束缚，无缘置身于现代工业文明的进程之列。大多数发展中国家处于世界经济进程中的初级阶段。

联合国和世界银行等机构进行的调查表明，发达国家在世界经济体系中占有明显优势，发展中国家的经济尽管有较快增长，但并没有改变发展中国家的贫困局面；发达国家与发展中国家的贫富差距不仅没有缩小，反而越来越大。资料显示，美国、日本、德国、英国、法国、意大利六国的国民生产总值占世界国民生产总值的 55%~60%，而发展中国家占世界人口的 80%以上，仅占世界国民生产总值的 20%。另据世界银行统计，1980 年，在人均国民生产总值上，南北差距为 10 倍，1988 年扩大到 20 倍，外债规模 1982 年为 8 890 亿美元，1989 年已扩大到 12 900 亿美元，相当于国民生产总值的 37%。1971 年联合国确认的最不发达国家有 25 个，到 1994 年则增加到 48 个。目前发展中国家处于绝对贫困状态的人数是 13 亿，并且每年以 2 500 万的速度增长。这个事实表明，发展中国家经济环境更趋严峻。

发展中国家的经济困境、贫穷问题、债务危机、种族矛盾以及西方国家强迫发展中国家推行“民主化”等问题引起了这些国家的政治危机。政治动荡使经济发展面临更艰难的困境。由此可见，以西方国家利益为出发点，在剥削和控制基础上建立的国际经济旧秩序使发展中国家的经济局面更加被动和软弱，更加缺乏与发达国家抗衡的实力。

二、国际经济组织与南北经济关系

1. 国际经济组织与发达国家

长期以来，发达国家在各类国际经济组织中行使着领导权和控制权，左右着国际经济发展的方向，制定了一系列有利于发达国家的协议条约，从中获取了巨大的经济利益。例如国际货币基金组织的投票权累计机制使发达国家掌握了 50%的投票权，美国独占了 20%，而 IMF 又规定任何一项协议都要有 85%以上的投票同意才能通过。这只不过意味着，只要不符合美国利益的协议都不可能在 IMF 得到通过和执行。同样，在世界银行中，美国拥有 17.37%的投票权，也等于拥有了对任何决议的否决权。

另外，以前的 GATT 和现在的 WTO 被俗称为“富人俱乐部”，发达国家因拥有巨大的国际贸易份额，从中获得了很多好处。而一些有利于发展中国家的条款和协议则受到发达国家的阻挠，使发展中国家利益受到损害。

2. 国际经济组织与发展中国家

发展中国家在国际经济组织中一直处于无权或少权的地位。这种现状使发展中国家蒙受着不公平待遇，为其经济发展造成了极大的阻碍。

发展中国家与国际经济组织的关系是被动的接受关系。从表面看，国际经济组织为发展中国家提供了大量的发展经济所需的资金，但这些资金的使用都附带了苛刻的附加条件，使其经济发展置于发达国家掌握之中。更何况，在这些组织中，发展中国家出让了较多经济利益，而国际经济组织却不能平等地对待南北双方，也不能帮助发展中国家发展经济和摆脱贫困。国际经济组织制定的对发展中国家的援助和支持原则很多时候都只是“纸上谈兵”，并未落实到实际中。

因此，在现有的国际经济旧秩序下建立起来的国际经济组织中，发展中国家的根本利益得不到保障和体现。

3. 国际经济组织与国际经济关系

国际经济组织是两个或两个以上的国家在彼此之间经济往来日益密切的基础上，通过合同式协定建立起来的国际性经济机构。其宗旨是推动、发展和处理成员国之间的经济关系和经济合作。

我们在前面分析了一些主要国际经济组织的本质与弊端，但随着国际社会经济的发展，特别是发展中国家坚持不懈的斗争，这些国际经济组织在客观上仍然对战后国际经济的发展起到了重要的推动作用，这有利于国际经济关系的改善。

首先，国际经济组织成为各国就经济贸易问题进行谈判与对话的场所。例如 GATT 的关税减让谈判，促成了目前各国低关税和加强非关税壁垒削减的局面。又如联合国贸发会议，从 1964 年开始，每四年一次大会，达成了一系列重要的宣言、纲领和决议，其中包括对各国经济关系影响重大的《各国经济权利和义务宪章》。此外，国际经济组织在南北对话中也发挥了重要作用。

其次，促进国家合作与提供发展援助。为纠正战后国际经济秩序所产生的不公平现象，国际经济组织向发展中国家提供了大量的经济援助，包括大量的优惠贷款、国际收支平衡贷款等，实施了对发展中国家的普遍优惠制等经济政策，也促进了发达国家与发展中国家的经济合作。

最后，解决国际经济贸易争端，推动国际经济发展的规范化和法律化。国际经济组织通过各成员国的平等谈判，制定和规范了大量的经济条约或法律文件，一些国际经济组织也具有解决国际经济贸易争端的职能，像 GATT 下的争端解决机制，其具有国际法院的特征，对国际经济的协调发展发挥了重要的保障作用。

因此，国际经济组织是国家间经济关系发展的客观要求，而国际经济关系的发展又是国际经济组织存在的前提。它是国家之间经济联系日益频繁、经济生活日趋国际化和一体化的产物。国际经济组织的不断发展和完善促进了国际经济关系逐渐从国际经济旧秩序向国际经济新秩序的进步，有助于国际经济新秩序的最终实现。

三、南北经济关系的前景

在南北双方长期的经济竞争和经济磨合下，“相互依赖”已深入到国际经济事务中，特别是“北方”国家已进一步认识到离开了“南方”国家的经济合作，“北方”经济就会受到极大的影响。随着“南方”国家的逐步壮大和在国际经济中地位的增强，南北关系正逐渐从矛盾、冲突、对抗走向对话、合作与斗争并存的新型格局。日益减少的对抗和日益扩大的合作是目前南北关系较为突出和显著的特点。

1. 国际经济关系与国际政治关系

国际关系的内容十分广泛，它涉及政治、经济、军事、社会等方面。其中主体内容是国际经济关系和国际政治关系。两者互为条件、互为补充，国际经济关系是国际政治关系的基础，建立国际政治新秩序最终离不开建立国际经济新秩序。

国际政治关系就是国际社会中各国利益全局关系的协调与控制的活动，以及在这种活动中所形成的各种关系，而国际经济关系则是在国际社会中各国之间的产品、劳务的生产和交换的活动，以及在这种活动中形成的各种关系。

国际政治关系存在着两种形式：一是权力形成的政治关系，另一种是经济形成的政治关系，即国际政治关系是由“国际权力政治关系”和“国际经济政治关系”构成。

国际权力政治是国家对国际政治活动和国际经济关系的控制和协调，它谋求获得以军事实力为基础的对他国的意志和行为实行控制的权力。这种政治权利的获得就是国家利益中的政治利益的实现。国际经济关系是国家之间的经济方面的相互联合。这种联合是以国家之间的生产、交换和分配活动为基础的。而各国经济利益的实现主要通过国家对国际经济活动和国际经济关系的控制和协调来实现。这种控制和协调关系，就是国际经济政治关系。由此可见，国际经济关系呈现政治化趋势。

国际政治关系和国际经济关系有着相互依存、相互制约的关系。

一方面国际政治关系影响国际经济关系。国际经济关系的形成最终是由国际生产力、国际分工和国际政治决定的。国家作为国际经济关系中的“国家经纪人”，始终谋求本国经济利益的最大化，而它同时又是“权力政治”的代表，政治权力是为物质财富活动服务的。在国际经济活动中，国际的“权力政治”格局直接影响各国的对外经济政策和经济协调。可见，国际经济关系必然带有“政治烙印”，是一种具有政治属性的经济关系。

另一方面，国际经济关系是国际政治关系的基础。经济关系决定政治关系。什么样的经济基础就会决定什么样的政治格局。由经济基础决定的政治格局形成了发达国家与发展中国家的长期的控制与被控制的政治关系。在多级格局中，这种控制与被控制的关系已经由“发展道路”之争转变为“发展模式”之争，即将政治问题经济化，各国的政治关系更多地表现为经济关系。

2. 南北对话的必要性

由于南北关系具有上述特征，经济发展已经成为各国压倒一切的任务。南北关系只有以互利合作、平等发展的对话为基础，才能有效地促进双方的经济增长和富裕文明。因此，南北对话显得十分必要。

首先，发展经济的愿望使南北对话成为必要。各国经济相互依赖日益加深，双方的发展互为生存条件。平等对话、互利合作才能创造共同繁荣。因此南北双方都应本着求实精神，彻底从对抗中走出来，采取灵活措施，加强各经济领域的南北对话与合作。

其次，世界经济力量对比的变化，也使双方有必要进行南北对话。进入 20 世纪 90 年代后，无论发达国家还是发展中国家，经济力量都发生了改变。发达国家中，美、日、欧“三足鼎立”的局面使三方为扩大自己的势力范围，积极与发展中国家合作。发展中国家经济水平悬殊巨大，一大批新兴的发展中国家经济发展迅速，经济实力由此增强，他们强烈要求参加多边合作，图谋发展。

最后，国际经济一体化也有助于南北对话的实现。随着国际经济一体化的发展，出现了发达国家与发展中国家的区域合作组织，像北美自由贸易区、亚太经合组织中的发达国家与发展中国家的联合，因此，更有必要加快推进南北对话。

世界经济和国际经济关系发展到今天，斗争与合作并存。斗争是必要的，但斗争是为了更好地合作，更好地发展经济，为斗争而斗争必然给双方造成损失，合作则有利于双方的发展。世界经济的发展潮流使得南北双方加强对话的必要性增加了。

3. 南北对话的艰巨性

尽管南北双方就加强合作、共谋发展已经达成共识，但由于双方的政治、经济利益差异，南北双方的矛盾也表现得十分突出。

（1）“价值观”问题。双方在“新秩序”的含义上有着严重分歧。发展中国家要求的新秩序是建立在国家不分大小、一律平等、和平共处等基本原则上，而发达国家提倡的新秩序却是主张按照北方国家的制度和价值观，建立由美国独霸或美、日、欧共同主宰的国际新秩序。因此，公正、合理的国际经济新秩序很难在短期内实现。

（2）债务问题。长期以来，南北双方就债务问题不能达成协议，日积月累的债务负担成为阻碍发展中国家经济发展的重要问题，而发达国家坚持不愿减免发展中国家的债务，双方对此产生了深刻的矛盾。

（3）环境保护问题。南方国家认为，北方国家消费全球 75%的资源和能源，80%的钢铁和铝，81%的纸张，拥有 92%的汽车，二氧化碳的排放量占到 70%。因此，发展中国家认为北方国家应对全球环境保护承担更多的责任，但北方国家却拒不承担相应责任，特别是美国不接受“京都协定书”，使南北双方在此问题上的矛盾越来越尖锐。

（4）知识产权问题。发达国家凭借其技术知识优势，要求发展中国家支付技术使用费，并制定了严格的保护措施，动辄就以各种国内法律条款对发展中国家实行严厉的经济贸易制裁，发展中国家对此强烈不满。

南北双方在上述各方面的矛盾纠纷，使得南北双方的对话和合作变得十分困难。但是，富国愈富、穷国愈穷的局面又阻碍着包括发达国家在内的整个世界经济的可持续发展。因此，无论是从短期还是长期来看，改善南北关系、加强南北对话和合作对双方来说都是必要的也是可能的，但对话的全面开展和合作的有效实施需要南北双方的诚意与耐心，需要双方知难而上，做出长期的、坚持不懈的共同努力。

案例　面对国际经济规则和秩序之争，中国必须背水一战

当前世界经济的复杂性也表现为规则之争加剧。经过近四年的运作，美国主导的跨太平洋伙伴关系协议（TPP）正在谈判。为促成TPP，奥巴马费尽口舌从国会众参两院手里要来“贸易促进快速授权”（TPA），有关决议案在两院审议时都是两次才获通过。为了赢得国会议员们的理解，奥巴马甚至说出了“21世纪的贸易规则必须由美国而非中国制定”这样的偏激话语。

美欧之间的“跨大西洋贸易与投资伙伴协议”（TTIP）和日欧自贸协定谈判也在加紧进行，若谈成，将意味着发达国家地区将在全球率先进入经济一体化的实质状态，这将对中国等大型发展中经济体造成很大的竞争压力。中国要想加入TPP面临非常苛刻的条件，必须全盘接受其十几个成员国在双边渠道已谈成的内容，更要面对在劳工标准、知识产权、环保标准、政府采购协议、国有企业规制等方面不符合中国国内体制机制的条款，而在其他轨道上，中国与欧洲的自贸区处于探讨阶段，中日韩自贸区谈判因中日、韩日关系紧张以及日本优先TPP谈判而进展缓慢。中国与美国、欧洲的双边投资协定谈判也很艰难，面临开列负面清单，给予对方来华投资企业准入前国民待遇的巨大压力。今后一个时期，世界经济形势仍将充满各种复杂性，国际环境中的竞争甚至斗争因素将会变得越来越尖锐。面对新形势下全球贸易与投资体系变革、国际金融治理结构调整等方面蕴涵的巨大不确定性，中国必须加快新一轮改革开放步伐，加快构筑开放型的经济体系，以赢得主动。

作为由计划经济向市场经济转轨的国家，中国必须努力深化国内管理体制和模式的改革，为自己的可持续发展挣脱旧规则、旧体制、旧观念的束缚。中国能否继续发挥世界经济增长引擎的作用，归根结底取决于我们自身的改革开放进程能否释放出更多的经济增长动力和活力。这是中国推行新一轮改革开放，推动经济发展进入“新常态”的根本意涵。

我们要在国内广泛建立自由贸易区，更多地依靠市场机制的作用。一段时间以来的实践表明，国家先后在上海、广东、天津、福建建立的四个自由贸易试验区都已取得不同程度的初步效果，能够向企业提供更多的市场便利，凝聚了更高的市场期望值，政府职能的转变和负面清单管理模式的确立都比较快，进出口贸易的数据相对较好，利用外资的水平和调动国内民营资本参与积极性的能力也比未建立自贸试验区的地方高。但长远来看，光靠这四个试验区是不够的，应当建立“1（上海）+3（广东、天津、福建）+N”模式（“N”可以是十几、二十几，多多益善，当然前提是要

符合设立自贸区的基本条件）。还要建立创新驱动型的经济，为此，既要加强知识产权保护，也要积极探索设立政府引导基金、鼓励企业跟投的模式，政府引导基金的效果比发放行业补贴好。此外还要完善国内信用体系，一个“假作真时真亦假”的市场体系是不可能取得持久发展的。

2015 年 8 月 11 日，中国人民银行要求即日起做市商根据上日银行间外汇市场收盘汇率，综合参考外汇供求和国际主要货币状况提供中间价报价。通过这一举措，人民币汇率的中间价与上日收盘价直接挂钩，不再单纯死盯美元，这能够使中国的汇率形成机制更好地反映真实的市场供求关系。有关举措尽管在实施后带来人民币一定幅度的贬值，但却是人民币汇率形成机制市场化改革向前迈进的重要一步，中长期看有助于推进人民币国际化的进程，有助于推动人民币被纳入国际货币基金组织（IMF）特别提款权（SDR）货币篮子，因此也受到 IMF 的欢迎。当然，宣布这一新的改革举措的时机稍早一点就更好了。

外界和国内一些人将此次央行推出人民币中间价形成机制改革的主要目的解读为促进外贸出口，这是不全面、不客观的。经济学定量模型分析显示，影响中国外贸走势的最重要因素是外部市场需求，其对中国外贸增长的贡献率在七成以上，而汇率变动因素只有两成左右。

与此同时，中国要以更加积极主动、包容理性的态度参与世界经济事务，影响国际规则的制定和演变。面对西方国家垄断国际经济规则制定权的企图，要推动发展中国家加强联合与协作，提升发展中国家在世界经济事务中的发言权，这是一个需要不断加大投入的基本方向，也是中国提出和推动落实“一带一路”和亚洲基础设施投资银行、金砖国家开发银行等倡议的重要背景。推进“一带一路”，重点是落实“五通”（政策沟通、设施联通、贸易畅通、资金融通、民心相通），同时探索适合发展中经济体的新的国际贸易与投资规则。尤其要对沿线国家稳步开展大型基础设施建设投资，广泛缔结双边和多边形式的自贸协定，积极贡献公共产品，这对内对外都可以产生创造就业、刺激消费、调动市场活力等积极效果，有助于促进中国的供给能力与沿线国家需求对接，对中国、“一带一路”区域都是重大的利好平台。

中美作为世界最大的两个经济体，彼此之间尤其需要达成共识。在人民币汇率问题上，美国应当认识到中国政府的负责任态度，客观评价中国的汇率进展，以实际行动支持人民币国际化进程。在全球治理层面，美国应当尊重中国不断增长的作用，落实 IMF、世行投票权改革方案，确立世界经济“一把手”“二把手”相互尊重的氛围和模式。在中美投资协定（BIT）谈判中，美国应当体谅中国制订负面清单的难度，给予中方一定的灵活性，与中方相向而行，尽快完成谈判，这样两国相互投资才会有显著跃升，相互投资不匹配的问题才能得到根本解决。在区域贸易谈判问题上，中美对于 TPP 和区域全面经济伙伴关系（RCEP）都要显示尊重和包容，并着眼长远考虑相互整合的问题。亚太地区的经济一体化离不开中美合作。中美还要加强在环境产品清单、信息产品协议、信息安全和新能源、环保产品问题上的沟通和协调，维护两国在经济领域合作大于分歧的主线，并且不断拓展合作空间。

“中西医结合效果好”

世界经济形势的“分化”特征越是明显，国际社会在全球经济治理方面的共识越显得弥足珍贵。要充分利用20国集团、IMF等平台做求同存异的工作，推动国际社会团结起来，依靠全球供应链的完善和发展共渡难关，中国的全球生产网络可以借此得到确立和加强。也要推动发达国家经济体适当回应新兴市场的合理诉求，而不是任凭他们在这个过程中通过强推TPP、负面清单等方式搞“拔苗助长”。要态度鲜明地反对贸易壁垒，一些发达经济体和新兴经济体都常对中国发起反倾销诉讼，在经济形势不好的时候频频搞这些，大家日子更不好过，供给和需求就更难“见面”了。也要推动发达国家和新兴市场国家在货币、财政政策方面体谅、照顾彼此，而不能为了自己一个国家的利益任意而行。20国集团在政策对话与协调方面的作用将日渐突出。

如果说通过谈判消除壁垒和广泛开展自由贸易是“西药”，对全球市场的交融与整合可以起到“短、平、快”的促进作用，那么建设“一带一路”，促进互联互通就是“中药”，对亚欧大陆的发展繁荣可以起到长效、渐进的推动作用。中国不排斥“西药”，已对外建立起20多对、组的双边和小多边自贸关系，同“欧亚经济联盟”和以色列、斯里兰卡、马尔代夫等国的自贸协商或谈判也在加速进行。中国一直有意与南盟建立自贸关系，但在这方面关键要看印度这个南亚主导性国家的态度。长远看，中国要积极发挥引导作用，推动本地区经济体探索既符合东方发展模式特点，又体现全球整体利益的区域合作范式。毕竟，“中西医结合效果好”。

当前部分新兴经济体国家对自己的发展前景过于悲观了，很多发达国家甚至还存在“唱衰”新兴经济体的论调。另外，他们也很关心中国经济究竟会下行到何种程度，担心中国经济对外部世界丧失拉动作用，使他们今后没有“顺风车”可搭。其实这些国家大可不必过于忧虑。世界经济就像一个金融市场，人们的普遍期待很容易走悲观的调子，从而形成“自我实现的预言”。我们要对世界经济怀有信心，积极寻找新的增长点，以中国为代表的新兴国家倡导的基础设施投资有可能成为全球经济新的增长动力。

中国有必要按照《乌法宣言》的77点共识当中涉及全球经济发展的思想主脉，积极发挥领导作用，影响新兴市场调整心态，从金砖和发展中国家内部合作当中挖掘合作潜力，在中低速增长过程中寻找增长机遇。当然，经济增长也并非发展的全部，新兴市场国家在中低速增长的“新常态”之下反而有更多时间和空间思考调整产业结构、加强环境保护等方面的问题。中国与印度、南非、巴西以及东盟等国家有待发掘的合作点很多。推进互联互通是大有可为的工作，可以在不同区域内优化产能配置，减少贸易赤字，抵消劳动力成本上升太快带来的压力。

中国对内、对外都要推广自贸区建设，而且要尝试搞“自贸区+”，也就是把内部和对外的自贸区建设同“一带一路”倡议衔接起来，一体化实施。一个好的例子在宁夏。这个中国西部的自治区一面在产业链条上与中国东部发达地区对接，一面发挥自身在民族人口、文化风俗等方面的优势，与西亚、北非国家的穆斯林产业对接，同时打通了东部和西部两个方向，内部和外部两个市场，效果不错。宁夏与海合会的合作已成为中国与海合会地方合作的重点区域，这从2016年9月银川举行的2015中国-阿拉伯国家博览会及配套举行的工商峰会、技术转移暨创新合作大会、农业高端研讨会等活动的盛况中可见一斑。而中国与海合会的自贸区谈判已完成大部分文本内容，重新启动以来进展顺利，一旦达成势必极大促进海合会国家作为重要的能源资源供应基地与中国作为制造业大国的优势互补，极大促进宁夏等西部省份（自治区）的新一轮对外开放与合作。不少国内外专家也建议配合“一带一路”和自贸战略的实施，在东南亚多点设立“特别经济区”，大力开展产业链合作，在有关国家生产耐用消费品在全球销售，部分返销国内。

近些年在全球范围内不同国家和国家集团之间，有那么多的自贸谈判同时展开，新规则不断涌现，学术界管这叫“意大利面碗”现象。总体上看这是件好事，不能只有发达国家的声音，新兴市场国家也要有。世界贸易并不缺少制度和规则，而是有关规则太多，“碎片化”了，这能否在五至十年后实现整合是一个值得思考的问题。

长远来看，世界最终还是要有一套一致的规则。中国领导新兴市场国家推动国际贸易规则的改革调整，要求扩大发展中国家的发言权、投票权，不是挑战现行秩序，也不为在现行世界贸易体系之外创造一个“平行体系”，而是要更深地融入全球贸易体系，使之最大限度符合国际社会的共同利益和共赢目标。

谈到创新，不能只看美国的模式，也要参考德国的经验。德国正大力推动“工业4.0”，探讨是否能够以此作为国家长期经济增长的根本动力。研究发现，德国的创新比美国更加注重产业化、商业化。从我们的发展阶段等现实国情出发，高端创新当然要搞，但真正能够转化为生产力、转化为增长源的创新才是好的创新。新兴市场非常关注中国的“万众创新”，关心同为发展中国家的自己如何从中国的创新中获得红利，而他们在创新方面也有自己的经验和优势（例如较多的劳动力），中国的“互联网+”、物联网发展战略以及服务业与制造业的对接战略不应遗漏发展中市场，不能忽略新兴市场国家之间的交流。

协调发挥“三大行”潜力

近年来，中国在国际金融领域奋发有为，除了积极推动IMF、世界银行等现有国际金融机构进行改革，以及努力开拓人民币国际化的空间之外，还倡导并推动或积极参与组建新的全球和区域多边开发金融机构，主要有金砖国家新开发银行、亚洲基础设施投资银行和上海合作组织开发银行“三大行”；提出并推动落实金砖国家应急储备安排和丝路基金等金融合作与对外投资倡议。

“三大行”倡议是中国着眼于改革现行国际金融体系，促进新兴市场互利合作，构建发展中国家“命运共同体”，会同相关国家提出的重要金融倡议。从更广视角分析，中国正在通过执行积极主动而全面灵活的金融外交，织造多边开发金融网络，在全球治理中承担更大责任。

在“三大行”里，上合组织开发行起步最早，由时任国务院总理温家宝在2010年10月参加上合组织成员国第九次总理会晤期间提议，旨在通过探讨共同出资、共同受益的方式，深化组织内部的财经合作。它聚焦中亚和欧亚大陆结合部，定位为次区域范围的多边开发金融机构。但由于俄罗斯对此存在一定的担忧，上合组织开发行推进速度落后于金砖国家新开发行和亚投行，目前仍停留在政策倡议与概念阶段。中俄是上合组织的主要推动者，事实上承担着“双核心”的角色。欧亚开发行由俄罗斯会同哈萨克斯坦在2006年成立，主要活动范围在俄罗斯、哈萨克斯坦和中亚及周边地区国家等欧亚地区，旨在通过向这些国家在电力、能源、运输、高科技及创新科技等领域的业务提供资金支持，服务于俄在本地区的总体战略安排。中俄就“一带一路”倡议与欧亚经济联盟实现对接，有助于化解俄方疑虑，推动上合组织开发行与欧亚开发行形成合作互补关系。

亚投行倡议由习近平主席在2013年10月访问印度尼西亚期间正式提出。亚投行的关注范围相比上合组织开发行进一步扩大，其是以支持亚洲区域范围内基础设施建设建设融资为主要目标的区域性多边开发金融机构，虽然成员国来自各大洲，呈现出全球性的特点，但业务范围聚焦亚洲，优先在亚洲地区内开展业务。当然，随着内部治理架构的逐步完善，亚投行摸索出足够的经验之后，可能会在非洲等地区也开展业务，但重心仍将放在亚洲。在亚投行初始阶段，中国出资额将近300亿美元，持有股本占比达30.34%，投票权占总投票权的26.06%，也就拥有事实上的否决权。并且，中国提名的金立群担任首任行长。因此，无论从哪个角度看，中国都将在亚投行发挥“主导性引领”作用。

成立金砖国家新开发行（简称金砖行）的倡议是2012年3月金砖国家德里峰会期间由主席国印度提出的。德班峰会认为成立金砖行具有可行性，并且其是推动国际金融体系变革的重要举措。根据2014年7月金砖国家福塔莱萨峰会通过的章程协议，金砖行是一家全球性的多边开发金融机构，将来对全体联合国成员国开放。金砖行摈弃了按照经济规模出资的方案，由五个成员国各自出资200亿美元，拥有相同的出资份额，均享决策权和投票权。这符合金砖国家合作追求的平等原则，也是中国等新兴大国探寻多边治理新模式的重要实践。金砖行向金砖国家、新兴经济体和其他发展中国家的基础设施建设和可持续发展项目提供融资支持，初期将会把业务重点聚焦于金砖国家自身和非洲、拉美等发展中国家集中的地区。投资于基础设施建设项目也是金砖行的核心业务之一，但该行亦更关注可持续发展项目，对环境保护、应对气候变化等可持续发展领域的投资体现了金砖行的更高定位和追求。

总体看，“三大行”在覆盖地区、业务领域等各方面具备互补性，相互之间将进行有效的沟通和分工，积极开展协作性探索，而不是各自单干或相互冲突。同时，“三大行”都具有明显的区域或全球开发属性，都选择基础设施建设项目作为核心业务，同步带动中国装备和优质产能走出去，促进国际产能合作。但“三大行”无意颠覆现行国际金融体系，不对现有的区域和全球多边开发机构形成冲击，不会抛开现行国际金融体系另搞一套。相反，“三大行”将在项目选择标准、投融资模式等方面充分借鉴世界银行、亚洲开发银行、欧洲复兴银行等多年来探索的有益经验，寻求与它们开展合作，实现分工互补，各有侧重，齐头并进。

这“三大行”必将扮演重要的支点作用，助力中国立足于自身不断壮大的经济实力和日益成熟的发展经验，从发展中国家的实际地位出发，在世界范围内更好地实施经济“走出去”战略和金融外交，建设多边开发金融网络。当然，针对发展中国家内部广泛存在的发展瓶颈和积弊，中国在推动“三大行”项目时必须做好前期调研，特别要在对象国的国别和区域研究方面开展深入细致的田野调查，不能搞“大干快上”，要避免“一头热”“一窝蜂”“一刀切”。

基本概念：

国际经济一体化　区域经济一体化　贸易创造　贸易转移　欧洲货币一体化　国际经济秩序　国际经济旧秩序　国际经济新秩序　南北经济关系　南北对话

思考题：

1. 一国为什么愿意加入经济一体化组织？
2. 用实例佐证自由贸易区和关税同盟各自的优劣。
3. 为什么进入 20 世纪 90 年代，关贸总协定会被世界贸易组织取而代之？
4. 贸易创造和贸易转移的含义是什么？它们对世界经济的福利会产生什么影响？
5. 在成员国之间是如何分配关税同盟的成本和收益的？
6. 如何理解国际经济一体化和经济全球化？
7. 南北矛盾有些什么样的转变？
8. 国际经济旧秩序的特点是什么？为什么会形成这些特点？
9. 国际经济组织在处理国际经济关系中占据什么地位，发挥哪些作用？
10. 为什么发展中国家要积极建立国际经济新秩序？

网络资源：

The Internet site addresses for the International Monetary Fund (IMF), World Trade Organization (WTO), Organization for Economic Cooperation and Development (OECD), World Bank and United Nations, which contain a wealth of trade and financial information and data (including the reports listed in the Selected Bibliography) are, respectively:

http: //www. imf. org

http: //www. wto. org

http: //www. oecd. org

http: //worldbank. org

http: //unstats. un. org/unsd/economic_ main. htm

For more information and data on the major commodity exports and imports of the United States and its major trade partners (as well as the reports indicated on the Selected Bibliography), see the Bureau of Census, the Bureau of Economic Analysis, and the Board of Governors of the Federal Reserve System, respectively:

http: census. gov/ftp/pub/foreign-trade/index. html

http: //www. federalreserve. gov

The Economic Report of the President usually includes a chapter on international trade and finance. It is published in February of each year. The 2011 report is available at:

http: //www. gpoaccess. gov/eop/2011/pdf/ERP-2011. pdf

The web site for the Institute for International Economics, which publishes many reports and analyses on international trade and international finance, is:

http: //www. iie. com

For the gravity model, see:

http: //en. wikipedia. org/wiki/Gravity_ model_ of_ trade

For information on the European Union, see:

http: //mkaccdb. eu. int

http: //www. lib. berkeley. edu/GSSI/eugde. html

The complete text of the North American Free Trade Agreement (NAFTA) is found at:

http: //tech. mit. edu/Bulletins/nafta. html

For NAFTA's impact on the United States, Canada, Mexico, and other nations, see:

http: //lanic. utexas. edu/la/mexico/nafta

http: //www. dfait. gc. ca/nafta-alena/menu-e. asp

http: //www. citizen. org/trade/nafta/index. cfm

Information on Mercosur is found at:

http: //www. cfr. org/publication/12762/mercosur. htm

Information on the Free Trade Area of the Americas (FTAA) is found at:

http: //www. alca-ftaa. org/alca_ e. asp

For the Asia-Pacific Economic Cooperation (APEC), a regional organization that promotes free trade and economic cooperation among 21 countries, see:

http: //www. apec. org

Information on the ten-member Association of Southeast Asian Nations (ASEAN) is found at:

http: //www. aseansec. org/18619. htm

Information on international trade, economic restructuring, and regional trade agreement in formercommunistcountries is found at:

http: //www. ebrd. com/pages/homepage. shtml

参考资料

国际经济相关网站：

1. http：//www. unctad. org：联合国贸发会议网站

2. http：//www. wto. org：WTO 网站

3. http：//www. mofcom. gov. cn/：中华人民共和国商务部

4. http：//fec. mofcom. gov. cn：中国对外经济合作指南

5. http：//www. fdi. gov. cn：中国投资指南，可以了解我国对外资的具体利用情况。

6. http：//www. china. com. cn/chinese/EC-c/636108. htm：经济-中国网，作为中国网的一个板块，可以浏览到我国当前经济热点问题与宏观经济信息。

7. http：//wwww. manage9. com：管理学理论研究网，了解经典管理学理论以及案例研究。

8. http：//www. mergers-china. com；中国并购交易网，可以浏览到许多在线并购信息。

9. http：//www. online-ma. com/chinese/：全球并购研究中心，可以了解全球并购动态。

10. http：//finance. sina. com. cn：新浪财经网站

11. http：//finance. yahoo. com：雅虎财经网站，可以查阅到所有世界主要股票交易所的某只股票的动态信息以及影响全球的重大财经事件。

12. http：//finance. tom. com：TOM 财经网站，可以了解最新的财经新闻。

13. http：//www. pbc. gov. cn/：中国人民银行网站，及时了解国家货币政策。

14. http：//www. bank-of-china. com：中国银行网站

15. http：//www. chinamoney. com. cn/index. html：中国货币网，提供外汇交易方面的专业讨论、咨询和最新信息。

16. http：//www. imf. org：国际货币基金组织官方网站

17. http：//www. worldbank. org：世界银行集团官方网站，可以了解世界银行的部门设置、对各国的贷款政策和方向、有关出版物、贷款项目介绍等有关信息

18. http：//www. adb. org：亚洲开发银行网站

19. http：//www. afdb. org：非洲开发银行网站

20. http：//www. sse. com. cn：上海证券交易所

21. http：//www. szse. cn/：深圳证券交易所

22. http：//www. nyse. com：纽约证券交易所

23. http：//www. sgx. com：新加坡证券交易所

24. http：//www. londonstockex. co. uk：伦敦证券交易所

25. http：//www. tse. or. jp：日本证券交易所

26. http：//www. abnnewswire. net/companies/：亚洲财经新闻网

27. http：//www. eurobank. org：欧洲银行集团官方网站，可以提供有关欧洲货币市场以及国际金融市场发展的信息

28. http：//www. iosco. org/library. html：了解国际证券监管者组织的详细情况，特别是公布的126个文件可以浏览该网站

29. http：//www. globefinance. net：进入世界汇金网，可以查询国内外金融市场、金融机构动态、金融市场监管、专业研究报告、证券外汇交易和产业经济领域的相关资料

30. http：//www. chinca. org：中国对外承包工程商会

31. http：//www. chinabidding. com：中国国际招标网，是中国最大的招标网，是采购信息门户和中国政府指定的在线招标采购交易与管理平台

32. http：//www. chinafiw. com：中国外资网

33. http：//www. cbrc. gov. cn/index. html：中国银行业监督管理委员会网站

34. http：//www. csrc. gov. cn/pub/newsite/：中国证券监督管理委员会网站

35. http：//www. elsevier. com/locate/econbase：爱思唯尔网站，是全球五大出版社之一的爱思唯尔集团发布各种著名期刊文章的网站，可以提供提供各个学科相关文章的全文阅读

36. http：//www. wtolaw. gov. cn：WTO 法律咨询网，可以了解有关 WTO 的经济与法律知识，尤其是中国在加入 WTO 后的开放现状和趋势

37. http：//www. cme. com：芝加哥商业汇率网，全球著名的金融服务网站，提供各种外汇买卖组合、咨询，以及与外汇交易相关的各种服务

38. http：//www. un. org：联合国网站

39. http：//www. worldbank. org：世界银行网站

40. http：//www. miga. org：多边投资担保机构网站

41. http：//www. chinafdi. org. cn：中国国际投资促进网站（中国国际投资促进会网站 http：//www. cciip. org. cn/），了解我国最新的投资、贸易数据及世界其他国家的投资环境

42. http：//www. wtoguide. net：WTO 经济导刊网站，了解中国与 WTO 有关的各项数据

43. http：//www. safe. gov. cn：国家外汇管理局，可以查到我国对外借款的历年信息

44. http：//www. stats. gov. cn：国家统计局

参考书目：

1. 佟家栋. 国际经济学［M］. 北京：中国财政经济出版社，2000.

2. 王志民，等. 国际经济学［M］. 上海：复旦大学出版社，2000.

3. 宋宗林，陈岳. 国际政治经济学概论［M］. 北京：中国人民大学出版社，1999.

4. 多斯桑托斯. 帝国主义与依附［M］. 北京：社会科学文献出版社，1999.

5. 陶季侃，等. 世界经济概论［M］. 天津：天津人民出版社，1999.

6. Dominick Salvatore. International Economics［M］. 朱宝宪，等译. 北京：清华大学出版社，1998.

7. Paul R. Krugman，Maurice Obstfeld，Marc J. Melitz. International Economics Theory & Policy［M］. 海闻，等译. 北京：中国人民大学出版社，2002.

8. 王询，等. 当代西方国际贸易学［M］. 大连：东北财经大学出版社，1997.

9. 陈飞翔. 狭义国际经济学［M］. 上海：华东理工大学出版社，1996.

10. 龚敏. 国际经济学［M］. 厦门：厦门大学出版社，1996.

11. 陈彪如. 国际金融概论［M］. 上海：华东师范大学出版社，1996.

12. 何泽荣. 国际金融［M］. 成都：西南财经大学出版社，1995.

13. 宋承先. 现代西方经济学（宏观经济学）［M］. 上海：复旦大学出版社，1994.

14. 吴念鲁. 国际金融学概论［M］. 成都：西南财经大学出版社，1993.

15. 李金亮. 国际经济学［M］. 广州：暨南大学出版社，1992.

16. P. T. 埃尔斯沃思，J. 克拉克利斯. 国际经济学［M］. 王兆基，等译. 北京：商务印书馆，1992.

17. 林德特. 国际经济学［M］. 北京：经济科学出版社，1992.

18. 普雷维什. 外围资本主义［M］. 北京：商务印书馆，1990.

2017 年第三版后记

呈现在读者面前的这本《国际经济学》教材是在 2007 年第二版的基础上，进行了第三次修改而成的。本次修改主要根据教材使用过程中同学和读者的意见进行，在此我们向他们表示诚挚的谢意。除了读者的建议外，我们在修订过程中也参考、吸收了其他最新版本国际经济学教材中有益的做法，对于这些教材的作者，我们也深表谢意。

《国际经济学》教材的这次修订，涉及各个篇、章，可以说是对第二版的发展和完善，保留了第二版的框架，根据国际经济的新发展、新实践进行了补充。其最大的变化就是每章后，我们根据本章的内容提供了相应的网络链接，读者可以按图索骥地进行进一步的阅读，也方便了一些数据的查询，为读者迅速进入国际经济学的学习和研究提供了方便。

本书将国际经济学划分为三大部分：贸易理论、汇率和国际收支以及国际经济关系。本书在内容上将理论描述、数学推理、图形解释等结合起来，语言论述辅助图形说明的方式比较适合国内的学生阅读和理解。在本书修订过程中，我们注意结合当前国际经济发展状况，对国际经济事件进行详细介绍分析，具有一定的时新性。

本书可以作为高等院校经济管理类专业本科学生的教材，也可以作为研究生以及企事业单位人员学习、培训的参考用书，对于从事对外经贸领域的实际工作者也不失为一本有益的专业读物。

最后，我们要特别感谢西南财经大学出版社编辑部的魏玉兰和其他老师，他们在编辑过程中字斟句酌、一丝不苟，不辞辛劳、认真负责，这种精神与作风令人钦佩。

编　者

2017 年 1 月 6 日